© 2019-Miño y Dávila srl
© 2019-Miño y Dávila sl

Tacuarí 540 (C1071AAL)
tel-fax: (54 11) 4331-1565
Buenos Aires · Argentina
e-mail producción: produccion@minoydavila.com
e-mail administración: info@minoydavila.com
Web: www.minoydavila.com
Twitter: @MyDeditores
Facebook: www.facebook.com/MinoyDavila

 © 2019-UNSAM EDITA de Universidad Nacional de General San Martín

Campus Miguelete. Edificio Tornavía
Martín de Irigoyen 3100
(B1650HMK) San Martín, Buenos Aires, Argentina
e-mail: unsamedita@unsam.edu.ar
Web: www.unsamedita.unsam.edu.ar

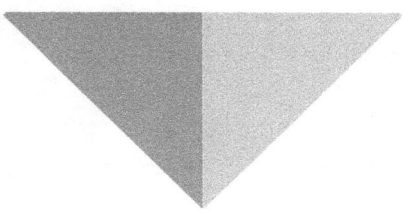

Colección Archivos de Didáctica
Serie Fichas de Investigación

Director: José Villella

Corrección general y cuidado de la edición, a cargo de
Laura Petz

La maquetación y el armado del interior estuvieron a cargo de
Laura Bono

El diseño de cubierta fue realizado por
Ángel Vega

El diseño del interior fue realizado por
Gerardo Miño

Primera edición
Agosto de 2019

ISBN: 978-84-17133-85-6

IBIC: JNMT [Formación docente]
      YQF [Didáctica: lenguas distintas de la inglesa]
      YQFL [Didáctica: literatura en lenguas distintas de la inglesa]

Editado en
Buenos Aires,
Argentina

Cualquier forma de reproducción, distribución, comunicación pública o transformación de esta obra solo puede ser realizada con la autorización de sus titulares, salvo excepción prevista por la ley. Diríjase a CEDRO (Centro Español de Derechos Reprográficos, www.cedro.org) si necesita fotocopiar o escanear algún fragmento de esta obra.

Didáctica de la lengua y la literatura, políticas educativas y trabajo docente

Problemas metodológicos de la enseñanza

Carolina Cuesta

UNSAM
EDITA

Abrigo la esperanza de poder develar algunas cuestiones fastidiosas que tienen una importancia práctica e inmediata.
Jerome Bruner. *Realidad mental y mundos posibles* (1986: 127).

A Favio, a nuestros hijos Lisandro y Lorenzo y a Amparo, nuestra hija, por creer que mi trabajo es importante y que, por ello, necesita de sus apoyos y paciencias.

Índice

Agradecimientos 11

Introducción
¿Por qué didáctica de la lengua y la literatura, políticas educativas
y trabajo docente? 13

Capítulo 1
Didáctica general y didáctica de la lengua y la literatura
como didáctica específica 31

1. Revisiones y debates político epistemológicos 31
2. ¿Didácticas o especialistas en...? Consensos y discrepancias
   en torno al problema del psicologicismo 39
3. Perspectivas didácticas de la lengua y la literatura: reforma,
   organismos internacionales y especialistas 46
4. Redefiniciones de la enseñanza de la lengua y la literatura:
   las *competencias* y el *saber hacer* 55

Capítulo 2
Reconfiguraciones de la enseñanza de la lengua y la literatura
en la Argentina 75

1. Psicogénesis, textualismo cognitivista y enfoque sociocultural:
   la lectura y la escritura como objetos/contenidos de la enseñanza 75
2. La enseñanza de la lectura como comprensión lectora 84
3. Las situaciones de lectura y escritura como la comprensión
   de los textos 93
4. Los libros de texto como Lengua, Literatura, Prácticas del lenguaje
   (o viceversa) 106

Capítulo 3
Antecedentes políticos disciplinarios de las reconfiguraciones
de la enseñanza de la lengua y la literatura en Argentina 115

1. Transiciones político-epistemológicas argumentadas
   en la nueva democracia 115
2. Los circuitos de *expertise* y sus estrategias de superación
   de los estructuralismos 121
3. Entre los estructuralismos, los textualismos cognitivistas
   y la psicogénesis 137
4. La consolidación de la lectura y la escritura como el
   conocimiento de *los textos* 151

Capítulo 4
Metodologías de la enseñanza de la lengua y la literatura
como objeto de estudio 163

1. Las didácticas y el problema del *método*: entre el
   tecnicismo instrumentalista y el criticismo 163
2. Precisiones sociológicas y antropológicas sobre los
   conceptos de *prácticas* y *enseñanza* 170
3. Problemas teórico-metodológicos en torno a las
   voces de los actores de la enseñanza 185

Capítulo 5
Tensiones entre saberes docentes y saberes pedagógicos/didácticos
en la enseñanza de la lengua y la literatura 203

1. Primera tensión: fragmentación y atomización
   de los objetos 203
2. Segunda tensión: enseñanza de la lengua, gramática escolar
   y diversidad lingüística 213
3. Tercera tensión: enseñanza de la literatura, lectura y escritura;
   experiencia y subjetividad 224
4. Cuarta tensión: los usos de los libros de texto como
   orientadores de las metodologías de la enseñanza 243

Capítulo 6
Metodologías circunstanciadas de la enseñanza de la lengua
y la literatura 251
1. Reconceptualizaciones de *la lengua* 251
2. La colisión estilística y la lengua enseñada 265
3. Reconceptualizaciones de *literatura, lectores, experiencia
y subjetividad* 271
4. Las formas de pensar lo literario y el trabajo con corpus 286

Palabras finales
Una didáctica de la lengua y la literatura de perspectiva etnográfica 299

Bibliografía 305

Agradecimientos

Mis agradecimientos van para colegas, amigos, amigas y afectos involucrados en el camino que posibilitó el libro. Espero que más adelante pueda tener una nueva oportunidad para agregar a quienes también me acompañan en el presente.

Agradezco a José Villella, director de la colección, por brindarme la oportunidad de escribir este libro. A Gema Fioriti, directora del Centro de Estudios en Didácticas Específicas de la Escuela de Humanidades de la Universidad Nacional de San Martín (CEDE-EHU-UNSAM), por darme su apoyo y enseñarme durante los diez años que trabajé en esta Universidad. También a Fernando Bifano por tantos intercambios y el trabajo codo a codo en el mismo CEDE. Siguiendo con la UNSAM, a María Inés Oviedo por sus constantes aportes para afinar el sentido de la formación docente y la investigación en didáctica, lo mismo a Matías Perla, y porque actualmente sigamos estos rumbos en la Universidad Pedagógica Nacional (UNIPE). A todos los colegas que estudiaron en la UNSAM y que me tuvieron como docente, por sus discusiones agudas, complejas, que hacen a los planteos y fundamentos del libro. Siempre estaré más que agradecida, particularmente, con Aldo Raponi, Graciela Ocampo, Analía Rosa, Matías Perla, Estela Gómez, Delia Di Matteo, Diana Spinelli, Fabiana Montenegro, Rosa Lugo y Ema Gatti con quienes también compartimos la docencia.

Yéndome a la Facultad de Humanidades y Ciencias de la Educación de la Universidad Nacional de La Plata (FaHCE-UNLP), les agradezco a Claudio Suasnábar y a José Luis De Diego por recibirme generosamente como directores de mi tesis de Doctorado y, con ello, ofrecerme su formación. A Mariano Dubin y a Mariana Provenzano por apostar a que juntos podíamos, y podemos, realizar los desarrollos en didáctica de la lengua y la literatura en los que creemos. También les agradezco, y ahora junto con Manuela López Corral, Matías Massarella, Malena Botto, Fernanda Ronconi, Gisela Campanaro, María de los Ángeles Contreras y Lucía González que, allá por el año 2010, hayamos asumido el desafío de inventar una revista llamada *El toldo de Astier* para divulgar propuestas y estudios sobre enseñanza de la lengua y la literatura de diversidad de docentes, estudiantes y trabajadores de la educación. Y que lo sigamos haciendo. A Manuela y a Matías también les agradezco especialmente que apuesten en lo que creemos y a Malena por todos sus conocimientos puestos en los cursos de ingreso que compartimos durante tantos años; a Margarita Papalardo por confiar en este trabajo y dirigir las investigaciones que permitieron sistematizar la producción realizada y que integran parte del libro. A Sandra Sawaya por llevar adelante juntas los desarrollos que venimos realizando entre la FaHCE-UNLP y la Facultad de Educación de la Universidad de San Pablo (FEUSP, Brasil) que, en realidad, comenzaron allá por el 2008 a propósito de su participación en el I Congreso Internacional de Didácticas Específicas que organizamos desde el CEDE-EHU-UNSAM. También quiero expresar mi agradecimiento a Juan Daniel Ramírez Garrido quien como parte de mi formación en el doctorado me recibió en la Universidad Pablo Olavide (Sevilla, España) y me enseñó a comprender los desarrollos de Vigotsky y Bruner, y con ello de los otros autores que compartieron o siguieron sus líneas.

Por el lado de los afectos y lazos familiares, agradezco a mis hermanas y hermano, Gabriela, Virginia y Juan Ignacio por estar más allá de las diferentes distancias o acaso desencuentros. A Isabel y a Eduardo por cuidar de sus nietos y nieta con amor y, de esa manera, también acompañarme.

Introducción

¿Por qué didáctica de la lengua y la literatura, políticas educativas y trabajo docente?

En una publicación reciente, Pablo Gentili (2015) nos recuerda que el 5 de octubre se conmemora el Día Mundial de los Docentes y que esa fecha se corresponde a la aprobación en 1966 de la Recomendación conjunta de la UNESCO (Organización de las Naciones Unidas para la Educación, la Ciencia y la Cultura) y la OIT (Organización Internacional del Trabajo) sobre el personal docente. Se trata de:

> (...) un ambicioso y necesario conjunto de normas relativas al desempeño de la docencia: la formación inicial y permanente de los maestros; sus mecanismos de contratación, carrera y ascensos, la protección y seguridad en el mantenimiento de los cargos, los procedimientos disciplinarios, la libertad de cátedra, la supervisión y evaluación de los procesos de enseñanza, las responsabilidades y derechos del ejercicio magisterial, la importancia de la participación y la consulta a los docentes y a sus organizaciones para la definición de los principales asuntos de política educativa; así como las condiciones que deben regular la negociación salarial de los trabajadores y trabajadoras de la educación (Gentili, 2015: 143).

No obstante, prosigue el autor que si bien en algunos países "ha habido avances muy positivos en la promoción del trabajo docente" en otros aspectos "ciertos problemas parecen perpetuarse y hasta ampliarse", porque "una inmensa retórica de valorización parece contrastar con el tratamiento dado a los docentes y con la sistemática violación de algunas de las normas que desde hace ya medio siglo, han resultado consagradas como urgentes y necesarias por parte de la comunidad internacional" (Gentili, 2015: 144).

Durante gran parte del año 2011 escribí mi tesis de Doctorado.[1] Entre todos los recuerdos que aún poseo de su defensa, con tintes muy emotivos por cierto, hay uno en particular que ahora recupero motivada por las palabras de Gentili (2015). Entre todas las cuestiones que me fueron consultadas por el jurado, una de ellas fue para quién o quiénes había escrito esa tesis. Rápidamente, respondí "para los docentes", ya que decir "los colegas" hubiera sido significado en el fragor de la situación "para los especialistas" que, como yo, se dedican a investigar en las universidades sobre la enseñanza de la lengua y la literatura. Y también, rápidamente me di cuenta de que la respuesta no era del todo la esperada, o mejor dicho que sonó rara, poco habitual. Todavía más, cuando otros comentarios del jurado habían señalado el carácter provocador del trabajo y expresado sus dudas respecto de las razones por las que formulaba la necesidad de volver a pensar las *dimensiones metodológicas del trabajo docente*, es decir, *las metodologías de la enseñanza de la lengua y la literatura* (más adelante, fundamento estas denominaciones).

Estos momentos con sus preguntas, comentarios y mis respuestas, en las que sigo creyendo, son los que continúo valorando de aquella instancia de formación y que ahora me permiten ponerlos a jugar en la escritura de este libro. Los docentes que también son colegas, si quienes investigamos en las didácticas también lo somos (no se trata de demagogias), son los interlocutores del trabajo que aquí presento. Son, si se me permite parafrasear a Gentili (2015), quienes siempre me brindaron y me brindan la posibilidad de hacerlos participar mediante la consulta acerca de cómo perciben los procedimientos disciplinares y las definiciones de las políticas educativas en relación con la enseñanza de la lengua y la literatura. Cómo entienden la libertad de cátedra, sus formaciones iniciales y continuas y, ahora utilizando mi propia voz, cómo viven las condiciones materiales y simbólicas de su trabajo cotidiano en las que particularmente su precarización salarial juega un papel determinante.

Desde estas interlocuciones para nada homogéneas y mucho menos simples, les hablo también a los especialistas con quienes actuamos en diversos

---

[1] El título de la tesis de Doctorado en Letras es *Lengua y Literatura: disciplina escolar. Hacia una metodología circunstanciada de su enseñanza*; y fue defendida el 23 de marzo del año 2012 en la Facultad de Humanidades y Ciencias de la Educación (FaHCE) de la Universidad Nacional de La Plata (UNLP). Fue dirigida por el Dr. Claudio Suasnábar y codirigida por el Dr. José Luis De Diego. El jurado estuvo integrado por la Dra. Carolina Sancholuz (UNLP-CONICET), la Dra. Beatriz Bixio (UNC-CONICET) y la Dra. Dora Riestra (UNRN) y su calificación fue 10 (diez) con recomendación de publicación. La tesis, tal cual fue defendida, se halla disponible con acceso libre y gratuito en el repositorio institucional de la FaHCE-UNLP, *Memoria académica*. Recuperado de http://www.memoria.fahce.unlp.edu.ar/tesis/te.641/te.641.pdf.

campos, áreas, o espacios y niveles de la educación, ya sea protagonizando diseños de políticas educativas, la formación docente, la elaboración de materiales didácticos en el mercado editorial, entre todas las variables que se pueden hallar en esta enumeración. Y lo hago, guiada por la convicción de que las revisiones y problematizaciones que ofrezco, además de invitar a discusiones, pueden aportar, o al menos hacer visible, la necesidad de replantearnos *el tipo y estatus de conocimientos* –ahora recurro a Jean-Paul Bronckart (2007)–, que producimos desde las perspectivas didácticas que asumimos. Y más allá de que nos reconozcamos, o no, en ellas, de la legitimidad académica o político educativa que les concedamos, o no, a las didácticas.

Digo, *didácticas* en plural ya que como explico a lo largo del libro no creo que estemos "en" o "frente a" un campo unificado, ni de campos autónomos o subcampos, en referencia a cada didáctica de cada disciplina, sino que se trata de desarrollos diversificados, la mayoría de las veces estrechamente ligados a coyunturas del momento. Estas coyunturas que estudio desde una perspectiva de la historia reciente de las políticas educativas en Argentina han ido consolidando las agendas de los temas de interés, las líneas teóricas relevantes, como así también los señalamientos de las "urgencias" educativas y los "peligros" que nos deparan si no las abordamos. El problema, vuelvo a parafrasear a Gentili (2015), es que hace algo más de treinta años que las agendas son las mismas y los referentes, o las eminencias como escuché decir a una colega hace poco en una reunión de trabajo, son siempre los mismos, variando tan solo por una cuestión de edades los tiempos en los que fueron consagrados como tales. Igualmente los hallazgos de los referentes o las eminencias, internacionales o locales, de todos los tiempos o actuales, no son llevados a las arenas de las políticas educativas, la formación docente y el mercado editorial de manera prístina o inmutada. En este punto es donde se puede volver a la pregunta por el tipo y estatus del conocimiento producido desde las perspectivas de la didáctica de la lengua y la literatura que vienen dominando dichas arenas en las últimas décadas y en nuestro país. Por ello, los lectores de este libro no encontrarán análisis exhaustivos de qué dijo cada referente o eminencia en tal o cual trabajo y cómo fue "malinterpretado", siempre, claro está, "por maestros y profesores". Tampoco, en el sentido de asignar las responsabilidades autorales y con ello celebrar "los aciertos de las verdades científicas" o "denunciar sus grandes falacias educativas". Por el contrario, la pregunta por el tipo y estatus de estos conocimientos didácticos en cuanto siempre buscan decir cómo debe ser la enseñanza para directamente prescribirla, tiene una primera respuesta en su carácter impersonal, de lógica de fórmulas asertivas que en muy pocos casos revelan sus variadas fuentes teóricas, muchas veces incompatibles entre sí, y que al correr de los años se reiteran axiomáticamente, naturalizadas en el presentismo y ahistoricismo que tanto Antonio Viñao (2002) como Elsie Rockwell (2009) caracterizan como propio de la mayoría de la investigación educativa actual. Conocimientos didácticos, sin tiempo y sin lugar, que se autolegitiman como los únicos capaces de conducir a la enseñanza de la lengua y la literatura por los caminos del éxito y cuya impersonalidad los vuelve más poderosos. ¿Más poderosos para quiénes o, de nuevo la impersonalidad, para qué poderes?, es otra de las preguntas que desagrego en los primeros capítulos de este libro, cuando leo este estado de situación colocando en el centro de interés al trabajo docente para producir otros conocimientos didácticos. Conocimientos que no se arroguen los poderes de las supuestas verdades reveladas y comprobadas ya no se sabe dónde ni cuándo, ni para qué contextos ni qué países, realidades y sujetos "en una especie de *amnesia de génesis* que borra las causas de todas las crisis, cargándolas en la mochila de los trabajadores y trabajadoras de la educación" (Gentili, 2015: 138).

Se trata de avanzar sobre producciones de conocimientos didácticos que, en sus versiones más tecnicistas o criticistas, abonan al derrame en las mochilas de los trabajadores de la enseñanza de la lengua y la literatura, algo tan caro para las sociedades modernas como la lectura y la escritura (efectivamente explico más adelante que hay mucho de la teoría del derrame en todo este asunto). Ítems insoslayables y de primer lugar, particularmente la lectura atada a la alfabetización, en las listas de las causas originarias de todas las crisis educativas de las últimas décadas. Particularmente en Latinoamérica. Y por ello, ítems infaltables en las pruebas para medir la calidad de los sistemas educativos de todos los organismos internacionales, no solamente de la Organización para la Cooperación y el Desarrollo Económicos (OCDE) y sus pruebas del Programa para la Evaluación Internacional de Alumnos (PISA, por sus siglas en inglés) y sus versiones nacionales, cuyos resultados "desinteresados", "desinteresadamente" se comunican a la opinión pública, o solo a los docentes dependiendo la política que asuma cada gobierno al respecto, para que conozcan lo que deberían "remediar". Al observar el lugar de la lectura y la escritura en las pruebas de calidad educativa internacionales[2]

---

2   Incluyo en esta revisión a los lineamientos de la Organización de las Naciones Unidas para la Educación, la Ciencia y la Cultura (UNESCO, por sus siglas en inglés), en cuanto sus autoridades e integrantes deberían agregar a sus críticas del modelo PISA y desarrollos propios de modelos de evaluación de la calidad educativa en Latinoamérica (Gentili, 2015: 170-171), cómo este organismo viene participando de y convalidando sus mismas concepciones sobre la lectura y la escritura al modo que explico más adelante en relación con el caso de la Cátedra UNESCO para la lectura y la escritura. Aunque, o más allá, de que sus actividades actuales muestren una ampliación de perspectivas teóricas sobre el tema.

resulta fundamental ingresar al análisis "las actuales reformas educativas promovidas por los organismos internacionales en toda Latinoamérica", en cuanto "han definido el rol del alumno y su formación" (Sawaya, 2016: 13). Definición fundada en la teoría del capital humano y en:

> (…) una especie de consenso entre políticos, reformadores, educadores e investigadores de varios países sobre la necesidad de que la educación escolar y la enseñanza se focalicen hacia la constitución de competencias individuales. El alumno pasa a ser, en esta propuesta, el centro de las preocupaciones pedagógicas. La cuestión de la formación demanda a los profesores un nuevo desafío: la formación del alumno como individuo en su "aprender a aprender", "aprender a ser", "aprender a hacer" (Sawaya, 2016: 12-13).

Según este consenso, que al menos se hace más visible en las políticas educativas de la región de los últimos casi cuarenta años, la alfabetización entendida como el desarrollo de competencias individuales, esto es la lectura y la escritura, implica que el docente "debe ser capaz de desarrollar en el alumno las habilidades y actitudes compatibles con la flexibilización del mercado de trabajo" (Sawaya, 2016: 13), y con ello se oculta que "su objetivo es la alfabetización como parte de las estrategias de ajuste interno a las nuevas reglas del mercado externo" (Sawaya, 2016: 15). Así, mientras los organismos internacionales afirman que la alfabetización, o enseñanza de la lectura y la escritura, deben enfocarse en la "adquisición de competencias y habilidades para que los alumnos sepan hacer usos funcionales de la lectura y de la escritura" porque de esta manera "se torna una de las estrategias para la superación de la pobreza y del subdesarrollo" (Sawaya, 2016: 14), particularmente las recomendaciones del Banco Internacional de Desarrollo (BID) apuntan a razones económicas de tales objetivos. A saber, determinar un "techo para los salarios de los profesores, al número de alumnos por aula, a la definición de directrices y orientaciones por resultados, al énfasis en los aspectos administrativos como la descentralización, autonomía de las instituciones escolares" para el logro "de acuerdos de cooperación multilateral" (Sawaya, 2016: 16-17).[3] En consecuencia, las orientaciones

---

3 Importa en la reciente coyuntura política de la Argentina, y momento de escritura del presente libro, traer estos análisis de otros países de la región como el Brasil cuando el actual gobierno nacional ha suspendido las paritarias docentes nacionales, ha establecido en el año 2018 un acuerdo con el Fondo Monetario Internacional (FMI) que implica la reducción del gasto público y, con ello, la reducción de los presupuestos para la educación y la producción científica. También, desde las gestiones jurisdiccionales, además de sus propuestas de acuerdos salariales a la baja respecto de las inflaciones anuales que se vienen acumulando desde el año 2015, se deciden los cierres o "transformaciones" de escuelas e institutos de formación docente. De hecho, la acción más reciente llevada

pedagógico-didácticas de la alfabetización como desarrollo de competencias individuales en lectura y escritura para "saber hacer" sus usos funcionales en las sociedades globalizadas suponen o traen consigo todo un posicionamiento político-económico que los desarrollos en investigación didáctica no suelen retomar como determinante o condicionante del trabajo docente. Menos aún, lo hacen respecto de sus continuidades en la educación secundaria y en el nivel superior. Dicho en otras palabras, no nos "vamos de tema" o dispersamos cuando se estudia cómo realizan cotidianamente su trabajo los docentes en el marco de estos entramados político-económico-educativos.

Decía anteriormente, tanto las versiones de los conocimientos específicamente didácticos más tecnicistas que vienen dando letra científica a estas políticas educativas y especialmente a las destinadas a la evaluación de los sistemas educativos, y las criticistas con sus denuncias vacuas, han colaborado y colaboran a las *tensiones entre saberes pedagógicos y saberes docentes* (Viñao, 2002; Rockwell, 2009). Modo de abordaje del trabajo docente, que defino y explico más adelante y en relación con los estudiantes, ya que entiendo como habilitante para esos avances "necesarios y urgentes" por sobre estas versiones didácticas que desgajan a la enseñanza de la experiencia cotidiana escolar, siempre anclada en el sistema educativo y la cultura escolar. También, siempre desgajada o evasiva de las expectativas sociales que recaen sobre el trabajo docente muchas veces, vuelvo a Gentili (2015: 137), "contradictorias". Las expectativas sociales incumplidas, se vuelven reclamos hacia la cara más visible y a mano del mostrador, es decir los docentes, quienes se ven explicando los fundamentos pedagógicos-didácticos del último diseño curricular de turno enmarañados en sus propias convicciones profesionales o develando cómo la realidad cotidiana de las políticas educa-

---

a cabo a nivel del Consejo Federal de Educación (CFE) fue la aprobación del proyecto de ley para la creación de la Comisión Nacional de Evaluación y Acreditación de Institutos de Formación Docente (CONEAFOD), justamente, luego de haber implementado las pruebas Enseñar (2018) a los estudiantes de los últimos años de los profesorados. Los resultados fueron difundidos por el Ministerio de Educación, Cultura, Ciencia y Tecnología a través de notas periodísticas. Por ejemplo, una de ellas los expresa como título: María Elena Polack (2018). "Enseñar: el 40% de los futuros docentes tiene dificultades en lectura y escritura". *La Nación*, 20 de diciembre. Recuperado de https://www.lanacion.com.ar/2204172-ensenar-el-40-de-los-futuros-docentes-tiene-dificultades-en-lectura-y-escritura/. La misma nota, informa que dados esos resultados se acordó en el CFE la futura creación de la Comisión Nacional de Evaluación y Acreditación de la Calidad de la Formación Docente (CNEAC). Esta otra Comisión, trabajaría junto con el Instituto Nacional de Formación Docente (INFOD) y asumiría los mismos estándares de calidad que la Comisión de Evaluación y Acreditación Universitaria (CONEAU). Sea cual fuere la Comisión que se termine instituyendo, ambas u otras similares que se propongan, es claro que sintonizan con el hecho de atar los salarios docentes a la evaluación entendida como aplicación de estándares internacionales bajo los argumentos de la calidad educativa.

tivas y sus enfoques pedagógicos-didácticos se concretan en la vigilancia de directivos e inspectores sobre el efectivo cumplimiento del mentado diseño curricular. En los casos de directivos o inspectores, que los hay, decididos a cumplir su rol de acompañamiento pedagógico y didáctico a los docentes, sus esfuerzos generalmente se frustran o se demoran por la carga burocrática de su tarea. Pero, para seguir con toda esta lógica de bienes y servicios educativos encarnada en los actuales sistemas educativos de nuestra región, encontrando expresiones más neoliberales o menos, se percibe que el "producto" no cumple o alcanza a cumplir con los resultados esperados ni por los adultos a cargo de los niños y jóvenes ni por los mismos docentes más o menos "actualizados", más o menos "tradicionales". Así la teoría del derrame se efectiviza cotidianamente en un derrame de culpabilidades más o menos focalizadas en todos estos actores, o los responsables de tan "malos" resultados son los docentes, o los estudiantes, o sus propias familias estén como estén constituidas y del sector social al que pertenezcan. O todos ellos juntos son "culpables", además de los directivos, inspectores, preceptores, auxiliares varios, todos sus gremios y sindicalistas.

Sin embargo, al menos en la Argentina y para muchos de sus sectores sociales, la escuela sigue siendo el espacio en el que confiamos, seguimos apostando a él porque incluso en toda su complejidad, que excede el ejemplo anterior meramente ilustrativo, sigue ofreciendo una educación acreditada por títulos que, al menos en potencial, satisface distintas necesidades sociales, desde el acceso a un trabajo hasta el acceso a los estudios superiores, y con ello a otros trabajos. En este punto vuelve a aparecer la lectura y la escritura en cuanto la tan nombrada "carta de ciudadanía", de nuevo, a la que no todos acceden y que obliga, para salirnos de los derrames de culpabilidades sobre los actores más sensibles y en muchos casos desprotegidos, a revisar el papel que los enfoques didácticos vienen teniendo en esta madeja.

No agoto todas estas dimensiones en los desarrollos que presento, pero no las descuido. Por ello, hacia el final del libro me dedico a sistematizar las tensiones entre saberes pedagógicos y didácticos, me permito esta reformulación, y saberes docentes que creo más importantes respecto del trabajo de enseñar lengua y literatura. De esta manera, propongo conocimientos didácticos que lo alojen en procura de resignificar saberes de larga data en las tradiciones escolares para vincularlos con otros que no la tienen pero que estoy convencida de que hacen su aporte, y aún más a las metodologías de la enseñanza. Se trata de saberes y metodologías que en posibles variaciones significativas hacen sentido con el trabajo docente que ya se realiza en las instituciones educativas permitiéndole atender a los problemas de la enseñanza que les son de interés.

Si bien el presente libro recupera buena parte de mi tesis de Doctorado, y con ello me refiero a que es extensa y se encuentra articulada en un estilo propio de un texto que es sometido a la evaluación académica, también se organiza a través de mi recorrido profesional. Se trata de un recorrido que se inicia apenas me recibí de profesora, cuando comienzo a trabajar en la escuela secundaria y en cursos de ingreso a la universidad, allá por 1998. También, ese doble inicio en la docencia se empalma con mis primeros pasos en la formación docente en la misma Facultad de Humanidades y Ciencias de la Educación de la Universidad Nacional de La Plata (FaHCE-UNLP), en la que obtuve todos mis títulos, y fui consolidando en simultáneo en la Escuela de Humanidades de la Universidad Nacional de San Martín (EHU-UNSAM) donde me desempeñé como docente durante diez años y me formé en el Centro de Estudios en Didácticas Específicas (CEDE-EHU-UNSAM).[4] Este recorrido no significa que asuma una distancia criticista o teoricista que las más de las veces simplifica los estudios o análisis de las políticas educativas a señalamientos de lo correcto o lo incorrecto, y con ello se dedica a la elaboración de profecías educativas también habitualmente ajenas al trabajo docente. Todo lo contrario, creo en las políticas educativas, eso sí, de desarrollos regionales que efectivamente reconozcan esa identidad, por ejemplo la latinoamericana, y las nacionales, no concebidas como ajuste o gasto, y que persigan discutir lo que se deba discutir, y también no acordar, con las políticas de los organismos internacionales. Creo en el rol fundamental que tienen los gremios docentes en el desarrollo de este tipo de políticas por esas implicancias económicas históricamente traducidas en los desfasajes del salario docente, en los problemas de infraestructura y en las condiciones de trabajo en general de la escuela pública (también las de gestión privada y subsidiadas que tampoco son la panacea educativa), pero además porque entiendo que pueden dar el debate pedagógico didáctico respecto de los enfoques dominantes en las orientaciones de las últimas décadas como

---

4 Actualmente ejerzo la formación docente ligada a la investigación en el Instituto de Investigación en Ciencias Humanas y Sociales (IdIHCS) con inscripción en la FaHCE-UNLP-CONICET y desde el año 2012 en la hoy Universidad Pedagógica Nacional (UNIPE). Este recorrido profesional, también incluye el dictado de cursos de grado y de posgrado en distintas universidades del país, conferencias, talleres, charlas en el marco de eventos o jornadas realizados tanto en universidades como en Institutos de Formación Docente, y los muchos menos en el marco de programas nacionales desarrollados por el ex Ministerio de Educación de la Nación y la Dirección de Educación y Cultura de la provincia de Buenos Aires. Aclaro estos dos últimos casos, no por algún elitismo academicista, de hecho la universidad forma parte de las revisiones que realizo en este libro, sino porque esa escasez de esta clase de participaciones en acciones o actividades que integran los circuitos de la formación docente, a lo largo de estos ya casi veinte años de carrera, creo que me permiten la distancia necesaria con la que trato algunos problemas vinculados a las relaciones complejas entre políticas educativas, enfoques didácticos y trabajo docente.

parte de estos problemas. Y creo en los aportes que podemos ofrecer los especialistas cuando ponemos en suspenso los corporativismos de nuestras comunidades profesionales que, en sus casos más extremos, hacen de la formación docente un cumplimiento a pie juntillas del enfoque que cada uno de ellos sostiene y defiende. Aunque sé que es difícil, no soy ingenua. Nadie tiene hasta ahora la pócima mágica para este problema, pero sí quienes investigamos en educación respecto de la enseñanza de las disciplinas, es decir hacemos didáctica(s), y trabajamos en la formación docente tenemos la posibilidad, si nos lo proponemos, de insistir en una reflexión constante que vaya en este sentido, reconociendo y develando nuestros lugares de enunciación e intereses.

En suma, quisiera presentar de qué se trata exactamente este libro, o mejor dicho qué cuestiones retoma de mi tesis de Doctorado y cómo, de qué manera. Por un lado, se trata de recuperar y dar mayor visibilidad a un modo investigar y de producir conocimientos en didáctica de la lengua y la literatura. No reniego de esta denominación, aunque no sea unívoca, y aunque desde hace unas décadas esté siendo redefinida según perspectivas del momento confundiendo, por decirlo de algún modo, sus propios nombres o de espacios curriculares con su carácter disciplinar, como área de conocimientos. Tampoco creo que todavía haya que justificarla en cuanto tal. Sí polemizo con sus usos coyunturales a conveniencia. Me refiero a cuando se dice que se es especialista en didáctica de la lengua y la literatura, o de la lengua o de la literatura, como reaseguro de una inscripción académica universitaria para luego, por ejemplo, participar del desarrollo e implementación de políticas educativas que buscan legitimarse en su diferenciación. Pues si la didáctica se encuentra atada a lo escolar, y con ello a las tradiciones y a la reproducción social y cultural, se sería más "innovador" postulando un antididactismo. Esto es un "didactismo" que se evitaría diciéndose especialista en lectura, escritura, alfabetización, promoción de la lectura, literatura infantil, escritura creativa, entre otros. O, en sentido similar, cuando desde otras áreas disciplinares puede ser tanto educación, como estudios literarios o lingüísticos, para poner los casos más conocidos, se la subsume a una línea de aplicación de las "grandes teorías". Decía, que intento en este libro comunicar un recorrido que supone un modo, no es el único ni debería serlo, hay otros, de hacer investigación en didáctica de la lengua y la literatura, de pensarme como didacta de la forma en que entiendo se constituye en y con la docencia (menos reniego de esta especie de identidad aunque soy consciente de su poco *glamour* tanto en el mundo académico, como en el de las políticas educativas).

Nunca pude concebir una producción de conocimientos en didáctica de la lengua y la literatura ajena, desentendida, del trabajo docente, que lo mira "desde arriba" parafraseando a Justa Ezpeleta y Elsie Rockwell,[5] siempre sindicándolo como "equivocado" para, de esta manera, justificar sus "importantes" hallazgos teóricos o novedades —muchas veces escasos de esos atributos— en el terreno de la enseñanza. Y que como tales, deberían convertirse en las orientaciones pedagógicas y didácticas a seguir por la formación docente en todos sus niveles y espacios de actuación. También por las políticas educativas. Por el contrario, siempre tuve la convicción, aun la tengo, de que aquello que en mis primeros trabajos formulaba como *prácticas de enseñanza de la lengua y la literatura* y ahora con mayor precisión y sustento teórico llamo el *trabajo docente*, lo que me permite comprenderlo y explicarlo en las prefiguraciones del sistema educativo, la cultura escolar y la disciplina escolar lengua y literatura que lo atraviesan y particularizan, es el objeto de indagación de una perspectiva en didáctica de la lengua y la literatura que se crea a sí misma fundada en las ciencias sociales y en la investigación educativa social, antropológica e histórica. Asimismo, el trabajo docente como objeto de indagación admite la posibilidad de avanzar sobre los recortes opositivos respecto de los actores de la enseñanza. No se trata de estudiar a los docentes o a los estudiantes, sino de abordar sus relaciones cotidianas en esas acciones que históricamente llamamos enseñar y aprender. Me refiero a sus modos de vincularse a propósito de esos saberes enseñados y aprendidos que son disciplinarios en todo su sentido amplio y diverso, pero que también suponen sus lazos con otros de distintas procedencias sociales y culturales. Este libro, además, recupera desarrollos, aquellos que suelen ser llamados "de juventud" y que fui revisitando a medida que avanzaba en la elaboración de nuevos marcos teóricos y metodológicos, o en su precisión y mayor dominio conceptual cuando se trataban de perspectivas ya conocidas y utilizadas, para abordar realidades mucho más diversificadas, que no se circunscribían solamente a mis registros de clases o a problemas que ya se mostraban agotados, solamente de interés para otros especialistas. Quería, más allá de tener en claro que una tesis de Doctorado debe mantenerse en los límites de los estándares de la investigación académica para ser aprobada, que se tratara de una producción que tuviera siempre como horizonte de recepciones a los docentes, sus preguntas e inquietudes, sus cansancios y sus frustraciones en los que la mayoría de las veces continúo reconociéndome.

---

[5] Me refiero al ya clásico ensayo, pero todavía sumamente vigente en relación con sus planteos, de Elsie Rockwell y Justa Ezpeleta (1983). *La escuela: relato de un proceso de construcción inconcluso*. México, Publicaciones del Departamento de Investigaciones Educativas, Centro de Investigación y de Estudios Avanzados del IPN.

Así es, que una buena parte de la investigación está dedicada a reconstruir una serie de debates y luchas hacia el interior de las distintas perspectivas didácticas en las que los docentes no solemos ser (in)formados y que en su desocultamiento revelan su carácter político corporativo, no solo epistemológico. El conocimiento de estas disputas en sus intereses no ligados a las búsquedas de "verdades científicas", a mi entender, resulta crucial a la hora de explicar(nos) las razones por las cuales varios de sus desarrollos, que al menos desde los años noventa hasta la actualidad se legalizaron como los fundamentos de las políticas educativas para el área, no se condicen con la cotidianeidad de la tarea educativa extremando la sensación de culpabilidad o de inseguridad, otras veces las respuestas casi reaccionarias, de muchos colegas. Tengo plena conciencia de que estos momentos del texto original resultan arduos para su lectura en su exceso de citas a modo de validar mis interpretaciones e hipótesis, también de documentos varios. No obstante, me permití reescribirlos despojándolos, en la medida de lo posible, de esos abigarramientos y, por ello, elegí mantener la bibliografía más significativa para tal fin. Aquella que excluyo, propongo que sea consultada mediante la remisión al texto original de la tesis donde se encuentra mencionada o citada. Dada la nueva coyuntura política de la Argentina creo que resulta un aporte imposible de soslayar la reconstrucción de esas disputas principalmente para conocer cómo han trascendido a los gobiernos de distintos signos ideológicos partidarios (y seguramente hoy también lo hagan), ya que se trata de otro poder, el de los especialistas en las políticas de Estado y de los organismos internacionales que permanece y persiste, se vuelve a maquillar para salir a escena sin que lo afecten estructuralmente los cambios de directores de orquesta.

Con ese telón de fondo, cuya historia en realidad sitúo entre los años ochenta y los dos mil, intento en este libro seleccionar y reescribir los momentos de la investigación que persiguen el estudio del trabajo docente en relación con una zona ríspida para cualquier didáctica y sus distintas perspectivas. Se trata de las metodologías de la enseñanza que suelen ser omitidas, demoradas, o no explicitadas cuando se revisan las últimas producciones que asumen la enseñanza de la lengua, de la literatura o de la lengua y la literatura como su preocupación. Dichas producciones de procedencias disciplinares, teorías y métodos disímiles, que transitan por distintos géneros (desde publicaciones académicas hasta una variedad de documentos que forman parte de políticas y de acciones educativas, pasando por distintos productos de la industria editorial escolar, desarrollada desde las esferas privada y pública, de soporte papel o de varias formas de las nuevas tecnologías) se fueron aparejando en cuanto a sus institucionalizaciones. Es decir, en cuanto a su consolidación en las universidades, institutos de formación docente, distintas acciones político educativas, diseños curriculares y difusión a través del mismo mercado editorial escolar en la Argentina. De esta manera, dichas producciones protagonizaron una reconfiguración de la disciplina escolar lengua y literatura, en cuanto conversión de sus objetos de estudio y contenidos en lectura y escritura, que se presenta como un quiebre imposible de ser dejado a un lado cuando se indaga el trabajo docente en sus dimensiones metodológicas de la enseñanza. En este sentido, se necesita como variable del análisis esa historia reciente de la de la enseñanza de la lengua y la literatura entendida como disciplina escolar, enmarcada en el sistema educativo y la cultura escolar para focalizar en sus cruces la complejidad que asumen las metodologías de la enseñanza de la lengua y la literatura en el trabajo docente cotidiano. Problema que conlleva los históricos debates sobre el método no solamente en las didácticas, sino también en la pedagogía y en sus disciplinas de referencia.

En relación con lo anterior, retomo de la tesis los desarrollos en didáctica de la lengua y la literatura[6] para observarlos desde una revisión epistemológica que indaga qué tipo de conocimientos buscaron y buscan producir y en el marco de qué debates con otras didácticas, cómo comunican esos conocimientos, qué interlocutores imaginan; en qué espacios del amplio espectro de la educación los aplican, validan y legitiman. Y cómo omiten, desplazan o rodean las condiciones materiales y simbólicas del trabajo docente específicamente en lo que respecta a sus metodologías de la enseñanza. Esta revisión también considera mis propias producciones.[7] Porque, si fuera cierto que las didácticas especiales, específicas, de objeto, didácticas especializadas en campos de conocimiento, en cuanto a las distintas denominaciones que vienen recibiendo, supusieron una fragmentación del estudio de la enseñanza, más bien lo que parece valedero de afirmar es que, al menos,

---

6   A lo largo del libro seguiré empleando esta denominación general para la referencia a sus distintos desarrollos.

7   Como ya anticipé, busco una enunciación que explicite mi participación y toma de posición en las producciones sobre enseñanza de la lengua y la literatura de las dos últimas décadas en el marco de mi trayectoria profesional tanto en la docencia como en la investigación. En ese sentido, adscribo a las cuestiones éticas respecto de la posición del investigador en los debates sobre la investigación etnográfica, al menos, de los últimos treinta años. Resumidas en palabras de Elsie Rockwell "producir conocimiento nos compromete a realizar su valor dentro de los procesos sociales y políticos en los que participamos" (2009: 39). Dicho en términos de los desarrollos actuales sobre estos temas, "la dimensión ética de la investigación etnográfica comprende también los momentos del diseño de la investigación y el del análisis y presentación de los resultados", porque "la ética consiste en una dimensión transversal al proceso de investigación etnográfico en su conjunto" (Restrepo, 2015: 165).

la didáctica de la lengua y la literatura, al mismo tiempo que se institucionalizó en la formación docente –también como cuerpos de conocimientos para orientar distintas políticas educativas–, multiplicó sus objetos de referencia, particularmente, en las últimas décadas y en la Argentina. Y que, además, esta multiplicación de los objetos de enseñanza implicó, e implica, las tensiones entre sus saberes y orientaciones con los saberes docentes. Como ya adelanté, estas tensiones que autores como Viñao (2002) y Rockwell (2009) llaman *tensiones entre saberes pedagógicos y saberes docentes* se presentan como un abordaje propicio para comprender y explicar cómo se vinculan las producciones académicas, aquellas tomadas por las políticas educativas, sus lineamientos curriculares, programas, entre otras acciones, las propuestas del mercado editorial escolar y los sitios web institucionales o privados con la cotidianeidad del trabajo docente, con el aula. Insisto, no es que en un aquí y ahora estamos en un campo llamado *didáctica de la lengua y la literatura* por el que distintos agentes luchan para hacerse de la *doxa*,[8] ya que esa enumeración debiera completarse con las de didáctica de la lectura, didáctica de la escritura (y sus vínculos con la alfabetización), didáctica de la argumentación, didácticas de las lenguas, didáctica de las prácticas del lenguaje, la didáctica de la lectura literaria o de la literatura que se construye en el campo de la literatura infantil y juvenil, de la promoción de la lectura, entre otras. Tampoco es de honestidad intelectual afirmar que todas estas didácticas surgieron "naturalmente" para dar cuenta de objetos de conocimiento que estarían "dados en la realidad", o que se tratarían de recortes "inevitables" a modo de lograr acercamientos específicos. Una cosa es, como investigador, investigadora o como especialista, indagar de manera particular la lectura o la escritura en la enseñanza de la lengua o de la literatura, y otra muy distinta es convertirlas *ad hoc* en objetos de investigación que sin más trámite encontrarían su correlato en la enseñanza.

Decía antes que las perspectivas que reviso sostienen disputas pero también, agrego ahora, aparejamientos, coincidencias y hasta alianzas. Justamente, se trata de esos procesos de reconfiguración de la enseñanza de la lengua y la literatura en enseñanza de la lectura y la escritura y sus distintos correlatos en didácticas, los que asemejan tanto a la perspectiva que denomino en la tesis como *cognitivo textualista* (sea con bases en líneas

---

8 No entraré aquí en debates acerca de la noción de *campo* ni en aquellas nociones de amplio conocimiento en el mundo académico que completan la teoría sobre la acción social de Pierre Bourdieu (*illusio*, *habitus*, etc.). También porque, como se verá más adelante, mis opciones teóricas son de otro orden. Por lo tanto, utilizo *campo* como nominación consensuada para distinguir espacios de acción académico profesionales. Sí revisito otros conceptos de Bourdieu (1992, 2001) como el de *prácticas sociales* y otros referidos a problemas lingüísticos discursivos, cf. Cuesta (2011).

lingüísticas o literarias, además de psicológico educativas), la *psicogénesis* (actualmente refuncionalizada en las prácticas del lenguaje y que retoma varios presupuestos de la anterior) y el llamado *enfoque sociocultural* (que redunda en la afirmación de que la lectura y la escritura son prácticas sociales siempre confrontadas con aquellas que se desarrollan en las escuelas, como si estas instituciones no formaran parte del amplio y complejo mundo de lo social, o no se topasen constantemente con lo que les resulta ajeno de él). Se trata de las tres perspectivas que en sus cruces o directamente encastres, dominan los diseños curriculares y las orientaciones didácticas para la enseñanza de la lengua y la literatura, reitero, reconvertida en enseñanza de la lectura y la escritura. En sus pretendidas superaciones de la tradiciones disciplinarias escolares, o directamente pronunciamientos antididactistas negativizadores de los saberes escolares que en gran medida hacen a los docentes, se encuentra la posibilidad de hacer visible este problema como arista fundamental para el estudio del trabajo docente siempre tensionado en sus opciones teórico-disciplinares y todavía más en las metodológicas. Como ya expresé, elijo de mi tesis esta zona y, agrego ahora, también cómo hallé en los estudios sobre la creación de un mercado educativo y del rol que los académicos universitarios especialistas vienen teniendo en él como expertos capaces de señalar qué es lo que necesita la educación en general, y por sus lógicas de derrame, los docentes y los estudiantes de la Argentina. Particularmente, vuelvo a cómo esas tres perspectivas se han posicionado en ese mercado educativo con una clara presencia desde los años noventa en adelante, mediante el aprovechamiento de las leyes que dieron marco a las políticas educativas de Estado e internacionales, porque, también como ya lo presenté al referirme a las pruebas de calidad educativa, hacen a los fundamentos para explicar que los procesos de reconfiguración de la disciplina escolar lengua y literatura en enseñanza de la lectura y la escritura soportan la invención de la demanda y la oferta educativas. Siempre aceptadas por sus potenciales clientes, de manera más o menos armoniosa, casi al mismo modo que todos los consumidores, lógicamente, esperamos que salga al mercado un nuevo producto que verdaderamente logre satisfacer nuestras necesidades.

A partir del estado de situación anterior, y para recapitular, su lectura en un presente obliga a reconocer que no estamos *frente* a un campo de la didáctica de la lengua y la literatura autónomo ni *en* él o, al menos, a asumir que la insistencia en esta premisa resulta insuficiente para abordar al trabajo docente en los términos que persigo. Más bien se asiste a un entramado de distintas perspectivas didácticas que son en sí mismas variables de reconfiguración de la disciplina escolar lengua y literatura en el sistema educativo argentino. Estas perspectivas responden a una historicidad que cruza las políticas educativas con producciones de saberes académicos y sus puestas en circulación en las instituciones educativas; y que se documentan desde mediados de los años ochenta del siglo XX hasta la actualidad; pero con claros antecedentes en los años sesenta y setenta. Se trata de procesos político-educativos que se dieron en la educación secundaria y en los ingresos a la educación superior –igualmente, de estrechos vínculos con la educación primaria–, no casualmente, en el marco del retorno a la democracia en la Argentina.

Algunas aclaraciones merecen la bibliografía y las fuentes utilizadas en la investigación que versan sobre la enseñanza de la lengua y la literatura,[9] ya que presentan características particulares. Por un lado, hay un grupo de trabajos que se inscriben en las lógicas de las publicaciones académicas. Por otro, en especial hacia la última década, se le solapa una hiperproducción, por demás diversificada, en la que se hallan planteos didácticos (dicho de manera muy general) plasmados en distintos géneros: nítidos o mixturados; de edición y publicación vía Estado nacional, provincias o jurisdicciones, industria editorial escolar, organizaciones no gubernamentales (ONG), fundaciones privadas; todos materializados en publicaciones en papel o en sitios web (en algunos casos como emprendimientos personales). Esta situación, seguramente, ameritaría una investigación de corte colectivo y estadístico, pero no es el propósito de la que aquí presento. Por ello, decidí organizar la exposición de estas producciones (y así las llamaré) en la cronología antes mencionada, seleccionando entre ellas casos representativos del muestreo incompleto en relación con las cantidades, pero suficiente para el rastreo y análisis de significados recurrentes que forman parte de las reconfiguraciones de la disciplina escolar lengua y literatura que me interesan estudiar como determinaciones y tensiones del trabajo docente respecto de sus metodologías de la enseñanza. Asimismo, no traigo a este libro todas las referencias que se encuentran en el texto original de la tesis para, como señalé antes, agilizar la lectura. En este caso también me tomé el permiso de remitir a los lectores interesados en este aspecto documental de la investigación a su texto original.

La dimensión empírica propiamente dicha de esta investigación también tiene sus particularidades. No se trata de una recolección de datos en un terreno desconocido ni de producciones de grupos que presentarían una marcada distancia social y cultural respecto de mi posición; sino que se construye desde un acopio de distintos intercambios, comentarios y escritos

---

9   Seguiré utilizando esta denominación que, si bien no goza de demasiada precisión como ya he explicado, permite allanar en la escritura el abigarramiento que significa el despliegue de la enumeración de las perspectivas antes señaladas.

producidos por docentes y alumnos en situación de formación (de enseñanza, de clase), en los que he tenido injerencias directas o indirectas; pero protagonismo al fin. Es decir, se trata de materiales empíricos obtenidos en mi trayectoria profesional que comienza en 1998 y se extiende hasta la actualidad. Esta trayectoria desplegada en distintas instituciones educativas comprende, en su sentido geográfico, el acceso a las perspectivas de distintos actores residentes en diferentes puntos del país, tanto de manera presencial como, desde el año 2006 y hasta ahora, a través de la educación virtual. Al igual que con la variedad de documentos que componen las producciones sobre enseñanza de la lengua y la literatura, decidí en este caso remitir al texto original de la tesis en el que se encuentran no solamente esos registros y escritos de distintos colegas que van desde comentarios en clase hasta trabajos para la aprobación de diversos espacios de formación docente, también los producidos por sus estudiantes a cargo, sino en los que se consignan sus nombres completos, instituciones y el contexto de su generación. En este sentido, recupero también de la investigación sus definiciones metodológicas (ahora me refiero a la metodología de la investigación), porque también suponen una revisión necesaria de las perspectivas de la didáctica de la lengua y la literatura en cuanto a sus contradicciones epistemológicas. Por ello, esta revisión supone además cómo realizan las recolecciones de las voces de los y las docentes o estudiantes, o de ambos, porque suelen presentar un carácter por demás selectivo, y por ende problemático, que las lleva a trabajar solo con aquello que corrobora sus hipótesis. Esta situación es aún más crítica en la perspectiva sociocultural que verdaderamente en varias de sus producciones no se condice en casi nada con los postulados de las ciencias sociales modernas, menos todavía con los de la etnografía, pues presentan un mundo empírico recortado excepcional e individualista, muchas veces anecdótico en sentido estricto, también idealizado o fetichizado, que entienden espontáneamente generalizable a todas las situaciones de enseñanza de la educación formal y no formal. Se trata de concepciones de lo empírico que "se imaginan por encima y más allá de las personas, a las que consideran como su 'objeto de investigación'" y que reproducen, aunque hablen constantemente de las subjetividades, "uno de los grandes problemas éticos de los modelos de investigación social positivistas convencionales: la cosificación de otros seres humanos por parte de alguien que se ubica a sí mismo como sujeto de conocimiento" (Restrepo, 2015: 173).

Existen otros estallidos y desestabilizaciones que estudio en mi tesis y me interesa recuperar aquí dadas sus lógicas implicancias en el trabajo docente de enseñar lengua y literatura. Se trata de los objetos lengua y literatura. A qué se llama lengua y literatura en la actualidad es una pregunta por demás compleja en cuanto a aquello que los actores de su enseñanza tienen para decir, ya sea por las actualizaciones de significados que desde la academia creemos vetustos y, por ello, suponemos eliminados del juego social, o porque interpelan nuestras propias convicciones teóricas. Por ello, desarrollo en el libro la posibilidad de reconceptualizar a la lengua y a la literatura como objetos de enseñanza además de los saberes que permiten su realización desde marcos teóricos permeables o no incompatibles con sus tradiciones epistemológicas y metodológicas. Se trata, vuelvo a destacar, de buscar una resolidarización entre distintos estatus de saberes incluyendo los propios saberes de docentes y estudiantes, también aquellos que expresan en sus mismas experiencias cotidianas del enseñar y aprender en las instituciones educativas. Asimismo, y en relación con esto último, cabe ahora aclarar que sostengo la denominación *enseñanza de la lengua y la literatura* porque se sigue arrastrando en las mencionadas producciones al respecto, de manera explícita o implícita, y especialmente porque docentes y alumnos seguimos diciendo, aunque estemos en espacios cuyos nombres varían entre Lengua, Literatura, Lengua y Literatura, Prácticas del lenguaje, Taller de lectura y Taller de escritura, Taller de comprensión y producción de textos, entre otros, que estamos allí para *enseñar y ser enseñados* en lengua y literatura.[10]

Por último, retomo de la investigación –como ya lo estuve afirmando– que el abordaje del objeto lengua y literatura como disciplina escolar lo supone situado en el sistema educativo y en la cultura escolar. Es decir, que la enseñanza de la lengua y la literatura es un entramado superpuesto de "tradiciones" lideradas por ciertos grupos, no solamente de "contenidos"; sino también de reglas, rituales, criterios organizativos, juegos jerárquicos, mitos, modos de formación y acreditación, en el que se puede observar su carácter de producto genuino en cuanto disciplina escolar (Viñao, 2002: 70-71). Esta decisión teórica y metodológica de la investigación permite también indagar un presente de la enseñanza de la lengua y la literatura que

---

10 Esta distinción me permite plantear de otro modo la acción de aprender por parte de los alumnos. Como se verá más adelante, se trata de sortear los reduccionismos psicologicistas de la noción de *aprendizaje*: "En una de sus agudas reflexiones, Bruner (1996) concluye que los psicólogos hemos investido buena parte de nuestros esfuerzos en estudiar cómo los sujetos se apropian de los contenidos de la cultura propuestos por la educación. Poca atención se ha prestado al proceso inverso: cómo la cultura y la enseñanza conforman el aprendizaje, el conocimiento y las maneras de pensar, imaginar y sentir de los alumnos. La perspectiva individual, tanto en psicología como en pedagogía, no es un signo de estos tiempos posmodernos y neoliberales, sino que, tanto en su versión conceptual como metodológica, ha constituido uno de los pilares sobre el cual ambas disciplinas han pensado y construido la mayor parte de su saber y de su hacer". Félix Temporetti (2006). "Prácticas educativas: entre lo individual y lo sociocultural. Breve ensayo sobre los conocimientos psicológicos en la enseñanza", *Revista Itinerarios Educativos*. Año 1, N° 1, p. 91.

muestra, en el solapamiento de sus sedimentos, una "heterogeneidad frente a la norma" y devela con mayor precisión "lo que perdura y lo que cambió" (Rockwell, 2009: 181). Creo que sin el estudio de la enseñanza de la lengua y la literatura situada en el sistema educativo y en la cultura escolar no se pueden formular, ni validar, fundamentos para desarrollos didácticos que verdaderamente atiendan a las dimensiones metodológicas de dicha enseñanza en el ofrecimiento de (re)orientaciones para el trabajo docente. Es decir, no podrá atender a que el trabajo docente se localiza en una historicidad reciente de la disciplina escolar lengua y literatura enmarcada en el sistema educativo donde anidan sus propias verdades y certezas, que resisten a los intentos de aplanamiento o descalificación de los diagnósticos educativos provenientes de los operativos de evaluación de los organismos internacionales o de los Estados cuyos parámetros muchas veces no suelen ser tan distintos a los de las perspectivas didácticas. No se trata de "celebrar" el carácter reproductivo de la escuela y sus formas de enseñanza, sino de comprenderlo en su especificidad y en el hecho de que también implica producción y cambio. Me refiero a que las líneas didácticas que no atienden a esas dimensiones del trabajo docente no logran brindar, si es que realmente se lo están proponiendo, los sustentos teóricos para la elaboración de propuestas de enseñanza con sentido y valor para docentes y estudiantes. Por último, resta señalar que entiendo al tipo de problemas que formulo, a sus fundamentaciones, a la construcción del marco teórico y metodológico de la investigación, como desarrollos de la didáctica de la lengua y la literatura de perspectiva etnográfica.

Capítulo 1
Didáctica general y didáctica de la lengua y la literatura como didáctica específica

1. Revisiones y debates político epistemológicos

Las decisiones de investigación enunciadas en la introducción al presente libro, allanan la necesaria puesta en suspenso del hecho de que existiría *una* didáctica de la lengua y la literatura, a modo de reflejo de objetos preexistentes a cualquier historización de la disciplina escolar lengua y literatura, y que existiría ajena a los debates y replanteos de la didáctica general y, en sentido más amplio, de las ciencias de la educación como ciencia social. Afirmar que particularmente en la Argentina desde los años noventa, sobre todo, didáctica general y didácticas específicas[1] caminan por senderos bifurcados resulta erróneo y más bien una creencia que se vincula con sus relaciones poco armoniosas, signadas por la disputa de espacios de validación académica

---

1 Como se verá en el desarrollo de este apartado, las denominaciones de este campo varían según el período que abarca cada debate y las posiciones disciplinares desde las que se enuncia. Utilizo *didácticas específicas* como nominación institucionalizada por la Maestría en Didácticas Específicas de la Universidad Nacional del Litoral y también por el Centro de Estudios en Didácticas Específicas (CEDE) de la Escuela de Humanidades de la Universidad Nacional de San Martín dirigido por la Mg. Gema Fioriti y del que participé activamente desde su creación en 2002. Desde esa fecha, el Centro viene realizando publicaciones y eventos académicos locales e internacionales con el objeto de impulsar un empleo generalizado de esta denominación, cuyo sentido original se basó en la distinción con una incipiente didáctica destinada a la educación especial. La decisión tenía la intención de asegurar la referencia sobre didácticas de disciplinas, a veces también llamadas de objetos. Las publicaciones de las ponencias presentadas en las distintas jornadas y congresos del CEDE son otros materiales valiosos en los que se puede observar el estallido de las didácticas y la proliferación de recortes por nivel o modalidad, por ejemplo, didáctica de la enseñanza universitaria, de la formación docente, de primer ciclo, entre otras, o la de recortes por nuevos campos disciplinares en cuanto a sus recientes institucionalizaciones en los estudios superiores o la escuela media, por ejemplo, didáctica de la sociología, del turismo, de las ciencias del trabajo. Cf. Fioriti (comp.) 2008; 2010.

y de trabajo (Camilloni, 1996; Davini, 1996; Feldman, 1999; Herrera de Bett, 2000; Bombini, 2001b).[2]

Algunos procesos compartidos por cada didáctica, a mi entender, revelan modos persistentes de teorización sobre las especificidades que las caracterizarían, y que se hallan documentados a partir de la segunda mitad de los años noventa.[3] Luego explico sus relaciones con el hecho de que se hayan dado en épocas de la sanción y posterior período de implementación de la Ley Federal de Educación (1993) en la Argentina. De este modo, en los debates didácticos de aquel entonces hay una insistencia en, por un lado, reconocer la "porosidad" y "permeabilidad" de las fronteras de "la didáctica" y en asumir que resulta imposible pensar producciones que no trabajen en una lógica interdisciplinaria (Camilloni, 1996: 35); pero, por otro, se insiste en reafirmar la existencia e incumbencias de una didáctica que estaría amenazada por influencias del propio estallido de las ciencias de la educación en diferentes perspectivas teóricas: estudios sobre el currículum, interpretativo-críticos, psicologías aplicadas, además de las didácticas específicas (Camilloni, 1996: 20-22). Por ello, desde la didáctica general, se dio una tendencia revisionista que debatió sus relaciones con otras disciplinas bajo conceptos como *herencia* y *deudas*, desde una posición que también analizaba su propio estatuto disciplinar y científico (Camilloni, 1996: 20). Al mismo tiempo, se alertó sobre los riesgos que suponían las didácticas específicas, que habían ganado espacio frente a la improductividad de los proyectos de construcción de una "megateoría" que intentara rearticular en un todo las multidimensiones del fenómeno educativo apelando a una lógica de sumatorias disciplinarias, pero de dudosa concreción en la acción. De esta manera, Cristina Davini (1996) explica el caso de la producción de José Gimeno Sacristán como representativa de estos proyectos megateóricos (el adjetivo es utilizado por la autora),

---

2 Otro trabajo que aporta a la revisión de estos problemas es Jorge Steiman *et al.* (2006). "Didáctica general, Didácticas específicas y contextos socio-históricos en las aulas de la Argentina", en Fioriti, G. (comp.): *Didácticas específicas. Reflexiones y aportes para la enseñanza*. Buenos Aires, Miño y Dávila - Univ. de San Martín, pp. 27-52.

3 La publicación *Corrientes didácticas contemporáneas* es en ese sentido un documento de sumo valor. Iré desplegando el análisis de los artículos de las autoras que desde sus distintos intereses van delineando problemas y proyectos pendientes, que siguen resultando actuales. Se trata de seis artículos que sintetizan las intervenciones de Alicia Camilloni (Universidad de Buenos Aires, UBA), María Cristina Davini (UBA), Gloria Edelstein (Universidad Nacional de Córdoba, UNC), Edith Litwin (UBA), Marta Souto (Universidad Nacional del Comahue, COMAHUE) y Susana Barco (COMAHUE) en el seminario homónimo realizado en la Maestría en Didáctica de la Facultad de Filosofía y Letras de la Universidad de Buenos Aires (no se indica el año específico de su dictado). El libro se publica por primera vez en 1996 en la colección Biblioteca de Cuestiones de Educación de Paidós, dirigida por María del Carmen Delgadillo y Beatriz Alen, y tiene una séptima reimpresión en el 2006.

que suman distintas tradiciones teóricas y líneas para abordar la complejidad de las prácticas escolares en, palabras de la autora, una "teoría curricular y de la enseñanza [que] incluye a las teorías políticas, sociológicas, culturalistas y de sistemas simbólicos, la lingüística, las teorías cognitivas y psicogenéticas, el análisis institucional y el estudio de las tecnologías sociales en vastísimas producciones y multidimensiones de análisis" (pp. 55-56). Igualmente, Davini reconoce que Gimeno Sacristán realiza un valorable esfuerzo teórico en la búsqueda de una integración metateórica, fundamentada en la presunción de que la comprensión crítica transformará las prácticas. No obstante, observa que "al incorporar tantas dimensiones y variables se va convirtiendo en una teoría interpretativo-descriptiva y no en una teoría práctica; esto es en una teoría para la acción" (pp. 55-56). La lectura de la prolífica producción de Gimeno Sacristán, también en coautorías con Pérez Gómez como de Contreras,[4] muestra esos movimientos señalados por Davini a partir de revisiones rigurosas y muy lúcidas en cuanto al análisis crítico de los estados de situación; pero de armados teóricos abigarrados y, a veces, por demás eclécticos que dificultan pensar cómo se concretarían en la enseñanza. Este rasgo, matizado de distintas maneras, también es asumido por algunas producciones en didáctica de la lengua y la literatura españolas que ingresaron a la Argentina mediante los procesos político-económicos que atravesaron la reforma educativa en momentos en que la autora hace este análisis.[5]

Las revisiones de la didáctica general también abrieron el debate sobre la labilidad epistemológica de las didácticas por niveles (didáctica de la educación inicial, primaria, y demás) cuyas dependencias mecánicas a la descripción psicológica maduracionista, hasta la actualidad, responden a cortes burocráticos del sistema y atentan contra los intentos de alguna unidad epistémica (Davini, 1996: 57). En consecuencia, según esta línea de la discusión, las didácticas específicas habían ganado, para mediados de los años noventa, el espacio de las propuestas normativas al apoyarse en una

---

4   Los trabajos de estos autores referidos por Cristina Davini son: José Gimeno Sacristán (1998). "Profesionalización docente y cambio educativo", en A. Alliaud y L. Duschatzky (comps.): *Maestros. Formación, práctica y transformación escolar*. Buenos Aires, Miño y Dávila, pp. 113-144; en coautoría con Ángel Pérez Gómez (1992). *Comprender y transformar la enseñanza*. Madrid, Morata, y José Contreras Domingo (1990). *Enseñanza, Currículum y Profesorado. Introducción crítica a la Didáctica*. Madrid, Akal.

5   Analizar de manera específica las lógicas epistemológicas de la producción ibérica en didáctica de la lengua y la literatura, a lo que se debería agregar sus cruces con la psicogénesis es tema de otra investigación. Sin embargo, hago referencia más adelante a los impactos de estos desarrollos en el ámbito curricular, a través de las editoriales de capitales españoles —a la luz de los procesos de monopolización del sector argentino—, y a la adopción de las formas de organización del sistema educativo español por parte de la Ley Federal de Educación (1993).

manifiesta desvinculación de la didáctica general y de proyectos políticos pedagógicos más amplios. Por ello, Cristina Davini explica el carácter "diafragmático" de las teorías de las didácticas específicas, ya que conllevan la focalización en una o dos variables del problema de la enseñanza, pero en la pretensión de erigirse como su "mirada total" (Davini, 1996: 57-58).[6]

De este modo, en el despliegue de un discurso de reconocimiento de la propia historia de la didáctica general para la que el "enfoque tecnocrático obturó durante mucho tiempo cualquier reflexión sobre el tema del conocimiento constituyéndose en aplicación del planeamiento eficientista en las escuelas" (Davini, 1996: 59), y beligerante, porque ya para los años noventa se advierte el poder de la lógica académica y de la investigación en la universidad con sus juegos jerárquicos disciplinarios, se afirma que la didáctica ha sido desplazada a un lugar menor y reducida a una concepción instrumental, respecto de otros campos de conocimientos incluyendo a la psicología (Davini, 1996: 59).

Parte de este planteo del problema es ofrecido por Daniel Feldman (1999) en una revisión epistemológica y metodológica del estado de la didáctica en la Argentina de fines de los noventa. Dice el autor que el hecho de que la educación haya sido tema de atención preferencial en la agenda política de las últimas décadas muestra procesos similares a los ocurridos en los inicios del siglo XX y en los años sesenta respecto de las discusiones sobre la necesidad de generar transformaciones pedagógicas. Pero, sobre todo, estaría señalando la necesidad de una revisión epistemológica de la producción del conocimiento didáctico en el análisis de cómo ha resuelto las intenciones reformadoras en sus articulaciones con "el conocimiento sistemático sobre cuestiones pedagógicas y didácticas [y] con la realidad de la vida en las escuelas y el trabajo cotidiano de los maestros" (Feldman, 1999: 9). Así, ingresa al debate la discusión sobre el trabajo de los docentes y las realidades en las escuelas para luego agregar una formulación que ya era utilizada hacia finales de los noventa en varios desarrollos de las didácticas específicas, "las relaciones teoría práctica", que caracteriza como un "comodín difuso, pero ventajoso a la hora de explicar fracasos e inconvenientes" (Feldman, 1999: 9) por parte de los diferentes enfoques didácticos. Es decir, que la formulación del problema como "las relaciones teoría práctica" no significó un avance sobre el contenidismo academicista, o como explicaba Davini (1996), una apertura de las didácticas específicas a más variables del hecho educativo,

---

6 El análisis de las producciones en didáctica de la matemática francesas de los años ochenta y noventa, aparecen en el artículo de la autora como representativas de esa propensión de las didácticas específicas a la "fragmentación" de una enseñanza con "función social básicamente instructiva o académica" (Davini, 1996: 60).

porque las conclusiones de sus análisis seguían derivando en una crítica a la formación docente, a los diseños curriculares, a los libros de texto y en varios casos a los propios docentes y sus resistencias a las innovaciones teóricas (Cuesta, 2011: 25).

Al redefinir el problema, Feldman (1999) postula que, en realidad, se deben estudiar las relaciones entre didáctica y *enseñanza*. En principio, la teoría es la didáctica, pero también lo son otros de sus productos, como los programas, las normativas y la práctica que corresponden a las acciones de los docentes en la clase. Ocurre que la proliferación y crecimiento del conocimiento pedagógico en la irrupción de las ciencias de la educación, como ciencia moderna, también venía abonando a su fragmentación disciplinaria. En consecuencia, ya para fines de los años noventa, el autor reafirma que la didáctica puede definirse como "una actividad educacional especializada que se preocupa por los problemas de la enseñanza", pues entiende que la enseñanza es un *invento social* (Feldman, 1999: 10).[7] Esta distinción recoloca aristas de la producción didáctica que exceden al hecho de pensarla, al menos únicamente, como disciplina o campo de conocimiento. En resumen, se trataría de una *especialidad*. Reconceptualización que resulta pertinente para la revisión epistemológica de las perspectivas didácticas de la lengua y la literatura que pretendo abordar desde una mirada histórica.

En el marco de estas diferenciaciones, y de otras que retomo más adelante, Feldman hace una lectura de la aparición en escena de lo que, en principio, llama las "didácticas especiales" para luego inscribirlas en esta idea de didáctica como especialidad, nombrándolas "didácticas especializadas en campos de conocimiento" (Feldman, 1999: 40). Luego de explicar el problema de la dependencia psicológica de la didáctica que llevó a confundir, en el macrodebate, las relaciones teoría-práctica, las producciones teóricas en psicología del desarrollo y psicología cognitiva con la pedagogía y la didáctica en sí misma, el autor ofrece una justificación de esta irrupción, que atañe también a la Argentina. Así, señala que en los últimos tiempos los enfoques generales de la didáctica se debilitaron, ya que han perdido su carácter prescriptivo a raíz de sus debates con la concepción tecnicista de la enseñanza. A su vez, el autor afirma que otra de las razones de la debilidad de los enfoques didácticos generales fue la incorporación del "sistema didáctico" como manera de abordar las relaciones entre conocimiento, docentes y alumnos. Con ello, dice el autor, se redefinió el proceso de la didáctica "y

---

7   Feldman inscribe este concepto desde la perspectiva de Jerome Bruner (1969) a través de su trabajo "La educación como invención social", en: *Hacia una teoría de la instrucción*. México, UTEHA. Reeditado en la compilación *Desarrollo cognitivo y educación*. Madrid, Morata, 1988. En nota 1 de Feldman (1999: 137).

abrió paso a una notable y prolífica producción con base en el contenido de disciplinas de conocimiento" (Feldman, 1999: 33-41). Señala luego que las didácticas especializadas pudieron capitalizar el abordaje de "situaciones concretas", por esa cercanía con la enseñanza que la didáctica general había perdido de vista, ya sea por el abandono de las reflexiones sobre su rol instrumental, o por "los reales límites de sus planteos generales"; y por comprender que el conocimiento es variable protagónica de la enseñanza, justamente, en esas situaciones concretas (Feldman, 1999: 41).

No obstante, esta irrupción trajo una serie de nuevos problemas que aún persisten y que, creo, hacen a los que aquí propongo analizar respecto de las didácticas de la lengua y la literatura. Feldman (1999) parece estar retomando esos debates epistemológicos de mediados de los noventa, basados en la serie de hipótesis sobre las didácticas específicas que ya he analizado. Por un lado, porque la lectura de estas didácticas pareciera estar más atada a la didáctica de la matemática y a cómo varios de sus conceptos fueron, por líneas de las ciencias de la educación, reutilizados para plantear sus propias didácticas especializadas. Se trata, en última instancia, de las adscripciones o réplicas a las primeras formulaciones teóricas de didactas de la matemática franceses que también dieron cabida a redefiniciones en otras didácticas específicas en los ámbitos europeo y local (Fioriti (comp.), 2008). Sin embargo, ya circulaba por entonces el clásico trabajo de Bronckart y Schneuwly (1996), quienes en una primera propuesta disciplinar denominada "didáctica del francés como lengua materna" —Bronckart la ha reformulado actualmente—, cuestionaban los usos de las categorías "transposición didáctica" y "sistema didáctico" en los estudios sobre "didáctica de las lenguas" que debían reconocer el carácter estrictamente social del objeto y, en ese sentido, incluir para una redefinición del sistema "las prácticas sociales de referencia" (Bronckart y Schneuwly, 1996: 71). A su vez, la denominación "didáctica de las lenguas" remite según los autores a una génesis europea de, al menos dos decenios, cuando se registran las primeras producciones metametodológicas para la enseñanza de las lenguas vivas. En los años cincuenta, con el conductismo y el behaviorismo, esas reflexiones serán reimpulsadas, diversificadas a nivel mundial (por ejemplo, la enseñanza del francés y del inglés para los hablantes no nativos) también por factores que hicieron, y hacen, a políticas lingüísticas (Bronckart y Schneuwly, 1996: 65-66).

Importa señalar, en relación con lo anterior, que habría más de un relato para explicar el advenimiento de las didácticas específicas y que no son del todo similares según la disciplina en la que se especialicen. Tampoco, como queda claro, esos relatos serán iguales según la posición política disciplinar que ocupe quien los narra. Estas caracterizaciones de las didácticas especificas de mediados y fines de los años noventa, en realidad, recortan los usos de algunas categorías –básicamente de Chevallard y de Brousseau– producidas en los ochenta y que circularon en nuestro país a partir de las traducciones al español de los años noventa.[8] Así, en la perspectiva más focalizada en producir conocimiento didáctico con bases en postulados de la psicogénesis y como desarrollos desde las ciencias de la educación, se encuentran estos préstamos y no en todas las líneas que venían trabajando sobre la enseñanza de la lengua y la literatura, particularmente desde la formación e investigación lingüística y literaria (Cuesta, 2011: 16).

No obstante, si para los años noventa la discusión parecía encaminarse más hacia la existencia o no de estas didácticas específicas sospechadas de diafragmáticas (Davini, 1996), y si verdaderamente no presentaban una autonomía respecto de la didáctica general, Feldman (1999) reactualiza estos temas. Algunos de los nuevos argumentos que agrega al debate permiten mirar el presente de las perspectivas de la didáctica de la lengua y la literatura en cuanto sus propias luchas y diversificaciones. Recoloco otros argumentos en este marco para señalar algunas cuestiones que me parecen importantes de atender, al menos para observar las relaciones entre didáctica general y didáctica de la lengua y la literatura. Se trata, nuevamente, de no emprender una caracterización de las didácticas específicas que englobe a todas ellas, por lo menos en la Argentina. Cada una, desde sus distintas historias de institucionalización y tradiciones disciplinarias, presenta puntos de contacto, pero, a la vez, rasgos muy distintos si se las estudia en alguna profundidad. Dice el autor sobre los problemas actuales de las didácticas específicas respecto de sus debilidades, que segmentaron el proceso educativo, y validaron un sesgo cientificista al reducir las variables para el análisis de la enseñanza. La idea de "triángulo" sirvió para jerarquizar al conocimiento en el abordaje de sus transformaciones hacia el ámbito escolar por sobre el énfasis de los últimos tiempos en el aprendizaje y la clásica focalización en el docente. Por lo tanto, esta simplificación del modelo produjo un desequilibrio del triángulo didáctico y sus posibilidades de articulación o puesta en relación en análisis más amplios. Por otra parte, señala el autor que el crecimiento de los enfoques basados en disciplinas como forma de idear el currículum lleva a sus diseños a una sumatoria. Por ello, plantea la paradoja de la "especialización despecializadora" de la práctica educativa generada por las didácticas específicas y que este "problema queda sin resolver porque la existencia de dos

---

8   Las publicaciones más citadas de estos autores en aquella década son: Yves Chevallard (1985). *La transposición didáctica. Del saber sabio al saber enseñado.* Buenos Aires, Aique y Guy Brousseau (1993). "Los diferentes roles del maestro", en C. Parra y I. Saiz (comps.): *Didáctica de matemáticas.* Buenos Aires, Paidós, pp. 23-45.

continentes didácticos –general y especial– no expresa una división de roles, producto de las distintas agendas que cada una se traza. Por el contrario, la relación puede ser conflictiva por la disputa de espacios y hoy está marcada por la hegemonía de los enfoques especializados" (Feldman, 1999: 41-42).

Creo que "segmentación", "sumatoria" y "cientificismo", lo mismo que la "disputa de espacios" por la "hegemonía" de una línea en la didáctica de la lengua y la literatura por sobre otras, lo que también supone la lucha por espacios de trabajo, son las variables de análisis en una revisión de las condiciones de producción e intereses de sus propios discursos. Y aquí las coincidencias que encuentro con la formulación de estos problemas desde las líneas de debate ofrecidas por la didáctica general antes reseñadas. Es decir, que no se trata únicamente de una discusión epistemológica-académica desarrollada en nombre de la "búsqueda de la verdad científica", sino que también, insisto, en el interior de esos debates adquiere un carácter profesional-corporativo. Además, porque lo anterior es parte de lo omitido en las producciones que analizo más adelante: una didáctica de la lengua y la literatura no es en sí misma la enseñanza de la lengua y la literatura, ni tampoco exuda una metodología de la enseñanza por el hecho de asumir la palabra *didáctica*. Dichas producciones construyen una(s) realidad(es), pero no todas en lo referido a la enseñanza de la lengua y la literatura, desde finales de los años ochenta hasta la actualidad, y avanzan más o menos en sustentar o develar las bases teóricas de sus proyectos metodológicos de la enseñanza. Estas realidades construidas por lineamientos didácticos no espejan las condiciones simbólicas y materiales de esa enseñanza, del trabajo docente, por lo tanto, les resultan insuficientes –o directamente desestabilizadoras– para elaborar propuestas didácticas con sentido y valor en el cotidiano escolar.

En consecuencia, los argumentos sobre el avasallamiento de las didácticas específicas a la didáctica general confluyen en un armado epistemológico y político que al menos, en el caso de la didáctica de la lengua y la literatura, no se suele reconocer o tematizar en toda su dimensión. Si agrupamos los argumentos de la posición de la didáctica general sobre el problema que significan las didácticas específicas para el abordaje de la enseñanza (recordemos que siempre dirán que todas son iguales), sus señalamientos sobre que dispersarían, a la vez que particularizarían, fenómenos que requerirían de una mirada global, general, amplia, en términos de teorizaciones didácticas, aparecen imbricados con las comunidades académicas que toman para sí el patrimonio de los desarrollos didácticos desde lógicas de estatus científico y regímenes de verdad. Y lo hacen en la imposición de los rasgos particulares de los objetos que estudian y que se implicarían en la enseñanza de sí mismos

(Camilloni, 1996: 34; Davini, 1996: 60). Pero también, estos argumentos deben ser leídos en "las polémicas [que] reflejan las condiciones de supervivencia de los especialistas en un contexto en el cual las decisiones sobre el aparato académico y escolar dependen, cada vez más, de los organismos financiadores" (Davini, 1996: 60), y en cómo específicamente se intenta resolver esa supervivencia a través de la asignación de recursos que ponen en competencia a los grupos de investigación y a sus líneas de trabajo en el ocultamiento de que la lucha teórica también es económica, y claro está política. Por ello, no se debe desatender que "las comunidades científicas no son ajenas a estas cuestiones, que se relacionan con opciones en torno a problemas de política científica que no se deben olvidar, dado que quienes deciden acerca de la validez de las teorías son, precisamente, las comunidades científicas" (Camilloni, 1996: 34). Y, me permito agregar, los especialistas de esas comunidades científicas que son consultados o contratados por los organismos internacionales y los Estados para la elaboración de sus políticas educativas son quienes también deciden sobre la validez, o invalidez, de las teorías.

Si bien esta perspectiva será contestada por especialistas en didácticas específicas, recortando la dimensión epistemológica del debate (especificidades de los objetos traducidas en contenidos y metodologías de la enseñanza, las últimas más o menos desarrolladas) y desplazando la discusión política a una lucha discursiva por señalar qué didáctica(s), en realidad, sería(n) la(s) desplazada(s) o no reconocida(s), aun dando continuidad a la polémica hasta la actualidad (Fioriti (comp.) 2008; 2010), hay en estos desarrollos revisionistas de la didáctica general en la Argentina de mitad de los años noventa, continuidades que parecen haber quedado perdidas en todos los reacomodamientos que la reforma educativa traccionaba e instaba a imaginar; pero, que al recuperarlas resultan pertinentes para analizar el estado actual de la cuestión.

2. ¿Didácticas o especialistas en...? Consensos y discrepancias en torno al problema del psicologicismo

Mientras que en los análisis por parte de la didáctica general acerca de cómo la didáctica de la matemática francesa fue retomada por algunas didácticas de otras disciplinas, resulta indiscutible el tráfico de categorías que recortan la enseñanza a la especificidad de los intercambios entre docentes, alumnos, saberes y objetos particulares, hay otra línea del debate articulada en la "baja autonomía" de las didácticas específicas. Desde la didáctica general se justificará por el carácter intercambiable de algunas de sus "ideas-fuerza", ya que sus desarrollos no serían originales, sino que responden a un "diálogo" de especialistas provenientes de distintos campos del conocimiento. De este modo, "los aportes de corrientes actuales de la psicología cognitiva, en especial derivadas de las obras de Piaget e Inhelder (construcción del conocimiento y desarrollo del pensamiento), Bruner (negociación de significados), Vigotsky (ideas intuitivas y conocimientos científicos, toma de conciencia, desarrollo en la zona de conocimiento próxima), Ausubel (aprendizaje significativo) y otras conceptualizaciones", operarían como supresión del didacta, porque "la hegemonía del discurso de la psicología sigue presente, solo que articulada al aprendizaje de un campo determinado de conocimientos" (Davini, 1996: 63).

Esta revisión es pertinente a la hora de sopesar algunas producciones en didáctica de la lengua y la literatura de la época, sin embargo, no resulta suficiente para analizar todas sus tendencias. Por lo tanto, resulta claro que el debate estaba ensimismado desde la didáctica general sobre unas y no todas ellas, ya que existían otras génesis de producciones de conocimientos sobre la enseñanza de la lengua y la literatura, como también la adscripción expresa a la figura del especialista en didáctica de la lengua y la literatura. Se trata de otra formación de origen: la carrera de letras, que desde esta posición supone incumbencias que van "desde la alfabetización a la contemplación estética más sofisticada, desde la diversidad lingüística y cultural reconocible en los distintos escenarios donde se producen las prácticas educativas", pasando por las relaciones con otras artes, los debates sobre la gramática, la normativa o la ortografía, "hasta el ingreso en las aulas de aspectos fragmentarios de las más sofisticadas teorías posestructuralistas" (Bombini, 2001b: 26). De este modo, y en un punto dada la cuantificación de las incumbencias de la didáctica de la lengua y la literatura avalando la hipótesis de Davini (1996) sobre las dificultades que presentan los proyectos megateóricos, se discute la idea generalizadora de que una "didáctica especial" no es el "somero análisis de los procesos de transposición de los contenidos académicos sino [que se trata] de situar los saberes disciplinarios en el ámbito de procesos sociales más amplios de circulación del conocimiento", y se plantea que una mirada reductora del objeto –cuya compleja constitución resulta evidente– lleva a creer que la didáctica de la lengua y la literatura se desprendería de un "macrocampo" en cuanto, y por el contrario, direcciona hacia "articulaciones con el campo social y cultural". Por ello, no se trata de una "didáctica especial en…", tampoco de contenidos, sino de una "didáctica de objeto". En la especificidad de los objetos lengua y literatura, recortados, a su vez, en la especificidad que adquieren en la enseñanza, se diseña según esta línea del debate, una lógica particular que se propone como *el* objeto de una didáctica de la lengua y la literatura (Bombini, 2001b: 25-27). Por otro lado, en cuanto al diálogo entre los especialistas de distintos campos y los aportes de corrientes actuales de la psicología cognitiva, se relocaliza en la hipótesis sobre el sesgo corporativista del debate. Así, ya para el 2001 aparecía de manera nítida la polémica en torno a la invención de nuevas didácticas provenientes del campo de la alfabetización y la psicología, cuyos objetivos apuntaban al diseño de "situaciones didácticas destinadas a la formación de lectores y escritores competentes" sin poner en consideración el conocimiento lingüístico e ignorando a la literatura como un discurso específico. Con ello, tampoco "reconocen al campo de la teoría literaria como un horizonte teórico de importantes posibilidades en la construcción de una didáctica específica de la lectura y la literatura" (Bombini, 2001b: 25).

Por su parte, Graciela Herrera de Bett (2000) es quien desde su trayectoria en la didáctica de la lengua y la literatura, y desde la carrera de letras de la Universidad Nacional de Córdoba, ofrece para finales de los años noventa una mirada más amplia y ajustada de los debates de esta didáctica específica con la didáctica general, es decir menos atada a una pugna personal por la validez, o no, de los términos empleados en inventivas conceptuales abstractas. Así, focaliza la relación "formación docente y didácticas de la lengua y la literatura" para dar cuenta de su "participación en el debate académico de los últimos años (...) [que] retienen, como foco de atención, el problema de la articulación de los campos específicos de objeto y pedagógico-didácticos, como eje de preocupaciones teóricas y prácticas, que han orientado resoluciones metodológicas y proyectos académicos" (Herrera de Bett, 2000: 145). De esta manera, la autora explicita su lugar de enunciación, pone en plural a la didáctica de la lengua y la literatura reconociendo sus distintos desarrollos y, con ello, revisa en contexto los efectos de la reforma educativa llevada a cabo en el marco de la Ley Federal de Educación (1993). Análisis que realiza a propósito del caso de la provincia de Córdoba y los modos en que la industria editorial escolar pensó la "transposición" a manera de "banalización" de los nuevos saberes lingüísticos (en especial), sin tomar en cuenta las relaciones complejas con otras perspectivas de los estudios lingüísticos y literarios que podían ofrecer para la enseñanza de la lengua y la literatura redefiniciones de horizontes más amplios que la mirada "instructiva y aplicacionista" (Herrera de Bett, 2000: 145). En ese sentido, argumenta Herrera de Bett que la lengua y la literatura en cuanto objetos de investigación y enseñanza demandan indagaciones disciplinarias e interdisciplinarias que aborden su complejidad al mismo tiempo que visibilicen el debate, las contradicciones y fracturas en el campo, también respecto de algunos de sus modelos. Porque, mientras en didáctica de la lengua y la literatura se desarrollan líneas que apuntan a "la comprensión de sus constructos disciplinares", de "bordes y límites lábiles, difusos", otros "modelos se hallan próximos a las ciencias físicomatemáticas" (Herrera de Bett, 2000: 148).

Esos "modelos próximos a las ciencias físico-matemáticas" responden, en cierta medida, a la impronta psicologicista de los desarrollos didácticos que desde los años setenta en adelante, y con distintas variantes, va a ser tematizada y cuestionada hasta hoy desde la didáctica general, como ya vimos, y desde las perspectivas de la didáctica de la lengua y la literatura que polemizaban sobre su continuidad en este campo. Esta impronta psicologicista en las didácticas, sea cual fuese su disciplina de origen (educación o estudios literarios y lingüísticos), se puede resumir en palabras de Alicia Camilloni desde el siguiente núcleo problemático: "aun aquellas teorías donde no eran aquellos [en referencia al conductismo y neoconductismo] los supuestos de base, como la escuela de la Gestalt o la teoría del campo de Kurt Lewin, la prescripción didáctica aparecía también como consecuencia directa y lógica de un modelo psicológico" (Camilloni, 1996: 23).

Los efectos de este proceso de conquista de ciertas líneas psicológicas y lingüístico-cognitivas o aplicadas en la didáctica general y en perspectivas de la didáctica de la lengua y la literatura, van a ser centrales para algunas de sus propias producciones y determinantes para la disciplina escolar. Pero, sobre todo, en lo referido a que la prescripción didáctica aparezca como consecuencia *directa*, *lógica*, y, agregamos, *natural*, de un modelo psicológico evolutivo o del desarrollo humano o cognitivo, o de todos, y en cruce con modelos lingüísticos cognitivos. Estas líneas estarán claramente centradas en las derivaciones de las ideas-fuerza *construcción del conocimiento* y *desarrollo del pensamiento*. Por ello, desde estas revisiones también se señala que mientras en los Estados Unidos se pudo hacer una psicología evolutiva durante mucho tiempo sin mencionar a Piaget, su circulación en los años treinta, a través de traducciones al español, y el ingreso como bibliografía del profesorado desde los años cincuenta en nuestro país hicieron (y, agrego, hacen) que sea imposible desestimar esta tradición local (Camilloni, 1996: 35).

Desde la formación académica en letras, también se registran tendencias encontradas a la hora de pensar los dominios e incumbencias de la didáctica de la lengua y la literatura, y que están atravesadas por espacios de actuación profesional. Se trata de concepciones de una didáctica de la lengua o de la lectura como derivaciones de modelos psicológicos en cruce, en este caso, con otra derivación de modelos lingüísticos. Así es que, desde los años ochenta y pasando por todos los años noventa, aparecen distintos modos de ingresar marcos teóricos novedosos para la época, sobre todo orientados a la enseñanza de la lengua a través de renovaciones de saberes lingüísticos iniciados por los libros de texto y luego sistematizados y oficializados por los Contenidos Básicos Comunes[9] para el área. De este modo, se instituye una orientación en investigaciones sobre la enseñanza de la lengua de perspectivas textualistas y comunicativas que cruzan aportes de la psicología cognitiva (Cuesta, 2011: 23).

De hecho, el panorama de la didáctica de la lengua y la literatura apenas iniciado el año dos mil, en cuanto a distintas perspectivas que se venían afianzando desde la carrera de letras, va a mostrar rápidamente las dificultades para poder pensarlas en alguna cohesión posible. Porque, había otra historia por detrás respecto de otros procesos de fragmentación de la propia carrera y las disciplinas que la componen, que instituirá nuevas especialidades y también abonará a las razones de la diversificación. Esta dimensión del debate ahora interno, propio de las perspectivas encontradas de la didáctica de la lengua y la literatura, es explicada por Herrera de Bett (2000) mediante un reordenamiento de los problemas que supone. Por un lado, dice la autora en consonancia con algunos de los problemas señalados desde la didáctica general para ella misma y para las didácticas específicas, se halla la dificultad de delimitar los dominios de la didáctica de la lengua y la literatura y de sus perspectivas para que no se conviertan "en una amalgama de distintas disciplinas y de metodologías de la investigación, ni tampoco en un campo de aplicación de las mismas" (Herrera de Bett, 2000: 237). Se trata de "problemáticas insoslayables" para la autora, ya que implican debates y tensiones en el campo de órdenes teórico y epistemológico. Así, se encuentran las posiciones de especialistas e investigadores encaramadas en lo disciplinar específico que definen sus desarrollos como lingüística aplicada a la enseñanza, desplazando la complejidad del acto de enseñar. Además, Herrera de Bett afirma:

> Otro posicionamiento límite, es el que exilia a la Literatura del campo de la didáctica, interrogándose si es enseñable o no –interrogación que siempre se renueva y que uno puede o no compartir en cuanto interrogante– cuando tal vez quizá lo más provocador sería preguntarse cómo enseñarla sin extrañarla de su materialidad, la lectura y escritura, considerando las condiciones en que se produce el acto de enseñanza. Con qué sujetos, y cuáles contextos (Herrera de Bett, 2000: 237).

---

9   Los Contenidos Básicos Comunes (en adelante CBC) son el diseño curricular nacional establecido por la Ley Federal de Educación sancionada en 1993 en la Argentina, y derogada en el año 2006 tras la aprobación de la Ley de Educación Nacional, actualmente vigente. *Contenidos Básicos Comunes para la Educación General Básica*. Ministerio de Cultura y Educación de la Nación, Consejo Federal de Cultura y Educación. 1ª edición, marzo, 1995. Recuperado de http://www.bnm.me.gov.ar/giga1/documentos/.

Esta otra historia particular de la didáctica de la lengua y la literatura pensada desde la carrera de letras da cuenta de un estado de cosas en el que se inscriben posicionamientos que no se van a entender a sí mismos como perspectivas didácticas de la lengua y la literatura, o al menos propiamente dichas, sino como, para el caso de la enseñanza de la lengua, aplicaciones de la lingüística que abiertamente sostendrán la postura "respecto de que en este momento la lingüística aplicada[10] y la didáctica de la lengua conforman un conglomerado teórico que tiene los mismos fines, la traslación de las nociones lingüísticas a la enseñanza de la lengua, y los mismos planteamientos teóricos" (Sardi, 2001: 122). No obstante, desde otras líneas teóricas de corte sociológico y cultural en los estudios lingüísticos se colocarán justamente en el centro del debate las preguntas por los sujetos y los contextos en y más allá de las situaciones de enseñanza. En este sentido, se ofrecerá una revisión crítica de los cruces teóricos lingüísticos con las perspectivas aplicacionistas o "de proyección al campo educativo en el nivel medio y universitario"; a saber las:

> (...) primeras y más conocidas formulaciones en las propuestas de Austin, Searle y Grice. Actos de habla, condiciones de adecuación de los actos de habla, implicatura, ostensión, interferencia, etc., [que] parecen ser núcleos conceptuales privilegiados en la investigación y en la enseñanza que se han extendido al análisis del discurso, de la conversación, la etnografía de la comunicación y otros campos disciplinares (Bixio, 2000: 43).

---

10 Como desarrollo en el siguiente capítulo, la lingüística aplicada a la enseñanza de la lengua circulará por la Argentina tanto de la mano de publicaciones de lingüistas españoles, por ejemplo, Eduardo Aznar, *et al.* (1991). *Coherencia textual y lectura*. Barcelona, ICE-HORSORI, y Luis González Nieto (2001). *Teoría lingüística y enseñanza de la lengua: lingüística para profesores*. Madrid, Cátedra, como sugerida u orientada desde publicaciones de divulgación de las perspectivas gramática y lingüístico-textualistas entendidas como modelos resolutivos de los problemas de la enseñanza de la lengua, caso de Manuel Casado Velarde (1993). *Introducción a la gramática del texto del español*. Madrid, Arco Libros; Enrique Bernárdez (1995). *Teoría y epistemología del texto*. Madrid, Cátedra; Helena Calsamiglia Blancafort y Amparo Tusón (1999). *Las cosas del decir: manual de análisis del discurso*. Barcelona, Ariel. A su vez, reenvían a la publicación en español de Robert-Alain De Beaugrande y Wolfang Dressler (1997). *Introducción a la lingüística del texto*. Barcelona, Ariel y que serán citados reiteradas veces en trabajos locales que desarrollan esta posición como Salvio M. Menéndez (1993). *Gramática textual*. Buenos Aires, Plus Ultra y Marin, (1999). También, se dan los desarrollos de otros grupos que postulan enfoques como el de la educación lingüística integral, Magdalena Viramonte de Ávalos (1997). *Lengua, ciencias, escuela y sociedad. Para una educación lingüística integral*. Buenos Aires, Colihue y que llevarán a cabo publicaciones periódicas como desde el año 1997, la revista *Lingüística en el aula*, del Centro de Investigaciones Lingüísticas de la Universidad Nacional de Córdoba (CIL), dirigida por Viramonte de Ávalos y Carullo de Díaz.

Esta línea del debate sobre la enseñanza de la lengua y el modo de comprender y abordar el objeto le cuestionará a la lingüística aplicada a la enseñanza que "estudiar discursos o emisiones con independencia de la antropología, la sociología, la historia, la psicología social es, citando a Verón (1987), tener una visión simplista del hecho discursivo, que solo en uno de sus componentes es lingüístico" (Bixio, 2000: 46).

En cuanto a una didáctica de la literatura, el hecho de desplazar las preguntas por el objeto hacia los sujetos y contextos expresa para algunos desarrollos efectuados desde la carrera de letras que se trata de un "subcampo menos indagado aún", que, a la vez, trae polémicas "con la propia comunidad de letrados [que] suele sostener el principio de no-enseñabilidad de la literatura". Sin embargo, se plantea como respuesta a esta postura que "la enseñanza de la literatura se liga específicamente a formación de lectores, y es la escuela el espacio donde se consolidan representaciones duraderas sobre la literatura para variados y numerosos grupos de lectores y no lectores" (Bombini, 2001b: 28-29). Para concluir, con otra enumeración heteróclita de perspectivas disciplinarias, que "no se trata de realizar una traducción más o menos eficaz de las teorías literarias a la jerga escolar, sino de diseñar proyectos de investigación interdisciplinarios que cuenten con los aportes del campo de los estudios del currículum, de la psicología cognitiva, de la etnografía, de los desarrollos en las didácticas de otras disciplinas, entre otros" (Bombini, 2001b: 30).

De nuevo, la revisión de una reconstrucción posible de los debates sostenidos por la didáctica general y la didáctica de la lengua y la literatura, suscitados entre mediados de los años noventa, y apenas iniciado el año dos mil, parece arribar a un entramado epistemológico y político, de carácter histórico, y no solamente a una sumatoria de disciplinas y dimensiones de análisis que, vista desde la didáctica general, ayudaría a demostrar la inconsistencia teórica de las didácticas específicas para señalar sus peligros en cuanto a "la construcción de un proyecto de política social y cultural en el campo de la educación, que otorgue sentido a la proyección de la enseñanza" (Davini, 1996: 70). Más bien, como afirma la misma Davini (1996), algunas de las versiones de la didáctica de la lengua y la literatura se perfilaban en aquel entonces como "desarrollos didácticos *en* los distintos campos disciplinarios, más que en disciplinas autonomizadas" (Davini, 1996: 65). Estos desarrollos eran realizados por distintos especialistas que se inscribían tanto en la didáctica de la lengua y la literatura como en la lingüística y los estudios literarios. En consecuencia, mientras que, por un lado, se discutían los ingresos y armados en los CBC (1995) de posiciones lingüístico-aplicacionistas —conglomerados de conceptos varios provenientes de líneas textualistas, pragmáticas, sociolingüísticas variacionistas–, justificadas en su enfoque comunicacional o comunicativo, en términos de políticas lingüísticas y "conflicto"; más las desestabilizaciones epistemológicas que habían producido –reflejadas en libros de texto y colecciones escolares– para la enseñanza tanto de la lengua como de la literatura, por otro lado, se ratificaban sus perspectivas desde la construcción de fundamentos lingüísticos con más o menos apoyatura en psicolingüísticos. Para el caso específico de la enseñanza de la literatura, mientras los especialistas en estudios literarios continuaban instalando la pregunta acerca de la posibilidad de enseñar o no literatura; y otros instalaban la pregunta acerca de qué era exactamente lo que se enseñaba cuando se enseñaba literatura, o la desplazaban hacia la formación de un público lector, ya se daban desarrollos que la tomaban para sí como dominio, y avanzaban en el problema de sus saberes específicos en la articulación teoría literaria-práctica, del canon literario escolar, selección de textos y antologías escolares, el lugar de la literatura infantil y juvenil, las implicancias de la lectura y la escritura en la enseñanza de la literatura, las tradiciones de la formación literaria en letras, la línea de los talleres en la Argentina y la escritura de invención (Cuesta, 2011: 26-27).[11]

3. Perspectivas didácticas de la lengua y la literatura: reforma, organismos internacionales y especialistas

En el caso de la didáctica de la lengua y la literatura, por lo tanto, se registrarán varias tendencias que no solamente pueden ser situadas en distintos proyectos de investigación e intervención didáctica llevados a cabo por

---

11 La mayoría de las fuentes que me permitieron reconstruir los desarrollos mencionados, son comunicaciones presentadas en el I Congreso Nacional de Didáctica de la lengua y la literatura realizado en la ciudad de La Plata por la Universidad Nacional de La Plata (UNLP) en 1995, en su tercera versión coorganizada por la UNLP y la Universidad Nacional de Córdoba (UNC) y efectuado en 2001 en la ciudad de Córdoba. También en las Segundas Jornadas sobre Investigación y Enseñanza de la Lengua y la Literatura llevadas a cabo en la misma ciudad por la UNC en el año 1999. Estas ponencias han sido publicadas en las actas correspondientes a cada evento: 1997 (I Congreso Nacional de Didáctica de la Lengua y la Literatura), 2000 (Segundas Jornadas sobre Investigación y Enseñanza de la Lengua y la Literatura) y 2003 (II Congreso Nacional de Didáctica de la lengua y la literatura). No he agotado aquí todas las referencias posibles porque profundizo en estos temas en los siguientes capítulos. Indico un primer muestreo organizado mediante el criterio de especialistas que vengo desarrollando. Se trata de una producción sostenida en alguna de las tantas versiones de las perspectivas en didáctica de la lengua y la literatura, no siempre visibilizada en las lógicas del mercado editorial. Es decir, que hay un gran volumen de esta producción que aún sigue siendo publicada mediante los recursos de los eventos académicos (actas) y, por ello, es de circulación restringida más allá del uso actual de los sitios web institucionales.

colegas formados en letras, sino también en educación. Por ello, esa mirada de la coyuntura de las discusiones de la didáctica general incluía su propio estallido, la misma lectura para sí de ese entramado epistemológico y político que analizaba para las didácticas específicas y del que se debía salvaguardar.

Seguramente, frente a la irrupción o visibilidad en el ámbito educativo de los diferentes "especialistas en", existían amenazas que tenían nombre y apellido. Por un lado, en la invención de nuevas perspectivas didácticas que necesitaban diferenciarse de la didáctica general para proponer un conocimiento especializado más acorde con las demandas de la reforma, que entre los varios argumentos que esgrimía para autojustificarse en el marco de las políticas neoliberales, ofrecía el de la *renovación disciplinaria* que prepararía a los alumnos para un mundo competitivo y, por lo tanto, necesitaba de una formación docente en consecuencia (Insaurralde y Agüero, 2009). Pero también, tenían nombre y apellido como especialistas que ya habían comenzado a trabajar en políticas educativas de Estado brindándoles sus perspectivas que, además, ya habían publicado en el marco de los procesos de monopolización de las editoriales argentinas por parte de multinacionales de capitales españoles.

Por ejemplo, una de las tendencias en didáctica de la lengua es la que reemplaza en su denominación *lengua* por *lenguaje*. Es una perspectiva que va a agrupar a especialistas formados en letras y en ciencias de la educación de marcada orientación psicogenética y psicolingüística, recortada en temas de alfabetización, lectura y escritura. Así lo explica Magda Soares (2017) en relación con el mismo proceso dado en Brasil en los años ochenta:

> (…) el foco del análisis psicológico de la alfabetización se orientó a abordajes cognitivos sobre todo desde la Psicología Genética de Piaget. Aunque Piaget no había realizado él mismo investigaciones o reflexiones sobre el aprendizaje de la lectura y la escritura, varios investigadores habían estudiado la alfabetización a la luz de su teoría de los procesos de adquisición del conocimiento. (…) En esta perspectiva, el éxito o el fracaso de la alfabetización se relacionan con la etapa de comprensión de la naturaleza simbólica de la escritura en la que se encuentra el niño. (…) Esta perspectiva cognitiva de la alfabetización se aproxima mucho a los estudios psicolingüísticos al respecto de la lectura y la escritura; y a veces, se confunde con ellos. Estos estudios se enfocan en el análisis de problemas tales como la caracterización de la madurez lingüística de los niños para el aprendizaje de la lectura y la escritura, las relaciones entre lenguaje y memoria, la interacción entre la información visual y no visual en el proceso de lectura, la determinación de la

cantidad de información que es aprendida por el sistema visual cuando el niño lee, etc. (Soares, 2017: 21-22).[12]

Desde esta construcción se localizan la lectoescritura, o la lectura y la escritura, para proponer una enseñanza de la lengua justificada en esas acciones de leer y escribir como desarrollo del lenguaje o enseñanza del lenguaje escrito, por ello, también implicadas en la alfabetización (vuelvo sobre este tema más adelante). Analizo a continuación un caso que entiendo representativo de lo anterior, es decir, de cómo la invención de nuevas perspectivas didácticas va de la mano de las actuaciones de sus especialistas no solo en el ámbito académico, sino también político educativo y de sus participaciones en el mercado editorial.

Didáctica de las ciencias del lenguaje. Aportes y reflexiones, de Graciela Alisedo, Sara Melgar y Cristina Chiocci fue editado por primera vez por la editorial Paidós (Buenos Aires, 1994. Su séptima reimpresión es de 2006). El libro se incluye en la colección Paidós Educador, en el proyecto de didácticas especiales, coordinado por Hilda Weissmann,[13] quien aparece mencionada cuatro veces con publicaciones de 1992 y 1993 como ejemplo de usos compartidos de "ideas-fuerza" y "baja autonomía de las didácticas especiales" en el artículo de Davini (1996) antes referido. Alisedo, Melgar y Chiocci aparecen una vez (Davini, 1996: 62-63). Las tres autoras, desde 1988, ya venían participando de talleres y de elaboraciones de documentos financiados por organismos internacionales como la UNESCO y el BID, de diseños curriculares a nivel local[14] y con colaboraciones en *Lectura y Vida. Revista*

---

12 En el texto original: "o foco da análise psicológica da alfabetização voltou-se para abordagens cognitivas, sobretudo no quadro da Psicologia Genética de Piaget. Embora Piaget não tenha, ele mesmo, realizado pesquisas ou reflexões sobre a aprendizagem da leitura e da escrita, vários pesquisadores têm estudado a alfabetização à luz de sua teoria dos processos de aquisição de conhecimento. (...) Nessa perspectiva, o sucesso ou o fracasso da alfabetização relaciona-se com o estágio de compreensão da natureza simbólica da escrita em que se encontra a criança. (...) Essa perspectiva cognitiva da alfabetização aproxima-se muito dos estudos psicolinguísticos a respeito da leitura e da escrita; às vezes, confunde-se com eles. Esses estudos psicolinguísticos voltam-se para a análise de problemas tais como a caracterização da maturidade linguística da crianças para a aprendizagem da leitura e da escrita, as relações entre linguagem e memória, a interação entre informação visual e não visual no processo de leitura, a determinação da quantidade de informação que é aprendida pelo sistema visual quando a criança lê, etc." [la traducción es propia].

13 Se trata de la misma editorial que publica *Corrientes didácticas contemporáneas* en 1996, en la colección Cuestiones de Educación (también su séptima reimpresión es de 2006).

14 Por ejemplo, en la bibliografía de la publicación mencionada se hallan consignados (cito de manera textual): A. Alisedo (1989). "La imagen: vía de acceso al francés escrito", taller de lengua extranjera, proyecto Multinacional de Bibliotecas escolares como centros de recursos para el aprendizaje (BICRA), Ministerio Nacional de Educación-DINES-OEA.

Latinoamericana de Lectura de la Asociación Internacional de Lectura, que se publicó sin interrupciones entre 1980 y 2010.[15] Su última directora fue Sara Melgar. En 2005, *Lectura y Vida*, edita en formato CD la compilación de sus publicaciones realizadas desde 1980 hasta el 2004. En la presentación sin firma se señala que dicha compilación "despliega la historia de la lectura y la escritura y de su enseñanza en América Latina" y, con ello, "intenta ayudar a la alfabetización y la formación de lectores y escritores, metas centrales en la tarea docente en esta Región de nuestra América tan castigada por la deserción escolar y la inequidad de oportunidades educativas". Luego, en un enlace denominado "La revista" y titulado "Lectura y Vida", firmado por María Elena Rodríguez, quien fue su directora por muchos años y quien está a cargo de esta publicación, se explican sus objetivos y motivaciones. Me interesa remarcar dos premisas que aparecen en ambos prólogos a la compilación de la revista. Primero, la atribución para sí misma de "la historia de la lectura y la escritura y de su enseñanza en América Latina"; y segundo, la enumeración de lo que Rodríguez (2005) llama "temas recurrentes" a lo largo de sus veinticinco años, que van mostrando una cronología de solapamientos, cruces y encastres de distintas tendencias entre las que, en especial, "la incidencia del conocimiento de las estructuras textuales y de los contextos de uso en la comprensión y producción de los textos; la interacción con los textos expositivos en las diferentes áreas de contenidos" y, más cercana en el tiempo, "la lectura y la escritura en la universidad; las prácticas sociales de lectura y escritura; las aportaciones del análisis crítico del discurso de los medios de comunicación a la formación de ciudadanos", ofrecerán las mayores posibilidades de desarrollo profesional a graduados en letras, en ciencias de la educación y, más recientemente, también en ciencias de la

---

Alisedo; C. Chiocci, y S. Melgar (1988). "Fracaso escolar, teoría lingüística, teoría de la adquisición y acción docente", Ministerio de Educación y Justicia, Seminario taller "Fracaso escolar y lecto-escritura", OREALC-UNESCO, septiembre; (1988/1990). "Currículum de lengua (módulos I, II y III). Taller y antologías de lecturas", para la carrera de Maestro de Educación Básica (M.E.B.), DINES-OEA; (1990). "Marco teórico de las propuestas curriculares en el área de lengua", DINEM-Bco. Mundial; *Saber lengua para enseñar lengua*, Publicaciones de la OEA, Washington D. C.; S. Melgar; C. Chiocci y Gutman (1987). "Hacia la construcción de una práctica lingüística en el niño", *Proyecto de formación del personal de educación para la renovación, reajuste, perfeccionamiento del sistema y del proceso educativo*, Área Lengua, DINES-OEA; S. Melgar y A. Martínez (1986). "Diseño curricular para la educación primaria común". Municipalidad de la Ciudad de Buenos Aires, Secretaría de Educación, Área de Lengua; (1987). "Diseño curricular para la Educación Primaria de Adultos". Municipalidad de la Ciudad de Buenos Aires, Diseño de contenidos y orientaciones, Área Lengua; S. Melgar (1984/1985). "El perfil de los aprendizajes según el nivel de logro de objetivos curriculares en el Área de Lengua". Proyecto III. Municipalidad de Buenos Aires, Secretaría de Educación; (1988) Lengua, Módulo 1, MCBA.

15 Recuperado de http://www.lecturayvida.fahce.unlp.edu.ar.

comunicación. Y, mayores recursos, pues será en particular el primero de los constructos antes citados (para resumir, la comprensión y producción de textos) el que los organismos internacionales seguirán potenciando en sus acciones y discursos sobre la alfabetización, la lectura y la escritura expresadas como *competencias*. Tanto para la financiación de distintas acciones político-educativas, la investigación por fuera de la universidad, o en convenio con esta, como para la ayuda a la industria editorial que ha venido generando en cada país, pero con vistas a un mercado iberoamericano unificado, una literatura especializada al respecto (Díaz Barriga, 2009: 10-11).

La enumeración de los "temas recurrentes" sobre la lectura y la escritura es un catálogo de las reconfiguraciones de la enseñanza de la lengua y la literatura, operadas por la propia experiencia de algunos de sus autores en las evaluaciones sobre los sistemas educativos latinoamericanos y que determina circuitos de retroalimentación entre las orientaciones de esas producciones y las de los organismos, sustentadas en estudios y programas de evaluación, cuyos diagnósticos siempre tematizan lo que la misma presentación de la revista señala: "esta recopilación intenta ayudar a la alfabetización y la formación de lectores y escritores, metas centrales en la tarea docente en esta Región de nuestra América tan castigada por la deserción escolar y la inequidad de oportunidades educativas". Es decir, que se parte de un estado de causas —y aun de culpabilidades—, que con más o menos matices postula que la meta central de la tarea docente es la misma que la de *Lectura y Vida* que, además, es la misma que la de la Asociación Internacional de Lectura, los Estados latinoamericanos y los organismos internacionales.[16] Retomo

---

16 Profundizar sobre estos temas y el caso *Lectura y Vida* incluyendo además como variable el impacto que ha tenido en los últimos treinta años, primero, en la formación de maestros y, luego, en docentes de distintos niveles educativos en la Argentina y, de manera más compleja, en Latinoamérica, supone una investigación aparte. Aquí intento caracterizar una perspectiva de esos cruces y solapamientos que se registran en las reconfiguraciones de la disciplina escolar lengua y literatura en cuanto a sus estrechos vínculos con políticas educativas de los organismos internacionales. También resulta excesivo para este libro delimitar y diferenciar las distintas trayectorias de sus colaboradores más importantes y cuánto, justamente, han colaborado porque, al revisar todos los números, puede establecerse claramente qué tendencias se han privilegiado y cuáles no. Para validar esta línea de interpretación que necesito proponer, pero insisto en que no agoto, a las referencias de la nota 14 se pueden agregar el caso Josette Jolibert, integrante del Consejo Editorial Consultivo de la revista, quien representa en esta a la Oficina Regional de Educación para América Latina y el Caribe, en Chile (OREALC-UNESCO-Santiago), y es coautora junto con Robert Gloton de *El poder de leer. Técnicas, procedimientos y orientaciones para la enseñanza y aprendizaje de la lectura* publicado por Gedisa y cuya cuarta edición de 1999 integraba los libros que el Plan Nacional de Lectura del Ministerio de Educación de la Nación entregaba en forma gratuita a distintas bibliotecas, al menos en el 2000. También, María Elena Rodríguez (comp.) (1994). *Lectura y Vida*, Washington D.C. /OEA. Publicación del Proyecto Multinacional de Educación Básica (PRODEBAS) y del Proyecto Multinacional

este problema más adelante, pero sí adelanto aquí que homologar la tarea docente a las metas de los organismos internacionales, es decir, atender a la "castigada" América Latina con su "deserción escolar" y la "inequidad educativa", y afirmar que *Lectura y Vida* durante veinticinco años les ha dicho a los docentes cómo hacerlo, merece un análisis político educativo en particular, ya que tamaña formulación no resiste ser explicada por las buenas intenciones, cual ayuda desinteresada.

Así, el análisis en profundidad de estas perspectivas en didáctica de la lengua y la literatura también agrega las variables circuito de publicaciones y mercado editorial. De hecho, el recorte *didáctica general* contra *didácticas específicas* funcionó en su momento como ordenador, si se quiere, de un panorama inmediato sumamente complejo de estudiar pero que ofrece, igualmente, sólidos argumentos de continuidad hasta hoy. Especialmente, aquellos que se direccionan hacia la necesidad de analizar las relaciones entre las teorías psicológicas del desarrollo y sus derivaciones en teorías del aprendizaje, psicolingüísticas y lingüístico-cognitivas que se entenderían a sí mismas como didácticas y metodologías de la enseñanza, además del juego político y político-académico que enmarca la irrupción de las figuras de los especialistas en alguna línea didáctica.

Tanto en la conformación de equipos técnicos, la industria editorial o la docencia e investigación universitarias (o en un trabajo sostenido en los tres espacios y otros) se observa la participación constante de especialistas en las perspectivas antes enumeradas. Especialmente, y no solo en la Argentina, dichas participaciones son una clave insoslayable para el análisis de estos procesos que redefinieron a la(s) didáctica(s) y con impactos en las reconfiguraciones de la disciplina escolar. Al menos en las disputas sobre un discurso hegemónico acerca de la lectoescritura o la lectura y la escritura que para los años noventa prefigura a las perspectivas de la didáctica de la lectura y la escritura, del lenguaje y las prácticas del lenguaje, derivadas de

---

de Bibliotecas, Información y Comunicación que ejecutan los Estados miembros de la OEA con el apoyo del Programa Regional de Desarrollo Educativo (PREDE/OE). En catálogo en La Biblioteca Nacional del Maestro, Ministerio de Educación de la Nación: http://www.bnm.me.gov.ar. Para el caso de cómo esta perspectiva en la misma época también se instituía en publicaciones de multinacionales españolas: María Elena Rodríguez (comp.) (1996). *La lengua y los textos*. Buenos Aires, Santillana. Uno de los autores de esta publicación es Fernando Avendaño, quien ha realizado varias publicaciones en Homo Sapiens, editorial rosarina con un extenso catálogo de libros sobre temas de educación. Por ejemplo, Fernando Avendaño (1998). *Didáctica de la lengua para el segundo ciclo de la EGB: una nueva propuesta comunicativa y funcional para la enseñanza de la lengua*. Rosario, Homo Sapiens; junto con Norma Desinano (2006). *Didáctica de las Ciencias del Lenguaje. Enseñar Ciencias del Lenguaje*. Rosario, Homo Sapiens y, junto con Adriana Perrone (2009). *Didáctica del texto. Estrategias para comprender y producir textos en el aula*. Rosario, Homo Sapiens.

estudios sobre la psicología genética de Piaget, de la psicolingüística, de la psicología cognitiva, y con ellos de la alfabetización (Soares, 2017), como reconfiguraciones de los objetos de enseñanza lengua y literatura. Pero, que, a su vez, encierran sus propias disputas entre las continuaciones de la línea psicogenética y la corriente de la conciencia fonológica (Cuesta, 2011: 32). Estos distintos frentes de disputa que, a medida que se avanza hacia el año 2000 irán deshaciendo los antiguos límites de los niveles educativos en los que cada perspectiva se pensaba como referente, mostrarán distintos circuitos de formación y actuación de graduados universitarios representativos de esas perspectivas que no agoto en su caracterización. Por ello, vuelvo a señalar, que un análisis efectuado en el presente queda a medio camino si se limita a disquisiciones respecto de las existencias de campos autonomizados o no autonomizados.

Verdaderamente, hay para la mitad de los años noventa una prolífica producción de debates que construyen un escenario donde la(s) didáctica(s) aparecen personificadas como entidades que estarían habitando su propio mundo en el que, sin lugar a dudas, se debe señalar constantemente de qué se trata la enseñanza en general, o la enseñanza de la disciplina que sea, no solamente de la lengua y la literatura, en nombre de los objetos y sus conocimientos en sí mismos. Se trata de un mundo que habla más de las incidencias específicas de los académicos y sus nuevos espacios de trabajo más allá de la universidad, de la institucionalización de distintos cuerpos de saberes en la formación docente que van de la mano de las reformas educativas y del rol que los organismos internacionales y el mercado editorial tienen en ellas. También, se asocian a las normalizaciones de las instituciones educativas protagonizadas por sectores de las universidades y demandadas para que cumplan una función social extramuros. Esto es, como dadoras y garantes de un conocimiento científico que fundamente, pero sobre todo, legitime acciones de intervención educativa, es decir, políticas. Y, particularmente, serán las líneas de las psicologías educacionales las que les brindarán esos sustentos teóricos y legitimidad científica (Sawaya, 2016: 15).

El proceso de normalización de las instituciones educativas llevado a cabo en el marco de la Ley Federal de Educación (1993), esto es la reconfiguración de los niveles del sistema educativo, su articulación, los cambios curriculares y la nueva agenda de los temas de interés pedagógico, particularmente, amplió la pugna entre diversos desarrollos en educación por presentarse como la palabra autorizada al respecto, que no solo se daba con los estudios del currículum y los psicológicos educativos. A saber, para mediados y fines de los años noventa ya se presentaban las perspectivas didácticas por niveles desde el inicial hasta la formación docente, los estudios sobre formación docente, gestión educativa, tecnología educativa, los estudios políticos sobre historia de los sistemas educativos, escuela y violencia, escuela y pobreza, escuela y diversidad cultural, análisis institucional, por nombrar solo algunos.[17] Seguramente, el modo en que se constituyó la revisión de la didáctica general en aquel entonces estaba enmarcado en un proceso más amplio que no permitía obtener la distancia necesaria para relacionar la desestabilización disciplinaria y las políticas del conocimiento científico con las políticas económicas, sociales y educativas o, mejor dicho, porque en relación con este escenario lo que aparecía como necesidad inmediata era imaginarse "especialista en..." en el nuevo contexto de reforma educativa. Parte de las renovaciones que supuso este nuevo contexto era una modernización de los contenidos; cuestión que se agregaba a la crisis de actuación profesional de los especialistas en didáctica general. Por ello, los especialistas en didácticas específicas aparecían como los primeros competidores en dos espacios hasta ahora dominados por los de didáctica general: la formación docente en todas sus carreras y el diseño curricular. Opción político-educativa que se consumó en la Ley Federal de Educación (1993) y que sostiene continuidades con la Ley de Educación Nacional sancionada en 2006,[18] porque la centralidad dada por los dos gobiernos nacionales que promulgaron ambas leyes a los "técnicos" y "expertos" no se correspondió con las promesas de "pluralismo, la 'transversalidad' y los mecanismos de consulta con todos los sectores" (Más Rocha y Vior, 2009: 24).

No obstante, si había que buscar díscolos con la didáctica general, también había y hay que hallarlos en las mismas ciencias de la educación y en sus mismas lógicas, ya que en una:

> (...) Argentina [que] transita un proceso de modernización, en un sentido amplio, de sus estructuras y procesos educativos, es

---

17 Por ejemplo, los títulos de las colecciones de Paidós, Paidós Educador y Paidós Cuestiones de Educación (1996) muestran claramente esta tendencia.

18 Sin lugar a dudas una de las novedades que traerá esta nueva Ley de Educación Nacional y que ratificará la necesidad de imaginar qué sector podrá ocupar el especialista de cada didáctica es el Instituto Nacional de Formación Docente (INFD). Primeramente, se crea mediante la resolución N° 251/05 del Consejo Federal de Cultura y Educación (CFCyE) para luego ser incluido en el artículo 76 de la Ley de Educación Nacional en 2006. Así pasa a encargarse de los lineamientos y recomendaciones para la formación docente en sus distintas modalidades a través de la generación de documentos que funcionan como parámetros de evaluación y acreditación. Dicha resolución es producto del trabajo realizado en 2005 (el informe final data del mes de diciembre) por la Comisión Federal para la Formación Docente Inicial y Continua "(...) integrada por el Lic. Juan Carlos Tedesco y la Lic. Alejandra Birgin, funcionarios del Ministerio de Educación, y por un equipo de especialistas conformado por la Prof. Berta Braslavsky, la Dra. María Cristina Davini, la Dra. Adriana Puiggrós y el Prof. Alfredo van Gelderen" (Insaurralde y Agüero, 2009: 210).

probable que cada vez se recurra a los especialistas para producir argumentaciones y justificaciones de políticas específicas. Por lo tanto, el conocimiento entrará a formar parte como un ingrediente cada vez más importante en los procesos de legitimación (Tenti Fanfani, 2000: 138).

Y aún más, habrá que atender a la inexistencia de "un mercado unificado de producción y circulación de saberes científicos acerca de la educación [porque] (...) no existe un conjunto de reglas de juego que regulen la competencia de los profesionales o productores de conocimientos respecto a la educación" (Tenti Fanfani, 2000: 126). Así es que la figura del especialista como nuevo competidor no estará subsumida solo a las didácticas específicas y a sus supuestos problemas epistemológicos; sino también a la rapidez con que la figura del graduado en educación de formación pedagógica y sus orientaciones, digamos más clásicas, (didáctica y currículum, en especial) tambaleaba en un proceso que había erosionado antiguos criterios de legitimidad académico-científica (Suasnábar y Palamidessi, 2007). Es decir, que ya para mediados de los años noventa, no se trataba de que las mismas ciencias de la educación propusieran desarrollos teóricos nuevos según sus propios avances y descubrimientos, sino que la agenda política les estaba señalando qué nuevas especializaciones sustentadas por estudios, que rápidamente debían ofrecer líneas de acción, podían potenciar o comenzar a desarrollar para acceder a ese espacio de ejercicio profesional (Suasnábar, 2004).

En consecuencia, seguir en la referencia al enfrentamiento didáctica general didácticas específicas, como modo de explicar sus inexorables diferencias, resulta inconducente por varios motivos. También, porque ya a mediados de los años noventa se presentaban desarrollos desde la didáctica general que no abonaban a esa discusión, tratando de reformular los problemas pendientes más ligados a encontrar un discurso crítico de apertura conceptual (Barco, 1996) y a la creación de nuevos sistemas de referencias teóricas que volvieran a centrar a la enseñanza como objeto de indagación para los cuales los contenidos disciplinares, sin excusa, eran un tema de importancia (Litwin, 1996; Edelstein, 1996). Por lo tanto, la lucha opositiva entre las didácticas no se trataba de una posición única. También, porque hacia el interior de, al menos, las perspectivas de la didáctica de la lengua y la literatura ya se daban debates epistemológicos y corporativos propios que, en realidad, se llevaban, y hasta hoy lo hacen, la mayoría de los esfuerzos de sus especialistas por lo que van casi olvidándose de la polémica con la didáctica general para compenetrarse en las suyas y en el modo que ya lo he explicado.

La Argentina, sin lugar a dudas, es un caso particular en Latinoamérica respecto del advenimiento de las didácticas *especiales, de objeto, específicas, de las disciplinas*, por mencionar las distintas denominaciones más usadas; imposible de ser explicado solamente como fenómeno derivado de la crisis de la didáctica general, sino en el marco de la profusa fragmentación de la mayoría de las disciplinas, por no decir de todas, y particularmente de aquellas que componían las ciencias de la educación de las últimas décadas –y que pone en cuestionamiento su denominación de *ciencia(s)*– (Barbosa Moreira, 1999: 29). A la vez, las disciplinas que históricamente habían relegado o hasta negado desarrollos sobre la enseñanza (caso de la lingüística y los estudios literarios) comienzan a presentar líneas de investigación que la asumen y vuelven aún más complejo, dadas sus diversidades teóricas, el hecho de asignar responsabilidades a la diversificación y yuxtaposición de perspectivas que atraviesan el sistema educativo hasta la actualidad. Esto se presenta como uno de los debates de los docentes hacia el interior de la disciplina escolar a la hora de sopesar e intentar diferenciar cuáles son las orientaciones sobre la enseñanza que atraviesan su trabajo y por cuáles se definen o no.

Este conjunto de perspectivas didácticas heteróclitas, visto desde la actualidad y en el marco de los últimos debates sobre metodología de la investigación en ciencias sociales, muestra más bien una idea de *especialidad* articulada en la práctica profesional en el sentido señalado por Feldman (1999) y potenciado por las políticas educativas de las últimas décadas en nuestro país. En consecuencia, al avanzar en el tiempo se hallan trabajos que van recortando cada vez más los problemas específicos que construye cada línea de la didáctica de la lengua y la literatura. En este sentido, conferencias, paneles y ponencias de distintos eventos académicos sobre enseñanza de la lengua y la literatura –o de lingüística o literatura con mesas dedicadas a temas de enseñanza–, de carácter nacional y algunos, internacional, muestran estas diversificaciones y el mayor número de graduados que se forman en ellas, que, consiguientemente, construyen distintos perfiles profesionales (Cuesta, 2011: 37-39).

4. Redefiniciones de la enseñanza de la lengua y la literatura: las *competencias* y el *saber hacer*

Si de nuevo se observa el problema, ya desde los años ochenta, en otros centros de producción académica de Latinoamérica se había reconocido o la crisis de la didáctica o aquello que aún no resolvía. Una serie de estudios de investigadores latinoamericanos[19] enlazan las variables sociopolíticas, culturales e históricas en la construcción de marcos teóricos que puedan funcionar como orientadores del trabajo docente en el reconocimiento de que este es el *métier* de la didáctica y, como tal, no puede omitir su carácter metodológico de la enseñanza. Si bien se acuerda que la preeminencia de los enfoques tecnicistas que habían desplazado a los humanistas siguen negando la dimensión situada y, por ende, político, social e ideológica de la educación, ya para finales de los años ochenta se asiste a los efectos de las refutaciones al tecnicismo o instrumentalismo porque "cuando esta dimensión [técnica] se disocia de las demás se cae en el tecnicismo. Se privilegia la dimensión técnica que se analiza de forma disociada de sus raíces político-sociales e ideológicas y se ve como algo 'neutro' y meramente instrumental" (Ma Candau, 1987: 15). Así, las necesarias réplicas al tecnicismo y sus despreocupaciones respecto de la enseñanza como objeto situado y de "inherentes dimensiones político-sociales" hacia el interior de la didáctica han derivado en posicionamientos por parte de los profesores que abren nuevos problemas para este campo que tiene la responsabilidad, también inexcusable, de proveer saberes de referencia para el trabajo docente. A grandes rasgos, se trata de la encrucijada entre la radicalización de la didáctica como *receta* o su *negación* (Ma Candau, 1987: 22).

En un sistema de producción latinoamericana que, a la vez, trae un sistema de referencias a líneas y autores europeos y norteamericanos que van a ir mostrando nuevas relaciones entre didáctica y currículum (Barbosa Moreira, 1999), de alguna manera, se puede leer el recorte de discusiones que centran este problema y que dialoga con los modos en que se actualiza en la Argentina. Al revisar los trabajos en conjunto, resulta claro que al menos ya comenzados los años noventa, y como veremos en épocas de despliegue de reformas educativas en la región, se reconocen y prefiguran dos grandes líneas en las que se puede agrupar la producción didáctica. Básicamente se trata de dos intentos de superación de las tendencias de los años ochenta. Por un lado, aquellas signadas por la ratificación del tecnicismo de base psicologicista. Y por otro, las encaramadas en la lógica de la *denuncia* en cuanto herederas de los estudios críticos del currículum norteamericanos e ingleses (Barbosa Moreira, 1999: 27). De este modo, aparece una proliferación de trabajos que permiten una nueva agrupación de tendencias que mantienen el consenso de que una didáctica debe ofrecer conocimientos para el ejercicio

---

[19] Aclaro que también en este caso, y más aún en el recorte Latinoamérica, el fenómeno de una hiperproducción sobre temas de educación, alfabetización, lectura, escritura, entre otros, resulta casi inmanejable. Por ello, selecciono trabajos que validan los problemas aquí planteados.

de la profesión docente porque "los rumbos tomados por la disciplina no lograron producir un cuerpo de conocimientos teóricos, sistematizados y coherentes, con un conjunto de principios, normas y reglas que dirigiesen la acción docente", en consecuencia, "el conocimiento didáctico con tenor prescriptivo también es cuestionado, como lo fueron los docentes por resistirse a las prescripciones" (Barbosa Moreira, 1999: 28).

Desde esta revisión de la didáctica en Latinoamérica, Barbosa Moreira (1999) sintetiza esas dos tendencias respecto de cómo conceptualizan a los docentes. La *crítica*, como "aquella que privilegia el análisis sociológico que permita entender mejor los fenómenos y las condiciones de las prácticas escolares (...) [para la que] el docente deja de ser visto como un ser irracional que resiste las propuestas de la didáctica" y pasa a ser considerado una "víctima de las circunstancias", y la *tecnicista* que considera al docente "como hábil constructor de condiciones que mejor favorezcan su desempeño profesional" (Barbosa Moreira, 1999: 28).

Decía antes que para avanzar, o salirse, de los límites del debate ya no entre la didáctica general y las específicas en la Argentina, sino del estatuto de la didáctica como disciplina o ciencia, se puede optar por el análisis de sus condiciones de producción discursivas y, con ello, de sus intereses profesionales. Por lo tanto, me permito citar algo más en extenso a Barbosa Moreira (1999), con una serie de preguntas que resultan clarificadoras de este problema:

> ¿Quién y cómo determina que las cuestiones del qué, cómo y para qué enseñar son las cuestiones básicas del campo de la didáctica?, ¿por qué esas y no otras? ¿Serán aquellas exclusivas del campo de la didáctica?, ¿han sido siempre ellas las cuestiones investigadas por los autores del campo?, ¿no se verifica hoy la búsqueda de nuevas cuestiones y nuevas respuestas? ¿En qué discurso se originan tales cuestiones?, ¿cuál es la audiencia de ese discurso?, ¿qué relaciones de poder los atraviesan?, ¿qué criterios están siendo utilizados para definir el que es propio del campo de la didáctica?, ¿quién los establece? (Barbosa Moreira, 1999: 28-29).

De esta manera, el autor afirma que, en última instancia, las discusiones orientadas a poner fronteras entre las disciplinas y, en particular, entre didáctica y currículum responden a las luchas por el discurso autorizado tanto por la propensión a preservar "los espacios conquistados" como, con igual función, a "desencadenar discusiones intrigantes a favor del avance del conocimiento" (Barbosa Moreira, 1999: 29). En ambos casos, y explicitando su opción por los análisis del discurso de corte foucaultiano, Barbosa Moreira plantea que estos reconocimientos permiten redefinir la "actividad de la educación", ya no la ciencia, como la búsqueda de una nueva noción de pedagogía que haga de la didáctica y del currículum interlocutores válidos para focalizar a la enseñanza como "proceso de producción del conocimiento" que debe ser estudiado "secularmente" (Barbosa Moreira, 1999: 29). Vuelvo sobre esta idea más adelante.

Otros trabajos inscriptos en la larga tradición de la investigación educativa mexicana de perspectiva crítica, también ya en los años ochenta y noventa, mostraban claramente cómo los estudios centrados en el currículum y su análisis sociopolítico e ideológico se iban desplazando hacia problematizaciones cruzadas con la didáctica. Así, Díaz Barriga (1985), en sus revisiones sobre esta dupla, postula que la agenda de la investigación educativa en Latinoamérica debiera concentrarse en sus relaciones con programas y evaluaciones, y en el posicionamiento de los docentes frente a nuevas perceptivas pedagógicas. Concluye que estos temas deben retomar las discusiones sobre el método porque son aquellas que los acercan a los docentes. Se trata, dice el autor, de volver objeto de análisis todas las variables del trabajo docente y al docente, quien, en definitiva, es responsabilizado por la puesta en acto de los deberes de su propia formación, las reformas, los programas, las orientaciones del currículum y la didáctica. Sus reclamos sobre el método como el problema de indagación de la didáctica del momento se vinculan básicamente con el planteo referido a cómo la crítica al tecnicismo opacó una redefinición y nuevas discusiones sobre esta cuestión tan sensible para el trabajo docente (Mc Candau, 1987). Comenzados los años noventa en la Argentina, será Gloria Edelstein (1996) quien retome esta línea de indagación desde Díaz Barriga (1985), por lo que recupero su trabajo más adelante.

Los estudios de Díaz Barriga se articulan en una clara voluntad, y esfuerzo, por lograr una mirada *de región*, ya que liga y estudia los procesos educativos en sentido amplio (como políticas socioeconómicas, en especial) incluyendo las vicisitudes que los rigen en el espacio de las instituciones educativas y de la investigación académica.[20] De este modo, las reformas educativas serán para el autor una zona de tensiones y quiebres que permiten analizar en profundidad el entramado de macro y micropolíticas que cotidianamente

---

20 La focalización en el trabajo docente como problema para abordar la enseñanza, ya sea en sus dimensiones político-socioeconómicas o culturales e históricas, es transitada por varios investigadores latinoamericanos en los años aquí estudiados. Retomo en esta oportunidad algunos trabajos, pero no desarrollo en profundidad un estado de las cosas desde esta perspectiva, que además presenta la complejidad de que necesita ser delimitada de otras que hacen a los estudios sobre formación y profesionalización docente, muchas veces, desentendidos de esas variables. Las referencias bibliográficas se hallan en la nota 26 de Cuesta (2011: 42).

se actualizan en las instituciones educativas. Díaz Barriga e Inclán Espinosa (2001) señalan que la Ley Federal de Educación promulgada en la Argentina en 1993 fue un caso testigo de la reacomodación casi completa del sistema, en virtud de las directivas de los organismos internacionales BID y UNESCO. No solamente se trató de directivas pedagógicas avaladas en los argumentos de la educación de calidad en tiempos de mundialización y globalización, sino también en términos del traccionamiento hacia los cambios en materia de políticas económicas concentradas en la reducción del gasto público y recomendadas por el FMI. Según los autores, esta refundación del sistema educativo argentino supuso "reajustar las formas y modos en que se piensan las necesidades educativas", porque *educación para todos* no significa masificación del sistema o ampliación de la cobertura educativa"; ya que "se acepta un estilo de meritocracia que ofrece una amplia gama de posibilidades de ubicación". En consecuencia, "el concepto calidad educativa es tan resbaladizo: depende del lugar, el contexto, las condiciones, la región, los sujetos y los intereses" (Díaz Barriga e Inclán Espinosa, 2001: 31).

Siguiendo con esa mirada más abarcadora, los autores historizan las procedencias de conceptos educativos que se solapan en los discursos de las nuevas reformas producto de "relaciones básicas con otros campos del saber". Así pasan revista a la génesis de la pedagogía en el siglo XIX con los trabajos de Herbart y Dilthey, a los vínculos con la sociología de Durkheim y su posterior encuadre en "el positivismo donde se desarrolló la idea de ciencias de la educación". De esta manera, para finales del siglo XX se consolida el paradigma que focaliza el valor económico de toda formación de capital humano "por lo que los estudios del Banco Mundial se encuentran completamente inscritos en el mismo. Las escuelas formadoras de maestros asumieron de diversa forma el primero y el segundo paradigmas, pero los proyectos de la modernización se encuentran entrecruzados por el último" (Díaz Barriga e Inclán Espinosa, 2001: 36).

En otras palabras, no se trata de que habría una línea académica *pura*, para llamarla de algún modo, que explicaría las bases del conocimiento didáctico y curricular donde habría que seguir hurgando para entender sus situaciones actuales, sino que en estas nuevas búsquedas sobre la consideración del trabajo docente como objeto de estudio de las producciones sobre enseñanza, sea de dónde provengan, Díaz Barriga e Inclán Espinosa, (2001) exhortan a analizar las tensiones que se producen hacia el interior de la institución escuela al ingresar la dimensión de las reformas latinoamericanas. Es decir, señalan que no se puede pensar más desde abstracciones que excluyan las reformas, ya que son reconfiguradoras del perfil docente con sus nuevos requerimientos, por ejemplo, la de proveer de resultados a los Estados nacionales para sus acuerdos con los organismos internacionales y sus exigencias respecto de una *mundialización* de la educación. Por ello, los autores afirman que se pueden entender las fuerzas contrapuestas entre los factores económicos que hicieron, o hacen, a los gobiernos que conceptualicen a la educación como una carga fiscal y de ahí la justificación del achicamiento de los recursos materiales, los salarios docentes y la promoción de la privatización del servicio; y las exigencias de un trabajo docente que cumpla las nuevas normas de control de la *calidad* académica. Mientras se propugnó un discurso de la profesionalización de los docentes, siguen argumentando Díaz Barriga e Inclán Espinosa (2001), se pauperizó aún más su salario y el acceso a recursos para ejercer su trabajo. En este sentido, las resistencias a las reformas también están ligadas a que ellas no operan a un nivel de métodos o no orientan acerca de cómo sus nuevos contenidos se inscribirán en las lógicas y rutinas escolares. Más que resistencias efectivas, o que vayan más allá de niveles de pronunciamientos, lo que se encuentra en el trabajo cotidiano de los docentes son algunas apropiaciones de las reformas que pueden, de algún modo, dialogar con el ideario en el que han sido formados. En resumen, se toma de las reformas aquello que se condice con el sentido del trabajo de enseñar. Así los mismos organismos internacionales y los Estados han construido una disyuntiva que se les vuelve a modo de *boomerang* como uno de los grandes obstáculos para sus intereses más o menos conservadores y neoliberales, más o menos populares y progresistas. Todos sus requerimientos para, en definitiva, racionalizar y optimizar en términos económicos el sistema educativo chocan con sus mismos argumentos para pensar en aquel ciudadano "global", "competitivo", "informado", detentador de unos saberes científicos "de calidad", que también pretenden como producto final del servicio. De allí que para los autores ya en 2001 y, de hecho, señalando a la crisis político económica argentina como dato para atender, estén afirmando la inviabilidad de las reformas educativas que no replanteen el tema salarios y recursos materiales para las instituciones educativas como una verdad de Perogrullo, pero además, que no reconozcan y, por ende, trabajen sobre la estructura escolar y los *ethos* de los docentes (Díaz Barriga e Inclán Espinosa, 2001: 35-40).

A manera de ejemplo, los discursos con pretensiones de objetividad científica sobre la lectura y la escritura que irrumpieron en tiempos de la reforma educativa en la Argentina, antes y después de su implementación en la provincia de Buenos Aires como pionera en el hecho de imaginar sus aplicaciones concretas (Insarraulde y Agüero, 2009), van a estar atravesados por este *paradigma del Banco Mundial* y sus criterios de profesionalización docente: mediciones de capacidades de los alumnos como modo de entender la enseñanza, clasificaciones de los alumnos según esos estándares, hipótesis o maduracionistas o patológicas de corte psicológico-cognitivista para explicar las causas de los malos desempeños como tesis de base.[21] En el caso del área de Lengua, este ideario se consolida en homologaciones entre el conocimiento y uso por parte de los alumnos de un grupo de categorías clasificatorias de algunos modelos de las teorías comunicacionales, en cruce con modelos de la lingüística del texto, y sus tipologías textuales, en un aprovechamiento del "vuelco cognitivo de la Lingüística textual" (Ciapuscio, 2000: 34). Por ello, el nuevo mandato sobre el trabajo docente para la disciplina escolar imprime una concepción educativa pragmática sin tradición en la formación latinoamericana, ya que es expresión de la pedagogía industrial gestada en los Estados Unidos en el siglo XX y del pensamiento político neoconservador (Díaz Barriga, 1991: 53). En consecuencia, los CBC (1995) para el área de Lengua y sus fundamentaciones se justificaron en un horizonte utilitarista distinto al de la formación humanística y que se resemantizó en la idea de una formación de ciudadanos "competentes". Es decir, que acrediten las *competencias* necesarias para leer y escribir textos representativos de la complejidad discursiva de la era tecnológica y mediática, mundo globalizado, etc. De este modo, se actualizan en las justificaciones del diseño del área de Lengua y de sus CBC (1995) los criterios de neutralidad técnica: "la organización misma de los CBC es una organización neutra porque trabajamos con bloques que tienen que ver con las destrezas, habilidades y competencias de base" (Melgar, 1997: 66).

En su análisis sobre los efectos de las políticas neoconservadoras en México de los años ochenta, Díaz Barriga señala que los procesos de "derechización" instalaron un nuevo *deber ser* para el trabajo docente, que no será menor: "la relación mecánica entre formación y empleo". De este modo, y hasta hoy, se plantea el siguiente núcleo problemático para los estudios que pongan en relaciones más amplias el currículum, la didáctica, los programas y las reformas:

> Ahora se considera que el acceso a la educación debe estar circunscrito solo para aquellos que tienen posibilidades (económicas e

---

21   En consecuencia, todos los agentes del sistema pasan a ser evaluados según estos estándares. Por ejemplo, Stella Maris Más Rocha (2009) analiza el caso de la ciudad de Buenos Aires y sus implementaciones de la evaluación del desempeño de los profesores instituida desde los años noventa. Los modos de evaluar articulados en lógicas de "conceptos" (que van de "sobresaliente" a "deficiente") se han naturalizado y *rutinizado*. Salvo en casos de conflicto, parece desocultarse que implican consecuencias en los ascensos que posibilita la carrera profesional, además de que dichos conceptos operan para evaluar conductas: puntualidad, respeto a la vía jerárquica, creatividad y no la relación actuación profesional y saberes disciplinarios (Más Rocha, 2009: 89).

intelectuales) para acceder a ellas, y se juzga la eficiencia del sistema educativo a través del empleo que puede obtener el estudiante al egresar. Se considera que existe así una relación mecánica entre formación y empleo. Suponiendo que la disfuncionalidad que se expresa en el desempleo de egresados significa que las instituciones educativas no atienden a demandas que parecen claras, racionales e incuestionables por parte del empleo, esta cuestión, en el fondo, significa adoptar con toda crudeza ciertas tesis de la teoría del capital humano (Díaz Barriga, 1996: 77).

Si bien los fundamentos de la reforma argentina van a desplegar sentidos en superficie opuestos a la restricción económica que plantea Díaz Barriga con los argumentos que giraron en torno a la equidad (de hecho estas diferenciaciones están en su análisis de la *Educación para todos* que ya he citado); sí será sumamente sensible para los docentes encargados del área de Lengua la relación entre "posibilidades intelectuales" —ancladas en la lectura y la escritura— y egreso de los distintos niveles del sistema educativo. No solamente orientado al mundo del trabajo, sino también, y sobre todo, a los estudios superiores particularmente como responsabilidad de la educación media.[22]

La invención por parte de especialistas, básicamente formados en lingüística y psicología cognitiva, de un nuevo constructo *lectura y escritura* (correctas, adecuadas a las distintas situaciones comunicativas, consecuentes con una formación científica o ancladas en las exigencias del mundo actual) instala en los años noventa constantes intercambios acerca de las *dificultades de los alumnos* que no se cuestionarán porque, como dice Díaz Barriga en la cita anterior, "las demandas son claras y racionales". En consecuencia, se entendía, y aún se entiende, que esos constructos sustentados en una racionalidad científica les eran (son) consecuentes. Además, esa racionalidad pragmatista de las orientaciones educativas de los organismos internacionales también es parte, o confluye, con los argumentos de *la educación por y para las competencias* que, en el caso de las urgencias instaladas respecto de la lectura y la escritura, les darán marco y aval a modos de *flexibilización curricular*, cuyas resoluciones en la práctica generalizan "que las competen-

---

22 Por ello, en otra de las justificaciones sobre las decisiones tomadas para el diseño de los CBC (1995) del área de Lengua se expresa: "Otra de las grandes orientaciones es en lo que se refiere al desarrollo de la capacidad lectora; en esto se tiene en cuenta no solo un entrenamiento permanente que permita el desarrollo de los mecanismos de los automatismos, sino también las distintas formas de lectura controlada, es decir, estimular, por un lado, el entrenamiento lector y, por otro lado, todas las prácticas que tienen que ver con la lectura controlada, en la medida en que los estudios superiores exigen esa forma de lectura también" (Narvaja de Arnoux, 1997: 58).

cias pueden configurarse anteponiendo al formulismo del objetivo la frase: 'el alumno desarrollará la competencia de...', y de la misma forma se procede a redactar objetivos genéricos y particulares". Y que atañe a "organizarlas en función de un plan de estudios. Así se llega a hablar de las competencias del área filosófica, sociológica, psicológica, lo cual significa reducir su uso a un campo disciplinario" (Díaz Barriga, 2009: 80), cuestión que complejizará aún más la tarea docente. Pero es más, los currículos por competencias o que forman parte de sus justificaciones, como es el diseñado para la Argentina y su reforma de 1993, suponen una despolitización y deshistorización de saberes. De este modo: "'el ciudadano', está privado de los saberes y de los conocimientos para conocer en profundidad qué es lo que elige y qué es lo que significa elegir" (Paviglianiti, 1997: 19-20). Así, entran en diálogo análisis como el de Díaz Barriga y otros de época como los de Paviglianiti (1997) y Pablo Gentili (1994: 18-19) porque apuntan a explicar la no variabilidad ideológico-política de los proyectos educativos en las transiciones de las dictaduras latinoamericanas a sus democracias en cuanto continuidades de proyectos neoconservadores. Apoyados particularmente en acciones de evaluación "a gran escala" de la "calidad educativa" dispuestos por distintos organismos internacionales, a saber, la Oficina Regional de Educación para América Latina y el Caribe (OREALC-UNESCO), las pruebas *Trends in International Mathematics and Science Study* (TIMSS, por sus siglas en inglés; Estudio Internacional de Tendencias en Matemáticas y Ciencias) o las pruebas *Programme for Indicators of Students Achivement* (PISA, por sus siglas en inglés; Programa Internacional para la Evaluación de Estudiantes) el tipo de evaluación promovida por los organismos internacionales:

> (...) no son sistemas diseñados para cumplir una función de retroalimentación del trabajo educativo, lo cual implicaría concebirlos para acompañar la labor docente, sino que son visualizados, por el contrario, como instrumentos para demostrar la ineficacia del sistema escolar; ineficacia de la cual el primer responsable, cuando no el único, es el docente. Bajo ningún aspecto en las pruebas a gran escala se evalúa la política educativa o a los responsables de la elaboración de los planes, programas y proyectos de formación docente. En el mejor de los casos, se emite un juicio vinculado tan solo a las condiciones del contexto que explicarían parcialmente los resultados. (...) [Por ello] Cuando se revisa el programa del proyecto mundial, regional y local de reformas educativas iniciado en la década del noventa, en el marco de la entronización de las teorías del mercado, se advierte el establecimiento de una serie de conceptos articuladores: calidad de la educación, eficiencia,

competencias, evaluación, entre otros, que constituyen el eje de sus discursos (Díaz Barriga, 2009: 11-12).

Retomando la cita anterior, agrega el autor que de ninguna manera las acciones evaluativas a gran escala evalúan, justamente, las políticas educativas ni a los responsables de sus diseños de programas o planes para la formación docente. Con ello, cabe señalar que aún no disponemos de estudios en profundidad sobre las incidencias de las orientaciones curriculares del área de Lengua instituidas desde los CBC (1995) y sus continuidades en las perspectivas didácticas de la lengua y la literatura en las políticas curriculares posteriores y aún vigentes, como observo más adelante, particularmente a través del concepto de competencias y su definición como un "saber hacer" donde en muchos casos se lo reemplaza pero manteniendo su significado. Así, en un artículo más reciente Díaz Barriga (2014) expone acerca de la genealogía de la noción de competencias y demuestra que no supone ningún préstamo de otra disciplina, sino que más bien se trata de un concepto *de* la política educativa basada en la teoría del capital humano e ideado como "cualificaciones de los criterios" para "medir un desempeño específico" y con ello, para evaluar los estándares que la misma política determina y propone a nivel global. De esta manera reubica dicha genealogía, de nuevo, en las concepciones humanistas y tecnicistas/eficientistas en tensión acerca de los sentidos y objetivos de la formación: superación del enciclopedismo como un "dar vida y significado a los conocimientos" versus la habilitación para el desempeño eficaz en el mundo práctico expresada en el "formar para un saber hacer".[23]

Tampoco disponemos de estudios que reconozcan cómo el enfoque por competencias en cuanto política educativa de los organismos internacionales, y derramada en la de los países de la región, ha encarnado en el cotidiano escolar en un juego de tensiones y conflictos entre añejos y nuevos fines de la educación que entraman el sentido del trabajo docente de enseñar lengua y literatura, o de sus reconfiguraciones actuales en lectura y escritura. Tensiones que muchas veces se expresan tanto en la asunción por parte de los docentes de una enseñanza de la lectura y la escritura como desarrollo de competencias o capacidades cognitivas, como construcción de conocimientos, sentidos o subjetividades o enseñanza de las prácticas del lenguaje. Todos formulismos cuyas implicancias con los saberes disciplinarios de la

---

23 Se trata del artículo de Ángel Díaz Barriga (2014). "Competencias. Tensión entre programa político y proyecto educativo", *Propuesta Educativa* N° 42, Año 23, Vol. 2, pp. 9-27. Otro trabajo que aporta a la revisión de estos problemas en el ámbito europeo es el de Angélique del Rey (2012). *Las competencias en la escuela. Una visión crítica sobre el rendimiento escolar*. Buenos Aires, Paidós.

lengua y la literatura se tornan borrosas o casi ajenas a sus posibles resoluciones metodológicas en el aula.

Por su parte, Antonio Viñao (2002), desde la historia política de la educación, despliega un estudio comparativo de la conformación de los sistemas educativos a nivel mundial, y luego nacionales, para efectuar análisis específicos que, entre otros problemas, centran el trabajo docente en el marco de sus particularidades y tendencias reformistas según las coyunturas históricas. Como productos particulares de los sistemas sociales modernos, los sistemas educativos han ido consolidando su propia cultura y subculturas. El autor emprende la difícil tarea de brindarle grosor teórico a toda una serie de fuerzas contrapuestas que las constituyen, y muchas veces coercitivas, de escasa documentación oficial. Esto es, más allá de lineamientos organizativos y curriculares, como fuentes de análisis hacia el interior de los sistemas educativos. No obstante, vueltos a mirar en el sentido de sistemas sociales:

> Poseen una dinámica propia; una dinámica y unas fuerzas que se imponen a quienes en ellos se integran, a quienes intentan introducir modificaciones en los mismos, y a quienes con ellos se relacionan. Los sistemas educativos, integrados por grupos de personas con sus intereses y puntos de vista propios, no podían quedar al margen de este rasgo. Dos de estas tendencias son la configuración de los niveles educativos inmediatamente superiores, y de determinados establecimientos docentes o modalidades de enseñanza, como modelo de referencia, y la creación de una cultura escolar propia, integrada por varias subculturas o, si se prefiere, de diversas culturas sobre y de la escuela (Viñao, 2002: 43).

Por ello, para el autor la consolidación histórica en los sistemas educativos de una organización verticalista que hace que cada corte del sistema presione sobre el otro, sumado a sus propias presiones a nivel horizontal, y que se hayan generado formaciones docentes y acreditaciones de títulos que las avalan, así como, o en estrecha vinculación con lo anterior, la tendencia a una formación –si bien más generalista, también más académica en cada uno de ellos– devela además de "su tendencia a generar una cultura específica, capaz de crear productos propios (...). Un carácter continuista y conflictivo que plantea la cuestión de las transformaciones del sistema, o sea, de las reformas educativas, las innovaciones y, de un modo más general, el cambio en la escuela" (Viñao, 2002: 45).

Sin embargo, más adelante afirma que sería un error pensar que las culturas escolares son producto específico de los sistemas educativos; por el contrario, como lo explica al inicio de su trabajo, en realidad, responden a la irrupción de la institución escuela. Más bien el constructo sistema educativo:

> a) ha reforzado las relaciones de dicha cultura con los niveles educativos articulados, el proceso de profesionalización docente y la formación de los códigos disciplinares de las materias impartidas; b) ha planteado la cuestión de la no siempre bien avenida relación de la misma con las reformas estructurales y curriculares llevadas a cabo desde los poderes públicos; y c) ha sistematizado y estandarizado aspectos curriculares y organizativos como, entre otros, las nociones de curso, grado, etapa, ciclo o nivel, y, con ellas, la segmentación temporal del currículum y los exámenes de promoción o paso (Viñao, 2002: 46).

En estas relaciones entre sistemas educativos, instituciones educativas y cultura escolar, Viñao explica las posibilidades que brinda el análisis de la enseñanza entendida como *trabajo* si bien regulado por los Estados, también por otras de sus creaciones: las disciplinas escolares codificadas en materias o asignaturas. Sin esta fuerza muchas veces contrapuesta a las reformas derramadas en nuevas disposiciones del sistema y en las instituciones, no se podría entender la relativa autonomía de esas disciplinas y de los actores que le otorgan existencia:

> Las disciplinas, materias o asignaturas son una de las creaciones más genuinas de la cultura escolar. Muestran su poder creativo. Poseen, además, su propia historia. No son, pues, entidades abstractas con una esencia universal y estática. Nacen y evolucionan. Se transforman o desaparecen, se desgajan y se unen, se rechazan y se absorben. Cambian sus denominaciones, modifican sus contenidos. Son, así vistas, organismos vivos. Y, al mismo tiempo, espacios de poder, de un poder a disputar. Espacios donde se entremezclan intereses y actores, acciones y estrategias. Campos sociales que se configuran en el seno de los sistemas educativos y de las instituciones docentes con un carácter más o menos excluyente y cerrado, respecto a los aficionados y profesionales de otras materias, y, a la vez, más o menos hegemónico en relación con otras disciplinas y campos. De este modo se convierten en el coto exclusivo de unos profesionales acreditados y legitimados por su formación, titulación y selección correspondientes, que controlan la formación y el acceso de quienes desean integrarse en el mismo. Las disciplinas son, pues, fuente de poder y exclusión profesional y social. Su inclusión o no en los planes de estudio de unas u otras titulaciones constituye un arma a utilizar con vistas a la adscripción o no de determinadas tareas a un grupo profesional (Viñao, 2002: 70-71).

Si las disciplinas escolares son fuente de poder y exclusión social y profesional, se puede comprender desde esta perspectiva, también, cómo en las últimas décadas se han convertido en espacios para disputar por distintos especialistas y sus líneas sobre la enseñanza de la lengua y la literatura. Por lo tanto, postular la enseñanza de la lengua y la literatura como disciplina escolar también da la visibilidad epistemológica necesaria para avanzar sobre "un presentismo ahistórico para el que las tradiciones y prácticas de la cultura escolar o bien no existen —o sea, no son tenidas en cuenta—, o bien se considera que pueden ser eliminadas o sustituidas por las que se ordenan o proponen sin problema alguno y en un corto espacio de tiempo" (Viñao, 2002: 78). Este es el caso de Prácticas del lenguaje como nombre de las asignaturas del área de las políticas curriculares todavía vigentes de la Ciudad Autónoma de Buenos Aires y de la provincia de Buenos Aires. Retomo este tema más adelante.

Se trata, en suma, de historizar qué hay y qué no hay de esas discusiones de las didácticas en la enseñanza ya no desde la posición de un prearmado teórico que se va a probar a las aulas o que se disemina a través de la producción de orientaciones destinadas a docentes y alumnos por las vías que fueran, de orden público o privado. Sino desde una zona que tanto Rockwell (2009) como Viñao (2002), también lo habíamos visto con Díaz Barriga (2009), explican a modo de conflictos, dicho en términos amplios, entre los saberes docentes y los saberes pedagógicos oficiales. Posiciones para las cuales los saberes pedagógicos oficiales responden a la dimensión de lo legítimo en el ámbito educativo, no únicamente a una reducción de su mirada sobre las regulaciones avaladas por los Estados. Estas discrepancias entre los dos órdenes de saberes, cuando se reconocen, habilitan la creación de *versiones posibles* de las reflexiones de los docentes por parte del investigador, porque se leen donde ellas se actualizan y encarnan, es decir, en el sistema educativo y la cultura escolar; pero, a la vez, en las formaciones y rituales de acreditación propios de sus campos de conocimientos:

> Las "subculturas de las asignaturas" muestran una "variedad de tradiciones". Unas "tradiciones" que "inician al profesor en visiones muy diferentes" sobre las "jerarquías" existentes entre ellas, sus contenidos, el "papel del profesor" y su "orientación pedagógica" (Goodson, 2000, p. 141). Constituyen, en suma, un elemento fundamental en su formación, en su integración en una comunidad disciplinar determinada, con su código correspondiente, y en su concepción de la enseñanza y del mundo escolar. Un mundo que ven desde y a través de su campo disciplinar. De ahí que las materias o áreas curriculares sean el nexo y nervio que une la profesionalización

del docente, la cultura escolar y los sistemas educativos en los que las disciplinas se jerarquizan y anidan. Este "código profesional" se apoya en un saber empírico. Vive autosuficiente y claramente diferenciado de la cultura científica y pedagógica que los docentes hayan podido recoger en su formación inicial y como tal "saber de la experiencia" se autoafirma rechazando las injerencias de la "pedagogía teórica" (Viñao, 2002: 72).

No obstante, tampoco el uso de estas categorías de la historia del currículum y la sociogénesis de las disciplinas escolares debe significar una mirada atrapada en determinaciones históricas. Se trata de analizar cómo en esas persistencias se da la reproducción a la vez que el cambio (Viñao, 2002: 74). En especial ante el hecho de:

(…) reconocer los efectos de las particulares acciones estatales en cada país de América Latina. Muchas políticas recientes han implicado la destrucción de espacios de potencial resistencia social colectiva o de mayor posibilidad de apropiación cultural. Otras han tenido consecuencias como el vaciamiento de contenido nacional en los programas, la privatización de la educación gratuita y el excesivo uso de la evaluación para controlar los procesos educativos (Rockwell, 2009: 33).

Volviendo a Viñao, la tensión entre los saberes pedagógicos y los saberes docentes, revelada cuando se ingresan las variables sistema educativo, cultura escolar y disciplina escolar, se potencia aún más en tiempos de reformas educativas. En especial, las llevadas a cabo en los últimos decenios en varios países presentan la característica particular de una:

(…) alianza, o incluso identidad personal, entre los reformadores y gestores de las reformas y los considerados expertos en cuestiones educativas. (…) el papel desempeñado por los mismos en la elaboración de los discursos o jergas que legitiman las reformas educativas, así como en su preparación, confección y aplicación, han reforzado el proceso iniciado en el siglo XIX y configurado en el siglo XX de disociación entre el saber teórico-científico de la educación y el saber práctico de los enseñantes. Una disociación que ha supuesto la exclusión de dicho saber práctico, de base empírica, como espacio de producción del saber pedagógico (Viñao, 2002: 87-88).

Qué clase de "alianzas" en torno a la enseñanza de la lengua y la literatura se vienen dando desde finales de los años ochenta hasta la actualidad entre especialistas y, prefiero decir, políticas/políticas educativas en la Argentina;

cómo se derramaron hacia los distintos niveles, incluso la formación docente; de qué tendencias en el nivel primario se hicieron eco; qué orientaciones supusieron sobre la relación teoría-práctica; qué disociaciones revela la tematización de este vínculo, en qué grados de reconocimiento o no de los saberes docentes son algunas de las preguntas que articulan el siguiente capítulo.

Volviendo al problema de la relaciones complejas entre el ideario del enfoque por competencias que pone en suspenso, desplaza o reemplaza saberes disciplinarios de tradición escolar para orientar "comportamientos" o actuares, "saberes hacer" como contenidos y objetivos de una educación "acorde con las exigencias del mundo actual" cuyo compromiso radica en "formar ciudadanos exitosos para ese mundo" –que, ya vimos antes, responde a la teoría del capital humano–, y las variadas acciones de Fundaciones y ONG; ofertas de formación docente co-avaladas entre estas y universidades u organismos internacionales y universidades públicas y privadas, entre otras, se debería emprender una investigación específica al respecto y que debería desarrollar varias diferenciaciones. Para el caso de la alfabetización, la lectura, la escritura y la enseñanza de la lengua y la literatura, tanto desde acciones de promoción o formación como de dotación de libros y materiales didácticos, habría que trabajar con una importante cantidad de casos que, también, mostrarían hacia su interior perspectivas disímiles.[24]

Respecto de las orientaciones curriculares, también como caso del enfoque por competencias, aparecen en los CBC (1995) las construcciones "la lectura" y "la escritura" planteadas como contenidos en sí mismos. Se manifiestan en una organización por Bloques,[25] enmarcada en la retórica y disposición curricular de los contenidos "conceptuales, procedimentales y actitudinales". El antecedente de esta organización es el currículum oficial español de 1986, elaborado por César Colls, quien, a su vez, recupera esta clasificación realizada por Merrill en 1983 (Zabala, 2000: 5). Las dos últimas clasificaciones de contenidos son las que van a articular el discurso de las *habilidades, destrezas* y *competencias* poniendo en tensión la sobrecarga de contenidos conceptuales propios de la tendencia lingüístico textual cognitiva,

---

24 En el texto original de la tesis, desarrollo con cierto detalle el caso de La Cátedra UNESCO para la Lectura y la Escritura en América Latina y La Fundación Leer (en asociación con RIF, *Reading Is Fundamental*), cf. Cuesta (2011: 49-51).

25 En el Bloque 1: *Lengua oral*; Bloque 2: *Lengua escrita (escritura)*; Bloque 3: *La reflexión acerca de los hechos del lenguaje*; Bloque 4. *El discurso literario*. En estos dos últimos es donde se hace más hincapié en la lectura. *Contenidos Básicos Comunes para la Educación General Básica*. Ministerio de Cultura y Educación de la Nación, Consejo Federal de Cultura y Educación. 1ª edición, marzo, 1995. Recuperado de http://www.bnm.me.gov.ar/giga1/documentos/.

que, a su vez, aparece negociada con algunos otros de la gramática oracional y saberes narratológicos literarios en el recorte *literatura como discurso*.[26]

Se trata de una amalgama del constructivismo psicogenético que encontrará en esa perspectiva curricular de Colls *del saber hacer*, en cruce con el ya mencionado vuelco cognitivo de la lingüística textual, la posibilidad de constituirse como didáctica y diseño curricular a la vez y que hace sistema con esta perspectiva de las *competencias, habilidades y destrezas*, al menos, en nuestro país. Un antecedente de estos cruces es la publicación citada reiteradas veces en los años noventa y base de muchas propuestas de libros de texto de la época de Ana María Kaufman y María Elena Rodríguez (1993). Rodríguez, quien como expliqué antes, dirigió por muchos años la *Revista Lectura y Vida*.

Por el momento, ya que retomo este problema en los siguientes capítulos, me parece importante señalar que los impactos de la psicogénesis en las políticas educativas respecto de la formación de lectores, curriculares, en las orientaciones didácticas que las sustentan y en la investigación que las avala están siendo revisados en varios países de Latinoamérica. Por un lado, desde sus efectos en la conformación de "los discursos educacionales en Brasil a través de la difusión, reproducción e incorporación de sus conceptos, ideas y objetivos en obras académicas, propuestas educacionales y documentos oficiales" e integrados por "eslóganes" que se manifiestan como "un conjunto de expresiones, figuras retóricas y frases efectistas cuya reproducción genera un aparente consenso, tan amplio cuanto vago, en relación a sus significados o a sus consecuencias para la práctica educativa" (Fonseca, 2001: 95-96).[27] Por otro, desde la construcción del fracaso escolar, ya que se han convertido en argumentos de políticas educativas estaduales en el Brasil, que asumen las primeras formulaciones de Emilia Ferreiro sobre las diferencias de desarrollo

---

26 Se trata de una somera caracterización de los CBC (1995) para el área de Lengua que abarcan hasta el tercer ciclo de la Educación General Básica y que se sostendrán en los Contenidos para el nivel Polimodal en la subdivisión de niveles determinada por la reforma del año 1993 (CPO). Trato de sintetizar el constructo final al que se arribó en relación con sus distintos documentos de base y que componen las *Fuentes para la Transformación Curricular. Lengua*. Ministerio de Cultura y Educación de la Nación, 1996. Dichos documentos son representativos de las distintas perspectivas en didáctica de la lengua y la literatura que presento a lo largo del libro, cuyas autorías corresponden a Elvira Narvaja de Arnoux, Gustavo Bombini, María Adelia Díaz Rönner, Ofelia Kovacci, Ana María Postigo de De Vedia y Magdalena Viramonte de Ávalos.

27 En el texto original: "os discursos educacionais no Brasil, através da difusão, reprodução e incorporação de seus conceitos, idéias e objetivos em obras acadêmicas, propostas educacionais e documentos oficiais" y "um conjunto de expressões, figuras retóricas e frases de efeito cuja reprodução gera um aparente consenso, tão amplo quanto vago, em relação aos seus significados ou suas conseqüências para a prática educativa" [la traducción es propia].

según —y como— diferencias de clase social (Sawaya, 2008 y 2010). También porque como "postura dominante en México, la genético-constructivista, está llegando a sus límites tanto respecto de la investigación propiamente psicológica, como respecto de su 'aplicación' en la escuela pública mexicana" (Vaca Uribe, 2008: 9). Ya que si bien se presentan desde la posición genético-constructivista:

> (…) desarrollos didácticos (tanto teóricos como empíricos) realizados principalmente por Ana Teberosky y Delia Lerner, también es cierto que las propuestas que se han impulsado, por influencia de ellas en los funcionarios-investigadores de diversas épocas, en la Secretaría Pública en México, resultan sofisticadas (y a veces excesivamente), aplicables única y exclusivamente en contextos escolares privilegiados (pocos niños, buenos sueldos de maestros, materiales didácticos diversos, apoyos del director, etc.), y no han estado apoyadas por la inversión correlativa que supondría la cooperación y acompañamiento sistemáticos que *en la práctica*, es decir en el terreno escolar, requerirían los maestros reales de las escuelas públicas mexicanas, también reales (Vaca Uribe, 2008: 15).

Por otro lado, a nivel de la investigación en *didáctica de las lenguas* (ya en un sentido internacional más amplio) y sus antecedentes en equipos conformados por especialistas, como Emilia Ferreiro, Hermina Sinclair, Annette Karmiloff-Smith, que transitaban una "psicolingüística del desarrollo", se han analizado sus desajustes con situaciones escolares concretas, incluyendo su actual etapa "post-piagetiana". Me permito citar en extenso a Jean-Paul Bronckart:

> Realicé investigaciones a comienzos de los años 1970 sobre lo que se llamaba entonces la psicolingüística del desarrollo que analizaba los procesos de los niños para dominar las estructuras sintácticas, los tiempos verbales, etc., desde una perspectiva totalmente piagetiana. Alcancé muy buenos resultados y luego fui a investigar en las aulas en concreto, cuando se enseñaba gramática y formas verbales, si los alumnos usaban las estrategias que habíamos identificado en nuestras investigaciones, La respuesta fue que no. Ellos lo hacían de otro modo en situación de aula. Al menos en parte, lo hacían de otro modo. Eso me llevó a adoptar una posición distinta de la que ustedes mencionaron en la pregunta, propia de esas otras corrientes.[28] Consiste en considerar que la didáctica de

---

28 Transcribo la pregunta que le efectué a Bronckart en la entrevista que fue realizada en el año 2008, en la FaHCE-UNLP y traducida para su publicación en el año 2010, que aquí cito, por Margarita Merbilhaá: "Hemos leído sus trabajos, en especial su último libro publi-

las lenguas debe primero analizar cuál es la situación en el aula, cuáles son los programas, las expectativas sociales, cómo funciona el trabajo de los docentes. También debe tener en cuenta, y ese es mi lado vigotskyano –soy más vigotskyano que piagetano, como todos saben– que el saber se construye en la interacción social. Conozco muy bien los trabajos de Emilia Ferreiro sobre la lectura, etc., en ellos se afirman cosas interesantes, pero no comparto la posición según la cual el desarrollo se daría naturalmente en el contacto entre un alumno y un objeto (Bronckart en Cuesta *et al.*, 2010c: 57-58).

Continúa explicando el autor respecto del problema de los conceptos en la enseñanza que "algunas corrientes post-piagetianas se olvidan a veces de los principios piagetianos, uno de ellos es que el aprendizaje, el desarrollo, se da también mediante la construcción de conceptos y que los conceptos formales que se introducen en situación escolar no constituyen por sí mismos obstáculos para el desarrollo" (Bronckart en Cuesta *et al.*, 2010c: 58). De modo que, en la fundamentación de este otro enfoque denominado *interaccionismo sociodiscursivo* y en desarrollos locales que articulan la formación docente con la investigación, también se trabaja en revisiones críticas del constructivismo piagetiano o psicogénesis en cuanto a sus impactos en el sistema educativo argentino:

> Por ejemplo, en las posiciones llamadas *constructivistas* (en una suerte de reduccionismo) se enfocaron los niños y los jóvenes en sus aprendizajes, es decir, como si estuvieran aislados de las intervenciones docentes y estos en una posición de acompañamiento débil, como de escolta o de coordinador antes que profesor. Estas aplicaciones, en la mayoría de los casos, resultaron en una posición espontaneísta frente al aprendizaje, cuyos efectos aún se mantienen en el nivel primario con la propuesta de descubrimiento del sistema

---

cado en Argentina y hemos encontrado muchos diálogos con nuestras propias investigaciones. Pero existen otros grupos en nuestro país graduados en educación, y en algunos casos también en letras, que continúan con la tradición de la psicogénesis para pensar una didáctica de la lengua y la literatura, en realidad lo que han denominado "prácticas del lenguaje". En particular, vuelven a insistir en las ideas sobre el aula como ambiente de contacto 'natural' con los libros y los textos, y sobre este postulado giran otras ideas que vuelven a traer nociones de construcción de conocimientos como asimilación, docentes que ponen en suspenso sus enseñanzas de saberes, conceptos de las disciplinas escolares, porque se entiende desde esta perspectiva que "los alumnos deben hacerlo solos", que el objetivo de la didáctica es formular como contenidos un "saber hacer" y demás. La pregunta es: ¿usted entiende de este modo la didáctica de las lenguas? Pues, nosotros estamos revisando estas líneas y a partir de la lectura de sus trabajos, creemos que no" (Cuesta *et al.*, 2010c: 57).

de escritura, incluida la ortografía, que produjo el fracaso cuando en el segundo grado se pretendió enseñar ortografía después del aprendizaje de la escritura (Riestra, 2010: 4).

Veremos luego que, en realidad, las justificaciones que primero estuvieron centradas en la formación del "ciudadano competente" de los años noventa se irán recortando para el tramo de la primaria en la "construcción de lectores y escritores" o en la formación de lectores entendida como el logro de un "comportamiento lector", en cuanto están atravesadas por una idea de alfabetización anterior y sustentada en relaciones "naturales" entre sujetos y objetos de conocimiento, en la que los "conceptos" eran (o todavía son, volviendo a la cita de Bronckart) entendidos de antemano como "obstaculizadores" o como reminiscencias del normalismo.

La enseñanza de la lengua y la literatura en la educación media e ingresos a los estudios superiores, en relación con las continuidades y cambios en la disciplina escolar, se vinculan con el protagonismo que fue ganando la psicogénesis también en estos niveles educativos hacia los años dos mil, y hasta ahora, en la Argentina. Por ello, en los siguientes capítulos intento desmontar sus sobreimpresiones y encastres con presupuestos de las perspectivas en didáctica de la lengua y la literatura cuyos desarrollos, como ya he analizado, tienen otra historia de orígenes disciplinarios como la lingüística y los estudios literarios y que ya presentaban disputas entre sí a mediados de los años noventa y con algunas posiciones de la didáctica general. Se trata de una maraña, si se me permite el término, entre todo aquello que se señala *debe ser* la educación, la enseñanza de la lengua y la literatura, la lectura y la escritura, desde la legitimidad de los discursos políticos reformistas o académicos sustentados en investigaciones que no suelen discutirse. Todavía menos si se los confronta con el cotidiano de las aulas, con el trabajo docente, sea en el nivel que sea y en el tipo de educación que sea, formal o no formal. Pues, entiendo que queda claro a lo largo de este capítulo que una reforma educativa no es solamente un conjunto "desinteresado" de nuevas disposiciones de niveles, etc., para la reorganización del sistema educativo siempre en procura de su "mejoramiento" porque así lo requieren las nuevas exigencias de las "sociedades globalizadas", según lo "recomiendan", siempre "desinteresadamente" también, los organismos internacionales. Sino que una reforma educativa es además perspectivas didácticas con sus especialistas en franca lucha por el dominio de las orientaciones curriculares, la formación docente y otras acciones político-educativas en el marco de un mercado educativo que incluye el editorial escolar. Sin embargo, esa pugna no significa que necesariamente sus enfoques sean distintos. Ya sea porque proveen los argumentos científicos-especializados para esa reforma, o porque han quedado fuera de ella enunciando desde otros espacios de legitimación sus supuestas contraverdades. Se trata de discusiones, pugnas, a veces luchas personales, que van igualmente superponiendo sus naturalizaciones sobre cómo diagnosticar y evaluar a los estudiantes, los docentes y a su trabajo. No obstante, lo que presentan históricamente en común son sus imposibilidades o negaciones de afrontar genuinamente los órdenes de las metodologías de la enseñanza en sus contradicciones, u omisiones, respecto del trabajo docente.

Capítulo 2
Reconfiguraciones de la enseñanza de la lengua y la literatura en la Argentina

1. Psicogénesis, textualismo cognitivista y enfoque sociocultural: la lectura y la escritura como objetos/contenidos de la enseñanza

Este capítulo se destina al análisis de las reconfiguraciones de la disciplina escolar lengua y literatura, cuyos motivos y fundamentos pueden reconstruirse en los debates previos y posteriores a la reforma educativa de 1993 (Ley Federal de Educación) implementada en la Argentina. Reconfiguraciones y debates que presentan continuidades hasta nuestros días en distintas producciones didácticas de la lengua y la literatura y en otras fuentes. Como afirmé en el capítulo anterior −apoyándome en las conceptualizaciones que Antonio Viñao (2002) ofrece sobre los sistemas educativos, las culturas y disciplinas escolares para comprender al trabajo docente−, abordar la enseñanza de la lengua y la literatura como disciplina escolar permite avanzar sobre la idea ahistórica y por ello, apolítica, de que no existirían tradiciones ni prácticas de enseñanza de la lengua y la literatura o que podrían ser eliminadas o sustituidas sin problema alguno y rápidamente. Así, este ahistoricismo apolítico se presenta como el punto de conexión de las perspectivas en didáctica de la lengua y la literatura observadas en la historia reciente que paso a reconstruir. Porque este ahistoricismo apolítico implica la ideología de la desidiologización, muy propia de las líneas educativas liberales y sus naturalizaciones, y la ideología de la denuncia criticista que, aunque entendida como la expresión progresista de los debates y luchas por y en las reconfiguraciones de la disciplina escolar, culmina también en prescripciones ajenas al trabajo docente. Para efectuar la reconstrucción histórica que aquí propongo, tomo un corte del sistema educativo que ubicado en esa historicidad permite develar sentidos cruciales para esas reconfiguraciones: distintos años de la educación primaria y secundaria y los primeros de la educación superior destinados a los ingresos de las carreras profesionales.[1] En los dos últimos niveles –y para los años noventa– se observa un tráfico de significados, en el sentido de nuevas verdades científicas, respecto de la enseñanza de la lengua y la literatura que, por su recurrencia, permiten analizar las redefiniciones de estos objetos, también ligadas a sus procesos de reconfiguración en la educación primaria. Sé que, por ejemplo, en el caso de los espacios de ingreso a los estudios superiores no se *habla* de enseñanza de la lengua y la literatura, sino de *Talleres de comprensión y producción de textos*, de *lectura y escritura de textos académicos*, entre otras denominaciones afines, que indican cómo ciertas instancias de reconfiguración de la disciplina escolar se han institucionalizado e institucionalizan. Lo que propongo es superar ciertos particularismos signados por la ahistoricidad y el presentismo en las reflexiones sobre este tema.[2] También, modos de investigar zanjados por las divisorias de niveles educativos en los que pareciera que ningún aspecto de la conformación de los saberes que hacen a las disciplinas escolares, los pusieran en relación entre sí. Que las denominaciones y reorganizaciones del

---

[1] Utilizo esta denominación genérica, dado que se trata de los distintos espacios curriculares destinados a los ingresos de distintas carreras, no solamente de los profesorados. También, respecto de los otros dos niveles educativos, porque las sucesivas reformas que se vienen implementando en el país (tanto a nivel nacional como en las provincias) hacen que, hoy por hoy, convivan distintas denominaciones de los niveles primario y secundario. Además, en los estudios superiores, terciarios y universitarios conviven distintas modalidades de cursos de ingreso que en algunos casos, en sentido curricular, pero también simbólico, juegan un rol casi de asignatura. O lo hacían, ya que a finales del 2015 se aprueba la reforma a la Ley de Educación Superior (sancionada en 1995). Entre sus modificaciones se encuentra el artículo 7 que establece el acceso a la universidad como libre e irrestricto para todas las personas que aprueben la educación secundaria y señala la inconveniencia de exámenes eliminatorios u otros mecanismos de exclusión. Si bien muchos cursos de ingresos universitarios no son eliminatorios, aún resta revisar cómo entienden la inclusión educativa y si no se presentan, en realidad, como espacios de exclusión dados sus requerimientos y presupuestos pedagógicos (Botto y Cuesta, 2015).

[2] En los últimos años, se han realizado varias publicaciones y cantidad de eventos académicos referidos a los ingresos a los estudios superiores y se habilitaron en otros eventos mesas específicas para comunicaciones que versan sobre el tema. Por ello, existe un volumen importante de ponencias en actas que básicamente parten de la aceptación de lo que se debe enseñar allí respecto de la lectura y la escritura en tanto *el* recorte de una urgencia que presentarían los alumnos casi ya egresados del secundario y los ingresantes a cualquier carrera. Básicamente, estos escritos desarrollan las "dificultades" con las que se topan los equipos docentes o describen "experiencias" modélicas (presentismo). En muy pocos casos "lo que se debe enseñar en los ingresos" es puesto en una perspectiva histórica que problematice estos fundamentos reconociendo que se han legitimado en las políticas de los organismos internacionales, más allá de una posible "evidencia" que presentarían los ingresantes en sus lecturas y escrituras (ahistoricismo). Para el detalle de las fuentes consultadas que me permiten la caracterización anterior, cf. Cuesta (2011: 125-126).

sistema cambien, ratificando las fuerzas de las políticas educativas legitimadas en nuevas perspectivas teóricas académicas o enfoques (característica fundamental de los últimos tiempos), no significa que la enseñanza de la lengua y la literatura haya desaparecido en cuanto tal, ni que actualmente se distinga demasiado de un nivel educativo a otro. Pero tampoco se trata de que la misma enseñanza de la lengua y la literatura reconfigurada en la década del sesenta, ampliada en cuanto a cánones y saberes entre los años setenta y ochenta, y remodelizada en la reforma de los años noventa, de permanencia hasta hoy, presente una continuidad inalterada.

Decía en la Introducción que me interesa abordar las metodologías de la enseñanza de la lengua y la literatura en un reconocimiento de la historicidad de la disciplina escolar, en el recorte del trabajo docente y en las tensiones entre los saberes pedagógicos y los saberes docentes. En ese sentido, el propósito de este capítulo es desmadejar las perspectivas en didáctica de la lengua o la literatura que entraman esas tensiones en constantes intentos por resolverlas o ignorarlas.

Apunto a contrapelo de los análisis que buscan señalar las posibles "imperfecciones teóricas" del trabajo docente a estudiar la pertinencia que develan, en cuanto muestran cómo la disciplina escolar se ha permeado por axiomas de las distintas perspectivas didácticas de la lengua y la literatura. Es decir, que al situar estos modos de dar cuenta del propio trabajo docente, sus supuestas "contradicciones" teóricas, insisto, se reconocen distintos circuitos de producción y cruces: entre la didáctica de la lengua y la literatura del llamado enfoque sociocultural; entre esta y las prácticas del lenguaje, como última versión de la psicogénesis, y con la didáctica de la lengua del textualismo cognitivista. Reitero que propongo la última denominación para dar cuenta de los cruces de líneas lingüísticas y psicológico cognitivas que presenta esta perspectiva. Lo que ahora interesa agregar a ese proceso es cómo se vincularon, o no, con la desestabilización de las anteriores zonas disciplinares y de actuación profesional organizadas y conservadas hasta los años noventa por el sistema educativo según la formación académica de origen, tanto de los ya en aquel entonces llamados especialistas como también de los docentes en un movimiento que continúa hasta la actualidad.[3]

---

3   Por ejemplo, en la nueva reforma del sistema educativo de la provincia de Buenos Aires implementada paulatinamente a lo largo de las dos últimas décadas, la reconfiguración de la caja curricular históricamente destinada a la enseñanza de la lengua y la literatura, y denominada de ese modo, o solo como *Lengua*, ha sido modificada como *Prácticas del Lenguaje* (tanto para la educación inicial, primaria como para la secundaria básica). De hecho, la última actualización del 2018, el *Diseño Curricular para la Educación Primaria. Primer Ciclo-Segundo Ciclo* (recuperado de http://servicios.abc.gov.ar/lainstitucion/organismos/consejogeneral/disenioscurriculares/primaria/2018/) sigue presentando la misma

Dicho en otras palabras, qué razones terminaron ofreciendo los debates, que ya he reseñado en el capítulo anterior, traficados a las agencias del Estado encargadas de llevar adelante políticas educativas y a la industria editorial escolar, que ubicaban todavía la lengua y la literatura en las orientaciones curriculares, pero ya comenzaban a desplazarlas entre sí y en nombre de nuevos objetos y contenidos de la enseñanza, como la comprensión lectora y la producción escrita o las prácticas de lectura y escritura, o del lenguaje; la experiencia literaria o la construcción de subjetividades.

La noción de disciplina escolar supone en sí misma la historización de la enseñanza como acción social que conjuga y vincula dimensiones macro y micropolíticas (Rockwell, 2009). Una versión posible de la historia reciente de las reconfiguraciones de la disciplina escolar lengua y literatura en la Argentina, puede fecharse desde los años ochenta hasta el presente, no obstante, en una inevitable recuperación y ligazón de algunos de sus antecedentes en la transición de los años sesenta hacia los setenta. Para ello, recurro a una serie

---

denominación para el área, la misma fundamentación del enfoque más el agregado del llamado enfoque equilibrado, abonando a la creación de nuevos cruces de perspectivas cuyos análisis serán para otro trabajo. Sin embargo, volviendo a Prácticas del lenguaje, la provincia viene siguiendo de manera sostenida los pasos de la otra jurisdicción faro para el resto del país como lo es la Ciudad Autónoma de Buenos Aires que formalmente, pero con antecedentes desde finales de los años noventa, instituyó la denominación del área en cuestión en sus diseños curriculares del año 2004 (*Diseño Curricular para la Escuela Primaria/Educación General Básica* recuperado de https://www.buenosaires.gob.ar/areas/educacion/curricula), –vuelvo sobre este tema más adelante–. Se trata de una reconfiguración disciplinaria y también una ampliación de la incumbencia de los títulos que se deben detentar para obtener los cargos correspondientes. Así, y ya no a causa de una ubicación por debajo de los profesores de lengua y literatura medida por grados de antigüedad, puntajes obtenidos en la formación continua, o cantidad de materias aprobadas para los todavía estudiantes, carreras consideradas afines, etc., como jerarquización de títulos, estos espacios de trabajo pueden ser tomados por colegas egresados de ciencias de la comunicación o ciencias de la educación. Esta diversificación de titulaciones legitimadas por las nuevas regulaciones del sistema en materia de incumbencias profesionales se suma a las ya gestadas en los años noventa con la llamada Reconversión de maestros. Dicha Reconversión, llevada a cabo por distintas universidades nacionales, legisló una serie de cursos orientados hacia la especialización en la enseñanza de distintas disciplinas escolares destinados a maestros para que pudieran dictar clases en el nuevo panorama que ofrecía la EGB 3 (anteriores séptimo grado de primaria más primero y segundo año del antiguo nivel secundario). Indudablemente, se trata de nuevas movilidades de docentes formados en distintas tradiciones disciplinarias que conllevan efectos sobre la enseñanza de la lengua y la literatura que deben ser estudiados de manera particular. En este sentido, contamos con las tesis de doctorado que se hallan en elaboración de María Inés Oviedo "Didáctica de la lengua en la formación de maestros de la Provincia de Buenos Aires. Tensiones entre la prescripción y las prácticas de enseñanza" y de Matías Perla "Enseñanza de la lengua, de la literatura y alfabetización en la educación primaria: efectos formativos en el trabajo docente de las políticas educativas de la Ciudad Autónoma de Buenos Aires (1990-2015)", ambos inscriptos en el Doctorado en Ciencias de la Educación (FaHCE-UNLP).

de líneas de investigación que trabajan, justamente, la historia reciente en cuanto al análisis de procesos amplios pero particulares (lo macro y lo micro) en las nuevas sociedades modernas —y en el caso de América Latina, democráticas— atravesadas por nuevas relaciones entre intelectuales y Estado. En términos más precisos para este estudio, se trata de las relaciones entre *expertos/especialistas, mercado editorial y Estado*. En consecuencia, no me propongo hacer ni una *Historia* de la enseñanza de la lengua y la literatura, de las prácticas de enseñanza de la lengua y la literatura o de la lectura y la escritura en un corte cronológico del sistema educativo argentino, sino que procuro hallar los *"momentos fuertes,* nudos de problemas que definen y marcan mojones en el complejo proceso de constitución del conocimiento" (Neiburg y Plotkin, 2004: 21-22).

En resumen, las periodizaciones parciales que aquí presento responden a momentos significativos de una historización que focaliza las reconfiguraciones de la disciplina escolar lengua y literatura en la Argentina de las últimas décadas. En ese sentido, los cortes no se dan por décadas, más allá de su necesaria utilización para la marcación temporal, sino por la focalización en los desarrollos de las perspectivas de la didáctica de la lengua y la literatura en sus propios contrapuntos y encastres. También en cotejo con las maneras en que la hiperproducción sobre enseñanza de la lengua y la literatura sintetiza estos desarrollos volviéndose *fuentes* o *señales, marcas,* de reconfiguraciones. Por ello, estos cortes se entienden como aproximaciones históricas, bisagras y no como *un antes y un después* tajantes e inamovibles. En consecuencia, se trata más bien de una periodización ordenadora de la exposición y sin pretensiones de instituirse como tal.

Existen una serie de investigaciones que ofrecen distintas entradas para la reconstrucción histórica de la enseñanza de la lengua y la literatura en la Argentina anteriores al período que aquí interesa y otras que también abordan los años ochenta y noventa. Estas entradas comprenden los análisis del currículum, las relaciones entre escritores-intelectuales, los proyectos de políticas educativas y Estado, la irrupción de la industria editorial escolar entre los años sesenta y setenta, y sus implicancias en la conformación de nuevos cánones literarios y concepciones de lectores jóvenes, como el funcionamiento discursivo de libros escolares de los siglos pasados. En la línea de la sociogénesis de las disciplinas escolares, se presentan estudios específicos sobre la conformación de la disciplina escolar lengua y literatura en la Argentina (Cuesta, 2011: 128-130). Todos ellos permiten reconstruir una cronología que se extiende desde la institucionalización de la escuela media en la Argentina y el currículum para el área de Lengua y Literatura, en el siglo XIX, hasta aproximadamente los años sesenta y setenta; a la vez que unos pocos comprenden parte de las discusiones en los albores de la restitución de la democracia y en años posteriores.[4] Tal es el caso de investigaciones que toman los años ochenta y noventa para problematizar las relaciones currículum, mercado y actuación docente (Gerbaudo, 2006) o los modos de postular la lengua como objeto de enseñanza en el contrapunto manuales escolares y actuación docente (Riestra, 2008). O la transición de esas décadas en estudios de caso, como la enseñanza de la literatura en la educación de adultos en la provincia de Salta (Bustamante, 2008); también la irrupción de los talleres de escritura de ficción y sus entradas y remodelaciones en la escuela (Pampillo *et al.*, 2010). Se trata de estudios que analizan desde una variedad de fuentes (discursos, conferencias, leyes, programas, producciones literarias, libros de texto, pedagógicos, revistas de educación, relatos y entrevistas, entre otros) distintas orientaciones que irá asumiendo la enseñanza de la lengua y la literatura. Algunos de ellos, lo hacen en el marco de diferentes debates político-educativos develando las complejas relaciones entre Estado, intelectuales orgánicos, pedagogos, maestros y profesores, Estado y mercado editorial; preanunciando una serie de continuidades que para los años ochenta encontrarán varias redefiniciones consolidadas hasta hoy. Me refiero al núcleo temático lengua/literatura/lectura/escritura.

Entre los escasos trabajos que analizan los últimos discursos imperantes sobre la lectura en nuestro país, es conveniente señalar que la crisis sociopolítica y económica de 2001 no se constituirá como un quiebre significativo, dado que, y como ya hemos visto, desde los años posteriores a la democracia y a los años noventa la lectura aparecía como claro objeto de lucha para las distintas perspectivas didácticas de la lengua y la literatura y sus especialistas. Los Operativos Nacionales de Evaluación (también provinciales o jurisdiccionales), las noticias periodísticas sobre las desaprobaciones masivas en los exámenes de ingreso a ciertas universidades, la preeminencia de las posiciones sobre la comprensión lectora y los incipientes debates de las posiciones socioculturales sobre la lectura, así como el llamado *ocaso de la lectura* frente al avasallamiento de la tecnología, tanto al modo de ava-

---

4   Esta caracterización de investigaciones publicadas, a modo de libros o artículos científicos responde al periodo de elaboración y escritura de mi tesis de doctorado en la que se hallan las referencias bibliográficas (Cuesta, 2011: 128-129). En la actualidad se cuenta con más desarrollos. Particularmente, los avances del equipo coordinado por Analía Gerbaudo (UNL-CONICET) y Cintia Carrió (UNL-CONICET), con lugar de trabajo en el Centro de Investigaciones Teórico-Literarias (CEDINTEL/UNL), en el marco del proyecto dirigido por Gisèle Sapiro (CNRS, EHESS, Francia) dedicado al rastreo de las condiciones de institucionalización de las Ciencias Sociales y Humanas en Argentina y otros países en el arco 1945-2010 (International Cooperation in the SSH [Socio-economic Sciences and Humanities]: Comparative Socio-Historical Perspectives and Future Possibilities). Recuperado de http://interco-ssh.eu/.

les como de polémicas, encuentran registros anteriores al 2001, ya sea en la producción académica o en políticas educativas (Cuesta, 2003: 12-21). Un caso de los inconvenientes que generan las periodizaciones que toman hechos históricos factuales, por ejemplo la crisis del 2001, como marcadores de inicios o cierres de líneas o tendencias pedagógicas y didácticas (el supuesto fin de una lectura moderna y el inicio de otra supuesta lectura posmoderna, como si hablásemos de "edades" a la manera de Clasicismo y Romanticismo) es el Plan Nacional de Lectura (en adelante, PNL). Esta política educativa y cultural, que duró tres gobiernos nacionales, promovió la centralidad de la literatura para la formación de lectores (particularmente de la literatura infantil y juvenil de "calidad", vuelvo sobre este tema más adelante). Así, los argumentos del diseño de sus acciones no recuperaban, o hasta discutían en algunos casos, las fundamentaciones de las líneas de la comprensión lectora de fuerte presencia en los diseños curriculares.[5] Entonces, más que concepciones sobre la lectura que se fueron reemplazando, en realidad se encuentran en aquellos años dos acciones políticas basadas en dos perspectivas de la didáctica de la lengua y la literatura diferentes, y claramente en disputa por los espacios de actuación profesional en materia de formación docente.

En ese sentido, resultan curiosos análisis que demarcan temporalidades como la que se comprendería entre el año 2001 y el 2006 y que, a su vez, recurren a la dicotomía modernidad/posmodernidad para explicar un debate que a todas luces es moderno y situado en nuestro país.[6] Que las posiciones, en definitiva, críticas de la comprensión lectora hayan protagonizado el diseño de políticas de lectura en determinados gobiernos, que además se fechen con anterioridad a la mencionada periodización, no significa una homologación de consecuencias: de la crisis política y socioeconómica a la crisis de la lectura. Menos aun cuando lo que se dirime es la escuela: institución moderna por excelencia. Lo que sí ocurre en las orientaciones del PNL es la puesta en escena en la discusión pedagógica y didáctica de la categoría *experiencia* y *relato de experiencia(s)* que no solamente será utilizada iniciados los años dos mil para dar cuenta de la lectura, sino también de la escritura y de la enseñanza, y del aprendizaje en general. Categoría de experiencia que es por demás problemática, pero que indudablemente es trabajada por sociólogos y antropólogos, también historiadores, muy citados en su momento,[7] por

---

5   Analizo en detalle las fuentes que permiten constatar esta dificultad en Cuesta (2011: 131-133).

6   Cf. Mariana Di Stefano y Cecilia Pereira (2009: 243).

7   Me refiero a los trabajos de Pierre Bourdieu (1995). *Las reglas del arte. Génesis y estructura del campo literario*. Barcelona, Anagrama; Roger Chartier (1995). *Sociedad y escritura en*

ejemplo Michèle Petit (1999, 2001), pero no desgajada de sus implicaciones justamente sociales, culturales e históricas. Dicho de otro modo, de ninguna manera —salvo el caso de las investigaciones de Petit que retomo más adelante–, se trata de desarrollos que alienten a una especie de metafísica individualista de la lectura, porque cuando hablan de *experiencia(s)* lo hacen, a grandes rasgos, atendiendo al juego entre lo individual y lo social y desde una perspectiva expresa o más cercana al materialismo (insisto, exceptuando a Petit). En todo caso, otro es el problema que aparece frente al análisis de documentos producidos por las orientaciones del PNL desde el año 2000 hasta el 2008, vinculados más bien con recortes y reinterpretaciones de los aportes de esos desarrollos teóricos sobre la lectura.

En realidad, el costado posmoderno de estos debates también ya estaba fechado con anterioridad y concentrado en *el placer de la lectura* como respuesta a una tradición enciclopedista de la enseñanza de la literatura ligada al privilegio de un saber historiográfico, de un "aparato interpretativo escolar" entendido como única lectura posible en la escuela, en detrimento de una experiencia estética con los textos (Bombini, 1989). El reclamo por el placer de la lectura, a su vez, halló distintas vertientes y fue rápidamente cuestionado por los posicionamientos que si bien bregaban hacia una problematización de la especificidad de la enseñanza de la literatura, como un tipo de lectura particular, detectaban que los procesos de *escolarización de la literatura* encontraban una nueva cara en las líneas del placer. De esta manera, Graciela Montes (1997) para finales de los años noventa ya había desarrollado una revisión crítica de lo que denomina el eslogan del "placer de leer", y que caracteriza como "frivolidad", "fantasma más light" frente a las orientaciones didácticas psicologicistas y lingüísticas de la época, y a las clásicas líneas historiográficas para la enseñanza de la literatura. Para la autora, la exhortación al placer de leer, "al juego", que en un inicio mostraba un costado "saludable", rápidamente mudó en "comodidad" y "facilidad", en oposición al "trabajo", el "esfuerzo" y el "displacer propios de las prácticas de escolarización" y, al mismo tiempo se convirtieron en un "simple pasatiempo" articulado en "actividades". Con ello, "Las actividades terminaron resumiendo lo que se entendía por juego mientras en las bibliotecas, los blandos almohadones simbolizaban la facilidad, en contra de los viejos y duros pupitres" (Montes, 1997: 133).

---

la edad moderna. La cultura como apropiación. México, Instituto Mora y Roger Chartier (1999). *El mundo como representación. Historia cultural: entre práctica y representación.* Barcelona, Gedisa. También, Roger Chartier y Guglielmo Cavallo (1998). *Historia de la lectura en el mundo occidental.* Madrid, Taurus. Lo mismo de Certeau (2000) a quien recupero más adelante.

En las opciones por imaginar una enseñanza de la lectura, y específicamente de literatura, se planteaba una contraposición entre el reclamo por una "auténtica experiencia de la literatura" (Montes, 1997: 133) y concepciones que cruzaban criterios de utilidad didáctica con validaciones de lo ininteligible como función de la literatura, al estilo "la literatura debe ser leída por placer" sin que se supiera con precisión sobre qué se trataba este asunto. Solo se invocaba como aval *El placer del texto* de Roland Barthes (1986), pero del que solo se repetía esta formulación que oficia de título a su libro, sin retomar sus hipótesis y argumentos, es decir qué significa exactamente el placer para el teórico francés (Cuesta, 2003; Díaz Súnico, 2005). De este modo, el eslogan del placer de la lectura se volvía contenido de enseñanza de la lengua y la literatura reconfigurada en su orientación hacia un *entrenamiento lector* –que se implicaba también en la escritura– en los mismos CBC (1995) y en los siguientes términos:

> En el caso del entrenamiento lector todos sabemos que se adquiere leyendo, bueno, hay que desarrollar, entonces, el placer de la lectura a través de formas pedagógicas variadas y en el otro caso, el de la lectura controlada, es conveniente que el alumno y el docente interroguen ese acto de leer, qué es leer, para después poder leer conscientemente, poder reconocer lo que es importante para una tarea escrita (Narvaja de Arnoux, 1997: 58-59).

Así se afirma para mitad de los años noventa la oposición que hasta la actualidad tensiona y desestabiliza al trabajo docente: una *lectura del placer* que no habrá que interrogar, y otra *controlada* que sí deberá indagarse en el aula. Este posicionamiento encontraba, a su vez, su propia versión en la educación primaria de la mano de las perspectivas didácticas apoyadas en la psicogénesis y orientadas a la alfabetización.[8] Por lo tanto, se trata de debates y posibilidades de incidencias de ciertas perspectivas en el espacio de la disciplina escolar que se van dando en simultáneo; esto es, que presentan cruces y encastres de sus axiomas, distintos momentos de utilizaciones por parte del Estado y el mercado editorial que les brindaron más o menos bene-

---

8 En este marco, circulaban en la formación de maestros, particularmente, argumentos sobre las ventajas didácticas de los proyectos de formación de lectores, por ejemplo, el proyecto con niños de segundo grado que elaboran un casete con las lecturas en voz alta de poemas elegidos por ellos mismos, con la ayuda de su maestra (Lerner, 1996). Dichos argumentos, claramente hacen sistema con el modelo de lectura por objetivos de Isabel Solé (1992) y la noción de "modalidades de lectura" (Nemirovsky, 1999). Ese casete sería entregado a "Grupos de jardín de infantes de la escuela y Biblioteca parlante de ciegos". Así, se justificaba didácticamente, por ejemplo, que "un poema o un cuento pueden ser leídos en un momento por placer, y convertirse, en otra situación, en el medio que permite comunicarle algo a alguien" (Lerner, 1996: 11).

ficios, más o menos visibilidad. En consecuencia, no se las puede encuadrar en lapsos precisos a modo de *inicio* y *cierre*, de *irrupción* y *desaparición*. Tampoco creo que podamos desagregarlas en qué entienden cada una de ellas por lengua y literatura y sus reconversiones en lectura y escritura, pues cada línea muestra una historicidad de transiciones teóricas solidarias entre estos objetos/contenidos y entre algunos de sus axiomas reconfiguradores de la disciplina escolar. Profundizo sobre este tema en el siguiente apartado.

2. La enseñanza de la lectura como comprensión lectora

Como decía, creo que la decisión de historizar políticas educativas en sus posiciones respecto de la lectura, que además no deberían ceñirse solamente a ella, lleva a analizar el debate focalizado entre especialistas y su lugar de beneficio en las políticas educativas de Estado en tiempos anteriores y posteriores a la reforma de 1993. También en la visibilidad que irán teniendo los especialistas en promoción de la lectura (grupo en el que se incluyen escritores, especialmente de literatura infantil y juvenil, lo mismo que narradores orales) y didáctica de la lengua y la literatura de mirada sociocultural desde el año dos mil en adelante, beneficiados por otras políticas educativas como los planes o programas de lectura que les permitirán incidir en el espacio educativo. No se trata de "representaciones de la lectura", entonces, sino de puestas en circulación de formaciones de conocimientos académicos en las arenas de decisiones políticas que no van a autonegarse en ellas (sí en los debates librescos). Por el contrario, van a superponerse y, en muchos de sus axiomas, a encastrarse solidariamente.

Por lo tanto, la asociación directa entre los políticos que asumieron los sucesivos gobiernos con las políticas que luego se llevan adelante resulta poco rigurosa al no prever en sus aseveraciones que los especialistas han ganado su propio lugar en las arenas de decisiones justamente políticas, en especial, en lo que compete a materia educativa trascendiendo ellos mismos, o sus perspectivas, esos mandatos.[9] Sobre todo, si se considera también la conquista de la industria editorial escolar previa a sus irrupciones en las políticas, es decir, con una historicidad propia para atender.

---

9 Con lo cual estamos hablando, considerando el aquí y ahora de la escritura de este libro (enero, febrero y marzo del 2019) de cinco gobiernos nacionales de la Argentina, de distintas orientaciones político partidarias: la presidencia de Carlos S. Menem (1989-1999); Fernando de la Rúa (1999-2001); Néstor Kirchner (2003-2007); Cristina Fernández (2007-2015) y Mauricio Macri (2015 y continúa), lo que implica además las presidencias provisionales de Ramón Puerta, Adolfo Rodríguez Saa, Eduardo Caamaño y Eduardo Duhalde (2001-2003).

Por ejemplo, resulta ilustrativo de lo anterior analizar cómo los diseños curriculares para el área de Lengua desarrollados en el marco de la Ley Federal de Educación (1993) y, derogada esta, en su sucesora la Ley de Educación Nacional (2006) todavía vigente, presentan en sus documentos y otros de apoyatura, los protagonismos que tuvieron o ahora tienen las distintas perspectivas en didáctica de la lengua y la literatura, como así también sus continuidades y encastres.

Una de las fuentes de las orientaciones sobre la enseñanza de la lengua y la literatura, que circularon apenas comenzaron a implementarse los CBC (1995) para el área en nuestro país, es la revista de 1999 del Ministerio de Educación de la Nación, llamada *Zona Educativa*.[10] Esta publicación destinada a los docentes de todo el país interesa porque da cuenta, hacia atrás y hacia adelante en el tiempo, de una serie de definiciones sobre la lectura avaladas en la línea de la *comprensión lectora* que serán, y son, clave para las reconfiguraciones de la enseñanza de la lengua y la literatura –particularmente por sus cruces con postulados de la psicogénesis–, registrados hasta hoy.

En el apartado "Enseñar lengua", del fascículo *En el aula. 1 Comprensión lectora*, que acompaña a la revista *Zona Educativa* del Ministerio de Educación de la Nación, de 1999 (en adelante *Zona Educativa*), luego de afirmar que "la psicología cognitiva ha revolucionado la manera de pensar al lector y los procesos que este pone en juego cuando lee; la lectura se piensa como una manera de procesar la información que el texto ofrece y de construir su significado" (*Zona Educativa*, 1999: 5), se señala lo siguiente –cito en extenso–:

> En este último tiempo ha variado radicalmente la forma de abordar la enseñanza de la lengua en la escuela. Ya no se la piensa como sistema o un código que se puede describir: la lengua es acto, uso. Por lo tanto, si así se la considera, con los alumnos va a ser necesario actuar, ponerla en uso. Un ejemplo servirá para que se vea el

---

10 La revista se publicó entre 1996 y 1999. Algunos de sus números –treinta y cuatro–, con escasos datos de edición, se hallaban en el sitio: http://www.zona.lacarabela.com/ que actualmente no se encuentra disponible [última consulta, octubre de 2011]. Allí se indicaba que "*Zona Educativa* es una publicación del Ministerio de Cultura y Educación de la República Argentina. Además de esta versión en *World Wide Web*, existe una versión en papel de distribución gratuita, que llega por correo a todas las escuelas del país. (...) La Publicación en Internet de la Revista *Zona Educativa* se realiza mediante una coproducción entre la Red Electrónica Federal de Formación Docente Continua y Matías D. Leibovich. El último *copyrigth* del sitio es del Ministerio de Cultura y Educación de la Nación, año 1999". El fascículo en cuestión está firmado por el "Equipo pedagógico de la Dirección Nacional de Evaluación". Agrega dos páginas finales con un extracto del libro de Irene Klein (1998). *Propuestas de escritura*. Buenos Aires, A-Z Editora; que titula "Los textos expositivos".

cambio de enfoque. Un camino consiste en pedirles a los chicos que reconozcan todos los sustantivos, adjetivos y adverbios que hay en un texto o que lo dividan en oraciones. En este caso, todo lo que descubren queda como una muestra, una posibilidad de uso. Otra cosa muy diferente es proponer y diseñar un proyecto de uso de la lengua cuya idea parta de intereses de los alumnos. Así, ellos serán los protagonistas de una experiencia real que dará cuenta de que su lengua sirve para comunicarse, para relacionarse con los demás. Pueden organizar una campaña para difundir temas relacionados con ecología o investigar sobre el tabaquismo e informar sobre sus peligros a la comunidad (*Zona Educativa*, 1999: 5-6).

Intentaré explicar, o desanudar, la reconfiguración del objeto lengua en lectura que presenta como documento de época la revista y que, como tal, tiene la característica de haber sido una publicación gratuita del Ministerio de Educación de la Nación, ofrecida en todas las escuelas del país como apoyatura para que los maestros y profesores pudiesen enmarcar en algunas orientaciones didácticas "concretas" qué era aquello que la reforma educativa de la Ley Federal de Educación (1993) les pedía enseñar y en nombre de qué fines. Por un lado, *Zona Educativa* despliega un modo de construcción del estado de situación de la enseñanza de la lengua que será recurrente en las producciones que versarán sobre la enseñanza de la lengua y la literatura del momento y hasta el presente. Se trata de un "antes" de la llegada de la reforma signado por un trabajo docente como un "sin sentido" (reconocimiento clasificatorio de palabras y oraciones) para la consecución de un "ahora": el uso comunicativo de la lengua garante de "experiencias reales" para los alumnos. "Experiencias reales con el uso comunicativo de la lengua" que, metodológicamente en términos de la enseñanza, podrán llevarse a cabo a través de lo que actualmente sigue siendo el trabajo por proyectos (concientizar sobre la ecología o el tabaquismo). Este "nuevo enfoque", sus "cambios o hallazgos" sobre la enseñanza de la lengua y, ya claramente para esta época, la lectura y la escritura, no es sustentado desde ninguna perspectiva didáctica mencionada de manera expresa ni referenciada en autores y bibliografía publicada. En la contratapa se consigna una "Selección bibliográfica básica y actualizada" (*Zona Educativa*, 1999: 16) recomendada a los docentes y acompañada de breves reseñas. Selección ecléctica pero que, como señalé en el capítulo anterior, respecto del mercado editorial muestra el dominio de grupos editoriales como Paidós. De hecho, uno de los títulos consignados es el ya mencionado *Didáctica de las ciencias del lenguaje*.

Aportes y reflexiones, al que los docentes debían recurrir justamente para actualizarse en soledad.[11]

En el apartado "Motivación e interés" se continúa con la fundamentación sobre una enseñanza de la lengua y la literatura (pues en este caso hace referencia a los textos literarios), que ya no será la misma al focalizarse en la lectura y el lector —vuelvo a citar en extenso–:

> ¿Qué sucede en la vida diaria con el lector entrenado? Podría afirmarse que siempre que se acerca a un texto lo hace a partir de una motivación: lee el diario porque quiere informarse; lee la guía telefónica porque necesita un número; lee una receta de cocina porque tiene ganas de hacer una torta; lee el reglamento de un juego porque quiere conocer sus reglas. En el único caso que no lo hace por una necesidad concreta sino más bien por gusto —y porque ya conoce el placer que le causa la lectura— es cuando lee un texto literario.
>
> Los docentes siempre deben tener en cuenta el tema, la motivación, y a partir de ella, elegir y plantear ejercicios, secuencias de actividades o proyectos para enfocar el trabajo en lengua. Esta es una de las cuestiones ejes del cambio: que lo que se lee tenga

---

[11] Los títulos son: G. Alisedo; S. Melgar C. y Chiocci (1994). *Didáctica de las ciencias del lenguaje. Aportes y reflexiones*. Buenos Aires, Paidós; D. Graves (1992). *Exploraciones en clase. Los discursos de la "no ficción" y Estructurar un aula donde se lea y escriba*. Buenos Aires, Aique; G. Iaies (comp.) (1997). *Los CBC y la enseñanza de la lengua*. Buenos Aires, A-Z Editora; C. Lomas y A. Osoro (comps.) (1994). *El enfoque comunicativo en la enseñanza de la lengua*. Barcelona, Paidós; G. Montes (1990). *El corral de la infancia*. Buenos Aires, Libros del Quirquincho; N. Quintero y otros (1993). *A la hora de leer y escribir... Textos*. Buenos Aires, Aique; L. Sánchez Corral (1995). *Literatura infantil y lenguaje literario*. Igualmente, cabe señalar que la revista constantemente trabaja con categorías de las que no explicita sus procedencias y que cruza en equiparaciones teóricas de difícil sustento con un uso constante del modo indicativo en la aseveración de su carácter de verdad. Por ejemplo, en el apartado "Didáctica de la literatura" se señala que la literatura "favorece el desarrollo de una modalidad del pensamiento de carácter narrativo vinculada con la producción de relatos", lo que significa apoyarse en Jerome Bruner (1986), para luego afirmar que "tiene un lugar privilegiado en la formación de lectores ya que el niño encuentra placer en la lectura de textos literarios, por lo que resulta una importante motivación para seguir leyendo"; posicionamiento propio del modelo sobre la comprensión lectora de Isabel Solé (1992). Ambas líneas representan dos tendencias contrapuestas en la psicología educacional y sus aportes a la investigación educativa. Por un lado, Bruner (1986, 1991) con la búsqueda de una teorización sobre las relaciones mente-cultura/cultura-mente que en la recuperación de los trabajos de Vigotsky les confieran su estatuto semiótico para refundar el lenguaje de la educación (Geertz, 2000). Por otro, Solé, cuya producción puede ser leída como parte del post-piagetismo, ya que propone un modelo de relación unidireccional y unívoca considerada "natural" —en tanto borra la acción de enseñar respecto de los saberes disciplinarios para reemplazarla por los objetivos de la lectura o del lector— entre sujetos y objetos de conocimiento, es decir, los textos. Vuelvo sobre esta caracterización más adelante.

sentido, responda a algún interés. Para que se entienda mejor la idea, citaremos al genial escritor argentino Jorge Luis Borges, quien una vez escribió que "hablar de lectura obligatoria es como hablar de felicidad obligatoria" (*Zona Educativa*, 1999: 6).

Se trata de un *estado de ser de las cosas* que no necesita justificarse más que en una recurrente apelación a un docente lector, ese lector entrenado que en cuanto tal, acordará con la nueva política educativa que "[los docentes] deben lograr mejores resultados de aprendizajes, porque sabemos que uno de los grandes problemas de nuestro sistema educativo es la pobre calidad de los saberes adquiridos por los chicos" (1999: 2). Lineamientos políticos educativos que además oficializan el desplazamiento de los saberes disciplinares por las habilidades/competencias/comprensión lectora realizado por las orientaciones de los organismos internacionales a través de los Operativos de Evaluación para el financiamiento de los sistemas educativos, como analicé en el capítulo anterior, que, de hecho, se anuncia expresamente en la volanta de la revista:

> En las evaluaciones nacionales de la Calidad de la Educación se advierte que en el área de Lengua el tema de la comprensión lectora es uno de los aspectos que presenta mayor dificultad y que los problemas derivados de estos aprendizajes insatisfactorios también dificultan los aprendizajes en las otras áreas curriculares. De allí la necesidad de abordar esta problemática en el primer fascículo de *En el aula* (*Zona Educativa*, 1999).

Como ya desarrollé con Díaz Barriga (2009), para las políticas educativas orientadas desde los organismos internacionales los docentes siempre son los responsables de sus implementaciones, más aún en sus versiones netamente neoliberales, nunca los especialistas que las diseñan ni las perspectivas pedagógico didácticas que asumen.

Por lo tanto, si como se señala en la primera cita de la fundamentación de *Zona Educativa* la enseñanza anterior a la llegada de la reforma basada en el reconocimiento y subrayado de las categorías léxicas de la gramática escolar supone una concepción de lengua como sistema a describir, como código, esta concepción de la lengua y su enseñanza, y los docentes que la convalidan, son para la nueva política educativa los responsables de esos "pobres saberes adquiridos por los chicos". En consecuencia, esos "pobres saberes" deben intercambiarse por los "nuevos modos de abordaje" de la enseñanza de la lengua y la literatura, en cuanto "ahora" se entiende la enseñanza de la lengua desde su "uso para la comunicación", porque, vuelvo a citar "Así ellos [los alumnos] serán los protagonistas de una experiencia real que dará cuenta de que su lengua sirve para comunicarse, para relacionarse con los demás". Por lo tanto, habrá que trabajar en proyectos que muestren esta nueva ontología de la lengua como objeto de enseñanza: "la lengua en uso con fines comunicativos" (*Zona Educativa*, 1999: 5-6). En consecuencia, hacer campañas alertando sobre los peligros del tabaquismo, hasta leer y escribir recetas de cocina frente al "interés de hacer una torta", pasando por la aceptación del desinterés placentero que motiva la literatura, se presenta como epistemología y metodología a la vez de una enseñanza de la lengua y la literatura reconvertida en lectura (principalmente) y escritura. Las relaciones de interés y motivación diferenciadas entre tipologías textuales y alumnos como modo de entender *lo social*, vendrían a superar su omisión en aquella enseñanza de la lengua contenidista y descriptivista, *anterior* a los CBC (1995).

Este entramado teórico ecléctico, insisto, es consecuente con las políticas educativas del enfoque por competencias de los organismos internacionales en la apelación a formar otro sujeto, ya no más conocedor de saberes "sin sentido", sino enseñado en el despliegue de "habilidades comunicativas". No obstante, la apelación supone un vacío para docentes y alumnos que encuentra su máxima expresión en la referencia a la no obligatoriedad del interés o gusto por la lectura –adjudicado únicamente a la literatura–, y en la cita de Borges ("hablar de lectura obligatoria es como hablar de felicidad obligatoria").

El número de *Zona Educativa* responde a la posible objeción sobre sus omisiones o vacíos metodológicos, sin embargo mediante una concesión para nada ingenua. En su editorial, luego de reconocer que "Pensar cómo ayudar a todos los docentes desde una única publicación no es fácil por la diversidad de roles y de problemas que se enfrentan todos los días en las escuelas"; afirma "Pero pensamos que hay una gran tarea común que une a todos los docentes en un compromiso solidario: mejorar los resultados de las pruebas del Sistema Nacional de Evaluación" (*Zona Educativa*, 1999: 2).

Cuál es el nuevo sentido del trabajo docente en las nuevas disposiciones curriculares de la reforma de 1993. Hacerse cargo de esa acción "solidaria" que significa "mejorar los resultados" para el Sistema Nacional de Evaluación. En realidad, se trata de inscribir una concepción del trabajo docente en las políticas educativas orientadas por los organismos internacionales, es decir, en una educación basada en habilidades y competencias. Ya lo he analizado en el capítulo anterior con *Lectura y Vida* y su posición respecto de cómo la lectura y la escritura vendrían a "ayudar a nuestras pobres sociedades latinoamericanas". Por lo tanto, ahora la enseñanza es un "trabajo de solidaridad" de los docentes para que los resultados de las pruebas mejoren. Definido de esta forma el nuevo sentido del trabajo docente, esta publicación elaborada por el equipo pedagógico de la Dirección Nacional de Evaluación, cuyo fin es dar cuenta de las renovaciones sobre enseñanza de la lengua y la literatura que trae la nueva política educativa, y de modo más asequible que los CBC (1995), jugará con una serie de apartados que justifican a la "comprensión lectora", como uno de los nuevos objetos/contenidos de la enseñanza.[12] Así, en uno de estos apartados de la publicación se explica que "la lectura no es una actividad en la que hay que decodificar un significado existente en el texto, sino un proceso destinado a construir el significado de un texto en el que se producen transacciones entre pensamiento y lenguaje", y que por ello "en el acto de leer, la actividad intelectual procesa la nueva información a la vez que pone en juego esos conocimientos y saberes previos, que son los que influyen en la comprensión" (*Zona Educativa*, 1999: 7-8).

Este "proceso", explicado en términos de relaciones cognitivas unidireccionales entre alumnos y textos, podrá ser desarrollado si los docentes abandonan los modos de enseñar lengua y literatura "tradicionales", como el "cuestionario luego de la lectura de un cuento" (*Zona Educativa*, 1999: 13).

Por lo tanto, se fundamenta en *Zona Educativa* que a partir del conocimiento de los docentes sobre "lo que es leer" y de las "dificultades de comprensión" que, se reafirma, presentan los alumnos, dado que han sido sometidos a una enseñanza tradicional, se podrán mejorar sus logros (se sobreentiende, en el Sistema Nacional de Evaluación). ¿Cuáles son esas "dificultades de comprensión"? Un catálogo de categorías de modelos lingüísticos textuales de corte cognitivista que para el año 1999 no eran dominados por la gran mayoría de los docentes, menos por los estudiantes, ya que no integraban sus formaciones. En consecuencia, dice la publicación:

> Existen dos grandes tendencias en la elaboración de textos: los narrativos y los expositivos. En el caso de los primeros, es muy común que las dificultades de comprensión estén relacionadas con la lógica interna del relato.
> Los problemas más frecuentes son:

---

12 También el fascículo le dedica un breve apartado a la escritura. En "La escritura como proceso" se señala que: "La actual Didáctica de la lengua pone el acento en el proceso de escritura y no tanto en el producto acabado. Por esta razón, se recomienda [a modo de punteo]: que los escritos se desarrollen en varias sesiones de trabajo; que haya intercambio de ideas entre los alumnos y de estos con el docente acerca de los temas que se van a tratar; que el docente esté atento a las producciones de los chicos; que se realicen consultas a distintas fuentes de información durante el proceso de escritura; que las correcciones no sean solamente al final sino durante todo el proceso; que de ser posible, se usen procesadores de texto, ya que son una valiosa ayuda a la hora de modificar, cambiar párrafos de lugar, insertar nuevas ideas y revisar la ortografía. No hace falta que cada alumno disponga de una computadora. Se pueden establecer turnos". El apartado aparece firmado de la siguiente manera: "Informe: Silvia González" (*Zona Educativa*, 1999: 4).

- La secuencia (relaciones temporales y de causa-efecto). En general, los conflictos se presentan cuando los hechos no se suceden de manera explícita o no poseen estructura canónica (introducción, nudo y desenlace);
- el diálogo, que implica comprender la participación de más de una voz;
- los conectores como organizadores del texto: las relaciones que establecen muchas veces no son comprendidas por los chicos. En otras ocasiones faltan estas marcas y deben suponerse las conexiones implícitas (…) (*Zona Educativa*, 1999: 8).

Así, las "dificultades de los alumnos" devienen en nuevos saberes para que aprendan a "comprender textos", puesto que en los CBC (1995) se formulan como contenidos la "secuencia narrativa", el "diálogo" y las formas de la "conexión" que les serían propias: causales, consecutivas y temporales, que, en realidad, refieren a otros contenidos que funcionan como transversales ("tipologías", "cohesión y coherencia textuales"). Estos nuevos contenidos que hacen también al objeto porque se enseña a "comprender textos", esto es la "comprensión lectora", utilizados para el diagnóstico antes citado son, al mismo tiempo, presentados a los docentes como parámetros de evaluación de las comprensiones de sus estudiantes. De esta manera, se expresa en el fascículo analizado:

> Podemos decir que un lector realiza su lectura comprensiva a través de cuatro pasos:
> 1. establece las ideas principales;
> 2. conecta las ideas entre sí: atiende a la progresión temática;
> 3. organiza jerárquicamente las ideas, reconoce la macroestructura del texto (información semántica);
> 4. reconoce la trama que conecta las ideas globales entre sí, atiende a la superestructura del texto (categorías en las que se ordenan las proposiciones o ideas principales del texto) (*Zona Educativa*, 1999: 14).

Por ello, los cuatro pasos para "decir que un lector realiza su lectura comprensiva" de *Zona Educativa* reenvían a los CBC (1995) en los que la "progresión temática", las "macroestructuras" y las "macrorreglas", entre otros, también son contenidos.

Por lo tanto, esta nueva enseñanza de la lengua y la literatura reconfigurada especialmente en lectura, justificada en nuevos abordajes como el de la comprensión lectora que se considera "cierto", "verdadero", pues revelaría "las dificultades de comprensión" de los chicos, valida sus hallazgos en una desestimación abierta a los saberes –y también métodos–, que denominan "tradicionales" y ubican en algún pasado. Esos nuevos abordajes son, en realidad, un recorte y encastre de teorías psicológico-cognitivas y lingüístico-cognitivas-textualistas que fragmentan y atomizan el conocimiento y, en consecuencia, no pueden dar cuenta de sus propias dificultades argumentativas. Por un lado, se apela a la perspectiva textualista de Teun van Dijk[13] para derivar estrategias de lectura que ocurrirían en las mentes de los lectores y que, por lo tanto, deben "mediarse", "facilitarse" –lo que ya supone cierto nivel de conflictividad entre una teoría y su conversión como método de enseñanza–. Por otro, al intentar dar cuenta de algún tiempo y contexto señalando que "Así como los textos no surgen en el vacío y de la nada, los actos de lectura, tampoco" (*Zona Educativa*, 1999: 10), se recurre a los trabajos de Rosenblatt sobre la "lectura eferente" y la "lectura estética",[14] explicadas como "dos tendencias. Esto quiere decir que a veces un buen artículo periodístico puede emocionar, así como también un cuento nos puede

---

13 Se cita el libro de Teun van Dijk (1996). *La Ciencia del Texto. Un enfoque interdisciplinario*. Buenos Aires, Paidós.

14 Se trata de la llamada *teoría transaccional de la lectura* que, al igual que el modelo de Isabel Solé (1992), plantea relaciones unidireccionales entre sujetos y textos con el matiz de conferirle cierto grado de variabilidad a esas dos posturas que asumirían los lectores: "La postura eferente presta mayor atención a los aspectos cognitivos, referenciales, factuales, analíticos, lógicos, cuantitativos del significado. Y la postura estética presta mayor atención a lo sensorial, lo afectivo, lo emotivo, lo cualitativo" (Rosenblatt, 1996 en *Zona Educativa*, 1999: 32). Esta teoría transaccional de la lectura también era cita obligada de los trabajos sobre la lectura, su promoción o *su fomento* en España. Así es que se puede hallar referida en varios números de la década de *Aula Abierta* hasta la actualidad. Por ejemplo, en María C. Rinaudo (1998). "De la lectura en la escuela ¿Protagonista o mero instrumento de aprendizajes?", *Aula Abierta* N° 64, se comenta extensamente el trabajo de Rosenblatt. Todos los números de *Aula Abierta* desde su creación en 1973 se hallan en DIALNET: http://dialnet.unirioja.es. Por su parte María Eugenia Dubois, profesora en Filosofía y Ciencias de la Educación, argentina egresada de la UNLP, fundadora del Posgrado en Lectura de la Universidad de los Andes (Venezuela) y del Grupo de Especialistas en Lectura (ULA), y que integró el Consejo directivo de la revista *Lectura y vida* de la International Reading Association (IRA), OEA; en su libro *El proceso de lectura. De la teoría a la práctica* (Buenos Aires, Aique, 1989) bastante citado en la década de los noventa, tanto en trabajos latinoamericanos como españoles, también le dedica un lugar protagónico a la teoría transaccional de la lectura de Rosenblatt. Línea que seguirá avalando en artículos publicados en sitios de asociaciones de lectura de distintos países de Latinoamérica. Por ejemplo, en Asolectura (Asociación Colombiana de Lectura) y su sitio *Maestros, Escuela y Formación de Lectores* en su publicación de febrero de 2008 cuenta con dos artículos de Dubois: "La formación de lectores y escritores" y "saber leer y ser lector". Recuperado de http://gruposlecturamaestros.blogspot.com/. También en el link contenidos del Plan Ceibal del gobierno uruguayo se hallan propuestas de lectura fundamentadas en la teoría transaccional. Recuperado de http://www.ceibal.edu.uy/contenidos/areas_conocimiento/lengua/. La primera publicación de L. M. Rosenblatt. *Literature as exploration* (New York, Appleton Century), data de 1938. Su cuarta edición es de 1983 (New York, The Modern Language Association of America). En 2002, Fondo de Cultura Económica, en su colección Espacios de lectura, publica su edición en español.

dejar una información luego de leído", deriva en la siguiente afirmación: "en síntesis, la lectura no es una técnica o una habilidad a desarrollar" (*Zona Educativa*, 1999: 10). Pero entonces, ¿qué es? Ya hemos visto que casi todo el fascículo está destinado a afirmar que los saberes sobre la lengua y la literatura deben sujetarse a la comprensión lectora que define a la lectura como un acto en el que, en síntesis, confluyen pensamiento y lenguaje; supone pasos y estrategias de las que he dado cuenta solo de algunas, pues otra perspectiva encastrada en este armado cuasi metodológico es el modelo de "la lectura por objetivos" (Kaufman y Rodríguez, 1993; Solé, 1992; Lerner, 1996; Nemirovsky, 1999) inscripto en la larga tradición de la psicogénesis. Vuelvo sobre él más adelante.

En suma, *Zona Educativa* muestra una posición que entiende el vínculo teoría-práctica como causa y efecto, como estado de ser de las cosas, natural e inmutable, que no había sido aprehendido por los docentes hasta el momento dadas las características de la enseñanza tradicional. Como estudio en el siguiente capítulo, la revisión de las metodologías de la investigación de las diferentes perspectivas didácticas junto con sus metodologías de la enseñanza resulta necesaria, porque desde mediados de los años ochenta hasta hoy –pero también con antecedentes en los años sesenta y setenta–, las reconfiguraciones de la disciplina escolar lengua y literatura que *Zona Educativa* revela presentan ese vínculo. Es decir, que derivan de sus metodologías de la investigación, sin más trámite, sus metodologías de enseñanza, siempre de carácter verdadero, neutral y universal.

Si se enmarca el análisis anterior en los debates entre la(s) didáctica(s) de mediados de los años noventa, se puede afirmar que con la conflictividad de estas teorías, ya que unas dirán que el lector procesa información y construye significados, otras que se informará o emocionará, otras que ejecutará reglas y macrorreglas, aunque todas compartan la creencia de una determinación de los textos por sobre los lectores, se regresa a la desproblematización del concepto de enseñanza como característica de época (Feldman, 1999). Agrego a sus formas eufemizadas: "mediación", "facilitación". El trabajo de enseñar lengua y literatura se reduce a que los docentes controlen y evalúen, y a que los alumnos se sumerjan en una serie de constataciones de los textos que se podrán describir y categorizar según cada modelo teórico.

3. Las situaciones de lectura y escritura como la comprensión de los textos

Ahora bien, ¿qué continuidades y nuevos encastres de perspectivas didácticas de la lengua y la literatura, junto con sus adscripciones a los lineamientos educativos de los organismos internacionales, se observan para finales de la primera década del dos mil? Y que abonaron a la reconfiguración de la enseñanza de la lengua y la literatura en lectura y escritura.

Puede leerse en la fundamentación de los Núcleos de Aprendizaje Prioritarios (en adelante, NAP, 2006),[15] política curricular legislada en el marco de la promulgación de la nueva Ley de Educación Nacional de 2006, aún vigente (luego de derogarse la Ley Federal de Educación de 1993), que a las conceptualizaciones sobre las "competencias, capacidades y saberes" que debe garantizar el Estado para todos los alumnos del país se le sobreimprime la línea de la diversidad cultural. Sumándoseles, los criterios de "complejización

---

15 Los NAP se fueron realizando para las distintos niveles educativos y áreas entre los años 2004 y 2012. El momento que analizo en mi tesis de doctorado (Cuesta, 2011: 137-138) corresponde a los NAP del 2006 y es el siguiente: "Se aspira a que los aprendizajes prioritarios contribuyan a 'asegurar una base de unidad del Sistema Educativo Nacional (...) (y) a garantizar que todos los habitantes alcancen competencias, capacidades y saberes equivalentes con independencia de su ubicación social y territorial'" [Resolución N° 214/04, Consejo Federal de Cultura y Educación]. Ello no implica ni puede interpretarse como desconocimiento de las definiciones hasta aquí logradas en cada jurisdicción en sus respectivos diseños curriculares. Por el contrario, la identificación colectiva de ese núcleo de aprendizajes prioritarios sitúa a cada una de ellas sobre la base de sus particularidades locales en sus respectivos marcos regionales, en oportunidad de poner el acento en aquellos saberes considerados comunes 'entre' jurisdicciones e ineludibles desde una perspectiva de conjunto. En ese marco de búsqueda por la igualdad de derechos y de conciencia de la diversidad cultural, en atención a las necesidades educativas especiales, y con el alerta de que no pueden ni deben convertirse en reforzadores de las desigualdades sociales determinantes de múltiples exclusiones, se impone asumir un enfoque intercultural que privilegie la palabra y dé espacio para el conocimiento, valoración y producción cultural de poblaciones indígenas del país y de las más variadas formas de expresión cultural de diferentes sectores en poblaciones rurales y urbanas. La educación intercultural y el bilingüismo debe reconocer interacción y diálogo, en no pocos casos conflictivos, entre grupos culturalmente diversos en distintas esferas sociales. Desde esa perspectiva, las acciones que se orienten al trabajo con núcleos de aprendizajes prioritarios deben fortalecer, al mismo tiempo, lo particular y los elementos definitorios de una cultura común, abriendo una profunda reflexión crítica desde la escuela sobre las relaciones entre ambas dimensiones y una permanente reconceptualización de lo curricular (...). En acuerdo con la definición del CFCyE, los núcleos de aprendizajes prioritarios se secuencian anualmente, atendiendo a un proceso de diferenciación e integración progresivas y a la necesaria flexibilidad dentro de cada ciclo y entre ciclos. En ese último sentido, la secuenciación anual pretende orientar la revisión de las prácticas de enseñanza en función de lo compartido entre provincias, y no debe interpretarse como un diseño que sustituye o niega las definiciones jurisdiccionales, construidas atendiendo a las particularidades históricas, culturales, geográficas y de tradiciones locales y regionales. Proponer una secuencia anual no implica perder de vista la importancia de observar con atención y ayudar a construir los niveles de profundización crecientes que articularán los aprendizajes prioritarios de año a año en el ciclo. Deberán enfatizarse los criterios de progresividad, conexión vertical y horizontal, coherencia y complementariedad de aprendizajes prioritarios, al mismo tiempo que otros criterios, como el contraste simultáneo y progresivo con experiencias y saberes diferentes en el espacio y el tiempo (presente/pasado, cercano/lejano, simple/complejo, etc.)" (NAP, 2006: 11-13). Recuperado de http://www.bnm.me.gov.ar/.

en espiral" que ya habían sido prescriptos por los CBC (1995) en la lógica de "dificultad en progreso", propia de las líneas psicogenéticas de difícil puesta en diálogo con las nociones de interculturalidad y de bilingüismo, lo mismo con la educación intercultural bilingüe y con las definiciones sobre el estado de situación de las políticas lingüísticas que también habían aportado sus especialistas para el diseño de aquellos documentos de los años noventa.[16] Desde estos últimos aportes acerca de cómo las integraciones regionales y la globalización ponían en crisis la homogeneidad lingüística y cultural que los Estados nacionales, como el caso de Argentina, venían consolidando durante toda su historia; se enfatiza el proceso de imposición que significó para los "inmigrantes y comunidades aborígenes" una "norma de prestigio vinculada a la escritura y al poder de la Capital", que en cuanto tal, regulaba el "intercambio comercial y lingüístico". En consecuencia, se recomienda desde esta posición que el actual "borrado de las fronteras lleva a apoyar las lenguas regionales, impulsar su enseñanza como vínculo con los países limítrofes en un intento de reestructuración del espacio político" (Narvaja de Arnoux, 1997: 54-55).

En resumen, todo el documento de fundamentación de los NAP (2006) se articula en el reconocimiento de las distintas expresiones culturales del país, muchas veces en conflicto, pero para asegurar que los mismos NAP darán unidad al sistema educativo argentino en la posibilidad de su "recreación" en cada jurisdicción, según "sus propias historias de trabajo educativo, social y cultural". Se trata de una especie de versión autóctona de las orientaciones de los organismos internacionales en cruce con las perspectivas sociales, culturales e históricas en educación que apuestan a la escuela como el espacio garante de igualdad de acceso y de derechos al conocimiento. Versión, a su vez, que dista de cualquier debate modernidad/posmodernidad y más aún de una especie de retraimiento de la comprensión lectora y de la hegemonía de la línea textualista cognitivista en cruce con la psicogénesis. En este sentido, cabe mencionar que no resulta azaroso que las posiciones críticas al PNL en Argentina recurran como fuente de validación a los resultados de las pruebas PISA de 2006, porque estarían mostrando cómo los problemas de lectura se han recrudecido objetando así la productividad de las acciones de promoción de la lectura llevadas a cabo hasta entonces. Asumiendo a la comprensión lectora, y con ello al enfoque por competencias, estas posi-

---

16 Para el análisis más detallado de esta línea de debates sobre qué políticas lingüísticas entramadas en qué políticas educativas se deberían atender para dar cuenta de la complejidad cultural, social y lingüística de la Argentina que se expresa en las aulas, cf. Cuesta, 2011; 2014. También de Mariano Dubin (2018). "Lenguas indígenas y escuela: causas de una omisión estatal". *AUGM-Núcleo Educación para la Integración-Programa de Políticas Lingüísticas*, pp. 147-156. Recuperado de https://revistas.unc.edu.ar/.

ciones señalan que: "hasta el momento, no hay datos oficiales nacionales sobre los efectos de las políticas implementadas a través de estos planes, ni en lo que hace a la lectura en la escuela ni fuera de ella" (Di Stefano y Pereyra, 2009: 258). Afirmación, al menos controvertida, ya que para el año 2008 sí se contaba con los resultados del Operativo Nacional de Evaluación 2007. No obstante, sigue esta línea del debate, que tan solo se cuenta con "el estudio PISA 2006, que al volver a analizar el estado de los alumnos secundarios en comprensión lectora, encontró a la Argentina mucho peor que en el año 2000. (…) Argentina tuvo el rendimiento más bajo de los países latinoamericanos y volvió a situarse por debajo del promedio de los países de la Organización para la Cooperación y el Desarrollo Económico (OCDE)" (Di Stefano y Pereyra, 2009: 258). Por un lado, es importante recordar que las evaluaciones de PISA, como las de OCDE, representan los intereses de los organismos internacionales para abrir líneas de financiamiento con los países que casualmente sus pruebas valoran como deficitarios en materia educativa, como ya expliqué en la introducción y capítulo primero de este libro. Por otro lado, llama la atención el reclamo de un estudio evaluativo del PNL, puesto que, lógicamente, los planes de lectura, en general de ningún país, se orientan a garantizar los aprendizajes necesarios para que los niños y jóvenes convaliden el modelo de lectores que las evaluaciones internacionales requieren. Históricamente, se trata de acciones de los Estados que justamente intentan generar otra relación entre la sociedad y la lectura hasta en sus versiones más pragmatistas (al modo norteamericano) con las competencias (torneos) de lectura, o las ferias de lectura, día de la lectura, encuentros o cafés literarios, o las maratones de lectura realizadas en nuestro país desde los años noventa por la Fundación Leer. Se trata de acciones más comprometidas, en todo caso, con los intereses de la industria editorial que ven en la promoción de la lectura muy buenas posibilidades de venta. Volviendo a los argumentos sobre la crisis de la comprensión lectora, para que posean validez deben sustentarse, por ejemplo: en los documentos de DINIECE (abordados a continuación) y que fueron dados a conocer en 2008 para que desde allí se analicen los "malos resultados" que presentan al igual que PISA. Hasta que las investigaciones al respecto no reconozcan el lugar ideológico desde donde enuncian y, con ello, que las pruebas se orientan a evaluar bajos desempeños, pues los textos elegidos y las preguntas utilizadas los construyen, será muy difícil desanudar la discusión y pensar en una línea de la comprensión lectora verdaderamente puesta al día respecto del rigor y ética académicos que debiera cuidar.

En el año 2008, la Dirección Nacional de Información y Evaluación de la Calidad Educativa (DINIECE) distribuye en las escuelas y en los espacios de capacitación docente el documento "Recomendaciones metodológicas para la enseñanza. Lengua".¹⁷ Se trata de un análisis de los resultados del Operativo Nacional de Evaluación (ONE, 2007)¹⁸ de las pruebas tomadas a los 2ᵒˢ, 3ᵒˢ y últimos años de la educación secundaria (en adelante, ONE-DINIECE). El documento se inicia afirmando que: "Dado que la evaluación de lengua debe centrarse tanto en los resultados como en los procedimientos utilizados en la comprensión lectora (no es lo mismo seleccionar o elegir una respuesta dentro de una lista de opciones que construir o formular una respuesta de manera autónoma), las pruebas incluyeron dos tipos de preguntas diferentes" (ONE-DINIECE, 2008: 7) y continúa explicando que se tratan de preguntas de opción múltiple, lo que significa con respuesta única, y de otras cuya respuesta deberá ser desarrollada por el alumno. Cada grupo de preguntas sobre el mismo texto periodístico, "Brazzaville, la capital africana con el nombre de un blanco" y "Para progresos, el siglo XIX",¹⁹ se organizan en

---

17 El documento fue elaborado por el Equipo del Área de Lengua de DINIECE, coordinado por Mariela Leones e integrado por las Prof. Beba Salinas, Lic. Andrea Baronzini, Lic. Carmen de la Linde, Prof. Graciela Piantanida, Prof. Graciela Fernández, con la lectura crítica de la Lic. Andrea Cordobes. Recuperado de http://bde.operativos-ueicee.com.ar/documentos/. Cabe adelantar aquí que en consonancia con los análisis que vengo efectuando respecto de los lugares de actuación de los especialistas en relación con los intereses políticos económicos de las pruebas de evaluación de la calidad, Baronzini y Cordobes tienen trayectoria en la industria editorial escolar con títulos y propuestas didácticas consecuentes con las orientaciones de las aquí analizadas. Así es que en su libro de texto del año 2009, publicado por la editorial Edelvives, *Lengua y Literatura* para 1° de secundaria y 2° de ES, específicamente en su Propuesta docente, se señala que "la Editorial Edelvives quiere dar respuesta a la actual realidad social y cultural. Nuestro interés por garantizar la calidad de las enseñanzas, atender a la diversidad, permitir la adquisición de las competencias básicas y contribuir a formar mejores personas y mejores ciudadanos nos ha animado a concebir un nuevo proyecto editorial para dar servicio a todas las personas implicadas en la ES". Baronzini también publicó *Cuentos con espectros, sombras y vampiros*, para la editorial Colihue en el año 2001, que presenta asimismo propuestas didácticas.

18 Los Operativos Nacionales de Evaluación (ONE) se llevaron a cabo periódicamente en las 24 provincias del país desde 1993. Fueron planificados, coordinados e implementados por el Área de Evaluación de la Calidad Educativa de la DINIECE con la colaboración de cada una de las jurisdicciones. A partir del año 2016, el actual gobierno nacional lleva a cabo el Operativo Aprender (OA) a modo de programa de evaluación educativa y presenta los mismos problemas que estoy analizando (vuelvo sobre el OA más adelante).

19 Se trata de dos casos: "Brazzaville, la capital africana con el nombre de un blanco", de Jefrey Gettleman, extraído del *New York Times* por la sección "El Mundo" del diario *Clarín* (9-12-06); "Para progresos, el siglo XIX", de Steve Lohr publicado en la sección "Tendencias" del diario *Clarín* (s/d, 1997). Verdaderamente, las consignas de trabajo enmarcadas en la comprensión lectora tanto efectuadas por los propios docentes como, y principalmente, por los libros de texto de la época en consonancia con la afirmación de los CBC basada en que debía enseñarse la lengua estándar y que ella se hallaba en los medios masivos de comunicación (retomo este problema más adelante); presentan todo un canon de noticias y crónicas de la prensa gráfica. Particularmente publicadas en los diarios *Clarín* y *La Nación* que ameritan una investigación específica respecto de

parámetros de exigencias de desempeño: bajo, medio, alto, y cada ejercicio es medido por categorías de la perspectiva textualista cognitivista divididas en "capacidad" y "contenido" que se suponen informantes objetivos de los grados de comprensión lectora desarrollados por los alumnos en cada año del nivel secundario evaluado. Dichas capacidades son "interpretar información" o "extraer información", y los contenidos son "cohesión y correferencia"; "cohesión y paráfrasis"; reconocer "marcas de enunciación"; "información explícita"; "idea principal"; "tema"; "estrategias argumentativas". Aglutino los parámetros de medición porque su lógica se repite, aunque el documento explicita que para las preguntas abiertas se evalúan los procedimientos en las respuestas. Dado que la perspectiva de la comprensión lectora no acepta variedad de posibilidades ni el hecho de que los lectores signifiquen los textos desde saberes propios, sino de previos, el significado debe ser restituido unidireccionalmente de esos textos en cuestión; las estadísticas se terminan sustentando desde iguales criterios de aciertos y errores.

De esta manera, en el "Comentario didáctico" que se incluye en el documento se expresa que "la lectura es una acción humana compleja que pone en juego competencias lingüísticas, procesos cognitivos, conocimiento de mundo y prácticas socioculturales", y que por ello "leer es comprender". Comprender significa "desarrollar varias destrezas mentales o procesos cognitivos: anticipar lo que dirá un escrito, aportar conocimientos previos, hacer hipótesis y verificarlas, elaborar inferencias para comprender lo que solo se sugiere, construir un significado, etc.". Asimismo, "comprender implica también percibir la intención o la orientación de un texto. Captar la finalidad de un texto orienta la lectura y permite comprenderlo mejor. Esto también está implícito en el reconocimiento del género al que pertenece". El documento, refiere para avalar en sentido teórico disciplinar sus definiciones del "leer es comprender" a los desarrollos del especialista en didáctica de la lengua y la literatura catalán Daniel Cassany[20] quien "distingue tres concepciones de la comprensión lectora (no tres modos de leer, sino tres modelos para representar la situación de lectura): concepción lingüística, concepción

---

sus efectos ideológicos sobre la consolidación de creencias sobre esa noción de lengua estándar entendida como correcta, transparente y única. De modo que, los diseños de las pruebas de calidad educativa, los diseños curriculares y sus documentos de apoyatura, la industria editorial escolar y medios masivos de comunicación que, ya para finales de los años noventa se hallaban consolidando sus estrategias de concentración como grupos económicos y, con ello, monopólicas respecto del dominio de la información, suponen todo un universo ratificador de la comprensión lectora propio de los organismos internacionales y sus recomendaciones en materia educativa.

20 En el documento se cita a Daniel Cassany (2006). *Tras las líneas. Sobre la lectura contemporánea*. Barcelona, Anagrama.

psicolingüística y concepción sociocultural" (ONE-DINIECE, 2008: 31). Se desprende, entonces, que estos tres modelos deberían ser dominados por los docentes en pos de propiciar situaciones de lectura con sus estudiantes para el logro de la comprensión. Porque, además, son los modelos que brindan los parámetros de evaluación del ONE.

Así, los fundamentos del documento ONE-DINIECE (2008) sobre la comprensión lectora y sus recomendaciones metodológicas para la enseñanza de la lengua en el nivel secundario muestran el encastre de las tres perspectivas que venimos estudiando. Resumidas en las palabras de Cassany utilizadas como apoyatura del documento: "lingüística, psicolingüística y sociocultural". De hecho, la complejidad ecléctico-teórica que para estos años ha asumido la línea de la comprensión lectora se observa en una nota al pie del mismo documento, en la que se indica la bibliografía consultada para la elaboración de sus fundamentos y recomendaciones, pues aclara que responde a distintas posturas y que cada docente debería consultarla en pos de una reflexión "acerca del propio estilo de trabajo con los alumnos en relación con la lectura" (ONE-DINIECE, 2008: 31).[21] Verdaderamente, cuesta pensar que los docentes pudiesen reflexionar sobre sus estilos de trabajo cuando estas recomendaciones metodológicas oficiales se basan en resultados de Operativos Nacionales de Evaluación cuyos resultados arrojados por sus pruebas estandarizadas y representados en porcentajes, no son muy alentadores. Aunque, aparecen en la mayoría de los casos distribuidos en números más o menos parejos de aciertos y errores o ausencia de respuestas. Y todavía más, cuando el "aporte" que ofrece para repensar el trabajo con la lectura es una sumatoria de modelos, como si se tratasen de lo mismo las competencias lingüísticas, los procesos cognitivos, el conocimiento de mundo y las prácticas socioculturales, y además reconociendo que existen distintos desarrollos sobre la lectura que recomienda consultar.

En realidad, a lo largo de todo el documento, se imponen las concepciones lingüística y psicolingüística fundamentadas en la producción de Daniel

---

21 Expresa la nota al pie: "El tema de la comprensión lectora ha sido y es abordado por numerosas corrientes, especialistas, disciplinas, etc. No es el propósito aquí el de relevar estas distintas posturas, sino el de invitar una vez más al lector a pensar en este tema, para luego reflexionar acerca del propio estilo de trabajo con los alumnos en relación con la lectura. Se ha consultado la siguiente bibliografía para elaborar este apartado: Berta Braslavsky (2005). *Enseñar a entender lo que se lee. La alfabetización en la familia y en la escuela*. Fondo de cultura económica, Buenos Aires. Daniel Cassany (2006). *Tras las líneas. Sobre la lectura contemporánea*. Anagrama, Colección Argumentos, Barcelona. Anne-Marie Chartier. *Enseñar a leer y escribir. Una aproximación histórica*. Colección Espacios para la lectura, Fondo de Cultura Económica, México, 2004" ONE-DINIECE (2008: 31).

Cassany[22] ya introducida en nuestro país en la reforma de los años noventa y como parte de la importación de la reforma española junto con su industria editorial escolar que, a la vez, habilitó los negociados de las editoriales multinacionales (Gerbaudo, 2006: 86). Producción, que va a seguir sustentando dichas concepciones en la reutilización de la perspectiva sociocultural, como un modo de señalar que hay otra formación de saberes por atender en los lectores, definidos como conocimientos previos de géneros discursivos y entendidos en su mezcla con las tipologías textuales que caracterizan a los CBC (Riestra, 2008: 94). Esta reducción de las dimensiones sociales y culturales de la lectura, oculta u omite que las orientaciones de significado de los géneros discursivos, sus efectos de sentidos, no pueden ser reconocidos ni sistematizarse en los criterios lingüísticos cognitivos textualistas que se utilizaron como parámetros de medición de las lecturas evaluadas por el ONE 2007. No obstante, las recomendaciones metodológicas del documento se vuelven aún más conflictivas, más enrevesadas, cuando a la sumatoria de esos criterios/conceptos sobre lo que sería comprender que oficiaron de parámetros de evaluación ("desarrollar varias destrezas mentales o procesos cognitivos: anticipar lo que dirá un escrito, aportar conocimientos previos, hacer hipótesis y verificarlas, elaborar inferencias para comprender lo que solo se sugiere, construir un significado, etc.") le agrega la afirmación de que leer es "leer textos". Ahora, en una clara apelación a cómo la psicogénesis, en sus cruces con el textualismo cognitivista, desarrolla su noción de construcción y reconstrucción del significado para sus fundamentaciones didácticas de la lectura. Así, explica el documento que "se lee de maneras distintas según el tipo textual, el contexto, el propósito de lectura, los conocimientos previos, etc. Es decir, que frente a cada texto y situación, el lector se comporta de un modo distinto". Este comportamiento resulta dificultoso para "el docente de lengua", sin embargo "si asumimos que la reconstrucción del significado de un texto será única e irrepetible en cada situación de lectura, si asumimos que el lector ingresará al texto de distintas maneras, con sus propias estrategias, ¿con qué metodología trabajar en el aula?, ¿cómo abordar grupalmente una práctica en la que tiene tanto peso la particularidad del alumno y del texto?". Ante estas disyuntivas, el documento realiza la siguiente recomendación metodológica "ayudar al alumno a encontrar sus propias estrategias lectoras apropiadas para cada propósito de lectura" (ONE-DINIECE, 2008: 32). Por lo tanto, el docente es considerado un ayudante (no es un profesional que enseña) de los alumnos que, si bien están agrupados, hacen pesar su individualidad (leer no se trata de un hecho

---

22 Los trabajos del autor más citados son: Daniel Cassany (1999). *Describir el escribir*. Barcelona, Paidós, y Daniel Cassany (1989). *Construir la lengua*. Barcelona, Paidós.

social), para que encuentren (no aprendan) estrategias (no conocimientos o saberes) para cada propósito de lectura (de nuevo, no conocimientos o saberes) que ofrece el tipo textual trabajado (no existen textos misturados o híbridos) en cada situación de lectura (no en la clase de lengua o literatura). En consecuencia, la lectura que el docente debe ayudar a que cada alumno logre y definida como "comportamiento" es una "reconstrucción de significado única e irrepetible". Pero entonces, ¿cómo se vincula con esta idea de "lo único e irrepetible", en referencia a la lectura de cada alumno, la afirmación de que un "tipo textual", supongamos el narrativo, tenga como "propiedad un propósito de lectura"? Si leer un cuento es tener el propósito de leer la historia que se narra, ¿cómo reconstruye el significado cada estudiante de manera única e irrepetible para que sea evaluada por el ONE? Reconstruir significado, al menos en estas sumatorias del para qué de la lectura, confusas pero que sí son muy claras en buscar todos los eufemismos posibles para no hablar de enseñanza, solamente puede ser resuelto por los docentes en un aula a través de la lectura literal. No es una lectura de la interpretación sino de la comprensión que expresa como lo señala Michel de Certeau (2000) la continuidad en las sociedades modernas de una creencia de siglos: el significado es un tesoro guardado en los textos que cada lector debe descubrir solo en relación con ellos. Tal es así, que las actuales acciones de evaluación a nivel nacional del recientemente creado Ministerio de Educación, Cultura, Ciencia y Tecnología de la Nación y comprendidas en el llamado Aprender, explicado como "dispositivo nacional de evaluación de los aprendizajes de los estudiantes y de sistematización de información acerca de algunas condiciones en las que ellos se desarrollan"[23] que se vienen efectuando a manera de operativos desde el año 2016 (también se realizó en los años 2017 y 2018), no presentan ninguna variación respecto de los lineamientos antes estudiados del ONE 2007, que de hecho es representativo de todos los efectuados bajo esta denominación en los años posteriores. Insisto, tal es así, que se pueden hallar como modelos destinados a que los docentes preparen a sus estudiantes para las evaluaciones del Aprender los mismos textos y preguntas de opción múltiple del ONE 2007. Es el caso de la provincia de Mendoza que en el sitio web de su Dirección General de Escuelas ofrece bajo el título "Aprender: actividades de preparación y familiarización"[24] para el área de

---

23 *Aprender*. Ministerio de Educación, Cultura, Ciencia y Tecnología. Recuperado de https://www.argentina.gob.ar/educacion/aprender/.

24 *Aprender: actividades de preparación y familiarización*. Dirección General de Escuelas de la provincia de Mendoza. Recuperado de http://www.mendoza.edu.ar/aprender-2016-actividades-de-preparacion-y-familiarizacion/.

Lengua 2°/3° Años de Secundaria la noticia "Brazzaville, la capital africana con el nombre de un blanco", y con el mismo, reitero, *multiple choice*.

Estos encastres de perspectivas también se aprecian en los objetivos del área para el Tercer Ciclo de la EGB/Nivel Medio (8°/1° y 9°/2° años) y que sintetizan, en gran medida, qué es aquello que se considera enseñanza de la lectura y la escritura como enseñanza de la lengua y la literatura. Es decir, como reconfiguración actual de la disciplina escolar. Esto es, que los NAP (2006) más bien muestran una síntesis de perspectivas similares a las antes citadas, o sea, no desde la entrada por la comprensión lectora como el documento ONE-DINIECE (2008), pero que, miradas desde una posición de la disciplina escolar y más allá de sus buenas intenciones integradoras, van a seguir abonando a la atomización y fragmentación de los saberes al mismo modo que los CBC (1995). En otras palabras, polarizan el espacio de lo pensable en términos de las realizaciones del discurso pedagógico (Bernstein, 1993): una línea será la comprensión y la producción escrita de los textos no literarios o no ficcionales; otra será la experiencia de lectura de textos literarios y algunos conceptos de teoría literaria que cruzan tipologías, como la narración y la descripción; otra, la reflexión sistemática sobre aspectos normativos de la lengua escrita. De hecho, se trata de un nuevo cruce entre los llamados contenidos "conceptuales, procedimentales y actitudinales" de los CBC (1995) que ahora los NAP (2006) denominan "situaciones". Cito en extenso sus documentos:

> *La escuela ofrecerá situaciones de enseñanza que promuevan en los alumnos y alumnas durante el Tercer Ciclo de EGB/Nivel Medio*
> La valoración de las posibilidades de la lengua oral y escrita para expresar y compartir ideas, emociones, puntos de vista y conocimientos.
> El interés por saber más acerca de la lengua y de la literatura para conocer y comprender mejor el mundo y a sí mismos e imaginar mundos posibles.
> El respeto y el interés por las producciones orales y escritas propias y de los demás.
> La confianza en sus posibilidades de expresión oral y escrita.
> La valoración de la diversidad lingüística como una de las expresiones de la riqueza cultural de la región y del país.
> La participación en diversas situaciones de escucha y producción oral (conversaciones, debates, exposiciones y narraciones), incorporando los conocimientos lingüísticos aprendidos en cada año del ciclo y en el ciclo anterior.

La lectura, con distintos propósitos, de textos narrativos, expositivos y argumentativos en diferentes soportes y escenarios, empleando las estrategias de lectura incorporadas en cada año del ciclo.

La formación progresiva como lectores críticos y autónomos que regulen y generen, paulatinamente, un itinerario personal de lectura de textos literarios completos de tradición oral y de autores regionales, nacionales y universales.

La interpretación de textos literarios a partir de sus experiencias de lectura y de la apropiación de algunos conceptos de la teoría literaria abordados en cada año del ciclo.

El interés por producir textos orales y escritos, en los que se ponga en juego su creatividad y se incorporen recursos propios del discurso literario y las reglas de los géneros abordados en cada año del ciclo.

La escritura de textos (narraciones, exposiciones, cartas y argumentaciones) atendiendo al proceso de producción y teniendo en cuenta el propósito comunicativo, las características del texto, los aspectos de la gramática y de la normativa ortográfica aprendidos en cada año del ciclo, la comunicabilidad y la legibilidad.

La reflexión sistemática acerca de algunos aspectos normativos, gramaticales y textuales aprendidos en cada año del ciclo.

El incremento y la estructuración del vocabulario a partir de las situaciones de comprensión y producción de textos orales y escritos.

La reflexión sobre los propios procesos de aprendizaje vinculados con la comprensión, interpretación y producción de textos orales y escritos (NAP Lengua, 2006:16-17).

Del encabezado de las situaciones antes enumeradas se desprende la siguiente nota al pie:

> Para la secuenciación en el área, se han tenido en cuenta los siguientes criterios, que no deben considerarse en forma aislada, sino en forma combinada:
> - El grado de autonomía en la realización de tareas de comprensión y producción de textos orales y escritos por parte de los alumnos.
> - La inclusión progresiva de géneros discursivos y tipos de textos.
> - La focalización en algún procedimiento o aspecto de los textos, relacionados o no con la situación comunicativa.
> - El incremento de variables paralelas a tener en cuenta en la resolución de tareas (la extensión y complejidad del texto, los recursos a incluir en él, los conocimientos previos necesarios, la resolución de las tareas de manera individual, en pequeños grupos o en situaciones de taller, el trabajo en colaboración con el docente o de manera autónoma, entre otras).

- El grado de reflexión sobre la lengua y los textos (desde procedimientos que solo tienen en cuenta la intuición lingüística hasta aquellos en los que se involucran conceptos sobre la lengua y los textos para la resolución de las tareas).
- Las características propias de los elementos analizados (por ejemplo, de la diferenciación del narrador a la distinción del punto de vista) (NAP Lengua, 2006:17).

Así, las "situaciones" como forma de organizar los NAP (2006) se articulan en cuatro ejes que recuerdan a los bloques de los CBC (1995): "en relación con la comprensión y la producción oral"; "en relación con la lectura y la producción escrita"; "en relación con la literatura"; "en relación con la reflexión sobre la lengua (Sistema, Norma y Uso) y los textos". Tomo dos casos claros de encastre de líneas didácticas en los NAP (2006) que nos permiten asegurar la inviabilidad de hablar de cortes temporales precisos, un antes y un después supuestamente distintos en la enseñanza de la lengua y la literatura. Tanto en los NAP de 8°/1° como en los de 9°/2° Años se repiten las mismas formulaciones a las que se les agregan, por año, contenidos que se afirman en los criterios de progresiva complejización en el juego de *lo sabido y lo desconocido*. Por ello, la cita de autoridad como recurso de la argumentación aparecerá en 2°/9° y no en 8°/1°, etc., insisto, en una réplica del criterio espiralado de los CBC (1995) que era, a su vez, réplica de los fundamentos pedagógicos constructivistas de tradición psicogenética de la reforma española, como he explicado anteriormente. Luego, de proponer a "la escritura de textos (narraciones, exposiciones, cartas y argumentaciones) atendiendo al proceso de producción y teniendo en cuenta el propósito comunicativo, las características del texto, los aspectos de la gramática y de la normativa ortográfica aprendidos en cada año del ciclo, la comunicabilidad y la legibilidad"; se deriva del apartado "en relación con la lectura y la producción escrita" la siguiente fórmula repetida para todos los años:

> La participación asidua en talleres de lectura de textos que divulguen temas específicos del área y del mundo de la cultura, y de textos que expresen distintas posiciones en torno a esas temáticas (capítulos de libros, enciclopedias, textos en soporte electrónico, suplementos de diarios, revistas, entre otros) con propósitos diversos (leer para informarse, para construir opinión, para hacer, para averiguar un dato, para compartir con otros lo leído, para confrontar datos y opiniones) (NAP, 2006: 22).

Específicamente, de la primera aparición de la palabra "taller" se desprende la siguiente nota al pie:

> Es muy importante que el aula se organice como taller de lectura y escritura; en esta modalidad, se privilegia el intercambio de opiniones e interpretaciones acerca de los textos. Se trata de un espacio que habilita la formulación de preguntas por parte de los alumnos en relación con lo que comprenden o no comprenden (o creen no comprender) y que ofrece la oportunidad de que pongan en escena sus saberes, que provienen tanto de sus experiencias de vida como de las experiencias de pensamiento que les han proporcionado otras lecturas. Un taller es un ámbito en el que los textos producidos son leídos y comentados por todos y en el que existe un tiempo destinado a la reelaboración a partir de las sugerencias del grupo y del docente. En esa interacción, se juega la posibilidad de que los alumnos tomen la palabra, y su efectiva participación depende del modo en que el docente coordine estas actividades. En este sentido, la intervención docente es central en relación con la formulación de consignas de lectura y de escritura, y en el seguimiento pormenorizado de los procesos que van desarrollando los alumnos, que no siempre son homogéneos (NAP Lengua, 2006: 22).

Se podría analizar la nota al pie en contrapunto con lo que intenta aclarar más bien en una superposición de líneas: a la concepción de la descripción de textos como garante de la lectura en alianza con la lectura por objetivos se le sobreimprime la tradición argentina del taller de escritura. De esta manera, retomo momentos de la cita anterior, se señala que: "un taller es un ámbito en el que los textos producidos son leídos y comentados por todos y en el que existe un tiempo destinado a la reelaboración a partir de las sugerencias del grupo y del docente". Caracterización que se encastra con afirmaciones sobre el modo en que entiende la lectura la perspectiva sociocultural en la didáctica de la lengua y la literatura: "en esta modalidad, se privilegia el intercambio de opiniones e interpretaciones acerca de los textos. Se trata de un espacio que habilita la formulación de preguntas por parte de los alumnos en relación con lo que comprenden o no comprenden (o creen no comprender) y que ofrece la oportunidad de que pongan en escena sus saberes" (NAP, 2006: 22). Así también, en relación con la literatura, se repetirá para todos los años la fórmula de la "escritura de invención" en cruce con una lectura que incluye algunos conceptos de la teoría literaria que siguen siendo aquellos mismos que el estructuralismo, en sus modelos argentinos, instituyó entre los años sesenta y setenta (Massarella, 2017). En este caso, con algunos agregados que ya se habían introducido en los CBC (1995) desde la nueva narratología, por ejemplo, la noción de focalización.

4. Los libros de texto como Lengua, Literatura, Prácticas del lenguaje (o viceversa)

La reconfiguración de la enseñanza de la lengua y la literatura en enseñanza de la lectura y la escritura organizada por textos (mezcla entre nociones de clase y tipo textual con géneros discursivos) ha encarnado en la disciplina escolar y el sistema educativo. Así, los libros de texto se presentan como una zona en la hiperproducción en didácticas de la lengua y la literatura que permite visibilizar este hecho a la manera de una bisagra entre los diseños curriculares y las concreciones del trabajo docente. Esa argamasa de conceptos justificada en la enseñanza de la lectura y la escritura, y su continuidad no solo en los libros de texto actuales sino también, y como ya lo he desarrollado, en sus similitudes con las últimas disposiciones curriculares nacionales y provinciales para el área, se presenta como el núcleo a resignificar desde un abordaje de las metodologías de la enseñanza de la lengua y la literatura a la hora de proponer modos de realización del trabajo docente (explico la propuesta de esta posibilidad en los capítulos cinco y seis).

Los libros escolares del momento no presentan cambios sustanciales respecto de los contenidos que proponen como legítimos, ni tampoco sobre sus formas de organizarlos y ofrecerlos para sus realizaciones prácticas. Los grandes Grupos editoriales han tomado en la actualidad las variaciones sobre los encastres de perspectivas de las didácticas de la lengua y la literatura para garantizar la oferta de modos de resolución del trabajo docente que cumplan con los requerimientos curriculares remodalizados en los NAP (2006), y en el presente, en sus versiones jurisdiccionales denominadas Prácticas del lenguaje. A continuación, desarrollo la organización en temas y contenidos de dos casos de libros de texto a manera de ejemplo representativo de la mayoría de la producción de la última década, por no decir de casi toda. El Grupo Editorial Santillana para el año 2011 ya había legitimado en sus productos dirigidos a la secundaria la orientación de la enseñanza de la literatura articulada en el contenido/eje de las "cosmovisiones" del Diseño de Literatura de 4° Año de la provincia de Buenos Aires,[25] mientras los docentes de esta provincia todavía estaban siendo informados a través de cursos de capacitación sobre las implicancias y fundamentos de esta perspectiva curricular. También, mientras otros diseños curriculares provinciales no trabajan sobre ese contenido/eje o aún la mayoría de las provincias no habían desarrollado

---

25 *Diseño curricular para la Educación Secundaria ciclo superior ES4: Literatura.* Dirección General de Cultura y Educación de la provincia de Buenos Aires. Recuperado de http://servicios.abc.gov.ar/lainstitucion/organismos/consejogeneral/disenioscurriculares/.

los suyos. Curiosamente Santillana publicita sus dos manuales para la enseñanza de la literatura para el 4° y el 5° Años de la escuela secundaria en la suposición de que las "cosmovisiones" es un planteo curricular válido para todo el mercado escolar, es decir, para todo el país.

En el índice de *Literatura IV. Las cosmovisiones mítica, épica y la mirada trágica*[26] igualmente se aprecia la continuidad del encastre discurso, clase y tipo textual como propuesta de realización del trabajo docente. La sección I bajo el título "La literatura y otros discursos sociales" despliega los nuevos contenidos de las cosmovisiones que a la vez se recortan en figuras de héroes: míticos, épicos y la dicotomía héroe/antihéroe como problematización de la figura del gaucho. De este modo, la historiografía literaria se reorganiza en la lógica de un pasaje de la literatura universal a la argentina, que también supone un juego de apertura y continuidad del canon escolar. Igualmente, este libro de texto organiza esa apertura del canon escolar básicamente con autores de la literatura infantil y juvenil. Para ello, ofrece versiones de autor de mitos y leyendas, por ejemplo, de Beatriz Fernández y Alicia Stacco, Franco Vaccarini y Liliana Cinetto, publicadas en la misma editorial (caso de las primeras) y de Latinbooks, junto con trabajos de Juan Goytisolo y Pérez-Reverte efectivamente novedosos para dicho canon. En la sección II, el manual se dedica a los "discursos académicos" para disponer contenidos que dan cuenta del texto (tipo) "expositivo", "expositivo argumentativo", "de opinión" en la que dedica un lugar especial a los "paratextos" de la divulgación científica como la "infografía". Las actividades de lectura ("lectura y comprensión lectora", diferencia el manual) están dispuestas en la sección dedicada a la enseñanza de la literatura y las de escritura denominadas "Escritores en taller" para el trabajo con el discurso académico del que deriva géneros como la divulgación científica, o clases de textos como la reseña crítica, en tanto serían representativos de los tipos antes enunciados. De esta manera, la enseñanza de la lengua y la literatura reconfigurada en la enseñanza de la lectura y la escritura no presenta en este libro de texto entradas por sus reificaciones, es decir, no jerarquiza a la lectura y a la escritura como contenidos en sí mismos, pero sí las escinde: con la literatura se enseña a leer que para Santillana sigue siendo la comprensión lectora y con la lengua –o temas ya encarnados en la disciplina escolar "como de lengua" (discursos, tipos y clases en este caso llamados "académicos")– se enseña a escribir en la modalidad taller.

Ya sea que estos libros se utilicen efectivamente o no en el trabajo docente (porque no se encuentran más en catálogo), y más allá de la larga

---

[26] Fernando Avendaño et al. (2011). *Literatura IV. Las cosmovisiones mítica, épica y la mirada trágica*. Buenos Aires, Santillana.

tradición de investigación pedagógica y didáctica al respecto –que ofrece análisis diversos en pos de sus revisiones críticas y constantes objeciones–, se presentan como horizonte de referencia para las realizaciones cotidianas de la enseñanza de la lengua y la literatura (Negrin, 2009). Todavía hasta el presente, apremiadas por las reformas y sus reconfiguraciones de los objetos de estudio y saberes que ya he analizado. Por ello, creo que el abordaje de las metodologías de la enseñanza de la lengua y la literatura también tiene que asumir este horizonte referencial, porque abonan a la complejidad sobre el estado de situación de los diversos estatus de saberes que se proponen como legítimos para la enseñanza y que obligan a ser resolidarizados. Además, porque como sigo observando más adelante, los libros de texto cumplen en gran medida con las reconfiguraciones de la disciplina escolar, es decir, no presentan algo distinto y, por lo tanto, supuestamente "equivocado" respecto de las orientaciones oficiales para el área, también porque muchos de sus autores en nuestro país son los especialistas que elaboraron, y elaboran, los diseños curriculares y otros documentos de apoyatura. Lo que sí presentan en sus títulos, cuestión que tampoco es "errónea", son distintas formas de expresar la denominación del área a manera de abarcar tanto su variabilidad en las políticas educativas (si es Lengua o Lengua y Literatura o Prácticas del Lenguaje, y demás), como ya lo he explicado en cuanto reconfiguraciones de la disciplina escolar y, por esto mismo, a modo de inscripción en su historicidad. Por ejemplo, el mismo Grupo Santillana en su oferta editorial del año 2010, si bien insiste con que atiende a las últimas disposiciones curriculares para el área, en el caso de sus libros destinados a los tres primeros años de la Educación Secundaria Básica (o Tercer Ciclo de EGB, según la jurisdicción) para los que agrega como subtítulo "Prácticas del lenguaje", los titula Lengua y Literatura. *Lengua y literatura I. Prácticas del lenguaje*[27] confirma en su índice este tratamiento diferenciado de la lengua y de la literatura. Pero, a contrapelo de sus propios manuales para 4° y 5° Años de la secundaria, asume la continuidad de la organización por discurso/texto/clase al modo del textualismo cognitivista. Por ejemplo, el "relato policial" ("Un mensaje misterioso" de Arthur C. Doyle) es presentado como "narración" con sus "elementos" y "tipos"; la novela gótica agregaría a la narración la "descripción" (fragmento de *Frankestein* de Mary Shelley), el cuento tradicional los "núcleos narrativos" ("Historia del zapatero remendón", versión de Liliana Cinetto de un cuento de *Las mil y una noches*: "El traje nuevo del emperador") del que se desagrega "el folleto turístico" y, así, continúa con "el relato de aventuras" y la "noticia periodística"; la "poesía tradicional" y el

---

27 Fernando Avendaño et al. (2010). *Lengua y literatura I. Prácticas del lenguaje*. Buenos Aires, Santillana.

"instructivo"; los "mitos y leyendas" y "la síntesis argumental"; los "cuentos fantásticos" y la "entrevista periodística"; "el teatro" y "la biografía y la cronología"; la "ciencia ficción" y "el guión cinematográfico". El extenso manual *Lengua y Literatura I. Prácticas del lenguaje* (más de 200 páginas) plantea otro recorte para ya no una enseñanza de la lengua, sino de la gramática al modo de su última versión en la disciplina escolar, como paso a explicar en el siguiente capítulo. En este caso cito algunos de los contenidos del abultado índice: "Gramática, normativa y ortografía"; "Los textos: intenciones y tramas"; "Coherencia y cohesión", "La oración y la actitud del hablante", "Las oraciones bimembres y unimembres"; "Los sustantivos", "Forma y función de los sustantivos"; "Los adjetivos", "Género y número del adjetivo"; "El verbo", "La conjugación verbal", "Uso de tiempos verbales"; "Clases de sujeto y de predicado", "Otros modificadores del sustantivo", "Modificadores del núcleo verbal", "El predicativo subjetivo obligatorio"; "Los adverbios", "Los pronombres", "Los verboides", "Paradigma de la conjugación". La sección II del libro reenvía a estos saberes en una operación de relegitimación que les confiere un lugar protagónico como parte de los contenidos que el manual desarrolla. También, al igual que *Literatura IV y V*, propone instancias de trabajo diferenciadas: los proyectos de lectura y escritura. La reconfiguración de la enseñanza de la lengua y la literatura en lectura y escritura se localiza en las actividades de inicio y cierre de los temas, pero con un lugar especial que evidencian los encastres que he analizado. "Comprensión lectora" y "Escritores en taller" reaseguran el cumplimiento, por parte del manual, de dicha reconfiguración a la vez que asume para la enseñanza de la literatura las disposiciones del "Diseño curricular para la Educación Secundaria ciclo superior ES4: Literatura" (del año 2010, ya mencionado) con los géneros en los que organiza el trabajo: fantástico, maravilloso, policial clásico, mitos y leyendas. Géneros que también, en algunos casos, dan continuidad a los institucionalizados en la disciplina escolar desde los CBC (1995), como el fantástico, el maravilloso y el policial. Se trata de la lógica espiralada en la que los mismos temas/contenidos se retoman en un intento por ofrecer, a partir de criterios de mayor complejidad (de los más sencillo a lo más complejo), textos que pondrían al ruedo contenidos que no fueron tratados en años anteriores. Recursividad seguramente complicada de resolver en cuanto a que, inevitablemente, lleva a disponer de manera arbitraria qué contenidos para qué edades; qué textos para qué edades. Es decir, que la selección de textos/géneros según las edades indudablemente está signada por los otros productos que cada editorial necesita vender. Generalmente, para el caso del área se trata de constantes reenvíos a las colecciones literarias escolares y, en los últimos años, con especial énfasis en la literatura infantil y juvenil.

Baste tomar el caso Santillana-Alfaguara- Aguilar. Respecto de la oferta de libros de texto actual, la editorial ya presenta como título "Prácticas del lenguaje" para todos sus números correspondientes al segundo ciclo de la educación primaria, y en el caso de los del primer ciclo, lo antecede con "Lengua". Así, ofrece las series *El libro de 1°, 2° y 3°. Lengua. Prácticas del Lenguaje, Prácticas del Lenguaje 4, 5 y 6, El Libro de 4°, 5° y 6°. Prácticas del Lenguaje, Lengua. Prácticas del Lenguaje 4, 5 y 6*. Las mismas combinaciones de denominaciones para el área se dan en las series *Mis carpetas de...* (4°, 5° y 6° de la educación primaria y I, II y III de la educación secundaria). También ocurre con los libros de texto destinados a la escuela media, en los que se titula "Lengua y Literatura" y como subtítulo se indica "Prácticas del Lenguaje", a saber, *Lengua y Literatura. Prácticas del Lenguaje I, II y II*.[28] Se trata de ejemplares que no presentan variaciones en relación con los análisis sobre la organización por textos que presenté antes para los ofrecidos en los catálogos de los años 2010 y 2011.

En cuanto a la educación primaria, Estrada –hoy del Grupo Macmillam (junto con Cántaro, Azulejos y Puerto de Palos)–, presentaba para el año 2011 la Colección Confluencias directamente ofrecida por la editorial para "Prácticas del lenguaje", de nuevo, como si trataran de diseños curriculares dispuestos por todas las jurisdicciones del país. Importa seguir señalando esta generalización de los diseños curriculares porque, por ejemplo, el mismo Grupo Editorial ofrecía sus productos para la enseñanza de otras áreas disciplinares distinguiendo en sus tapas qué diseño curricular siguen, si el de la Ciudad Autónoma de Buenos Aires o el de provincia de Buenos Aires.[29] En tanto Prácticas del lenguaje direcciona hacia los diseños de estas dos jurisdicciones y, dado su lugar de Centro respecto del resto del país, es claro que las editoriales prevén su proceso de expansión y generalización a corto y largo plazo para lo que también coadyuvan en una imposición homogeneizadora propia de las necesidades del mercado. En términos mercantiles la diversificación de distintas líneas para la enseñanza de las áreas no es rentable. Existe una larga tradición en la investigación educativa sobre los libros de textos que viene abordando las políticas editoriales, económicas y culturales que los atraviesan en el sentido de mercancía que se comercializa, a la vez que configura la práctica pedagógica y profesional, como así también los lineamientos curriculares.[30]

---

28 En catálogo 2019. Recuperado de http://www.santillana.com.ar/.

29 Por ejemplo, así se lo aprecia en la reedición de *Confluencias Ciencias Naturales y Ciencias Sociales*, cuyos libros señalan en tapa "Biáreas. Ciudad Autónoma de Buenos Aires".

30 Señala Marta Negrin que en gran medida son las investigaciones de Apple iniciadas en Estados Unidos a partir de la década del ochenta las que develan este protagonismo del

Actualmente, Estrada ofrece para el segundo ciclo de la educación primaria la serie *Hora de Lengua, 1, 2 y 3* con el subtítulo "Prácticas del Lenguaje". Se trata de la misma propuesta de trabajo, ya que en sus contratapas se explicita que los libros proponen el trabajo con prácticas del lenguaje a manera de enfoque asumido. En relación con los títulos para secundaria, la editorial ofrece la serie *Prácticas del Lenguaje 1, 2 y 3*.[31]

El tercer gran Grupo Editorial Kapelusz-Norma, que hoy monopoliza los libros de texto y parte de las ediciones literarias en la región, ofrecía para el año 2011 y para el segundo ciclo de primaria *Prácticas del Lenguaje 4 – Leer y escribir para aprender a leer y escribir*[32] enmarcado en el ambicioso proyecto de la implementación de un Programa de lectura y escritura propio (*Programa Aprender a leer y escribir para aprender a leer y escribir*), para el que se indican títulos de literatura infantil y juvenil de la serie GOLU y el sello Norma, lo que nos devuelve a las explicaciones sobre los estrechos vínculos entre políticas y mercado de larga duración porque actualmente dicho programa es ofrecido por la editorial bajo el nombre de *Programa para Leer y Aprender* y en articulación con el Ministerio de Educación, Cultura, Ciencia y Tecnología de la Nación.[33]

---

manual en las orientaciones efectivas sobre la enseñanza de las disciplinas en las instituciones educativas. De alguna manera en línea con esta perspectiva de la pedagogía crítica norteamericana, ya en los años dos mil Bonafé estudia las políticas del libro de texto en España y desde la investigación histórica Choppin les confiere funciones educativas, pero también políticas y sociales pasibles de ser validadas desde el siglo XIX: referencial, instrumental, ideológica y cultural, documental. Otro grupo de trabajos realizados en los noventa, como los de Grinberg, Vez y Cárdenas, se ha dedicado a estudiar los efectos de la publicidad y el marketing modernos en la elaboración de los manuales escolares en relación con la producción de conocimiento de las didácticas de las disciplinas cruzadas con la piscología cognitiva, con lo cual se ha creado una nueva línea de negocios o mercantilización en torno a los aprendizajes (Negrin, 2009: 194). En el caso específico de los manuales destinados al área de lengua y literatura cabe también señalar que existen una serie de antecedentes de análisis críticos como Pierre Kuentz. "El reverso del texto" y Roland Barthes (1992). "Sobre el manual", en G. Bombini (comp.): *Literatura y Educación*. Buenos Aires, Centro Editor de América Latina, aquellos que revisan el ingreso de las teorías lingüísticas en sus formulaciones (Bombini y Krickeberg, 1995) y Claudia Monti. "La incorporación de nuevas teorías lingüísticas al mercado editorial escolar: textos híbridos y textos coherentes", *Lulú Coquette. Revista de Didáctica de la lengua y la literatura*, Año 1, N° 2, pp. 87-101.

31   En catálogo 2019. Recuperado de https://www.editorialestrada.com.ar/.

32   Beatriz Aisemberg et al. (2011). *Prácticas del Lenguaje 4. Leer y escribir para aprender a leer y escribir*. Buenos Aires, Kapelusz-Norma.

33   *Programa Leer para Aprender*, Kapelusz, recuperado de http://www.ministerio.kapelusz.com.ar/ y, *Programa Leer para Aprender*, Ministerio de Educación, Cultura, Ciencia y Tecnología de la Nación. Recuperado de https://www.argentina.gob.ar/educacion/leer-para-aprender/.

Actualmente la editorial ofrece en catálogo para la educación primaria del primer ciclo las series *Mi Practicuaderno 1, 2 y 3* (con letras imprenta y cursiva), *Prácticas del Lenguaje. El árbol verde limón 1, 2 y 3*; para el segundo ciclo, *Avanza. Prácticas del Lenguaje 4, 5 y 6, Leídos 4, 5 y 6, Lengua. Prácticas del Lenguaje. Click 4, 5 y 6* (orientados a la educación en valores) y *Lengua y Literatura 1. Prácticas del Lenguaje* (con textos digitales). Los libros de texto para la educación secundaria se encuentran bajo las series *Leídos 1, 2 y 3, Avanza. Lengua y Literatura. Prácticas del Lenguaje 1, 2 y 3, Lengua y Literatura. Prácticas del Lenguaje 1, 2 y 3*, además de *Una literatura argentina, americana y universal. Las cosmovisiones mítica, trágica y épica en las literaturas de Occidente*.[34] Por su parte, el Grupo Aique- Larousse-Alianza Editorial presenta el mismo tipo de ofertas de libros de texto para el área ya directamente nombrada como "Prácticas del lenguaje", es decir sin las combinatorias con "Lengua y Literatura" que analicé antes. Así se aprecia en sus series de libros de área integradas para el primer ciclo de la educación primaria, por ejemplo, *Pasito a Paso, 1, 2 y 3* y luego en *Prácticas del Lenguaje 1, 2 y 3*. Esta misma serie se ofrece para el segundo ciclo con los títulos *Prácticas del Lenguaje 4, 5, 6 y 7*; aparte presenta la serie *A la Hora de Practicar 4, 5, 6 y 7* en la que se proponen actividades de gramática, vocabulario y ortografía. En relación con la educación secundaria el Grupo cuenta con la serie *Prácticas del Lenguaje-El mundo en tus manos 1, 2 y 3*. Por último, se encuentran las colecciones de textos literarios dirigidas a ambos niveles educativos Latramaquetrama, Sopa de Libros y Coedición Latinoamericana.[35] La primera es integrada por títulos de la literatura universal y clásicos adaptados, la segunda se realiza en coedición con la editorial española Anaya y se destaca por el trabajo con las ilustraciones, la tercera corresponde a un grupo de editores de distintos países abocados a la publicación de títulos de literatura infantil y juvenil latinoamericana y cuenta con el respaldo del Centro Regional del Libro para América Latina y el Caribe (CERLALC).

En suma, cada Grupo Editorial reenvía a sus propios productos en los que la literatura infantil y juvenil, y otros autores publicados por esos mismos Grupos aparecen como realizaciones literarias legitimadas, ya sea para enseñar literatura en sentido estricto o para la enseñanza de la literatura como contenido del diseño curricular denominado a través de la combinatoria de Lengua/Prácticas del lenguaje, Lengua y Literatura/Prácticas del Lenguaje, o viceversa ya que el orden de los factores si bien no altera el producto sí, claramente, apunta a captar la mayor cantidad de consumidores posibles, pues,

---

34 En catálogo 2019. Recuperado de http://www.editorialkapelusz.com/.

35 En catálogo 2019. Recuperado de http://www.aique.com.ar/catalogo/aique/.

como ya lo he explicado, las reconfiguraciones de la enseñanza de la lengua y la literatura lo requieren. Incluso, más allá de que "Prácticas del lenguaje" haya avanzado claramente en la ganancia de las políticas curriculares y con ello de la industria editorial escolar, logrando imponerse como denominación del área al lado, o en algunos casos por sobre sus históricas "Lengua y Literatura", como dan testimonio las ofertas de los títulos de los Grupos antes analizados. En este sentido, no es verdad de Perogrullo, recordar que cada sitio web de las editoriales destaca las formas de solicitar promotores y los descuentos que realizan a las instituciones educativas por compras comunitarias, sus noticias en las que divulgan cómo sus autores han sido galardonados o los proyectos educativos, o de promoción de la lectura, en los que participan, entre otros servicios. Son otras formas de comercialización de los saberes avalados en el cumplimiento de las políticas curriculares y educativas, pero también en su autolegalización como entidades controladoras de la "calidad" de esas políticas o garantes de aquello que el Estado no ofrecería tan explícitamente diseñado en propuestas didácticas y de evaluación concretas que asumen los vacíos metodológicos de la enseñanza para los docentes que cotidianamente lidian con la proliferación de sus documentos normativos y capacitaciones. Mercadeo de saberes que, en general, dan continuidad a los procesos de alianzas entre estos sectores característicos de los años noventa que ya he explicado anteriormente y en extenso. La validación de esta afirmación es de dominio público, tan solo basta con observar las autorías de los libros de texto producidos en las al menos dos últimas décadas, de los diseños curriculares de la Ciudad Autónoma y la provincia de Buenos Aires y otros documentos varios destinados a la capacitación docente.[36]

---

36 Para ofrecer solo algunos ejemplos de los tantos disponibles, basta con consultar las autorías de los libros de texto del Grupo Santillana para la educación primaria (actualmente en catálogo y antes referidos), el *Diseño Curricular Para la Educación Primaria –segundo ciclo–* del área denominada Prácticas del Lenguaje, de la provincia de Buenos Aires, año 2008, (recuperado de http://servicios.abc.gov.ar/lainstitucion/organismos/consejogeneral/disenioscurriculares/), el *Diseño Curricular para la Educación Secundaria – 2° SB-* para la misma área y provincia, año 2007 (recuperado de http://servicios.abc.gov.ar/lainstitucion/organismos/consejogeneral/disenioscurriculares/). También, el *Diseño Curricular para la Escuela Primaria/Educación General Básica* del año 2004 (recuperado de https://www.buenosaires.gob.ar/areas/educacion/curricula/) y el *Diseño Curricular para la Nueva Escuela Secundaria. Ciclo Orientado del Bachillerato* del año 2015, ambos de la Ciudad Autónoma de Buenos Aires (recuperado de https://www.buenosaires.gob.ar/areas/educacion/nes/). Otro tanto ocurre con distintos documentos destinados a la formación o capacitación docente. Nuevamente, para traer solo unos pocos ejemplos de los disponibles en la web, el Postítulo Alfabetización en la Unidad Pedagógica. Especialización Docente de Nivel Superior dictado en el marco del Programa Nacional de Formación Docente, Nuestra Escuela (2015) e integrado por distintas universidades nacionales (recuperado de http://universidadesup.fahce.unlp.edu.ar/) y *Prácticas del Lenguaje. Material para Docentes. Primer Ciclo-Educación Primaria* editado por el Instituto Internacional de Planeamiento de

Lo que interesa ahora, a los fines de sustentar abordajes y modos de realización de metodologías de la enseñanza de la lengua y la literatura, es focalizar en qué instancia del trabajo docente los encastres de perspectivas saturados con contenidos y actividades empaquetados en retóricas del "deber ser", expresados en el "saber hacer" de la lectura y la escritura las dejan libradas a actos de extrema imaginación. Se trata de pensar cómo resignificarlos en el trabajo docente, en la lógica de la disciplina escolar y el sistema educativo, que hacen caer a estas argamasas de saberes en sus propias trampas de excesos de naturalizaciones prescriptivas.

En relación con lo anterior, Intento en el siguiente capítulo delinear cómo se arriba a estas reconfiguraciones actuales de la disciplina escolar lengua y literatura que los NAP (2006) y el aparato editorial escolar documentan muy claramente, pero que no son producto de una enunciación cero de los últimos años. Dichas reconfiguraciones tienen sus propias historias en la investigación académica y en la industria editorial escolar, como estuve anticipando, y en diseños curriculares que las legislan para sus provincias. Me refiero nuevamente a que no se trata de que los NAP (2006) trajeron algo totalmente nuevo respecto de los CBC (1995) y elaborado por inventiva propia en las arenas de decisiones políticas del Estado y sus equipos técnicos. Por el contrario, los dos diseños curriculares nacionales, producto de las dos últimas reformas educativas del país, tienen en común el encastre de perspectivas de la didáctica de la lengua y la literatura que, como analicé en el capítulo anterior, ya se venían consolidando en las universidades nacionales, en la academia.

---

la Educación IIPE-UNESCO en el año 2012, y distribuido por el gobierno de la provincia de Buenos Aires de aquel entonces. El documento presenta los resultados del trabajo realizado durante cuatro años en la implementación del Proyecto Escuelas del Bicentenario (IIPE-UNESCO Buenos Aires) en algunas localidades de las provincias de Buenos Aires, Corrientes, Chaco, Tucumán y Santa Cruz (recuperado de http://servicios.abc.gov.ar/lainstitucion/organismos/).

Capítulo 3
Antecedentes políticos disciplinarios de las reconfiguraciones de la enseñanza de la lengua y la literatura en Argentina

1. Transiciones político-epistemológicas argumentadas en la nueva democracia

Como ya he desarrollado en los capítulos anteriores, los organismos internacionales y su reclutamiento de especialistas, también los Estados, funcionan como directrices de las políticas de lectura y escritura en Latinoamérica y, desde los años ochenta, como reconfiguración de la enseñanza de la lengua y la literatura. Se trata de especialistas que alternan entre el mercado editorial, distintas agencias de los Estados y las academias/institutos/universidades. En este capítulo, intento reconstruir los antecedentes de sus posiciones, cómo construyeron fundamentos teórico-científicos para consolidar creencias en torno a un trabajo docente orientado hacia una educación democrática o antidemocrática. Esta dimensión del análisis apunta al hecho de que las tensiones entre saberes pedagógicos y saberes docentes estén atravesadas en gran medida por saberes y metodologías de la enseñanza, conceptuados como "tradicionales" por las distintas perspectivas didácticas de la lengua y la literatura. Como observé en el capítulo anterior, "lo tradicional" va a ser un término constantemente referido en los documentos curriculares de los años noventa y dos mil, mejor dicho, en las orientaciones didácticas argumentadas desde los resultados de los sistemas de evaluación nacional, para situar un pasado "causante de los malos resultados". Por lo tanto, resulta significativo para esta investigación abordar en el pasado reciente de la reconfiguración de la enseñanza de la lengua y la literatura en lectura y escritura qué saberes y modalidades del trabajo docente fueron atribuidas por los especialistas, y aún lo hacen, a lo tradicional que sin más trámite siempre conduciría a una ideología antidemocrática.

En los albores de 1983, y en años posteriores, las transiciones teóricas a través de las cuales se "imaginaron tránsitos políticos y se diseñaron fórmulas que sintetizaron pedagógicamente experiencias y expectativas políticas" (Lesgart, 2003: 17) fueron fundamentales para las reconfiguraciones de la disciplina escolar lengua y literatura que presenté antes. Incluir esta dimensión al estudio apunta a avanzar, también, sobre la ausencia de balances e investigaciones de las políticas educativas de la recuperada democracia argentina, en procura de conocer sus conexiones con la reforma de los años noventa. Por el contrario, "un análisis de las disputas producidas en la esfera político-educativa referidas a los modos de conceptualizar una educación democrática en los últimos años ochenta y su vinculación con las transformaciones producidas a partir de 1990" aún se halla en construcción, sobre todo, en cuanto al recorte de un discurso que buscó "reposicionar elementos ya existentes" (Southwell, 2007: 308).

Es decir, la reconfiguración lengua y literatura en lectura y escritura, que se articula en la transición hacia la democracia para luego legitimarse en orientaciones sobre su enseñanza legisladas por el Estado y acompañadas por el mercado editorial, se irá organizando entre las líneas que representarían una "enseñanza autoritaria" y las que lo serían de una "enseñanza democrática". Así lo expresa el discurso de apertura de los CBC del ministro de Educación en 1995, Jorge Alberto Rodríguez, en el que "pareciera sugerirse que el docente debe adherir al proceso de reforma y actuar sus propuestas si se considera defensor de los procesos democráticos". Por ello, se debe atender a los "binomios que el discurso ministerial configura: la educación de los países de avanzada /la educación de los otros países, la educación en tiempos de la democracia/la educación en tiempos de la dictadura, la reforma educativa/la desactualización de los contenidos, etc." (Gerbaudo, 2006: 69). Por lo tanto, se expresa en el discurso del ministro que "la única vez que en nuestro país se establecieron contenidos comunes fue en 1978, durante la dictadura militar. En esa oportunidad nadie exigió en el aula su cumplimiento, porque carecían de legitimidad en su proceso de elaboración, y de significatividad social en su concepción". Luego de señalar que la Asamblea en la que se encuentra pronunciando su discurso es un "homenaje a la democracia y a la búsqueda no fácil del entendimiento", y que ello "es y será posible porque cada día mejoramos nuestra capacidad de escucharnos, de dialogar, de admitir las razones de los demás y replantear las propias. Por eso, esta propuesta se hará realidad en todas las aulas" (Rodríguez, 1995 en Gerbaudo, 2006: 69).

Igualmente estas dicotomías de las orientaciones político pedagógicas de los CBC (1995) presentaron distintas modalidades en cuanto a qué entenderá cada línea de la didáctica de la lengua y la literatura como "enseñanza democrática", o acorde a las "necesidades sociales del momento", o como "reflejo de transformaciones sociales ya existentes". Por ello, las perspectivas lingüístico-cognitivas sobre la base del estudio de los textos, cruzadas con la línea de las competencias, el enfoque comunicativo y la psicogénesis cuyos conocimientos sustentaron el diseño el área de Lengua de los CBC (1995), cruce al que he llamado textualismo cognitivista, se justificaban como innovadoras frente a los reduccionismos de la enseñanza de la lengua y la literatura producto de una historia reciente que presentaron como relato único. Esto es, signada por el normalismo, los ingresos del estructuralismo a la escuela y las diversificaciones no sistematizadas de algunas de esas innovaciones teóricas habilitadas por la vuelta de la democracia. El relato, sin hacer mención expresa al período de la última dictadura militar que sufrió nuestro país (1976-1983), pero ubicando el significado que el estructuralismo tuvo en la lingüística en la década de los setenta con lo cual establece una asociación directa entre ambos, señala a Ana María Barrenechea como su "propiciadora" y que "a partir de su incidencia en la universidad, y a través de sus seguidoras", y de "ciertas líneas editoriales se homogeniza en todo el país un estudio sistemático de la lengua, fundamentalmente teniendo como unidad la oración y el estudio descriptivo". El relato continúa llamando a este proceso "nuestro pasado reciente donde, en la enseñanza de la lengua, el gran objetivo, el gran propósito era, si ustedes recuerdan, enseñar las estructuras del idioma; era enseñar o conocer las estructuras propias de la lengua entendiendo por esto las estructuras de la oración" (Romero de Cutropia, 1997: 61). Respecto de la enseñanza de la literatura, este relato de "nuestro pasado reciente" afirma que "se siguió moviendo con el comentario de textos, de Lázaro Carreter, o con planteos estilísticos; no hubo en la práctica real del aula, una propuesta de análisis estructural de los relatos, ni una propuesta estructuralista en literatura" (Romero de Cutropia, 1997: 61).

A la luz de la democracia conquistada, que sin embargo venía demorada respecto de sus necesarias renovaciones educativas, la escuela media y los ingresos a la educación superior se transformaron en espacios *por excelencia* de validación de los saberes de investigaciones sobre lectura y escritura desarrolladas en universidades por especialistas en lingüística a partir de las líneas que permitían proponer el "vuelco cognitivo" (Ciapuscio, 1994). Por ello, en ese mismo relato esta perspectiva aparece como superadora del estructuralismo tanto lingüístico como literario, en una constante puesta en relación de sus aportes teóricos con los políticos educativos necesarios para también superar los tiempos de la Argentina dictatorial. En ese sentido, los años ochenta ingresan a esta narración como un momento de transiciones teóricas que se registraron en el mercado editorial escolar antes que en la formación docente y en la misma política curricular. De esta manera, continúa el relato, "con la llegada de la democracia se intenta comenzar a elaborar documentos curriculares. Así comienza a aparecer el circuito de la comunicación y a trabajarse la lengua desde una función comunicativa" (Romero de Cutropia, 1997: 61). Es de notar, que el enfoque comunicativo aparece directamente entendido como una perspectiva lingüística democrática que podía ofrecer los conocimientos necesarios para el desafío que afrontaban las políticas educativas de los años noventa, también democráticas, en cuanto a la elaboración de sus diseños curriculares. Si bien analizo más adelante que efectivamente la democracia recuperada en la Argentina hace a la posibilidad de distintas renovaciones disciplinarias en el ámbito universitario que tendrán un impacto en la enseñanza de la lengua y la literatura, este relato sigue en la tónica epistemológico-corporativa que estudié en los capítulos anteriores. En otras palabras, no era que el enfoque comunicativo se constituía como la única opción democrática para la renovación de los diseños curriculares del área de Lengua, sino que los especialistas que asumieron esta perspectiva habían sido los convocados para la tarea. Empresa que, como expliqué en el capítulo anterior, se correspondía armónicamente con las directivas de los organismos internacionales en materia de lectura y escritura. Por ello, continúa el relato que a este enfoque se le comienzan a sumar "algunas tipologías textuales, alguna preocupación por los formatos discursivos"; y que "la literatura deja de tener un papel hegemónico en el aula". Por lo tanto, "comienzan a aparecer otros discursos sociales, sobre todo el discurso periodístico, el de los medios, algunos ensayos. Y vamos viendo una preocupación cada vez mayor por la lectura y la escritura" (Romero de Cutropia, 1997: 61-62). Finalmente, la construcción de este relato vuelve a insistir con "la década del 70, donde lo importante era conocer las estructuras de la lengua, del sistema", y con que ahora, en democracia "pasamos a una instancia donde hay una preocupación por desarrollar competencias: *la prácticas de la lectura y la escritura*[1] fundamentalmente en la escuela" (Romero de Cutropia, 1997: 61-62).

---

1   Así aparece escrito en el original. Desconozco si se trata de un error tipográfico que estaría en la omisión de la s en *la*, o en el agregado de la s en *prácticas*. Entiendo que por el modo en que continúa la construcción sintáctica el significado que se intentó orientar es el de *practicar* la lectura y la escritura y no el de *prácticas de lectura y escritura* como categoría de análisis social, cultural e histórico que, como seguiré estudiando, será crucial para las reconfiguraciones de la disciplina escolar lengua y literatura. El sentido de esta aclaración es que justamente se encuentran rastros de esa línea encastrada con otras divergentes. Pero al momento de la alocución de la Prof. Alicia Romero de Cutropia, en el I Congreso Nacional de Didáctica de la Lengua y la Literatura (1995), y el hecho de que utilice esos términos para explicar qué son *las competencias* ("pasamos a una instancia donde hay una preocupación por desarrollar competencias: la prácticas de la lectura y la

Se trata de la construcción de un relato que imbrica tópicos de la historia política reciente y de políticas del conocimiento enseñado sobre la lengua y la literatura para ubicar en cada década el par autoritarismo/democracia (la normatividad de los años setenta; la mezcla de innovación y desorden de los años ochenta) en procura de una propuesta superadora: los CBC (1995) de Lengua de los años noventa con su madeja de la función comunicativa; las tipologías textuales; los formatos discursivos; la literatura destronada y la conquista de los otros discursos sociales, "sobre todo el discurso periodístico, el de los medios, algunos ensayos" (Romero de Cutropia, 1997: 61-62). Para, de esta manera, reconfigurar a la disciplina escolar en, vuelvo a citar, "una preocupación cada vez mayor por la lectura y la escritura" formuladas como "desarrollo de competencias: la práctica(s) de la lectura y la escritura" (Romero de Cutropia, 1997: 61-62). Opción democrática que, ya vimos, se corresponde con los lineamientos de los organismos internacionales, pero que, no obstante, el relato insiste en explicar solamente en sus orígenes académicos y, con ello, supuestamente desinteresados al modo de la verdad científica. De allí, que continúe señalando que la renovación que traen los CBC (1995) está vinculada con "una serie de innovaciones que vienen desde la práctica escolar, desde los libros de texto y desde la universidad", porque ya se presentaban "experiencias como la de la UBA y los Profesores Secundarios, en que la universidad sale de su medio y comienza a preocuparse por lo que sucede con la escuela secundaria; hay también una serie de experiencias innovadoras, no necesariamente oficiales, sobre todo en lo que tiene que ver con la alfabetización". Y agrega, "hay grupos que se reúnen, que empiezan a experimentar, a buscar; y hay también renovaciones curriculares oficiales", porque "algunas jurisdicciones comienzan a realizar estudios e investigaciones y concretarlas en reformas curriculares"[2] (Romero de Cutropia, 1997: 62-63).

De este modo, los CBC presentados en el año 1995 por los especialistas que tuvieron su diseño a cargo se conceptualizaron "como la herramienta que vendría a homogeneizar y a democratizar, a darle un marco institucional al debate, que estratégicamente incorpora a los académicos de la universidad, lo cual legitima la selección de los contenidos, e incluye también a docentes, con lo que se le terminaría de dar una pincelada democrática a este proceso" (Battistuzzi, 2011: 15). No obstante, en el mismo año se comenzaba a

---

escritura"), permite deducir que se trata del significado de un ejercicio, hábito, comportamiento, habilidad, destreza, en cuanto parte de los significados que se asociaban –y asocian– a la noción de *competencias* (como lo expliqué en el capítulo anterior).

2   Se citan, "Río Negro, Municipalidad Ciudad Autónoma de Buenos Aires, Mendoza, Córdoba, La Pampa, Chaco" (Romero de Cutropia, 1997: 62-63).

discutir el diseño de los CBC (1995) también desde los usos del binomio dictadura/democracia colocando la situación particular de indefensión de los jóvenes en el marco de la crisis político económica que la Argentina ya estaba transitando. Este otro relato de la historia reciente trae los crímenes de estudiantes cometidos por la dictadura y de los jóvenes que ya habían ocurrido en la democracia de los noventa, como así también expone la situación de precariedad socioeconómica de esta franja etaria (Bombini, 1997: 137). Para luego denunciar:

> (...) equipos técnicos con la consulta de asesores académicos, a algún sector de la opinión pública, a algún sector de la docencia y una fuerte injerencia –*a posteriori* y por fuera de la ley– de la iglesia católica, llevaron y están llevando adelante el Programa de Contenidos Básicos Comunes (...) [y que no explicitan] cómo incorporan o cómo buscan o cómo intentan incorporar a la diversidad de sujetos posibles históricos y sociales que se acercan o que no se acercan a la escuela, cómo piensan o cómo pensarán estos contenidos básicos, estos currículum, estas políticas educativas, estos proyectos de país, la inclusión de esos sujetos –los que ya están, los que ya no están y los que nunca estuvieron en el sistema educativo– (Bombini, 1997: 139).

Como ya analicé previamente, las preguntas por los sujetos y los contextos sociales y culturales se irán desarrollando en la didáctica de la lengua y la literatura desde su llamada perspectiva sociocultural y, en términos de políticas educativas, encontrará desde los años dos mil la posibilidad de ser base de sus distintos planes de lectura. Por lo tanto, se presentó como una línea en disputa con la perspectiva de los CBC (1995) en cuanto el dominio de la lectura, a sus conceptualizaciones como nuevo objeto de la enseñanza de la lengua y la literatura en la reconfigurada disciplina escolar. Por eso, en otros trabajos que también intentan reconstruir la historia reciente de la lectura en nuestro país, y que ya cité, se opera desde otra interpretación del binomio dictadura/democracia. Así, polemizan esas discusiones sobre la comprensión lectora que dieron las acciones de los planes de lectura al afirmar que "construyeron una respuesta a lo que fue la historia de la lectura previa al neoliberalismo: a la censura de la dictadura, al control disciplinador a través de la imposición de cánones y de sentidos morales y políticos. Es a esa historia a la que parecen responder estos planes". Para después reafirmar que no respondieron "al país devastado que por entonces recibían tras la crisis, sin considerar las barreras culturales que la marginación social había impuesto en la relación con la cultura escrita, como lo señalaban los discursos sobre la comprensión lectora" (Di Stefano y Pereira, 2009: 257).

Esta reinterpretación de los objetivos y fines pedagógicos de la comprensión lectora, que le asigna preocupaciones sobre la marginación social y la cultura escrita, verdaderamente no encuentra antecedentes en las voces de sus especialistas tan solo circunscripta a la renovación disciplinar que supuso el enfoque. Por el contrario, se halla en los documentos de la época que vengo revisando que las posiciones de la comprensión lectora fueron y son consecuentes con las políticas neoliberales de América Latina, es decir, con el enfoque de las competencias promovido por los organismos internacionales, mediante la asociación directa de la "marginación social y cultural", también la "pobreza" con "diferencias profundas" en cuanto a las "capacidades" para leer y escribir con las que los niños y jóvenes latinoamericanos arribarían a la escuela (Sawaya, 2008; 2010; 2016). Aunque sus detentadores y continuadores insistan en no reconocerlo u obviarlo. En definitiva, no estamos frente a una realidad *verdadera* sobre la enseñanza de la lengua y la literatura, y sus conversiones en lectura y escritura, sino que en todos los casos estamos más cerca de lo que Antonio Viñao (2002) explica como alianzas entre especialistas y reformas en las que cada quien juega y decide qué rol jugar.

Por ello, señala Antonio Camou (1999) que los últimos estudios sobre la dinámica institucional de los saberes especializados develan que es "muy difícil sostener una causalidad lineal que va de los intereses de los actores (...) a las decisiones de políticas públicas; lo que se encuentra es la mediación de circuitos de *expertise* que mientras contribuyen a configurar esos propios intereses, también inciden sobre las políticas estatales a fin de disciplinar a los agentes" (Camou, 1999: 54). Por lo tanto, en realidad, aquello que he venido denominando *perspectivas* se puede especificar más aún como *circuitos de expertise* que, cada cual y a su modo, consolidarán la imputación a una enseñanza de la lengua y la literatura decimonónica y sesentista/setentista su incapacidad de enseñar lo que en definitiva es *importante* para un sujeto formado en la democracia: leer y escribir.

2. Los circuitos de *expertise* y sus estrategias de superación de los estructuralismos

Al revisar trabajos de la historia reciente sobre las conformaciones de las disciplinas y el rol de los intelectuales en la Argentina, resulta imposible, como ya expliqué en el capítulo anterior, partir de una década u año de corte de esa década a modo de foja cero. En ese sentido, la bisagra que supone la vuelta a la democracia necesariamente debe reconstruir –siempre en los límites de los objetivos de la investigación– algunos antecedentes significativos para recuperar un relato hacia los años noventa y la primera década del dos mil que contemple la complejidad de las continuidades y las rupturas. Por ello, inicié este relato de los antecedentes en el capítulo anterior desde un *ahora* hacia un *atrás* para hallar los *momentos fuertes* que nos pueden permitir historizar las reconfiguraciones de la disciplina escolar lengua y literatura. En tal sentido, esas intervenciones de los especialistas ya citados y producidas en 1995 que construían en su propio relato de una "historia reciente" de la enseñanza de la lengua y la literatura la adjudicación al estructuralismo como "el paradigma" de la última dictadura militar, merecen una atención en particular. No solamente por la ausencia de argumentos políticos y disciplinarios concretos, o por la lectura homogeneizante que realiza de toda la década a partir de las disposiciones curriculares para el área de 1978, sino por la necesaria contextualización del estructuralismo como innovación teórica de época y construcción en la Argentina de una versión bien singular para la enseñanza de la lengua y la literatura que no resulta pertinente considerarla en un pasado acabado. Como explico más adelante, es muy problemático estudiar en los setenta cómo se fue posicionando el estructuralismo, en cuanto formación de saberes legítimos para la enseñanza de la lengua y la literatura, cuando no se aborda y distingue de los años anteriores al Golpe de 1976. En especial, porque estas miradas que orientan la significación a la asociación del estructuralismo con el autoritarismo, y de allí con la última dictadura militar, no dan cuenta de cómo se imaginaron distintas opciones desde el estructuralismo argentino que, a su vez, fueron base de líneas que hoy se consideran las formas de la enseñanza democrática de la lengua y la literatura, como el caso de los talleres de lectura y escritura diseñados en las producciones personales de María Hortensia Lacau y de Nicolás Bratosevich. También, al insistir en la escritura al modo del taller como lo hizo Bratosevich, se ofrecieron las bases en la universidad para la habilitación de otros desarrollos como el grupo Grafein, como desarrollo más adelante.

En consecuencia, en la revisión de distintas fuentes y estudios que ofrecen la posibilidad de recuperar algunos antecedentes de las transiciones teóricas de los años ochenta junto con sus debates políticos y disciplinarios, la literatura particularmente aparece como objeto en disputa. La discusión sobre los "roles políticos" de los agentes dedicados a la literatura, escritores y críticos, se redefine en los años ochenta, en el marco de los balances que los intelectuales de este campo venían realizando sobre sus maneras de entender y debatir la política como forma de gobierno de los años sesenta y setenta (De Diego, 2007). En este marco, los años de transición a la democracia son de transición, justamente, de estos debates para dichos intelectuales, quienes al asumir esta necesidad de replanteo de sus roles y vínculos con las políticas de Estado reconocen el carácter conflictivo de esos lazos sustentados en proyecciones ilusorias, "utópicas", según los ideales sesentistas y setentistas (De Diego, 2007). Los años de la transición democrática colocan a estos intelectuales en nuevas disyuntivas, como cuál sería su papel ahora en la conquistada democracia, qué discurso se debería articular al respecto. Esos balances quedarán registrados en revistas literarias y culturales, en encuentros académicos y ponencias, que ponen al ruedo nuevos núcleos temáticos sobre las discusiones entre los exiliados y los que se quedaron, los exiliados que retornan a la Argentina democrática y los que no. Lo que interesa retomar aquí es que esos debates éticos se sustentaban también en nuevas concepciones sobre la literatura y su estudio (De Diego, 2001). Es decir, sobre las polémicas respecto de qué es o debería ser una disciplina encargada de estudiar *la literatura*, qué cuerpos de saberes expertos suponía y qué operaciones de legitimación y autonomización del campo debían efectuarse para consolidar esa experticia; respecto de si este nuevo piso de experticia debía sostener relaciones con nuevas políticas de Estado o no. Como explica también Camou (1999), estas disyuntivas tenían un anclaje en cómo históricamente se venía constituyendo "la crítica ilustrada de la política", porque revelaban su carácter antagónico. Es decir, que mientras la figura del intelectual se constituye a sí misma en un "antagonista del poder", siempre encaminado por la "ética de la convicción", la política lo percibe como alguien que "pretende hacer política contra la política". Se trata de un "estilo de intervención pública que acostumbra ampararse en la crítica para eludir el compromiso con las siempre desagradables consecuencias de toda operación sobre el mundo real" (Camou, 1999: 55).

Los intelectuales y artistas ligados a la literatura serán quienes llevarán adelante estos debates y estrategias de reconstrucción del campo literario, acallados por las experiencias políticas traumáticas del pasado, el problema del exilio impuesto o autoimpuesto y las opciones éticas que supusieron y, en este marco, se podrá leer la reconversión de estos actores. Como señala De Diego (2007), los "intelectuales revolucionarios" que entendían a la literatura y sus estudios como armas de lucha política instalarán en la transición democrática una nueva concepción de la literatura que avalará el núcleo temático "comenzar de nuevo, de cero" que justificará, a su vez, nuevos cánones literarios y teóricos desligados de la controversia de una literatura estética o una literatura para la revolución. Posición que aparece reflejada en distintas fuentes que dan cuenta de esta orientación para la literatura que sostenían algunos intelectuales, profesores a cargo de la formación docente en letras de la Facultad de Filosofía y Letras de la UBA en los años previos al Golpe de 1976 y que habían llegado a formular en su propuesta de cambio de plan del año 1974.[3] Por ejemplo, en el programa de la cátedra de Teoría Literaria I, a cargo de los profesores Octavio Prenz, Hortensia Lemos y Aníbal Ford vigente en 1974, se consignan los siguientes contenidos:

I. Concepto de cultura. Definición de objeto literario.
II. Consideración de modelos de análisis literario: el formalismo ruso, el estructuralismo, el grupo de Tel Quel; la crítica psicoanalítica y la crítica arquetípica; la crítica sociológica, política, histórica: la relación literatura y sociedad, la crítica marxista, sociología de la literatura (autor y público).
III. Literatura nacional y popular.
IV. Valoración de los modelos de análisis que resultan útiles para el estudio literario en el Tercer Mundo.

El profesor Ford explica en la presentación del programa a sus estudiantes que, por un lado, fue modificado ya que el curso no se constituía solo de estudiantes de letras, sino también de historia e historia del arte. Por ello, explica Ford "hemos limitado el campo específico, referente a la literatura y hemos aumentado lo referente a la cultura". Pero por otro lado, continúa, los cambios se deben "al rol que juegan los procesos culturales en la formación de una conciencia social –de clase, de nación– frente a la tradicional utilización en la historia social de la literatura" (Ford en Tribó, 2011: 7).

Asimismo, los contenidos del programa oficial de la cátedra de Literatura Argentina I (1975), a cargo del profesor Guillermo Ara, "presentaban recorridos cercanos al área de las ciencias sociales, ofreciendo como eje del programa una colección de cuentos de autores argentinos del interior del país, poco editados, cuya actividad literaria se ubica con posterioridad a 1950 y particularmente los 60 en adelante". Se trataban de cuentos de escritores de las provincias del interior del país, a saber; "El terruño (vida jujeña)" de Daniel Ovejero (1942), "Los humildes" de Miguel Ángel Pereira (1967), "Tres novelas jujeñas" de Horacio Carrillo, "Anamaría de las cuatro palabras" de Tito Maggi (1971), "Fuego en Casabindo" de Héctor Tizón (1969) y cuentos de Daniel Moyano y Antonio Di Benedetto, entre otros, de escasa circulación por las librerías (Tribó, 2011: 7). El profesor Ara explicaba a sus estudiantes que los cuentos permitían observar muchas cuestiones: "por un lado, la materia indígena; por otro lado, la inserción hispánica, y

---

3 Romina Tribó (2011) analiza distintas fuentes ofrecidas por Alicia, egresada de la carrera de letras quien realizó sus estudios en la Facultad de Filosofía y Letras de la UBA por aquellos años. Alicia conservó sus propios apuntes de clases, que eran desgrabadas y se vendían en la facultad (de ellos provienen las citas de Aníbal Ford y Guillermo Ara), copias de programas y del proyecto de cambio de plan de la carrera. Se trata de fuentes de sumo valor para el estudio histórico de la enseñanza de la lengua y la literatura en la Argentina.

consecuentemente las crónicas coloniales. De allí pasaríamos a los cuentos costumbristas; algunos de estos cuentos llegan a ser de violenta denuncia, partiendo de la insatisfacción que ofrece el medio mismo y de los conflictos sociales y humanos". Temas como la pobreza, los abusos de autoridad y la puja de clases sociales atravesaban la colección que en los apuntes de cátedra se expresaban por medio del siguiente objetivo: "la ambición máxima de este curso consiste en lograr una diagramación literaria del país, un mapa cultural –aunque ineludiblemente fraccionado– del sentir interno y popular". Esta concepción de la literatura argentina como "sentir interno y popular" permite al profesor Ara justificar en sus clases "que no toda la literatura argentina nos refleja (…). Es decir, no llega a representarnos en totalidad". Por esta razón, autores como Borges y Cortázar ocupaban un lugar mínimo en su programa (Ara en Tribó, 2011: 7-8).

Igualmente, la opción por una "literatura estética" (De Diego, 2001) se irá imponiendo en la formación en letras y hará a la reubicación académica de estos intelectuales por la que irán consolidando el presupuesto de una literatura que no debe concebirse en términos miméticos con la realidad política y social y que, por ende, las preguntas sobre su función social, política e ideológica ya no serán pertinentes, pues atentarán contra la especificidad literaria. En realidad, se trata de una tendencia que se irá consolidando desde Buenos Aires y el Centro del país. Porque, en uno de los pocos trabajos de caso que tenemos, al menos a disposición, que aborda a los intelectuales y sus posicionamientos sobre la literatura para estudiar cómo impactaron en la formación docente (en parte del período aquí indagado), Patricia Bustamante (2008) analiza otras transiciones teóricas más en sintonía con la mirada de Aníbal Ford de 1974, producidas en el norte de Argentina y distintas a esa orientación del Centro. Al estudiar el enfoque que asumía la enseñanza de la literatura en la educación de adultos en Salta –en el lapso 1986-1991–, la autora señala que se halla actualmente "una línea de reapropiación y adaptación del proyecto setentista" llamada "epistemología fronteriza" con antecedentes políticos y disciplinarios en los sesenta y setenta respecto del proyecto de una "teoría de la literatura latinoamericana". Los trabajos de Fernández Retamar y sus relecturas de pensadores como Cornejo Polar en línea con la teoría de la heterogeneidad cultural, también los de Mignolo, Kaliman y Palermo, permitieron fundamentar una posición propia respecto de "la coexistencia de literaturas situadas en el conflictivo cruce de sociedades y culturas", la "denuncia del colonialismo en las categorías de pensamiento", en procura de "resistirlo". Esta posición respecto de los estudios críticos literarios sigue presentándose como "una línea sostenida de investigación y formación dentro de la carrera de letras" (Bustamante, 2008: 88-89).

Si aún para los años sesenta la formación literaria presentaba proyectos de construcción interdisciplinaria (lo mismo algunas de sus continuidades como el caso de la Universidad Nacional de Salta), para la transición democrática los nuevos estudios sobre la lengua y la literatura producidos particularmente en Francia coadyuvarán a la consolidación en las universidades de dos especialidades: estudios lingüísticos o lingüística y teoría y crítica literaria. Cuestión que ya se anticipaba en el cambio de plan de estudios de la Universidad de Buenos Aires para la carrera de letras de 1974, en el que se aprecia la convivencia de asignaturas como Teoría Literaria I y II, Semiología general y Lingüística y otras "de corte social y político con alto contenido ideológico, es decir, más en contacto con el área de Ciencias Sociales (Proyectos Político-culturales en Argentina, Historia Argentina y Latinoamericana, Medios Masivos de Comunicación)". Por último, en el plan de estudios se presentaban materias adelantadas para la época como Didáctica de la literatura y Política lingüística y enseñanza del lenguaje (Tribó, 2011: 6-7).

Al igual que Cecilia Lesgart (2003) lo señala para las carreras de ciencias sociales en su conjunto, se puede afirmar que las de letras asistieron a transiciones teóricas que remodelaron concepciones sobre la lengua y la literatura convirtiéndose en soportes argumentativos sobre la necesaria modernización de sus disciplinas. Tanto en la universidad como en la escuela, que venían relegadas por la ausencia de reformas y, en los últimos años en particular, por la última dictadura militar. De esta manera, la oposición dictadura/democracia irá tomando también los significados de *lo antiguo y lo moderno, el atraso y la modernización*. Como señala Tribó (2011), las orientaciones literarias más comprometidas con los abordajes sociales, culturales e históricos de lo local o regional que presentaba el plan de estudios de 1974 no hallaron, para los años ochenta, una continuidad o presencia relevante en las modificaciones curriculares de la carrera de letras de la Universidad de Buenos Aires. Con ello, la propuesta política ideológica que giraba en torno a la literatura –"la literatura para la revolución" en términos de De Diego (2001)–, fue desplazada u olvidada frente a la renovación disciplinaria que traía otra concepción de la literatura. La modernización, entonces, de la formación en letras tomó los caminos de la teoría y la crítica literaria modernas poniendo en discusión también si el estructuralismo aún podía sostener dicho atributo.

Sin embargo, estas historias institucionales de transiciones teóricas con sus efectos modeladores de los objetos de estudio, como hemos visto con el caso de las Universidades de Buenos Aires y Salta, también presentaron otras más personales o grupales. Para antes de 1976 existía un constante tráfico de ingresos teóricos en circuitos más privados de amistades y "conocidos", y más vinculados con la docencia más allá de las universidades.

Una suerte de biografías profesionales cruzadas que van a ser clave para las reconfiguraciones de la enseñanza de la lengua y la literatura como disciplina escolar del momento y hacia adelante en el tiempo. Algunos de sus protagonistas son figuras de publicaciones escolares que han marcado tendencias en la enseñanza de la lengua y la literatura que, de hecho, se conservan hasta nuestros días en el trabajo docente. Así lo explica Gloria Pampillo a propósito del lugar privilegiado que van a ir logrando los talleres de escritura en la Argentina como entramado teórico-práctico específico.

El relato de Pampillo se origina en 1973 con los talleres de Nicolás Bratosevich a los que asistió y que recuerda como "buena experiencia", pero más "tradicional" para dar cuenta de la conformación de Grafein, grupo que conoció "a través de los talleres de Daniel Samoilovich". El grupo, que se estaba conformando de manera "independiente" había tenido un proyecto previo ideado por Noé Jitrik y Josefina Ludmer desde la cátedra de Literatura Hispanoamericana de la Facultad de Filosofía y Letras de la Universidad de Buenos Aires. No obstante, sigue Pampillo, a causa de la cantidad de estudiantes decidieron llevarlo a cabo por fuera de la facultad con Mario Tobelem, ayudante de la cátedra, y el ya mencionado Samoilovich que no estaba en la carrera pero que escribía al estilo vanguardista. Los integrantes del grupo que menciona son Cristina Santiago, Maite Alvarado, Mari Carmen Rodríguez, Silvia Kohan y Susana Kosh y explica que "la idea de Grafein era hacer un taller para todos, un taller de escritura: no un taller literario" (Pampillo en Seoane, 2005: 51-54). En palabras de Pampillo "ahí se les cruza la teoría literaria de ese momento", y enumera "el posestructuralismo (el grupo de críticos y escritores franceses), Tel Quel, (Julia) Kristeva, (Roland) Barthes, la producción desde la palabra". Respecto de las consignas, dice, muchas "vienen de los juegos surrealistas, como los 'cadáveres exquisitos'. Otras por ejemplo de Raymond Queneau (…) y después Ou Li Po (Ouvroir de Littérature Pontentielle: Taller de Literatura Potencial), todo un grupo de franceses de los que la gente de Grafein toma directamente juegos con el lenguaje". Con ello, "entra muchísimo lo lúdico, y lo lúdico tiene un poco esta concepción de la literatura como una combinatoria que viene del estructuralismo, pero también importa que la gente experimente y juegue con la literatura". Sin embargo, Pampillo cuenta que ese juego no era tan libre sino que "en realidad aunque te dijeran que no había valoración, de hecho, había algo implícito que tendía a un tipo de texto que no era el tradicional ni la escritura tradicional, sino que eran historias que se iban rompiendo o que daban vueltas o que iban derivando" (Pampillo en Seoane, 2005: 51-54). Por lo tanto, el grupo Grafein propiciaba una orientación particular de la literatura cuya concepción de base se oponía a lo tradicional entendido como el relato lineal, ya que las historias que valoraban debían ser de ruptura, aquellas que "daban vueltas o iban derivando". En todo caso, su idea de experimentación lúdica, que Pampillo reconoce relacionada con el estructuralismo en cuanto su idea de literatura como combinatoria, era controlada a través de la espera de un cierto tipo de escritura y no otra. Esta orientación que claramente puede llamarse didáctica, aunque el grupo y sus adeptos nunca utilicen este nombre para sus propuestas, comporta una de las tensiones del trabajo docente bien ligada a las producciones de los estudiantes, ya que no prevé o acepta historias que "no den vueltas". Vuelvo sobre este problema más adelante.

Después del Golpe de Estado de 1976, Pampillo viaja a España donde se hace amiga de Ana Pelegrín. Se trata de las estrechas relaciones entre la perspectiva de los talleres de escritura y la literatura infantil y juvenil, campo de actuación profesional que también va a ir conjugando participaciones de escritores e intelectuales y especialistas que cada vez va a cobrar más notoriedad en las orientaciones sobre la enseñanza de la literatura hasta hoy.

Justamente otro grupo de época es el de Nicolás Bratosevich, primer maestro de Gloria Pampillo. En su propia entrevista Bratosevich cuenta cómo trabajaban en los años sesenta y setenta con Ana María Barrenechea y Ofelia Kovacci; Mabel Rosetti y María Hortensia Lacau y cuáles eran sus propias fuentes teóricas. Bratosevich remonta los orígenes de estos vínculos al hecho de que Ana María Barrenechea, a quien conocía desde el Instituto Superior Joaquín V. González, tuvo a cargo las cátedras de Gramática y Teoría Literaria en la Facultad de Filosofía y Letras de la Universidad de Buenos Aires y que él fue docente de las dos. En ellas trabajaron con "las técnicas estructuralistas" e intentaron a través de los libros de texto de Lacau y Rosetti "llevar eso no solamente a la enseñanza superior, sino a la enseñanza secundaria y primaria". Dice Bratosevich que, en realidad, apostaron a construir una "teoría sobre la gramática estructural en la escuela", tanto primaria como secundaria. Agrega que las gramáticas para la escuela secundaria de Ofelia Kovacci, que también participaba del grupo, y la suya, fueron distintas. Por ello, continúa Bratosevich con el relato del trabajo diferenciado que realizaba en las cátedras de la facultad, con Barrenechea, y la "tarea de publicación de manuales [que] era independiente", es decir que cada uno la desarrollaba por su lado. De este modo, insiste en señalar que sus manuales para la enseñanza secundaria eran distintos pues supusieron distintas resoluciones del estructuralismo efectuadas por cada autor según su "criterio" (Kovacci, Lacau-Rosetti y él). Por lo tanto, afirma Bratosevich "que lo que había eran estructuralismos –en plural, porque eran varios (...) por un lado, lo puramente lingüístico, o también lo lingüístico literario–". Respecto de las fuentes teóricas, señala que "eran muy heterogéneas entre sí, una evidente, la del lingüista suizo Saussure, pero otra del ruso Jakobson, otra del danés Hjelmslev, otra del búlgaro francés Todorov, en su etapa primera" (Bratosevich en Silva, 2008: 47-48).

Estos climas de ideas y transiciones teóricas articulados en proyectos que intentarán trascender el espacio de la formación superior, como a su manera Pampillo y Bratosevich lo cuentan, hacen también a los antecedentes de las renovaciones disciplinarias de la democracia, cuyas construcciones teórico-prácticas particulares no van a ser llevadas a las políticas educativas únicamente producidas "desde" el Estado. Esos *estructuralismos* que señala Bratosevich incidieron en la reconfiguración de la disciplina escolar lengua y literatura de la mano de los circuitos de *expertise* ubicados en instituciones estratégicas para la época, como la Universidad de Buenos Aires y el Profesorado Joaquín V. González, pero también, y especialmente, a través de su presencia en una industria editorial escolar que, sobre todo, en los años sesenta se va a convertir en el reaseguro de saberes y propuestas didácticas. Un caso paradigmático de este proceso es la ampliación y renovación del canon escolar que significó la colección Grandes Obras de la Literatura Universal (GOLU) de la editorial Kapelusz creada por Lacau en el año 1953 y que continúa hasta la fecha (Piacenza, 2015). GOLU capitalizó para su propuesta el *boom* de los años sesenta que trascendía el ámbito académico y escolar, y marcó un antes y un después en este sentido. La colección no significó tan solo una ampliación del canon escolar producida por una mirada hacia las operaciones legitimadas y legitimizantes de la crítica argentina del momento, sino además, un proyecto de formación de lectores que, aunque no provino de los mandatos estatales, reconfiguró las maneras de enseñar literatura en la escuela media argentina (Piacenza, 2001; 2015). Maneras de enseñar literatura que también se refractaron en la formación docente y que, encastradas en las orientaciones didácticas construidas desde el vínculo universidad-industria editorial, son constitutivas de las reconfiguraciones de la disciplina escolar. Por ejemplo, la "lectura del análisis" es muchas veces referida por los docentes y caracterizada como aquella que garantiza la comprensión de los textos. Esa lectura del análisis, cuyos modelos siguen siendo brindados por los libros de texto para el área y las propuestas didácticas que acompañan las colecciones escolares, por lo general solicita distintas descripciones o clasificaciones de elementos constitutivos particularmente de cuentos, novelas (Massarella, 2017). Dichas descripciones y clasificaciones se pueden lograr intercalando las preguntas por lo que quiso decir el autor, por los narradores y puntos de vista o focalizadores, por el nivel de lengua o las secuencias dialogales. Vuelvo sobre ello más adelante.

Para el caso específico de la enseñanza de la lengua, los manuales escolares de Lacau y Rosetti también van a señalar un quiebre con la "antigua gramática" que se enseñaba en las escuelas. En palabras de Bratosevich:

> Bueno, nosotros sentíamos que lo que heredábamos, que lo que se pretendía heredar –que no lo hacíamos– de lo anterior, era ñoño, ya era para nosotros poco convincente; la mejor buena voluntad que hayan tenido los gramáticos anteriores y los críticos o teóricos literarios anteriores, todo eso nos resultaba un poco facilongo, ¿no?, y entonces, sentíamos que necesitábamos renovar unos criterios nuevos, que a su vez, fueron renovados por lingüísticas y teorías del discurso más modernos (Bratosevich en Silva, 2008: 49).

Dejar atrás lo "noño y facilongo" significaba en realidad un momento inaugural respecto de la articulación de nuevas teorías en la construcción de un enfoque para la enseñanza de la lengua que, no obstante las posteriores revisiones críticas al estructuralismo particularmente por su aplicacionismo, debe ser leído en ese contexto epistemológico histórico tanto por la innovación científica que supuso, como por la claridad respecto de su sentido y lugar disciplinar, y de sus objetivos didácticos (Riestra, 2008: 74-75).

En esos años es la industria editorial escolar la que potencia las conformaciones de estos cuerpos de saberes que los intelectuales y especialistas desarrollaban en la academia. Se trata, como señalaba con Camou (1999), de antecedentes en cuanto a la habilitación de ciertos circuitos de *expertise* y no de otros –por ejemplo los truncados del plan de estudios de la UBA de 1974– que darán contenido disciplinar a esas políticas de los años noventa, por ejemplo, la impronta del aplicacionismo lingüístico como garante de cientificidad que se mantendrá casi inalterada. Además, muestran una historia compleja de continuidades, cortes y encastres de perspectivas que hacen al estado actual de la disciplina escolar lengua y literatura. Circuitos que asimismo tenían el anclaje probatorio de sus desarrollos didácticos en la formación docente por fuera del ámbito universitario, en las propias escuelas secundarias y primarias. En este sentido, interesa volver al relato de Gloria Pampillo cuando cuenta que sus inicios en Grafein coincidieron con sus primeros pasos en la docencia secundaria y, azarosamente, primaria. Así, en el espacio curricular llamado la "hora de redacción", comienza a trabajar con consignas de Grafein convirtiéndolo en un "taller de escritura" para chicos, "en vez de redacción o composición". Sigue narrando Pampillo que la experiencia resultó muy positiva y que a la asesora del colegio, justamente Mabel Manacorda de Rosetti "le gustó mucho lo que hice; era una mujer amplísima". De allí, que Rosetti la alentara con la publicación de su primer libro *El taller de escritura*[4] en la colección que dirigía en la editorial Plus Ultra (Pampillo en Seoane, 2005: 53-54).

Como ya expuse a propósito de la entrevista a Bratosevich, Mabel Rosetti y María Hortensia Lacau serán piezas clave en cuanto a los cruces de los circuitos de *expertise* en los espacios de la edición escolar, la formación docente y la práctica profesional en las escuelas primarias y secundarias de los años setenta. Recuerda Bratosevich que el grupo, junto con Barrenechea, desarrollaba una actividad complementaria, a veces sin honorarios, que consistía en dictar cursillos en distintas instituciones "o sea que no eran solamente los manuales, no era solamente predicar buena gramática y buena literatura en la facultad, era salir casi digamos, a la calle, porque de repente dábamos un curso en un club" (Bratosevich en Silva, 2008: 50). La entrevistadora (Ana Silva) le rememora uno de esos cursos dictado en 1974 en la editorial Kapelusz junto con Rosetti. Bratosevich dice no recordarlo porque él no había publicado en esa editorial. A partir de estos recuerdos difusos para Bratosevich se lo consulta respecto de cómo había ideado sus propios manuales a lo que responde "enfrentando la necesidad de que lo que habíamos estado haciendo en la universidad, se pudiera llevar a nuestros colegas de enseñanza primaria y secundaria". Y agrega "sin orgullo de mi parte, lo hicimos bastante bien por la respuesta que nos daba la gente, en forma bastante eficaz, (…) lo que buscábamos era expandir eso que nos convencía en aquella época" (Bratosevich en Silva, 2008: 50-51).[5]

Por su parte, María Hortensia Lacau, autora de *Didáctica de la lectura creadora*, también integra estas biografías de proyectos profesionales (y personales) que hablan de los antecedentes de las reconfiguraciones de la enseñanza de la lengua y la literatura en enseñanza de la lectura y la escritura. Lacau en ese trabajo diseña una especie de teoría de la lectura legitimándose a través de su experiencia como docente de literatura en el marco de un proyecto efectuado:

---

4   Se trata de Gloria Pampillo (1982). *El taller de escritura*. Buenos Aires, Plus Ultra.

5   Respecto de la difusión del enfoque estructuralista para la enseñanza de la lengua y la literatura, construido por su grupo de trabajo, señala Barrenechea: "Y en eso también he intervenido muy a menudo dando cursillos o series de clases para poner al día ciertos problemas de la enseñanza de la lengua o de la literatura en los distintos niveles. También intervine en los cambios de programa a nivel terciario y en la universidad. (…) Otra de las cosas que me ha importado también es que, aunque yo no escribiera libros que fueran manuales, he estado siempre en contacto con personas que hacían investigaciones sobre esos aspectos y que, además, después producían también, manuales que introducían las novedades. Y eso produjo un cambio muy grande en la enseñanza y fue reconocido como una característica especial de la Argentina. De manera que sí, hubo mucha difusión" (Barrenechea en Bombini, 2001a: 42).

(...) durante la década del 60 en diferentes escuelas secundarias de la ciudad de Buenos Aires, principalmente en la Escuela Nacional de Comercio "Manuel Belgrano", la Escuela Normal n°4 "Estanislao Zeballos", el Colegio Nacional de Buenos Aires, y La Escuela Nacional "Carlos Pellegrini" (Lacau, 1966:12). El libro tuvo gran alcance en la comunidad docente y se encargó de difundir una versión didáctica particular del estructuralismo literario en la escuela secundaria argentina (Massarella, 2017: 20).

Esto significa para la autora, como conocedora de la "sensibilidad" adolescente y de un estado de las cosas escolar responsable de las dificultades para acercar a los jóvenes a la literatura. Lacau postula que ellos deben "comprometerse" con la obra que leen, "entrar" en ella para lograr su lectura "profunda". A partir de estos principios, Lacau despliega el comentario de su metodología mediante la transcripción de experiencias de clase. No interesa en este momento desarrollar un análisis de todo el trabajo de Lacau,[6] sino destacar que postula a un joven estudiante lector "desvalido" que transita de manera problemática su camino hacia la adultez y que necesita "ser guiado por la vida". La lectura será la vía para encaminar a estos alumnos "sin rumbo claro" y para transmitirles las "esencias" y "los valores humanos". Si los jóvenes en sus diversos trabajos enmarcados en la lectura creadora daban cuenta de esos valores y esa sensibilidad, para Lacau, habrían logrado "la pasión" necesaria para ser "más humanos"[7] (Cuesta, 2003: 58-63). Se trata de un entramado conceptual sobre la lectura que debía propiciar la enseñanza de la literatura más que complejo, ya que conjuga significados de la tradición humanista liberal, con existencialistas y de una psicología de la adolescencia, con principios del análisis estructural literario cuando se estudian las propuestas para el aula en sí (Cuesta, 2003: 61-63). Aún más complejo de desanudar resulta el cruce teórico de las propuestas de lectura de sus manuales, ya que dan cuenta de la continuidad de conocimientos estilísticos

---

6   Sí retomo algunos de sus principios en los siguientes capítulos, ya que este panorama de las diversas versiones del estructuralismo muestra continuidades de una concepción actual de la literatura como garante de la cultura entendida como "construcción de subjetividades" de los jóvenes y, por ello, protectora de sus sensibilidades que se debe enlazar con las ideologías liberales de finales del siglo XIX (Cuesta, 2003) y sus actualizaciones, insisto, hasta el presente. Para un análisis pormenorizado de las relaciones entre GOLU (Kapelusz) respecto de sus ampliaciones del canon escolar y la *Didáctica de la lectura creadora* (Lacau, 1966) cf. Piacenza, 2015.

7   Dice Lacau: "Ese es el justo término: apasionada. No bien descubrían [los alumnos] lo que cada uno de ellos y su respectivo libro podían dar en asociación cálida, llena de latidos y sugerencias, el trabajo nacido como ocupación escolar se transformaba en práctica de vida, en un 'expresarse', con todo lo que el término encierra de existencial y también de lingüístico" (Lacau, 1966: 51).

e historiográficos que ponen en relación con diversas categorías de distintos modelos de análisis estructuralistas literarios y también lingüísticos. Por ejemplo, en *Castellano 3*, de Lacau y Rosetti (1962), se indica la ficha general para el comentario de una poesía:

> I. Datos externos: *Datos bibliográficos*: título, autor, edición, fecha. *El autor*: vida, obras, época y movimiento o escuela a la que perteneció. Datos informativos para interpretar el texto: detalles de la vida del autor, características de la época que influyen en la obra.
> II. La obra en sí: *Interpretación*: Vocabulario integrado en el texto. Esquema de contenido. Título, tema, motivo, tópicos. Comentario literario: *El autor en la obra*: intención, actitud, posición, punto de vista. *El lector en la obra*: apelación, intervención, oyente real, oyente distinto del real. La realidad representada: hechos, personajes, sentimientos, lugar, tiempo, objetos. *Recursos técnicos*: Distribución externa: verso, estrofa, metro, etc. Esquema de contenido: vinculado con la estructura de la obra. *Modos literarios*: narración, descripción, etc. *Lenguaje*: recursos sintácticos, morfológicos, semánticos y léxicos, fónicos, tipos y niveles de lengua, rasgos de la escuela literaria a la que pertenece y su tratamiento en la obra (Lacau y Rosetti, 1962: 45 en Tribó, 2011: 5).

Claramente, la poesía es lengua y literatura a la vez para estas propuestas didácticas particulares de los especialistas argentinos agrupados en las cátedras de Gramática e Introducción a la Literatura de la Universidad de Buenos Aires de los años sesenta y setenta. Se trata de un perfil caracterizado por sus trayectorias profesionales colectivas e individuales y que han singularizado sus producciones teóricas y didácticas tal como las conocemos hasta la actualidad. Al respecto, Ana María Barrenechea relata cómo desarrolla al mismo tiempo la docencia y la investigación, primero en el instituto del profesorado de nivel secundario y luego en la universidad. Allí, se encuentra dictando clases en la cátedra de Gramática sobre "las ideas fundamentales o centrales de una organización de categorías gramaticales y de acercamiento a la lengua, basado fundamentalmente en ese momento en el estructuralismo y en un sistema de trabajo funcional con las categorías". Luego, le proponen la cátedra de Introducción a la literatura y la asume. De esta forma, se halla trabajando en ambos espacios curriculares de la carrera de letras de la Universidad de Buenos Aires. Al respecto, explica Barrenechea que una de sus:

> (...) preocupaciones fue introducir en la cátedra de Gramática, una manera personal que estaba inspirada en lo que sería el estructuralismo lingüístico. Me interesa marcar que era una elaboración de esas ideas, no era la copia en bruto de ellas, sino que

se trataba de encontrar, destacar o desarrollar lo que me parecía interesante, que podía dar motivo a otras aplicaciones personales (Barrenechea en Bombini, 2001a: 38).

Asimismo, destaca que "eso lo hacía también en la cátedra de Literatura y lo interesante, me parece a mí, para la cátedra de Literatura es que trabajaba desde las dos puntas". Una punta, era para Barrenechea su trabajo "desde el enfoque teórico que iba tratando de afinar cada vez mejor y avanzando como digo, con sugerencia de otros críticos"; la otra, la incorporación "en los programas que se desarrollaban de autores que antes no habían entrado en ese tipo de cátedras y que abarcaban una gama muy amplia" (Barrenechea en Bombini, 2001a: 38-39).

Ese "estar en dos puntas" que señala Barrenechea, aunque de otro modo, se aprecia en la "Ficha general para el comentario de una poesía", de Lacau y Rosetti con la noción de "estructura" que será clave en la enseñanza de la lengua y la literatura y uno de los saberes estructuralistas que, por excelencia, persistirá en sus reconfiguraciones posteriores y hasta hoy. Así lo explica Bratosevich dando cuenta de ese interés del grupo por sus elaboraciones personales sobre los aportes de los estructuralismos. Como ya lo he citado, luego de señalar que los manuales de Kovacci, Lacau y Rosetti, y los suyos presentan diferencias de "criterios", expone "que lo que había eran estructuralismos —en plural, porque eran varios—, por un lado, lo puramente lingüístico, o también lo lingüístico literario". Y pasa a enumerar algunos de sus rasgos: "se trabajó también con unidades que se delimitan por lo que no son las otras unidades del mismo nivel; este elemento gramatical o este elemento literario se reconoce por lo que no tiene de los otros, negativamente, y además por la relación de esas unidades lingüísticas o literarias con el todo". La distinción que sus estructuralismos presentaban respecto de otros, de otras versiones posibles radicaba en ese concepto del "todo". Dice Bratosevich que "Ese todo, la totalidad, es lo que algunos han llamado *sistema*, y lo que otros —nosotros, por entonces— llamamos *estructura*". Y agrega que lo hacían "en la relación *código y mensaje*, o entre lo *denotativo*, o sea, lo referencial, con lo *connotativo*, con la sugerencia por evocación. De manera que era bastante rico el aporte que se podía aprovechar de toda esa herencia" (Bratosevich en Silva, 2008: 48).

En resumen, desde los años posteriores al advenimiento de la democracia como fecha ordenadora de una cronología compleja, que necesariamente debe retomarse desde los años sesenta y setenta, se van constituyendo nuevas zonas disciplinarias que institucionalizarán, por lo menos, una reconfiguración que sí puede denominarse un cambio sustancial en la historia de la conformación de los saberes de la enseñanza de la lengua y la literatura en Argentina. Este cambio, llegada la democracia, será apuntalado progresivamente, primero, vía el Estado a través de la universidad pública y las carreras de letras por medio de la incorporación de materias a los planes de estudio dedicadas a la formación en los estudios lingüísticos, por un lado, y literarios, por otro. Segundo, por una prolífica producción de manuales y colecciones literarias escolares que encastrarán algunos núcleos temáticos de las tradiciones sesentistas y setentistas, tanto de los estructuralismos "duros" como las orientadas a la sensibilidad estética, o a la creatividad y la escritura. Y lo harán reconfiguradas en las delimitaciones de campos de conocimientos diferenciados: lingüística, teoría y crítica literarias, literaturas y lenguas clásicas, literaturas modernas y demás. Los cambios de planes de estudio de las carreras de letras efectuados en la Facultad de Filosofía y Letras de la Universidad de Buenos Aires y en la Facultad de Humanidades y Ciencias de la Educación de la Universidad Nacional de La Plata (UNLP) hacia mediados de los años ochenta resultan representativos de estas reconfiguraciones. Se puede plantear de manera tentativa que sobre todo el de la UBA resultará modélico para los cambios de planes que al mismo tiempo, o luego, se fueron sucediendo en otras universidades nacionales y también en los institutos de formación docente después de la reforma de 1993. Tentativa que puede validarse, en principio, a través de un recorrido por las distintas páginas web de estas instituciones en las que se hallan sus planes de estudio en los que además se pueden reconocer diferentes orientaciones teóricas que recortan, a su manera, a cada disciplina vuelta asignatura según los criterios de sus equipos de docentes e investigadores. Por ejemplo, se pueden hallar materias como psicolingüística, sociolingüística, entre otras, cuestión que hasta la actualidad se acompaña con las ofertas de posgrado y los centros de estudios (Cuesta, 2011: 169).

Como señalan Neiburg y Plotkin:

> Cuando hablamos de "Estado", en realidad nos referimos a un espacio de agentes sociales y de instituciones con intereses y tradiciones no siempre compatibles entre sí, que se ha transformado en repetidas ocasiones en la Argentina (de modo tal vez diferente en el contexto latinoamericano, a los casos de Brasil y México) como resultado de cambios institucionales bruscos, que redefinen organigramas, funciones y carreras. De la misma manera cuando mencionamos al mundo académico en realidad aludimos a un universo cambiante y también fragmentado, un mundo fuertemente ligado a la política y a los propios conflictos en el ámbito estatal, sujeto a los violentos cambios institucionales que atravesaron la historia nacional (Neiburg y Plotkin, 2004: 20).

Interesa aquí esta idea de "fragmentación del espacio estatal y académico" que se explica en un doble juego de vínculos entre ellos. Por un lado, de alguna manera, la transición democrática pareció recuperar el proyecto de modernización de la universidad y, en este caso, de la carrera de letras que para el golpe militar de 1966 también había sufrido el alejamiento de varios profesores que venían desarrollando los perfiles de profesionalización académica instalando la investigación como práctica necesaria –como el caso de Ana María Barrenechea–. Por ello, los años ochenta posibilitaron un avance sobre los "límites políticos, sociales y culturales que existían en nuestro país para el despliegue de ese proceso institucional y el desarrollo de la investigación" a fines de los años sesenta (Suasnábar y Palamidessi, 2007: 14). Así lo explica la propia Barrenechea, cuya historia profesional da cuenta de esos límites para el desarrollo de las instituciones y el trabajo de investigación que significó, en sus palabras "la fractura de Onganía" en 1966. Luego de diez años en Estados Unidos, Barrenechea relata que regresa con su doctorado ya realizado y retorna "a la facultad ya no para enseñar pero sí para trabajar en la organización, para realizar mi labor de investigación en el Instituto de Filología, que volví a dirigir. Me parece que exactamente la dirección del instituto empezó en 1985, aunque antes trabajé algo en esas otras tareas de organización como el cambio de planes de estudio, entre otras" (Barrenechea en Bombini, 2001a: 40-41).

Las otras tareas distintas a la investigación, la organización de los planes de estudio, en realidad, van a relacionarse de manera bien estrecha ya que la investigación ofrecerá las bases para la incorporación de las nuevas asignaturas, en una especie de lógica acumulativa por sobre los tradicionales espacios curriculares que hacían a las carreras de letras antes de mediados de los ochenta. Este proceso no fue privativo de letras, sino que remite a similares procesos de cambio dados en otras carreras. Es el caso de ciencias de la educación creada en la Universidad de Buenos Aires, en 1958, como reemplazo de los estudios de pedagogía cuya "conflictiva convivencia entre los nuevos temas y problemas que introducían las disciplinas especializadas y aquellos saberes y tradiciones propias", es decir "la combinación entre renovación y continuidad" se expresaban en el currículo a modo de "'cientifización híbrida' característica de este período y que no dejará de imprimir sus marcas en la evolución posterior del campo" (Suasnábar y Palamidessi, 2007: 13).

La convivencia de *lo antiguo con lo nuevo* en las carreras de letras de los años ochenta es un rasgo de época ligado "al proceso de normalización universitaria y la renovación de cuerpos de profesores que completaron el contexto" (Suasnábar y Palamidessi, 2007: 18). Normalización que se va a traducir en un currículum que entroncará para el profesorado y la licenciatura materias que incluyen nuevos saberes expertos y delimitaciones disciplinarias de los estudios literarios y lingüísticos, a saber, nuevos cortes territoriales de literaturas —como el caso de literatura latinoamericana—, crítica y teoría literaria y semiología, análisis del discurso y sociolingüística, y demás, según las variaciones de los circuitos de *expertise* que se irán desarrollando en cada unidad académica.

En el caso de los institutos de formación docente, su cantidad y variabilidad hacen que se necesite afrontar una investigación específica sobre ellos. Sí se puede señalar que hasta los años noventa fueron el lugar de conservación y legitimación *pura*, si vale el término, de la formación en letras de los años sesenta y setenta, y allí se advierte el impacto del enfoque estructuralista por medio del circuito editorial y sus políticas de difusión entre los profesores y maestros como he analizado antes. A su vez, se potenciaron como el lugar de formación de los profesores frente al de los investigadores y así diferenciaron sus matrículas y perfiles de egresados con los de la universidad. Con la exigencia de una escuela reformada en sus contenidos para el área de Lengua, los institutos tuvieron que incorporar algunas de estas renovaciones teóricas. Cuestión que conllevó —y aún se manifiesta— un complejo entramado de tradiciones de enseñanza y de formaciones de conocimientos disciplinarios actualizados para la época.

3. Entre los estructuralismos, los textualismos cognitivistas y la psicogénesis

En este mosaico complejo, que deviene de una aproximación a las reconfiguraciones de la disciplina escolar lengua y literatura, importa señalar la necesidad de recortar algunas preguntas que puedan ordenar el análisis: ¿qué efectos sobre los vínculos entre el Estado, la formación docente de grado y la escuela media (también primaria) ha tenido la consolidación de circuitos de *expertise* que van a difundir versiones del enfoque estructuralista para la enseñanza de la lengua y la literatura y así refundar los constructos lengua y literatura en los años sesenta y setenta con avales científicos, con la capacidad de ser llevados claramente en libros de texto y, a la vez, probados en las aulas?; ¿qué núcleos temáticos van a persistir?; ¿qué nuevos posicionamientos de los especialistas se van a habilitar? y ¿quiénes decidirán asumirlos entre la bisagra de los primeros años de democracia hacia los momentos previos y posteriores a la reforma de 1993?

Es probable que algunas respuestas se puedan ensayar a partir de lo que Marcelo Cavarozzi (1997) explica como agotamiento de la *Matriz Estado-Céntrica* y el surgimiento de la *sociedad de mercado*. Para el autor, el período comprendido entre 1982 y 1996 "marcó una divisoria de aguas en la historia argentina contemporánea". Si bien, considerando desde fines de los años noventa, los últimos cien años de historia argentina se caracterizan por la inestabilidad política y económica "una y otra esfera funcionaron integrativamente. Es decir, la mayoría de los argentinos y las argentinas se incorporaron material y simbólicamente a arenas colectivas que tuvieron como ingredientes sustantivos algún modo de regulación estatal y el predominio de grados significativos de consensos" (Cavarozzi, 1997: 95-96). No obstante, los años 1982 a 1996 arrojan que también "la pérdida parcial del sentido de la política. En otras palabras, paralelamente a la consolidación del régimen democrático se erosionó, en buena medida, el papel que jugaba la política en la organización y el sentido de múltiples dimensiones de la vida cotidiana de los argentinos" (Cavarozzi, 1997: 98-99).

Ana María Barrenechea, vuelve a aparecer con el relato de su trayectoria profesional como una figura de transición de esa manera particular de comprender la tarea docente y de investigación en la universidad y su sentido político. Porque, ella cuenta cómo "ha participado", "ha intervenido", "ha procurado" ofrecer una formación más allá de la compelida en reformas de programas: ella integró los procesos de lucha por el Estatuto docente y, en su relato, liga el costado político económico del mundo del trabajo docente con el mundo de los saberes disciplinarios (Barrenechea en Bombini, 2001a: 41-42). De algún modo, universidad, sistema educativo, disciplina escolar lengua y literatura, y políticas de Estado muestran en las palabras de Barrenechea un modo de pensarse como intelectual especialista progresivamente perdido hacia mediados de los noventa. Así es que la figura del intelectual para esta época se escinde de la del especialista o experto comprometido y, a la vez, protagonista del juego político y social. Proceso que tendrá sus particularidades en el campo literario de la época ya que "el triunfo de Carlos Menem en 1989 produjo un efecto de reacomodamiento: en vez de agrupar a los intelectuales en la oposición, más bien los recluyó en el ámbito de sus especialidades". En consecuencia, "se fortaleció la autonomía del campo al elevado precio de abandonar por cansancio un campo de lucha en el que solo se había experimentado el sabor de la derrota" (De Diego, 2007: 67).

Ahora bien, ¿qué otros efectos tuvo esa escisión del intelectual especialista y esa auto-reclusión de los intelectuales ligados a la literatura en la universidad y a las publicaciones académicas?, ¿y qué imaginaron como nueva participación política y social sus generaciones más jóvenes ya formadas en las divisiones disciplinarias que presentaban las renovadas carreras de letras?

Por un lado, estos efectos se observan en la posibilidad de desarrollar una didáctica de la literatura que intentará enlazar o reenlazar los estudios literarios con el recorte de problemas específicos de la enseñanza de la literatura en el nivel secundario. También intentará recolocar a la literatura frente a su desplazamiento curricular promovido por los CBC (1995) en nombre de la superación de una enseñanza de la lengua y la literatura anquilosada y, según las especialistas encargadas de su diseño, como lo analicé antes, fuertemente ligada a la educación en tiempos de dictadura. No obstante, ya para fines de los años ochenta e inicios y parte de los noventa, la revisión de los paradigmas historiográfico y estructuralista para la enseñanza de la literatura, los libros de texto, el problema del canon y la lectura, así como el lugar de la teoría literaria, mostraban una serie de desarrollos especializados, aunque incipientes, desde la docencia e investigación en letras.[8] Desarrollos que intentaron operar sobre una vacancia que, ya fuese por omisión, por incomodidad o desacuerdos, otros especialistas en literatura no estaban interesados en asumir desde la construcción de una figura de experto en enseñanza de la literatura.[9]

Estas líneas de la didáctica de la literatura comenzaban a hacerse visibles a partir de una mirada de revisión crítica de la enseñanza de la literatura en la escuela media que daba cuenta de la situación pre-reforma y reforma de 1993. De un modo relativamente similar al de Barrenechea, Bratosevich y Lacau (particularmente esta última), también estos especialistas de los años noventa recurrirán a su propia práctica profesional pero, más bien, para entablar las polémicas (y por momentos denuncias) que estudié en el capítulo uno, a propósito de los debates entre las didácticas con sus características epistemológicas corporativas. No obstante, son polémicas o denuncias ahora precisadas en las discusiones teóricas sobre qué conocimientos disciplinarios le eran propios a la literatura en términos de su especificidad y que los CBC (1995) no estaban incluyendo, o lo hacían desde un lugar sin jerarquía respecto de los enfoques lingüísticos utilizados. Por ello, Beatriz Actis (1998) inicia su libro *Literatura y escuela* señalando que "a través de mi práctica como docente de enseñanza media y en la instancia actual de transición hacia el Polimodal, observo una especie de *dubitación y de falta de certezas* a la hora

---

8   Varios de estos desarrollos se encuentran en los trabajos de la época de Gustavo Bombini (1995). *Otras tramas. Sobre la enseñanza de la lengua y la literatura*. Rosario, Homo Sapiens; "Didáctica de la literatura y teoría: apuntes sobre la historia de una deuda", *Orbis Tertius*, Año I, N° 2/3, 1996, pp. 211-218 y "Otras literaturas/otras culturas: un problema pedagógico", *Textos*, Año III, N° 9, 1996, pp. 91-106; "Peregrina y extranjera. Sobre literatura y escuela". *Versiones*. N.° 9, 1998, pp. 76-80. También, Gustavo Bombini y Claudia López (1994). *El lugar de los pactos. Sobre la literatura*. Buenos Aires, Univ. de Buenos Aires.

9   Para una profundización de estos debates sobre la enseñabilidad, o no, de la literatura y que ya he presentado en el capítulo anterior, cf. Gerbaudo (2006); Cuesta (2003; 2011).

de encarar el desarrollo del contenido 'literatura' e, incluso, una cierta descalificación del mismo". Así, recuerda que esta situación se asemeja a cuando "los docentes formados masivamente en la concepción estructuralista (o incluso anteriores) debimos enfrentar el período de transición hacia la aplicación de lo que se ha dado en llamar genéricamente 'el enfoque comunicativo'" (Actis, 1998: 11). En realidad, para el año de publicación del libro, 1998, esta transición aún se estaba gestando como ya observé a propósito de *Zona Educativa* (1999) en el capítulo anterior. Seguramente por ello, Actis pasa inmediatamente a un presente de la enunciación para focalizar en la situación de la enseñanza de la literatura de finales de los noventa. Dice la autora:

> (…) circula una especie de mandato implícito en ciertas bibliografías, en ciertos cursos, en ciertos documentos oficiales, e incluso en ciertos paradigmas lingüísticos que parecen regir las prácticas, según el cual: o bien hay que restringir (o incluso excluir) a la literatura del currículum, o bien hay que incluirla dentro del mismo pero ocupando un espacio muy acotado, como un discurso más, junto con otros, y disputando su lugar en el "todo comunicativo", sin atender a sus especificidades (Actis, 1998: 11).

Este estado de situación de la literatura digamos, asfixiada por el enfoque comunicativo y con ello, sometida a su pérdida de identidad es denunciado en los siguientes términos: "hemos llegado a un punto en el que a esto hay que demostrarlo, sobre todo ante el avance de ciertas prácticas pedagógicas que llamaré genéricamente 'homogeneizadoras'. En definitiva, se trata del peligro, en estos tiempos de cambios, de que se produzca el cercenamiento del espacio curricular de la literatura" (Actis, 1998:12).

Estos debates propios de la didáctica de la literatura, para antes y en simultáneo con la reforma educativa de los años noventa, resituaban la polémica sobre la especificidad literaria hacia el interior de la enseñanza de la literatura. Los todavía autollamados intelectuales, especialistas en literatura, se situaron en la franja de la investigación en las universidades y en la producción crítica de revistas especializadas, como el caso paradigmático de *Punto de vista*. Los lingüistas también, pero, además, comenzaron a transitar el diseño de políticas de Estado, pues lograban brindar lo que los primeros no: un cuerpo de saberes expertos y positivos que podía justificar evaluaciones y reformas curriculares para la enseñanza formal de la lengua y la literatura a la luz de la reapertura del debate educativo dado para 1983. En tanto, la renovación que demandaba el pasaje de un régimen autoritario a otro democrático tenía al sistema educativo como representativo, hasta el momento, de ese orden por superar; los intelectuales ligados a la literatura que habían explicitado su alejamiento de toda discusión sobre la organización del nuevo

Estado y sus políticas se habían condenado a ser percibidos como figuras inviables para los procesos tecno-burocráticos que se debían llevar adelante (Brunner, 1996: 109). Si bien las *Fuentes para la transformación curricular* como documento de consulta a especialistas para la elaboración de los CBC (1995) reconocía una experticia en temas de literatura, literatura infantil y juvenil, y enseñanza de la literatura,[10] las perspectivas del textualismo cognitivista entrecruzadas con la psicogénesis y la potencia del enfoque comunicativo que legitimaban y hacían suyos los organismos internacionales se impondrán en el diseño de los contenidos. Porque, además, desde el monopolio de las editoriales españolas ya instaladas en nuestro país se ofrecían libros de texto y libros para los docentes como su apoyatura. Mientras tanto, los diagnósticos sobre la enseñanza de la literatura en la escuela media proseguían asumiendo ese tono de la fatalidad frente al avance de las perspectivas antes señaladas. Así, "la crisis del paradigma historiográfico" será constantemente referida como característica de los años ochenta para afirmar:

> Ni siquiera la teoría literaria en su versión más ortodoxa de "cajón de herramientas" proveedor de "modelos de análisis", como podrían haber sido algunas aplicaciones del estructuralismo, llegó a incidir en las prácticas de enseñanza. (…) [Tampoco] aquellas líneas de trabajo provenientes de los talleres de escritura que, al tomar el texto literario como pretexto para la producción o como texto-producto al texto literario, estarían postulando un trabajo de lectura y escritura con la literatura (…) [porque] no alcanzaron una repercusión generalizada ni fueron comprendidas como una alternativa de tipo activa para la enseñanza literaria. Se trata entonces de un escenario devastado en cuanto a la ausencia de un paradigma teórico sustitutivo de la decadente historia literaria, a la vez que poco productivo en cuanto a prácticas que tiendan a reconocer un cierto carácter sistemático (Bombini, 2001c: 71).

No obstante, si volvemos a observar el problema desde los procesos políticos educativos que se estaban desarrollando en la Argentina a partir de mediados de los noventa, esa ausencia de un "paradigma teórico sustitutivo" se explicaba por la inviabilidad tecno-burocrática de las intervenciones de profesores, críticos e investigadores de literatura universitarios, sumada a la todavía no consolidada didáctica de la literatura. Seguramente esos intentos

---

10 Se trata de los documentos, mencionados anteriormente, de Gustavo Bombini y María Adelia Díaz Rönner que acompañan a los elaborados por Ofelia Kovacci, Elvira Narvaja de Arnoux, Ana María Postigo De Bedia y Magdalena Viramonte de Ávalos (1996). *Lengua. Fuentes para la Transformación Curricular*. Ministerio de Cultura y Educación.

de bregar desde un campo literario por el resguardo de un vínculo estético con la literatura nada tenían que ver con la posibilidad de ocupar el vacío que generaba la impugnación a una enseñanza de la literatura supuestamente cristalizada en los años sesenta y setenta. No había nuevos saberes teórico literarios a formular para una política curricular, sino construcciones de estados de situación que se autorreferenciaban en sus propios aportes en cuanto al establecimiento de los problemas de la enseñanza de la literatura: el canon, la lectura y la escritura, la vacancia de la teoría literaria en su relación con la práctica como ya expliqué anteriormente. O había propuestas innovadoras de libros de texto sin desarrollos de fundamentaciones didácticas que pudieran ayudarlas a ser imaginadas en una negociación con la disciplina escolar y el sistema educativo en sus nuevas remodelaciones.[11] También luego de la llegada de la democracia, y respecto de la enseñanza de la lengua, las renovaciones se inician "en el campo de la producción editorial de libros de texto en los que, por esos años, se comienzan a incorporar algunos contenidos que exceden la perspectiva estructuralista" (Bombini y Krickeberg, 1995: 23). Porque, justamente, "el horizonte sobre el que se podrían ubicar los actuales procesos de innovación en la enseñanza de la lengua en la escuela secundaria argentina es el de la influencia del estructuralismo que se inicia en la década del 60" (Bombini y Krickeberg, 1995: 23). Entonces cuáles son los motivos para esas hipótesis de los "peligros" de la literatura en la escuela, de la "devastación" de su enseñanza. Pues, las operaciones de reconfiguración de la disciplina escolar persistieron en la construcción de paradigmas al modo del "cajón de herramientas" y "modelos de análisis" que sí habían logrado los estructuralismos, tanto para la enseñanza de la lengua como de la literatura. Es decir, que los CBC (1995) y todo su entorno editorial y progresiva multiplicación en el aparato de formación docente encarnaron en los modos de orientar el trabajo cotidiano brindando la posibilidad de hallar en sus tipificaciones y clasificaciones textuales y en la comprensión lectora saberes y parámetros objetivables para la disciplina escolar y el sistema educativo, porque hicieron sistema con los enfoques estructuralistas para la enseñanza de la lengua y la literatura. Y que, para el caso de la enseñanza de la literatura presentaban encastres con saberes historiográficos, como ya señalé con Lacau y Rosetti (1962) a través de su ficha para el comentario de una poesía. El reemplazo de la noción de *obra literaria* por la de *texto literario*, que en rea-

---

[11] Por ejemplo, Daniel Link (1993). *Literator IV. El regreso* (Antología y actividades sobre literatura para cuarto año de la escuela secundaria). Buenos Aires, Del eclipse; *Literator V. La batalla final* (Antología y actividades sobre literatura para cuarto año de la escuela secundaria). Buenos Aires, Del eclipse, 1994 y *La chancha con cadenas*. Buenos Aires, Del eclipse, 1994.

lidad también se había operado en la teoría y crítica literarias estructuralista y posestructuralista, Barthes (1980, 1986) es el ejemplo más representativo de este hecho, y coadyuvó a que los docentes pudieran seguirse reconociendo en un tipo de trabajo meta-analítico. Así, un texto literario narrativo como el cuento podía ser estudiado a través de las nuevas nociones de estructura y secuencias narrativas, como desde sus narradores, puntos de vista y la novedad de los focalizadores que aparecían como contenidos de los CBC (1995). Es más, el concepto de *estructura textual* también hizo y hace sistema con los estructuralismos, en cuanto idea central de sus enfoques como observamos en la caracterización de Bratosevich. De allí, que en manuales de la época y actuales se siga indicando como "introducción, desarrollo (nudo) y resolución (desenlace)". Es decir, que se trató y trata de una reconfiguración de la enseñanza de la lengua y la literatura negociable hacia su interior que no corta con el estructuralismo, sino que persiste en "una práctica de fuerte carácter metalingüístico" (Bombini y Krickeberg, 1995: 23) y agrego yo, metaliterario. Cabe preguntarse, entonces, ¿cuál era esa práctica "no meta" reclamada para la enseñanza de la lengua y la literatura? Y que lograría articular en el trabajo docente las lecturas y escrituras de los estudiantes, partir de ellas para la elaboración de propuestas didácticas "superadoras".

Paralelamente a la historia de los estructuralismos en la Argentina y sus impactos en la disciplina escolar lengua y literatura tanto en primaria, secundaria como en la educación superior, se daba otra de la que ya he dado cuenta: la psicogénesis. Así, refiere esta otra historia muy claramente Myriam Nemirovsky (1999) quien explica que "desde fines de la década de 1970 –a partir de las investigaciones psicogenéticas del aprendizaje de la escritura y la lectura–[12] se inició un proceso de revisión y cuestionamiento sistemático de las formas de enseñar a leer y a escribir". Los motivos de esta revisión se debieron a que "se comenzó a aceptar que los niños tienen hipótesis acerca de lo escrito, construyen conceptualizaciones propias en relación con el sistema de escritura, tienen ideas vinculadas al acto de leer y escribir –antes y con independencia de que un maestro inicie el proceso de enseñanza–, que surgen de su interacción con el lenguaje escrito y sus usuarios". Prosigue la autora que, por ello, "durante la primera mitad de los años ochenta, las propuestas didácticas estuvieron centradas en hacer del niño y del grupo escolar sujetos activos, participantes y protagonistas". De esta forma, "qué leer y cómo leer se dejaron relativamente de lado (no se puede considerar todo al mismo tiempo)". No obstante, "en la segunda mitad del decenio de 1980 comenzamos también a tomar en cuenta el objeto: el lenguaje escrito. Y

---

12 La autora remite en nota al pie al trabajo de Emilia Ferreiro y Ana Teberosky (1979). *Los sistemas de escritura en el desarrollo del niño*. Madrid, Siglo XXI.

este objeto, como señala Anna Camps haciendo referencia a Dolz, Pasquier y Bronckart, está constituido por la diversidad de tipos de textos". Por lo tanto, en palabras de la especialista el objeto *lenguaje escrito* es *el texto*, o *los textos*, ya que "cada género debe ser enseñado de manera específica, puesto que escribir no es una actividad uniforme que se aprende de una vez con textos de cualquier tipo y que se pueda generalizar a la escritura de otros textos". Concluye que esta afirmación encuentra pertinencia también para la lectura. Entonces, "qué leer y qué escribir, qué características deben tener los textos que se utilizan en el aula —para ser leídos y escritos— se convirtió también en tema de análisis y reflexión" (Nemirovsky, 1999: 25-26).

Nemirovsky continúa relatando cómo a finales de los años ochenta formula una propuesta didáctica para "planificar la enseñanza del lenguaje escrito" que probó en numerosos cursos de formación docente en España y en México, y que tan solo hasta el momento había divulgado informalmente.[13] Esa propuesta es muy similar al modelo de Isabel Solé de *lectura por objetivos*, quien en nuestro país no solamente fue conocida por sus artículos en *Lectura y Vida*, sino también por la publicación de *Estrategias de lectura* (1992) en la Editorial Graó de Barcelona. Más bien mediante su reedición del año 2000, a través de sus reutilizaciones en los desarrollos en enseñanza de la lectura desde las perspectivas psicogenéticas locales (Lerner, 2001). Lo interesante del trabajo de Nemirovsky, además de esa puesta en historia del modelo, es cómo devela dos líneas de fundamentación de la propuesta que permiten validar cómo en la reconfiguración de la enseñanza de la lengua y la literatura las alianzas entre la psicogénesis y el textualismo cognitivista estarán dadas por el concepto de *textos*. Así, no se enseña lengua y literatura, sino que se enseña a *leer y a escribir textos*, mismo planteo que se halla en *Zona Educativa* (1999) y que analicé en el capítulo anterior. Nemirovsky, luego de reafirmar que "como ya se sabe" lo que se debe enseñar es a "leer y a escribir textos" y, simultáneamente, "favorecer el avance de los niños en el proceso de aprendizaje del sistema convencional de escritura" en el que ubica los saberes gramaticales y normativos, como la ortografía, señala que coin-

---

13 Nemirovsky explica esta circulación informal de su propuesta expresando que "en una sola ocasión hice mención de la propuesta de planificación que he elaborado en un texto publicado y posteriormente se refirieron a ella Paula Carlino y Denise Santana, quienes la utilizaron para desarrollar las interesantes experiencias didácticas que relatan en su obra". Y afirma que como "hasta la fecha no he realizado cambios sustanciales a dicha propuesta —pues sigo considerándola válida—, y como hace ya diez años que la utilizo de manera sistemática, decidí ponerla *por escrito*" (1999: 27). La autora en nota al pie refiere los trabajos de Paula Carlino y Denise Santana (comps.) (1996). *Leer y escribir con sentido: Una experiencia constructivista en educación infantil y primaria*. Madrid, Visor y Myriam Nemirovsky, Paula Carlino y otras. El periódico: un texto para enseñar a leer y a escribir, en nota al pie 4, sin datos de publicación.

cide con la propuesta de "Ana María Kaufman y María Elena Rodríguez (1993) en que el uso de criterios para seleccionar los tipos de textos de trabajo en el aula debe ser el que ellas expresan de la siguiente manera". Dichos criterios son, primero "aquellos textos que circulan más frecuentemente en el entorno social de nuestra comunidad". El segundo criterio, continúa la autora –y que ella misma exploró y verificó en cuanto sus "ricas opciones didácticas"–, se basa en una selección de "tipos de texto", que pasa a enumerar: "el cuento, la receta de cocina, el cómic, la noticia periodística, la biografía, la carta, la entrevista, el anuncio publicitario, el texto expositivo; sin apegarme a acepciones estrictas de la tipología textual". Esta enumeración de "tipos de texto", según la especialista, estaría basada en el trabajo de "Teun A. van Dijk", porque "ofrece un amplio y riguroso análisis, y la obra de Kaufman y Rodríguez antes citada presenta un interesante criterio para clasificar textos" (Nemirovsky, 1999: 30).

En efecto, *La escuela y los textos* indudablemente, es el libro para los docentes publicado por Santillana en 1993 que a medida que avanzaron los años noventa se fue posicionando como *el* marco conceptual fundado en la psicogénesis, la psicolingüística y la lingüística textual en cuanto modelo de clasificación y descripción textuales ampliamente utilizado para definir a la lectura y la escritura como *lectura y escritura de textos*. Dicen sus autoras:

> Cuando comenzamos, en los albores de los ochenta, el panorama estaba claramente perfilado: en la mayoría de las aulas, ubicado centralmente en la escena, había un maestro que conocía métodos con los que enseñaba a combinar letras para formar sílabas, que a su vez se combinaban para formar palabras, que a su vez se combinaban para formar oraciones, que a su vez (...). En la parte oscura del escenario estaban los niños que recibían esa instrucción y en ninguna parte estaban los textos que circulan en el entorno social. Investigaciones psicogenéticas y psicolingüísticas permitieron advertir el rol activo del niño en las sucesivas construcciones intelectuales que iba protagonizando en su comprensión del sistema de escritura y del lenguaje escrito, así como también en la realización del acto lector (Kaufman y Rodríguez, 1993: 12).

Frente a este estado de situación "oscuro" y frente a la luz que traían las investigaciones psicogenéticas y psicolingüísticas se encontraba otra aliada, la lingüística textual, así:

> Los maestros contaron con el aporte de ciertas nociones que les resultaron de gran utilidad para que sus alumnos leyeran y escribieran mejor, provenientes de la lingüística textual. Nos estamos refiriendo, entre otros, a aspectos tales como las reglas de cohesión,

> que son aquellas estrategias que convierten a una serie de oraciones en un texto y a las relaciones endofóricas, que permitieron advertir que, muchas veces, las dificultades en la comprensión de un texto no eran atribuibles solamente a la ignorancia del significado de alguna palabra o de otros datos del contexto, sino también a no percibir la relación existente entre diferentes partes de un mismo texto. Pero subsistía una dificultad de enorme importancia que obstaculizaba significativamente la tarea: no todos los docentes tenían un conocimiento adecuado de las características peculiares de los distintos tipos de texto. Por esta razón, su trabajo se limitaba a permitir y propiciar un contacto general de los alumnos con dichos textos, pero carecían de herramientas más específicas para enriquecer ese contacto, lo que optimizaría el aprendizaje (Kaufman y Rodríguez, 1993: 16).

No obstante, prosiguen las autoras explicando que "comenzamos a encontrar dificultades en la capacitación y asesoramiento a docentes, debidas a la escasez de textos lingüísticos destinados a maestros". Además, otra dificultad para lograr que los docentes comprendieran que "el niño se aproxima a los textos escritos para desentrañar sus peculiaridades específicas" (1993: 15-16) residía en que "acudiendo a diferentes autores encontrábamos tipologías distintas, caracterizaciones incompletas y no coincidentes de los textos, etcétera". Por lo tanto, deciden elaborar su propia "tipología textual encarada a partir del cruce de dos criterios: la función y la trama predominantes" reconociendo que están "relacionando y reorganizando saberes ya difundidos a fin de encuadrar, de una manera más fructífera, la labor de los docentes tendiente a mejorar las posibilidades lectoras y la calidad de los trabajos escritos de sus alumnos" (1993: 17-18). Tomadas estas decisiones, las especialistas que también las justifican en su experiencia de trabajo con docentes a través de la capacitación,[14] expresan:

> La búsqueda de criterios de clasificación se convirtió en una ardua tarea: luego de revisar las tipologías contenidas en diversos trabajos de lingüística textual (Bernárdez, 1987; van Dijk, 1983) convinimos en que, para los fines de este trabajo, necesitábamos cruzar criterios que, a nuestro entender, facilitaran la caracterización lingüística de los textos. Así llegamos a destacar como criterios pertinentes las

---

[14] Se refieren a "un proyecto acotado de investigación-acción con docentes de la escuela Los Pinitos, de El Palomar, provincia de Buenos Aires, a fin de poner a prueba el material lingüístico que exponemos" (Kaufman y Rodríguez, 1993: 17).

funciones del lenguaje y las tramas que predominan en la construcción de los textos[15] (Kaufman y Rodríguez, 1993: 22).

Asimismo, las autoras explicitan que para el establecimiento del criterio *funciones del lenguaje* se basan en el clásico trabajo de Roman Jakobson,[16] pero no en su totalidad y que de hecho reformulan los nombres de algunas de ellas:[17]

> Los textos, en tanto unidades comunicativas, manifiestan las diferentes intenciones del emisor: buscan informar, convencer, seducir, entretener, sugerir estados de ánimo, etc. En correspondencia con estas intenciones es posible categorizar los textos teniendo en cuenta la función del lenguaje que predomina en ellos. Los textos nunca se construyen en torno a una única función del lenguaje, siempre manifiestan todas las funciones, pero privilegian una. Por eso hablamos de función predominante. De las funciones enunciadas por Jakobson en sus trabajos acerca de la comunicación (Glosario, primera parte), hemos tomado únicamente aquellas que consideramos pertinentes para nuestro propósito: informativa, literaria, apelativa y expresiva (Kaufman y Rodríguez, 1993: 22).

De allí, que Nemirovsky argumente que "enseñar a leer y a escribir" supone enseñar una clasificación textual basada en "propiedades que lo [al texto] hacen específico y permiten distinguirlo de los demás". Por ello la autora recurre a la clasificación de Kaufman y Rodríguez (1993) para afirmar que esas propiedades determinan una "función" en cada texto, por lo tanto, leer y escribir es un "proceso de alfabetización [que] consiste en ir conociendo esas funciones para saber cuándo recurrir —tanto al escribir como al leer— a cada tipo de texto, de acuerdo con el objetivo del acto lector y escritor" (Nemirovsky, 1999: 31). La categoría "tipo de texto" se sostiene en toda la propuesta. De ella se desprenden para Nemirovsky las propiedades

---

15 El destacado es propio.

16 Roman Jakobson (1970). *Ensayos de lingüística general*. Barcelona, Ariel.

17 Por ejemplo, las autoras cuando explican la función informativa señalan que: "Una de las funciones más importantes que cumplen los textos usados en el entorno escolar es la función de informar, la de hacer conocer el mundo real, posible o imaginado al cual se refiere el texto, con un lenguaje conciso y transparente. El lenguaje no aparece como una barrera que deba ser superadora, sino que conduce al lector en la forma más directa posible a identificar y/o caracterizar las distintas personas, sucesos o hechos que constituyen el referente (de allí la denominación de función referencial con que aparece en Jakobson)" Kaufman y Rodríguez (1993: 22-23).

que la constituyen:[18] *autor* ("hombres y mujeres con nacionalidad, fecha de nacimiento, núcleo familiar, actividad laboral"); *público potencial* ("las noticias, la recetas de cocina, los cuentos, los cómics, etc."); *público concreto* ("caso de una carta personal"); *diferente relación con lo real* ("damos por sentada la veracidad de ciertos textos y en otros este no es un aspecto que se tome en cuenta"); los *márgenes de extensión* ("un cuento es más largo que un anuncio publicitario"); *fórmulas fijas* ("elementos que sin necesidad de avanzar en la lectura nos permiten anticipar de qué clase de texto se trata"); el *léxico* ("no existe un léxico común a todo y a todos los tipos de texto; 'estimado' corresponde a textos epistolares, pero el príncipe de un cuento no 'estima' a la princesa; es decir no solo el lenguaje escrito tiene un léxico propio, sino cada tipo de texto lo tiene"); las *categorías gramaticales* ("en los cuentos abundan los adjetivos, en las noticias periodísticas se reducen a lo mínimo"); *estructura* ("un cuento tiene tres partes: inicio, nudo y desenlace; la estructura de la receta de cocina —después de nombrar los ingredientes con sus respectivas cantidades— sigue la secuencia temporal de su preparación; una noticia periodística se estructura en función del qué, quién, cuándo, dónde, cómo y por qué"); la *tipografía* ("el tipo de texto en el que la tipografía se convierte en un rasgo fundamental, se transforma en elemento publicitario"); el *formato* ("es útil para identificar su tipo sin tener que leer ni una sola palabra, atendiendo únicamente a la disposición del texto en el espacio gráfico"); el *uso posterior que se dé a la lectura* ("algunos se leen y después se tiran (los periódicos); otros se conservan durante semanas (algunas revistas) (...) En el aula puede hacerse lo mismo: otorgar a cada tipo de texto el destino que socialmente se le atribuye"); *el modo de lectura* ("lo que *no* hacemos es leer *linealmente*, es decir, leer desde la primera palabra de un texto, de manera continua y ordenada, hasta la última. *En función de qué leemos y qué estamos buscando a través de nuestra lectura adoptamos un modo de leer el texto*"); *relación título-contenido* ("los títulos cumplen dos funciones: una es facilitar la anticipación del contenido del texto y otra es llamar la atención del lector"); la *relación imagen-texto* ("las imágenes que suelen acompañar las noticias periodísticas son por lo general fotos —para otorgar veracidad al contenido—; lo mismo sucede con los textos expositivos, aunque muchas veces incluyen esquemas; las recetas aparecen con la foto del plato ya listo (...); los cuentos se suelen ilustrar con dibujos justamente porque se parte de la idea de que el relato es pura fantasía"); *el soporte* ("las hojas grandes, no grapadas de los periódicos, lucen totalmente diferentes de cómo se ve un libro, una carta o una revista"); *tiempos, modos o formas*

---

18 Entre paréntesis cito textualmente algunos momentos de las explicaciones de la autora para cada propiedad.

verbales ("los cuentos suelen utilizar el pasado, las recetas de cocina el infinitivo y los anuncios publicitarios el imperativo"); *personajes* ("los tienen los cuentos, algunas noticias periodísticas, los cómics. Los personajes de cada tipo de texto difieren sustancialmente unos de otros: en nada se parecen las hadas, los gnomos, las brujas, los seres de otras galaxias, a los presidentes, los ministros, los dirigentes sindicales"); por último, *temática* ("una misma temática puede ser escrita con una función, cierta estructura, determinado léxico, etc., pero transformarse haciendo, por ejemplo, de una noticia periodística un relato, de una receta un anuncio publicitario, de una carta un cuento") (Nemirovsky, 1999: 31-37).

Estas reconfiguraciones de la enseñanza de la lengua y la literatura en enseñanza de la lectura y la escritura son construcciones de conocimientos positivos que pueden ser llevados por los docentes a su trabajo cotidiano porque, en la persistencia de su carácter descriptivo clasificatorio, dan continuidad a los saberes conservados por la disciplina escolar: ya no más análisis de oraciones que tendrán sujeto y predicado, etc.; sino "tipos de textos" que tendrán "funciones": informar, crear mundos de fantasía, instruir, apelar a la atención del lector en una clara reutilización del esquema de Jakobson. Esto lo harán a través de diecinueve propiedades que se pueden buscar y señalar en los textos; distribuir en unidades de programas y planificaciones para todo un año escolar. Esas propiedades antes descriptas son un encastre de perspectivas. Por ejemplo, en el caso de la "estructura", se concede al cuento el inicio, nudo y desenlace (no la superestructura narrativa o las secuencias o tramas narrativas), por lo tanto estaría remitiendo más bien a cruces del textualismo cognitivista con los estructuralismos escolares, como ya expliqué, y para el texto periodístico, sí apela a los saberes del textualismo. Son propiedades pasibles de ser formuladas en "proyectos", como tanto Kaufman y Rodríguez (1993) y Nemirovsky (1999) en realidad proponen, que en sus arbitrariedades y dificultades para dar cuenta de las diversas posibilidades del "tipo textual" que se concretizan en las "clases textuales",[19] justamente, son

---

19 Es clara, como ya señalé con Riestra (2008), la mezcla entre las nociones de tipo y clase textuales. La receta de cocina no es un "tipo" de texto sino una "clase" porque el tipo refiere a una "genericidad". Se trata de la reformulación que las lingüísticas textualistas hacen de la noción de discurso bajtiniana: "los géneros discursivos se relacionan con una dimensión histórico-cultural más general que incluye la competencia sobre tipos discursivos, estos últimos hacen referencia a una dimensión estrictamente lingüística" (Ciapuscio, 1994: 25). A su vez estas perspectivas diferencian entre clase y tipo de texto: "clase textual se aplica hoy a las clasificaciones empíricas, tal cual son realizadas por los miembros de una comunidad lingüística, es decir, clasificaciones cotidianas que pueden mencionarse por medio de determinados lexemas condensadores del saber sobre determinada clase textual: por ejemplo, 'esto es un cuento', 'esto es un chiste' (...). Por el contrario, tipo textual se concibe como una categoría ligada a una teoría para la clasificación

promovidas como rasgos absolutos de los textos convertidos en unidades de análisis. Incluso, para los textos literarios. Así, tanto un manual para cualquier año y nivel educativo, como un programa, pueden organizarse en unidades que dan cuenta de un muestreo de los tipos de textos en la justificación de unas lecturas y escrituras (unas "comunicaciones") específicas que los caracterizarían como diferentes a otros. En ese sentido, los manuales y programas de la reforma de 1993 con sus CBC de 1995 hasta los actuales, es decir, más allá de la última reforma de 2006 y sus NAP, muestran que: "la Reforma Educativa [de 1993] en nuestro país, configura una nueva red de significados sociales respecto de la educación y constituye un sistema productivo que articula intrincados productos discursivos, necesariamente marcados por dicho sistema" (Herrera de Bett, Alterman y Giménez, 2004: 196). Se trata de "intrincados productos discursivos" para la enseñanza de la lengua y la literatura, es decir, *reconfiguraciones*.

Por ello, el trabajo de Nemirovsky (1999) interesa, ya que de manera franca da cuenta de esas reconfiguraciones que, en suma, articulan los CBC (1995) con los NAP (2006) y las propuestas de libros de texto desde finales de los años noventa y hasta hoy, tanto para la educación primaria como secundaria. Para el caso de este último nivel, con el agregado de otros saberes positivos ya sí bien ligados a las líneas textualistas, como las nociones de *cohesión y coherencia, estructuras y tramas* o *secuencias*. Así es que la ausencia de una construcción que pudiera dar cuenta de esa necesidad para la enseñanza de la literatura y su opción estética se continuó resolviendo con el análisis estructural literario del mismo modo que fue ideado en los años sesenta y setenta cruzado con los encastres antes explicados. Se podría afirmar, al modo de una respuesta por conservación y persistencia en la disciplina escolar frente al vacío metodológico, sumado a los problemas epistemológicos, de las reconfiguraciones que vengo estudiando. Por ejemplo, en un rastreo del contenido conceptual *cuento* en los CBC (1995), se aprecia que en el *Bloque 1: Lengua oral*, aparecen la narración y renarración de cuentos, a la par de hechos reales o imaginados, series televisivas, películas y crónicas con comentario. En el *Bloque 2: Lengua escrita (escritura)*, hallamos que el cuento es un tipo de mensaje escrito creativo, como así también lo son la crónica, el diálogo en narrativa, la descripción literaria y la poesía, la viñeta, el diálogo en guiones, la entrevista, el teatro breve y la carta familiar. En el *Bloque 3: La reflexión acerca de los hechos del lenguaje*, aparecen las categorías texto y discurso, noción de texto, narración y descripción. Para finalizar, en el *Bloque*

---

científica de textos. Por lo tanto, los hablantes de una comunidad tienen un saber sobre clases textuales o un saber sobre estructuras textuales globales pero no un saber sobre tipos textuales" (Ciapuscio, 1994: 25).

4. *El discurso literario*, para la *literatura oral*, aparece la noción de estructuras narrativas (textualización y transformaciones). En *literatura escrita* tenemos: narrativa (secuencia canónica, nociones de *personaje, lugar, espacio, orden, punto de vista*, alteración de la secuencia narrativa, *historia y discurso*).[20]

Se trata de una enseñanza de la literatura que sigue sujetada también a la enseñanza de la lengua, ahora, basada en una concepción de unidad textual (ya no oracional).

4. La consolidación de la lectura y la escritura como el conocimiento de *los textos*

En estos nuevos circuitos de *expertise*, se van a dar algunas relaciones de trabajo entre especialistas, pero, a la vez, y a diferencia de los años sesenta y setenta, se irán atomizando, en parte, por la apertura y acceso a la actualización teórica que habilitó la vuelta a la democracia de la mano de la normalización de las universidades. La creación del Ciclo Básico Común de la Universidad de Buenos Aires, en 1985, hará de antecedente a los especialistas que asumen como circuito de *expertise* el vuelco cognitivo de las perspectivas lingüísticas textualistas en procura de dar cada vez más contenido a la transición teórica entre los estructuralismos y la reconfiguración de la enseñanza de la lengua y literatura hacia la de la lectura y la escritura formuladas como "comprensión lectora" y "producción textual". En este sentido, la cátedra de Semiología se constituyó en un espacio novedoso, ya que permitió comenzar a estudiar las actuaciones de los jóvenes ingresantes a las carreras profesionales (agrupadas en las ciencias humanas y sociales) en una focalización de sus lecturas y escrituras. A diferencia de los años sesenta y setenta, se trata de un posicionamiento "desde arriba" en las escalas del sistema educativo y unidireccional: desde la universidad hacia la escuela media. Pero también con la diferencia de una universidad en proceso de normalización que va a brindar mecanismos de financiamiento para investigaciones que no darán tanto rédito económico, pero sí simbólico. Ya para 1994 se registraban las investigaciones sobre "las dificultades en torno a la comprensión lectora de los alumnos ingresantes" validadas por el UBACyT (proyectos de investigación acreditados en la Secretaría de Ciencia y Técnica de la Universidad de Buenos Aires). También para esa época, ya habían comenzado a ser divulgados sus diagnósticos justificados, siempre, en "las dificultades que los docentes universitarios detectaban en las actividades de comprensión lectora de sus alumnos". Esta justificación que se hallaba de manera repetida en este tipo de

---

20 El resaltado es propio.

investigaciones de un fuerte carácter estandarizado, consistían en una serie de pasos también repetidos. Por ejemplo, para evaluar esas dificultades y listarlas se elegían textos con los que los estudiantes no se encontraban familiarizados y que se entendían propios de la vida universitaria. Básicamente, se trataba de textos "expositivo-explicativos y argumentativos pertenecientes al género académico". A partir de estos presupuestos y selección de textos, se implementaban pruebas que tenían "como objetivo principal determinar qué habilidades cognitivo-discursivas –necesarias para una adecuada comprensión del texto académico– [y que] presentan mayores dificultades". Las pruebas consistían en ofrecer a los estudiantes el texto seleccionado "en dos versiones: original y modificado con paratexto facilitador" y que eran "utilizadas en dos tipos de prueba: cuestionario con selección de alternativas con texto presente, y recuerdo libre, obteniéndose así un total de cuatro pruebas administradas a cuatro grupos distintos de alumnos" (Alvarado y Silvestri, 1997: 367-368). A manera corroborativa de las causas que de antemano se definen ya existentes, los problemas de comprensión lectora de los estudiantes ingresantes a la universidad, se concluía enumerando la lista de esas dificultades: "a) Dificultad para interrelacionar las informaciones proporcionadas por el texto; b) Dificultad para regular la base de conocimientos previos en función del texto; c) Dificultad para identificar intenciones críticas en el texto; d) Dificultad de comprensión de las funciones del paratexto en textos académicos" (Alvarado y Silvestri, 1997: 368-370). Dado que los estudiantes presentaban todas estas dificultades en las pruebas, se derivaban hipótesis de tipo valorativo sobre sus personas "las dificultades descriptas son características de las estrategias de procesamiento de textos de los lectores 'pobres', cuyas habilidades cognitivo-discursivas resultan insuficientes para encarar la comprensión de textos académicos típicos de la actividad universitaria". Estos estudiantes catalogados de lectores "pobres" eran tales porque adoptaban "una actitud pasiva frente al texto". Esta "actitud pasiva" hacía que construyeran "su representación semántica sin jerarquizar la información"; ya que ese lector "ingresa la información al modelo del texto acríticamente, con poco tratamiento ulterior; no adapta sus actividades de comprensión a las dificultades de la tarea ni genera actividades cognitivas de resolución de problemas" (Alvarado y Silvestri, 1997: 374-375). Asimismo, estas investigaciones avanzaron sobre una nueva conceptualización del trabajo docente pues como existía el "acuerdo en que los problemas de comprensión no deben concebirse en absoluto como un estado irrevocable e inmodificable", se afirmaba que "las estrategias de comprensión lectora experta se enseñan y aprenden", en consecuencia "un diagnóstico más completo y detallado de las dificultades de comprensión resultará necesario para diseñar métodos orientados específicamente hacia la solución de tales dificultades" (Alvarado y Silvestri, 1997: 375). Por lo tanto, el trabajo docente debía orientarse a esa "enseñanza de estrategias de comprensión lectora", porque su función consistía en "solucionar" esas "dificultades" que presentaban a los estudiantes. Como ya presenté en la introducción, se trata de los lineamientos de los organismos internacionales focalizados en las competencias individuales y, particularmente en lectura y escritura, que consideran que "el profesor debe ser capaz de desarrollar en el alumno las habilidades y actitudes compatibles con la flexibilización del mercado de trabajo, con las demandas de la sociedad en las que las personas puedan almacenar y procesar rápidamente las informaciones" (Sawaya, 2016: 13). De hecho, en otra investigación del mismo estilo, que consigna como antecedente desarrollos realizados en el marco del Ciclo Básico Común de la Universidad de Buenos Aires y la Cátedra Unesco para la Lectura y la Escritura, desarrollada en los tres niveles educativos se dice comprobar "que alumnos pertenecientes al último grado del nivel primario, al último año del nivel medio y al primer ciclo universitario tienen una conducta lectora en común: ante textos complejos que exigen un alto grado de cooperación textual, proyectan en forma indiscriminada sus propias valoraciones del mundo en la interpretación de lo que leen" (Di Stefano, s/d).[21]

No se trata de efectuar aquí justamente una crítica extratemporal a estas investigaciones, sino de señalar estos modos de entender la relación investigación universitaria-escuela como una marca de época que va a hacer sistema con los diagnósticos al estilo de Kaufman y Rodríguez (1993), antes citados, los CBC (1995) de la reforma y, también como ya analicé, mediante el caso de *Zona Educativa* (1999), con la hiperproducción de documentos, libros de texto, para los docentes de mitad de los años noventa hacia adelante. Y no solo se tratan de las validaciones "científicas" de los nuevos contenidos que devienen de esas líneas teóricas que reconfiguran la disciplina escolar, sino que instalan otra orientación sobre el sentido de la enseñanza y la labor docente.

Pero por otro lado, también se desarrollaban otras investigaciones en los tramos iniciales de algunas carreras de la Universidad de Buenos Aires que si bien compartían una apoyatura en esas nuevas lingüísticas cognitivas, un acuerdo en señalar los obstáculos o carencias de la educación media en materia de lectura y escritura, se cruzaban con otras hipótesis que buscaban

---

21 Sin mención del año ni de las páginas. Monografía publicada en *El Portal Educativo del Estado Argentino* (Educar). La cita corresponde a los resultados del Proyecto UBACyT: "Lectura y escritura: procesos psicolingüísticos y prácticas sociales" desarrollado por M. Di Stefano, y C. Pereira (2000); dirigido por la Prof. Elvira Narvaja de Arnoux. Recuperado de https://www.educ.ar/dinamico/UnidadHtml__get__907c4965-7a06-11e1-81b9-ed15e3c494af/index.html.

historizar las respuestas de los alumnos, los resultados de las experimentaciones, además de cruzar también, otros métodos de recolección de datos como las encuestas. Así recuperaban la producción de los psicólogos Marlene Scardamalia y Carl Bereiter (1992) que había comenzado a circular como cita obligada en los trabajos sobre lectura y escritura de los años noventa, a través de la producción en didáctica de la lengua y la literatura española que es otra marca de época. Son investigaciones llevadas a cabo en la carrera de ciencias de la comunicación de la Universidad de Buenos Aires a mediados de los noventa, que intentaron abordar la escritura desde la categoría de escritores "novatos" o "inmaduros" (Scardamalia y Bereiter, 1992) para estudiar concepciones de escritura. Los resultados obtenidos indicaban que: "para la mayoría de los alumnos que iniciaban la carrera de comunicación entre 1995 y 1997 escribir era decir lo que se sabía. La persistencia de esta imagen, a su vez, nos vuelve a la carencia de experiencias de escritura desafiantes o transformadoras durante los años de escolaridad" (Alvarado y Cortés, 2001: 21-22). Desde otra investigación titulada "La escritura en la universidad. Un estudio comparativo", del mismo equipo de cátedra coordinado por Maite Alvarado, se realizaron encuestas a profesores de las carreras de sociología y ciencias de la comunicación. Los investigadores, por medio de preguntas orientadas a que los profesores encuestados señalaran las dificultades que presentaban sus alumnos con la escritura, lograron acceder a las formas en que esos docentes sopesaban los escritos de los estudiantes: preeminencia de la valoración del contenido disciplinar, las normativas gráficas y gramaticales, las ideas personales a la vez que la reproducción de lo que afirman los textos de la bibliografía estudiada. Así se recortan tensiones, se pone en relación la actuación docente con las de los alumnos, que no reproducen únicamente explicaciones sesgadas según sus dificultades. A través del uso de la categoría "consciencia", "ser conscientes" de algún modo recuperan a los alumnos para ubicarlos en un tiempo y espacio que hoy, podemos señalar, habla más de la historicidad de la disciplina escolar y su cultura. Son otras explicaciones a las "carencias" de recursos, de conexión de los contenidos de los textos con esquemas previos que "en muchos casos el docente debería preocuparse por 'andamiar' para posibilitar el aprendizaje" (Alvarado y Cortés, 2001: 22) o de la repetición frente a la reformulación. Si bien la concepción del alumno no deja de ser mecanizada, y todo aquello que hace o no hace cuando lee y escribe es explicado en términos cognitivistas, estas investigaciones ponían algo del orden de lo escolar en sus miradas sobre la clase universitaria. Es decir, atendían a las tensiones entre aquello que ponderaban los docentes sobre los escritos y cómo los alumnos conscientemente desplegaban estrategias para lograr la aprobación. No es casual que estas investigaciones estuvieran dirigidas por Pampillo (2010) y Alvarado[22] que en el caso de sus cátedras de ciencias de la comunicación, a diferencia de la de Semiología del Ciclo Básico Común, van a ir entramando ese circuito de *expertise* que en los años setenta fueron los talleres de escritura de Bratosevich y luego el Grupo Grafein con sus consignas de "valla y trampolín", de restricción y habilitación de la escritura. De hecho, la resolución metodológica que ofrecen resituará la noción de discurso y su carga retórica totalmente opacada por las perspectivas cognitivistas textualistas.[23]

Además de estas investigaciones que ya van a ir perfilando diferencias en los nuevos circuitos de *expertise*, el programa La UBA y los Profesores, iniciado en 1990, será otra política de esa universidad que va a ir a contrapelo de esa tendencia de las investigaciones en los ingresos o materias introductorias ensimismadas en sus propios espacios educativos. Por el contrario, el programa que reunía a graduados de distintas disciplinas ya orientados hacia una especialización en didácticas específicas proponía otra relación con la escuela y los docentes, y los modos de divulgar las nuevas orientaciones teóricas observadas en el trabajo de aula y aquello que los profesores planteaban como dificultades. En 1995, La UBA y los Profesores se había extendido más allá de ciudad y provincia de Buenos Aires estableciendo convenios con el Ministerio de Cultura y Educación de la provincia de Santa Cruz y con la Asociación Gremial de Docentes de Entre Ríos (AGMER), como así también, había desarrollado varios cursos en el marco de la Red Federal de Formación Continua (Orce y López, 1997: 510). Si bien paulatinamente todas las universidades desarrollaron ofertas para la formación docente por fuera del sistema privado y de puntajes (Orce, Cortés y López, 1998: 9), en el

---

22 Maite Alvarado ha efectuado cantidad de publicaciones de propuestas de trabajo para el aula con elaboraciones de consignas originales propias de su trayectoria en Grafein. Por ejemplo, Maite Alvarado (1989). *El Lecturón, El Lecturón II y El pequeño Lecturón*, Buenos Aires, Libros de Quirquincho (varias ediciones) y *El lecturón 2000*, Buenos Aires, Cántaro, 2001. En colaboración con Bombini, Feldman e Istvan (1994). *El nuevo escriturón*. Buenos Aires, El Hacedor (también reeditado); con Marina Cortés (1997). *Los hacedores de textos. Lengua 7*. Buenos Aires, El Hacedor. Por último, su artículo de 2001 "Enfoques de la enseñanza de la escritura", en M. Alvarado (coord.): *Entrelíneas. Teorías y enfoques en la enseñanza de la escritura, la gramática y la literatura*. Buenos Aires, Flacso-Manantial, pp. 13-51, es cita recurrente en trabajos sobre didáctica de la lengua y la literatura de distintas perspectivas.

23 Así se lo explicaba: "El desafío, en una situación de escritura, puede plantearse tanto desde el contenido (una consigna que demanda un cruce inesperado de textos o conceptos) como desde las restricciones retóricas o discursivas (la exigencia de producir un texto que se encuadre en un género distinto a los habituales o se dirija a un auditorio nuevo). En estos casos se plantea un problema retórico al alumno, y esa restricción lo obliga a buscar recursos, modos de decir, que inciden en el contenido, transformándolo. Esta es la función de un taller de escritura en la universidad" (Alvarado y Cortés, 2001: 23).

marco de la Reconversión Docente para EGB 3 llevada adelante entre 1997 y 2000, sobre todo en las universidades de la provincia de Buenos Aires como parte de la implementación de la Ley Federal de Educación (1993), el caso de La UBA y los Profesores es significativo en cuanto a que se inicia en la bisagra entre los años ochenta y los noventa. Es decir, con anterioridad a los efectos más visibles de las reconfiguraciones de la disciplina escolar lengua y literatura motorizadas por los circuitos de *expertise* que van a ganar la voz en los lineamientos curriculares para el área por medio de su alcance a través de publicaciones.[24]

En un artículo publicado de la revista *Versiones* de 1998, integrantes del programa La UBA y los Profesores realizan un análisis de los efectos para la formación docente del aparato de capacitación montado progresivamente, pero, a la vez, implementado de manera rápida, en el marco de la aplicación de la Ley Federal de Educación (1993). Así señalan que: "la creación de la Red Federal de Formación Continua cambió radicalmente el panorama de la capacitación, convirtiéndola, desde el discurso oficial, en uno de los principales ejes de la reforma. Esto dio como resultado una multiplicación exagerada y milagrosa de capacitadores" (Orce, Cortés y López, 1998: 10). Sigue el análisis explicando que la Red instaló una concepción de la capacitación como sumatoria de créditos y como garantía para la permanencia laboral en el sistema. La instancia paradigmática de esta política de capacitación será esta Red con alcance en todo el país, pero también el Programa de Reconversión Docente de la provincia de Buenos Aires.[25]

Un caso representativo de los modos de expansión y llegada de las perspectivas textualistas cognitivas, que encastradas con postulados de la psicogénesis instituyeron la relación unívoca entre "tipo/clase de texto" como "tipo de lectura y escritura" a enseñar, son los diseños curriculares de la provincia de Buenos Aires que fueron, en última instancia, los principales traductores de los CBC (1995). También posibilitaron una producción de libros de texto locales que se volvieron fuente de aquellos cursos de formación de la Red y del Programa de Reconversión Docente de la provincia de Buenos Aires. Como así también del diseño de planificaciones y programas en la EGB 3 y luego en el Polimodal. La fundamentación del diseño provin-

---

24 En 1992, el Programa inicia la publicación de su revista *Versiones* que terminará de editarse en 2001. Y, para 1994 y 1995 presentaba una cantidad de títulos de libros con autorías de especialistas que son, en algunos casos, parte de los referentes de los desarrollos de cada didáctica específica hasta el día de hoy.

25 De hecho, el antecedente de estas capacitaciones se dio en la provincia de Buenos Aires, con sus módulos 0 a 8 que se presentaron en 1996 como la primera "traducción" jurisdiccional de los CBC (1995).

cial (en adelante CBC/PBA) refuerza el uso del paradigma comunicacional para la enseñanza del área: "se hace referencia tanto a las competencias del emisor como a las del receptor, se trabaja con la comunicación como 'objeto de estudio' y se atiende tanto a la producción como a la recepción de los discursos" (CBC/PBA, 1996: 79-80).[26] Para graficar esta explicación aparece, primero, el esquema de los elementos de la comunicación de Jakobson –como observé antes, autor recuperado en los trabajos de Kaufman y Rodríguez (1993) y Nemirovsky (1999)– y, luego, la reformulación de Catherine Kerbrat-Orecchioni,[27] desde los que se indica que lo que producen y receptan los sujetos son "mensajes". En "Criterios, selección y organización de contenidos" se expresa que uno de los ejes de la reorganización de los CBC (1995) nacionales es una clasificación de los distintos discursos: "Los discursos pueden agruparse y clasificarse de distintas maneras. Se elige organizarlos en tres campos discursivos: FICCIONALES (cuentos, historietas, novelas, dramas, etc.), NO FICCIONALES (informaciones, descripciones, argumentaciones) y MEDIÁTICOS (programas de televisión y de radio, por ejemplo)"[28] (CBC/PBA, 1996: 82-83). Los rótulos "ficcional" y "no-ficcional" ligan las nociones de "géneros discursivos", "tipos textuales" y "clases textuales" que se enumeran para validar a cada uno de ellos. Por ejemplo, en la enumeración de los discursos llamados "ficcionales", aparecen dos "clases" de textos correspondientes al "género discursivo literatura" y al "tipo textual narrativo": estos son el cuento y la novela. Al lado del cuento y de la novela aparece el "género discursivo historieta", por lo tanto, "géneros discursivos" y "clases textuales" se homologan. En los discursos "no-ficcionales" se presenta una enumeración de tres tipos textuales: el "tipo informativo", el "tipo descriptivo" y el "tipo argumentativo" que orienta una clasificación para la que los cuentos y las novelas no contendrían descripciones, es decir, que serían clases textuales en las que el tipo descriptivo no tendría presencia. Además de la asociación de "lo ficcional" con lo falso y "lo no ficcional" con lo verdadero. De esta manera, la clasificación de discursos del diseño curricular bonaerense determina que los "mediáticos", a los que enumera como programas de televisión y de radio, no estarían articulados desde una idea de ficción. En consecuencia, se deduce que la telenovela no sería una

---

26 Ley Federal de Educación: Ley de Educación de la Provincia de Buenos Aires y Contenidos Básicos Comunes: módulo 0/ Buenos Aires (provincia). Dirección General de Cultura y Educación. María Teresa Corvatta (dir.). Capacitación docente 1996: desarrollo de los temas de los contenidos básicos comunes: módulo 1 a 8. Recuperado de http://www.bnm.me.gov.ar/catalogo/.

27 Catherine Kerbrat-Orecchioni (1988). *La Enunciación*. Buenos Aires, Hachette.

28 Las mayúsculas son del original.

ficción y, en el caso de los discursos no-ficcionales informativos, principalmente, los noticieros, tanto de radio como de televisión, no tendrían cabida. Si dentro de una categoría como "los discursos ficcionales" se colocan la literatura, como dice luego la fundamentación, y la historieta, sin distinción de ningún tipo, se da por supuesto que los dos responderían a una igualdad propiciada por lo ficcional. Como resultado, la literatura no es la única que sufre el borrado de sus particularidades, sino que también sucede lo mismo con la historieta.

Por lo expuesto, la reconfiguración de la enseñanza de la lengua y la literatura en enseñanza de la lectura y la escritura no se halla únicamente en los listados de los contenidos de los CBC (1995) o ahora en los NAP (2006) y en las orientaciones de los ONE (2008), esto es en la política educativa, sino en una retórica científica sustentada por desarrollos en capacitación, en la universidad derramados en la formación docente y en la industria editorial escolar que se venían negociando previamente a la reforma de 1993 en una lógica de creación de demandas o necesidades.

En un punto, la reforma de 1993 y sus CBC (1995) redireccionaron la creación de necesidades y demandas de los años ochenta. Ya no se trataba de percibir en el propio trabajo docente que algo no funcionaba o que los modos de enseñar estaban desacompasados respecto de los nuevos saberes teóricos que habían comenzado a visibilizarse y a circular más luego de 1983. Sino que la reforma instala varios niveles de urgencias en los docentes. Por un lado, la necesidad imperiosa de, en simultáneo, actualizarse en las nuevas teorías y conocer cómo llevarlas al aula. Pero en el marco de la conflictividad de la capacitación obligatoria que coercitivamente instituía el miedo sobre la conservación de los puestos de trabajo como mecanismo de control propio de las retóricas en materia laboral del neoliberalismo. En este panorama de nuevas alianzas entre las nuevas teorías y sus avales científicos, y políticas de Estado, se posiciona el mercado editorial escolar ofreciendo soluciones rápidas y prácticas a los docentes necesitados de nuevos consumos y productos reorientadores de su trabajo. Es el caso de la propuesta de *Para Comunicarnos. Lengua y Literatura* 8° EGB, de consulta obligada y que aparecía como bibliografía de cabecera de la mayoría de los cursos de formación. Este libro de texto resuelve ese entramado de "discurso, mensaje, clase y tipo textual, lectura por objetivos y producción textual" (CBC/PBA, 1996) en una división del trabajo docente por textos; entrada de cada uno de sus capítulos. El libro reorganiza los campos discursivos de los CBC bonaerenses (1996) en "no ficcional", "ficcional" y "mediático", y se inicia con dos fundamentaciones:

(...) ¿Qué es aprender lengua?
Durante mucho tiempo la enseñanza de la lengua se había planteado como objetivo el conocimiento del sistema de la lengua, en cambio hoy pensamos que aprender lengua es aprender a usarla, a comunicarse, es decir, adquirir una buena competencia comunicativa. Esto también implica ciertos conocimientos de gramática, pero solo como instrumentos técnicos que nos permitirán conseguir nuestro objetivo: una comunicación diferente.
(...) ¿Cómo se aprende lengua?
Creemos que la lengua se aprende usándola y el uso de la lengua solamente puede realizarse de cuatro formas distintas: hablando, escuchando, leyendo y escribiendo; por lo tanto el aprendizaje se centrará en el dominio de estas cuatro habilidades (macrohabilidades). En cada propuesta, si bien practicaremos las cuatro pondremos el acento en dos de ellas: leer-escribir o hablar-escuchar, trabajando con otras destrezas más específicas, las microhabilidades (organizar un texto en párrafos es una microhabilidad de escribir). (...) Pero nadie habla, lee, escucha, escribe palabras sueltas porque la lengua en uso se organiza en textos, por eso elegimos desarrollar cada propuesta de aprendizaje a partir de textos, de aquellos que se nos presentan a diario en la pantalla, en el aula, en la mesa de luz, a la vuelta de la esquina.[29]

El encastre entre las orientaciones de las propuestas de la psicogénesis (gramática y normativa en un plano subsidiario, lengua en uso concebida como señalización de las funciones y propiedades de los textos)[30] con categorías de las perspectivas textualistas cognitivistas en pos de aprender a leer y a escribir, aquí también hablar y escuchar, se hace más preciso en cada capítulo organizado por Bloques.[31] Por ello, el Bloque 0, sin indicación de ninguna macrohabilidad, presenta la "competencia comunicativa" que desagrega en

---

29 Marta Lescano y Silvina Lombardo (1997). *Para Comunicarnos. Lengua y Literatura 8° EGB*. Buenos Aires, Ediciones del Eclipse, p. 2.

30 Es claro que el libro hace sistema o está en sintonía con *La escuela y los textos* de Kaufman y Rodríguez (1993), aunque no presenta referencias bibliográficas y multiplica la cantidad de propiedades asignadas a los textos.

31 Enumero algunas de las macrohabilidades indicadas para cada propuesta. El índice del manual consta de cuatro carillas completas. El modo de indicación de sus páginas está dado por el número de cada propuesta más la página con independencia de la progresión completa. Es decir que 4-1 significa página 1 de la propuesta 4 que, a su vez, está contenida en el Bloque 2. Este criterio se justifica por el hecho de que el libro se presenta como desarmable, es decir, que se pueden retirar las páginas que están perforadas a modo de carpeta n° 5 y así incluirlas en las de los alumnos. El libro completo consta de 240 páginas.

conceptos de "lengua", "actos de habla", "usos de la lengua", "reformulación del circuito comunicacional". Luego, el Bloque 1: textos del mundo personal. Propuesta 1: la conversación ("lectos", "registros", "superestructura conversacional", "máximas conversacionales", "signos paralingüísticos"); Propuesta 2: el relato ("superestructura narrativa", "plan de narración", "los conectores", "los verbos"); Propuesta 3: la descripción ("descripción de personas", "sustantivos", "adjetivos", "subjetivemas", "recursos expresivos", "descripción de objetos", "adverbios" y "locuciones adverbiales"). El manual sigue con el Bloque 2: textos de los medios. Propuesta 4: el diario ("paratextos", "oración bimembre y unimembre", "superestructura periodística"); Propuesta 5: la televisión que entretiene ("el macrodiscurso televisivo", "enunciador-enunciatario", "función pragmática"); Propuesta 6: la televisión que persuade ("publicidad televisiva-publicidad gráfica", "significados denotados y connotados"). Bloque 3: textos de la escuela. Propuesta 7: el texto escolar ("competencia enciclopédica", "paratextos", "estrategias textuales", "tópico y comento", "tema y rema", "fenómenos de cohesión"); Propuesta 8: el instructivo ("superestructura descriptiva y apelativa", "conectores discursivos cronológicos", "reglamento deportivo", "informe de experimento"). Bloque 4: textos del Arte. Propuesta 9: la historieta ("signos iconográficos", "encuadres y planos", "ideología"); Propuesta 10: el cuento ("situación inicial", "complicación", "resolución", "situación final", "núcleos narrativos", "personajes", "ambientación", "puntos de vista"); Propuesta 11: la novela ("trama", "personajes", "ambientación", "narrador", "polifonía", "competencia enciclopédica"); Propuesta 12: la poesía ("léxico" y "recursos expresivos").

Es claro que las "macrohabilidades para leer y escribir" son y funcionan como saberes positivos, contenidos para enseñar. El libro presenta al final extensos apéndices en los que se ubican el *Vocabulario técnico*, glosario que ofrece las definiciones de las categorías utilizadas que van desde la "implicatura" hasta la "sinalefa". Luego otro llamado *Normativa*, que refiere a los usos de b/v; c/s/z; g/j y h, más los signos de puntuación. Otro se llama *Tipología textual*, apartado en el que se expanden las justificaciones de la nueva unidad de análisis que se entiende como enseñanza de la lectura y la escritura. Por ejemplo, se plantea que el "tipo textual crónica" es "informativa" (función), "narrativa" (trama) y "periodística" (género). Después, aparece otro cuadro en el que se explican las características de los "géneros discursivos". Así es que el "género literario" tiene como "función social producir placer estético a través de la palabra" y responde a los siguientes tipos: "cuento, novela, teatro, fábula, leyendas". Se continúa señalando la función social y el tipo de texto del resto de los géneros, según las autoras: "periodístico, científico, humorístico, publicitario, instruccional, epistolar, mediático, instrumental".

El último apéndice se denomina *Gramática y Pragmática*, y allí se definen los siguientes conceptos: "acto de habla, clases de palabras, clases de oraciones y modalidades, estructura oracional, estructura textual, inferencia, signo, texto y contexto, unidades fónicas y gráficas, variedades lingüísticas".

Así, hasta la actualidad, la diversificación de los lugares de trabajo de agentes formados en las carreras de educación y letras, que van de la mano de la institucionalización de nuevas especialidades desde la transición democrática, son muestra de la reconfiguración disciplinaria. Por ello, creo que estos procesos solamente pueden estudiarse en una periodización que visibilice la relación entre políticas educativas, universidades, mercado editorial escolar y conformación de saberes disciplinarios orientados a reconfigurar la disciplina escolar lengua y literatura en enseñanza de la lectura y la escritura. También, estos procesos demandan otro tipo de abordaje, sobre todo, cuando este complejo entramado histórico se pone en vínculo con el trabajo docente en las instituciones educativas. Porque además, desde una descripción explicativa de los nuevos saberes escolares sobre la lengua y la literatura que comienzan a convivir en tensión en las aulas, cabe preguntarse si en el ensayo de relato histórico que he esbozado aquí no estamos frente a un nuevo orden en lo que respecta a los lazos entre los poseedores de saberes expertos y los poderes políticos y económicos. En palabras de Magalí Sarfatti Larson lo que hay que interrogar es "¿Qué tipo de poder consiguen los expertos cuando se apropian de un campo del discurso para sí mismos? Es más fácil empezar comprendiendo de qué tipo de poder se trata. No es el tipo de poder que el pensamiento liberal identifica con el poder político". En efecto, en realidad se trata de un "discurso monopolizado" que consigue "silenciosa e invisiblemente" imponer "la obligación no-física de aceptar las definiciones, de internalizar las normas morales y epistemológicas" (Sarfatti Larson, 1988: 156). Explica la autora que este poder de los expertos es impersonal, porque se formula desde la pretensión de lo general "pero también es profundamente personal, ya que los individuos que internalizan los discursos generales y concretos de su cultura los experimentan como expresiones naturales de su propia voluntad y razón". De modo que:

> Los estratos profesionales e intelectuales intentan aprehender ese tipo de poder coercitivo impersonal tanto por su propio interés como por los demás beneficios que puede proporcionar. Estos estratos intelectuales son quienes elaboran todas las legitimaciones y todas las críticas, tanto limitadas como radicales del poder humano; no es por tanto sorprendente que no hayan denunciado como una acción política de importantes consecuencias la pretensión de un conocimiento objetivo a través del cual se fue estableciendo

su propio poder colectivo sobre determinados discursos (Sarfatti Larson, 1988: 156-157).

Para este libro, se trata de un *discurso monopolizado* sobre la enseñanza de la lengua y la literatura que aún *expresa como natural* el constructo lectura y escritura desde la orientación de los CBC (1995) y sus opciones por el textualismo cognitivista en cruce con los modelos de la psicogénesis. Es decir, desde una lectura y una escritura convertidas en contenidos de enseñanza a la manera de las competencias, las macro y microhabilidades, el enfoque comunicativo, las tipologías/clases textuales y sus funciones, tramas, propiedades, la lectura por objetivos, la comprensión lectora y la producción textual. Sumatoria que lleva a la formulación de que enseñar a leer y a escribir es un conocimiento de los textos consecuente con los lineamientos de los organismos internacionales como ya expresé reiteradas veces, porque se justifican en un "saber hacer" y que, como analizo más adelante, presenta nuevas redefiniciones particularmente respecto de la lectura y la escritura de los textos literarios. Sin embargo, también se trata de una monopolización del discurso sobre la lectura y la escritura que reinscribe algunos saberes conservados desde las décadas del sesenta y setenta. Homogeneización que, al mismo tiempo, se justifica en una conceptualización negativa de *la* gramática y *el* estructuralismo para fundamentar y promover sus propios saberes expertos en el ofrecimiento de sus servicios a las políticas educativas. Igualmente, gramática y estructuralismo perforan el discurso monopolizado de la enseñanza de la lengua y la literatura; no solamente por efectos de conservación en la disciplina escolar, sino también cuando los postulados de estas perspectivas encastradas les dan continuidad en sus propias argamasas conceptuales, o porque, no pueden dar respuestas a sus mismos vacíos metodológicos. Sobre estos problemas avanzo en los siguientes capítulos.

Capítulo 4
Metodologías de la enseñanza de la lengua y la literatura como objeto de estudio

1. Las didácticas y el problema del *método*: entre el tecnicismo instrumentalista y el criticismo

Como ya he explicado a lo largo de la primera parte del libro, la reconfiguración de la enseñanza de la lengua y la literatura en lectura y escritura está enmarcada en discusiones ríspidas, omitidas o relegadas en los estudios de corte académico; en formulaciones curriculares y en otras acciones educativas promovidas por el Estado y sus jurisdicciones; en variadas publicaciones de la industria editorial escolar, pero latentes en cursos de formación docente de los que participé en distintas localidades de la Argentina en el período que se extiende desde 1998 hasta la actualidad. De ahí que mi interés por los problemas metodológicos de la enseñanza de la lengua y la literatura, también se vincule a discusiones sobre mi propio trabajo en las cátedras de didáctica de la lengua y la literatura (u otras de áreas afines en la formación docente universitaria), frente a cursos correspondientes a los últimos años del nivel secundario y en cursos de ingreso universitarios transitados sin interrupción —en el caso de los últimos— hasta el 2008, inclusive.

En este capítulo me dedico a fundamentar por qué el estudio de los problemas metodológicos de la enseñanza de la lengua y la literatura liga dos órdenes, no siempre entendidos como relacionables dentro de la investigación didáctica, y educativa en general. Dicho a grandes rasgos: un orden más vinculado con intereses políticos e históricos educativos, y otro relacionado con intereses pedagógico-didácticos. Para ello, profundizo en las relaciones sistema educativo, cultura escolar y disciplina escolar lengua y literatura como articuladoras de la construcción del marco teórico y metodológico de la investigación aquí presentada.

Por otra parte, el retorno al *método* como problema de indagación se fundamenta en la necesidad de resignificarlo en cuanto a las diversas conceptualizaciones que viene asumiendo en el marco de las tendencias pedagógicas que prefiguran a la producción didáctica desde los años ochenta en adelante, en Latinoamérica. Por un lado, y como ya he desarrollado anteriormente, se trata del tecnicismo sustentado en distintas derivaciones de los estudios sobre el desarrollo humano y las psicologías cognitivas pospositivistas y, por otro, de los vacíos, rodeos o desajustes de las posiciones sustentadas en los análisis críticos con base en perspectivas sociológicas, culturales e históricas. Opto por la posibilidad de reinscribir el método en esta última perspectiva, ya que, creo, es la que puede ofrecer los argumentos para resituarlo como variable y requerimiento del trabajo docente, que no puede ser pensado de manera unívoca y, en este sentido, como aplicación unidireccional de orientaciones curriculares u otras acciones político-educativas. En distintos espacios de actuación profesional, la enseñanza de la lengua y la literatura o sus entradas por la lectura o la escritura, entre otras, necesita circunstanciarse. En otras palabras, se circunstancia, se localiza, se especifica en las variables sistema educativo, cultura escolar y disciplina escolar, más allá de las orientaciones didácticas del momento. En todo caso, dichas orientaciones son una variable más de esa lógica eventual, pero no su determinación. Por ello, retornar al problema del método implica también volver a observar el concepto de *enseñanza* que se juega en cada perspectiva de las didácticas de la lengua o la literatura y sus tensiones con los significados que asume en el trabajo docente.

De esta manera, cuáles debieran ser las decisiones teóricas de las propuestas y los materiales didácticos para la enseñanza de la lengua y la literatura en la búsqueda no de un método, sino de una *metodología de carácter circunstanciado* significa afirmar su dimensión *localizada*. Es decir, que se localiza tanto en programas, proyectos, propuestas, materiales, consignas como en las reutilizaciones y reelaboraciones de aquellos que los docentes consideren apropiados para su trabajo. También en las maneras en que los docentes interpretan el trabajo de los alumnos, a saber, sus modos de decir, de mostrar y validar los saberes sobre la lengua y la literatura en los que son enseñados y los que ya poseen, han hecho para sí, en las instituciones y por fuera de ellas. Esta apuesta, sustentada en estudios sobre la cultura escolar de miradas antropológico-históricas y político-históricas, permite nuevas hipótesis sobre las relaciones entre las formaciones académicas o diversas prácticas profesionales en/con la lengua y la literatura, las directrices del sistema, de los currículums, proyectos y programas extracurriculares (entre otras acciones político-educativas que se derraman en distintos espacios de formación) y los saberes disciplinares de variadas, pero encastradas tradiciones que docentes y alumnos valoran en el cotidiano escolar, como también aquellos que los últimos "traerían de otro lado". Se trata, en última instancia, de repensar la dimensión metodológica de la enseñanza de la lengua y la literatura situada en la cultura escolar y, en cuanto disciplina escolar, en el reconocimiento de las tensiones entre *saberes docentes* y *saberes pedagógicos* (Viñao, 2002; Rockwell, 2009), que también he mencionado en los capítulos anteriores.

En el marco de aquellos debates reseñados en el capítulo I en torno a la didáctica y las didácticas específicas, documentados hacia mediados de los años noventa en nuestro país, se inscriben una serie de reflexiones focalizadas en el problema del método en la enseñanza. Gloria Edelstein (1996) recupera su propio trabajo iniciado en los años setenta junto a Azucena Rodríguez para señalar lo siguiente:

> (...) en didáctica la cuestión del método o de lo metodológico se abandona o se disuelve en otras conceptualizaciones en la década del 80. Si bien estos años son fecundos en producciones que implican un significativo *aggiornamento* de viejas categorías de la didáctica (los objetivos, los contenidos, el currículum, la evaluación, etcétera) y la incorporación de otras nuevas (la transposición didáctica, el currículum oculto, la cultura académica, el discurso en el aula, la negociación de significados, etcétera), prácticamente no hay trabajos que incluyan la cuestión del método como variable, dimensión o categoría sujeta a revisión. Esta cuestión queda subsumida, en todo caso, en conceptualizaciones afines, sin la necesaria explicitación de las relaciones implicadas (Edelstein, 1996: 76-77).

Ahora bien, según la autora, los desarrollos sobre los métodos anteriores a los años ochenta —corte significativo en la cronología que construye dada la hegemonía de la tecnología educativa en esa época— tampoco supusieron teorizaciones particulares. Sino que la historicidad de la polisemia del término *métodos* en el campo educativo parece ir compartiendo la naturalización de que se tratarían de "construcciones elaboradas sobre la base de experiencias educativas concretas, sin explayarse demasiado en desarrollos discursivos de orden teórico". Para Edelstein, de este modo también se ha tratado a los métodos Montessori, Decroly, Freinet, entre otros, sin dar cuenta de sus proyectos pedagógicos teóricos que no se reducen a indicaciones sobre las interacciones en el aula (1996: 77). Por lo tanto, la autora realiza un primer trabajo de reconceptualización del método, sobre todo, a la luz de los avances en epistemologías de las ciencias humanas y sociales, ya bastante conocidos en las universidades argentinas en los años noventa.[1] Es decir, que

---

[1] Estas revisiones epistemológicas muestran la vacancia de análisis en torno al tipo de conocimiento que se produce en la investigación educativa y, creo que, en particular, en sus desarrollos sobre la(s) didáctica(s) que ya he comentado con Tenti Fanfani (2000) y

desde una posición propia de la didáctica crítica, y, de hecho, recuperando a Díaz Barriga (1985), Edelstein reinscribe el problema en formaciones de conocimientos más amplias, topográfica y temporalmente más extensas. De ese modo, demuestra que la concepción de método que hegemonizó la tecnología educativa también es una concepción de ciencia, de conocimiento, que hay que rastrear en el conductismo y sus derivaciones más avanzadas, como las de Skinner, Gagné, Pohan y Baker que han tenido una fuerte implicancia en el campo didáctico (Edelstein, 1996: 78). En efecto, el advenimiento de la tríada tecnocracia/instrumentalismo/tecnicismo, y su rápida masificación en los años ochenta, abonó a la continuidad de criterios de:

> (…) universalidad del método, entendido básicamente como pasos rígidos, secuenciados; reglas fijas; sumatoria de técnicas y procedimientos válidos para resolver cualquier problema, en cualquier situación o contexto. Serie de algoritmos preespecificados que permitan dar respuesta a una amplia gama de situaciones. Se trata, según señala A. Díaz Barriga, del mito del orden natural, orden único para enseñar y aprender, relacionado por cierto con una concepción de ciencia, de verdad, que niega el conjunto de relaciones que inciden en los procesos de conocimientos. La idea de orden único lleva a priorizar la prescripción, desde la que se intenta regular la actividad docente (Edelstein, 1996: 79).

Dice Edelstein que de esta concepción del método proviene una "visión simplificada de lo metodológico en la didáctica" y desde allí, creo, se podría justificar una polarización entre producciones en didáctica de la lengua o la literatura que persisten en sus desarrollos sobre los métodos desde esa mirada –que claramente muestra una continuidad de postulados positivistas– y su omisión o rodeos por parte de las posiciones críticas que se nutren de algunos otros postulados de la investigación social. Es decir, que al resituar la noción de *método* en su consolidación en el campo educativo y didáctico, en especial, se revela que se enmarca en la larga historia de las ciencias en el mundo occidental.

En el caso específico de la investigación cualitativa como *término paraguas* instituida básicamente por la Escuela de Chicago entre 1920 y 1930 para señalar las particularidades de los trabajos sociológicos de Boas, Mead,

---

Barbosa Moreira (1999). Por ejemplo, Edelstein recurre a Barthes para plantear la relación compleja entre "lenguaje y método" y, así, afirmar que tanto la investigación como la enseñanza presentan la proximidad de ser, en última instancia, "prácticas discursivas" (Edelstein, 1996: 86). Problema que desarrollo junto con otras revisiones epistemológicas más, pero en los límites de los propósitos del presente libro, dado que efectuarlas en profundidad significaría la elaboración de otro estudio.

Malinowski, entre otros, y sus aportes a nuevos estilos de producción de conocimientos sobre "la vida de los grupos humanos", y ya no, "las causas de sus conductas"; sus tráficos y reutilizaciones en otras disciplinas como la "educación, trabajo social, psicología, historia, las ciencias médicas y la antropología" presentan "historias separadas" (Denzin y Lincoln, 1994: 101). Por ello, dada la complejidad de estas historias, no se trata de pronunciar que se está efectuando una investigación cualitativa sobre algún fenómeno del mundo social, y que para ello se optará por alguno de sus enfoques o estilos: desde la etnografía hasta la investigación que combina métodos cualitativos con cuantitativos; sino que al atender a su entramado "ontológico, epistemológico y de método" se devela una competencia entre cuatro paradigmas definidos "como el sistema básico de creencias" que orienta al investigador: "el positivismo, el pospositivismo, la teoría crítica y las posiciones ideológicas afines, y el constructivismo" (Guba y Lincoln, 1994: 105).

De allí que según cómo se entienda la realidad social y se la interrogue, aunque sea con técnicas cualitativas, por ejemplo, la entrevista no estructurada, orientará la ratificación de ciertos sistemas de creencias: el "realismo ingenuo" del positivismo; el "realismo crítico" del pospositivismo, que intenta superar la candidez del anterior reconociendo los límites de su acceso, pero en definitiva, ratifica que hay una realidad social exógena a los sujetos que espera ser descripta y estudiada; el "realismo histórico" de las teorías críticas y el "relativismo" del constructivismo en sociología y antropología.[2] Este esquema es, como señalan Guba y Lincoln, "un rápido brochazo útil" no exento de simplificaciones, pero "ordenador para que los investigadores se tomen el tiempo de reflexionar sobre el tipo de conocimiento que producen" (1994:112). Es en ese sentido, en especial, que recurro a este trabajo porque su aporte es demostrar cómo la denominación "cualitativo", o el hecho de afirmar que se atienden a variables sociales, culturales e históricas, en un tipo de investigación que estudia actores y sus acciones sociales, como lo es la educativa, no es garante de la consideración de una realidad compleja en el sentido de mediada y, por ende, escurridiza a los abordajes positivistas cuantitativos como entramado ontológico,

---

2   Cabe aclarar que los autores no están considerando al constructivismo en la psicología cognitiva. En ella, en sus usos en la investigación educativa, se ha naturalizado al constructivismo como un realismo ingenuo que ubica en los sujetos estudiados (alumnos) la acción de "construir conocimientos". El investigador se convierte en un espectador de ese fenómeno mental que se daría de suyo (Fonseca, 2001). Es el caso del constructivismo de corte piagetiano y sus diferencias con el constructivismo de Vigotsky. Para la revisión de los problemas epistemológicos del constructivismo piagetiano, el pospiagetismo y sus diferencias con la teoría del desarrollo humano de Vigotsky, cf. Bronckart (2007 y en Cuesta *et al.*, 2010c).

epistemológico y metodológico. A la vez, porque permite, justamente, fundamentar la consolidación de estos entramados en las reconfiguraciones de la disciplina escolar lengua y literatura orientadas desde políticas de Estado, de mercado y grupos de especialistas.

Por lo tanto, si la tecnología educativa como expresión más nítida de un realismo ingenuo en su creencia sobre la instrumentalización y tecnificación de la enseñanza imaginó al docente como "un ingeniero conductual del que se requiere dominio del modelo más que de la disciplina o campo de conocimiento en torno del que trabaja, y del cual es mediador central en los procesos de apropiación por parte del alumno (Díaz Barriga, 1985)" (Edelstein, 1996: 79); hay, en verdad, un modelo operando en esa fábula que "supone que existe una realidad aprehensible, que actúa bajo mecanismos y leyes naturales inmutables". Y que el conocimiento "se sintetiza convencionalmente en la forma de generalizaciones libres de tiempo y contexto, algunas de las cuales toman la expresión de leyes de causa-efecto" (Guba y Lincoln, 1994: 108). Estas concepciones de los docentes como técnicos de modelos instrumentales para la enseñanza basados en leyes inmutables de causa y efecto, atemporales y descontextualizadas se presentan en los encastres de las perspectivas textualista cognitivista y de la psicogénesis como ya analicé en el capítulo anterior.

En consecuencia, esa nueva enseñanza de la lengua y la literatura devenida en lectura y escritura como conocimiento de los textos concebida para mediados de los años noventa, y con continuidad hasta hoy, justificaba, y aún lo hace, sus nuevos abordajes como *ciertos, verdaderos, científicos*. Y traducía, y traduce, sus hallazgos en métodos que desestiman abiertamente los saberes y también métodos que denominan *tradicionales* y ubican en algún pasado particularmente en la última dictadura militar. Por ello, cuando Edelstein se centra en el análisis de las relaciones entre contenidos, métodos y docentes para proponer la noción de "construcción metodológica" como nueva categoría superadora del método, en definitiva, redirecciona el concepto hacia los significados que adquiere en la investigación social cualitativa (de ontologías no realistas) porque:

> (…) implica reconocer al docente como sujeto que asume la tarea de elaborar una propuesta de enseñanza en la cual la construcción metodológica deviene fruto de un acto singularmente creativo de articulación entre la lógica disciplinar, las posibilidades de apropiación de esta por parte de los sujetos y las situaciones y los contextos particulares que constituyen los ámbitos donde ambas lógicas se entrecruzan (Edelstein, 1996: 85).

También, la noción de construcción metodológica permite reconocer en el docente la adopción "de una perspectiva axiológica, ideológica (en el sentido de visiones de mundo) [porque] incide en las formas de vinculación con el conocimiento cuya interiorización se propone y, por lo tanto, también tiene su expresión en la construcción metodológica" (Edelstein, 1996: 85).

La definición de construcción metodológica aportada por la autora permite insistir en la vacancia del problema hasta la actualidad. Para mediados de los años noventa, era sumamente significativo este posicionamiento que recolocaba al docente ya no como ejecutor o controlador de procesos que supuestamente "media", "facilita", sino como protagonista de una acción social llamada *enseñanza* que, como tal, siempre será situada. No obstante, en el marco de las discusiones entre didáctica y didácticas específicas del momento, que como ya he reseñado quedaron subsumidas a cuestiones de incumbencias, campos y contenidos, un aspecto fundamental del problema aparecía opacado: ¿en qué marcos se da ese entrecruzamiento como acto singularmente creativo por parte del docente entre la lógica disciplinar, las posibilidades de apropiación por parte de los sujetos y las situaciones y contextos particulares? En otras palabras, ¿cómo se cargan de significados precisos esos tres componentes?, ¿qué otras variables entran en juego?, ¿cuáles son los parámetros de creatividad para comprender al trabajo docente? De alguna manera, la réplica del tecnicismo/instrumentalismo o el rechazo u omisión de lo metodológico se fue resolviendo a través de investigaciones didácticas que, resignificando viejas líneas o incluyendo nuevas, se focalizaron en el aula, en aquello que concretamente ocurría entre docentes, alumnos, saberes y objetos de conocimiento. De este modo, la didáctica se fue concentrando cada vez más en su relación con la formación docente en sus distintas variantes: inicial, continua, en servicio, etc. En ese sentido, perspectivas como la del pensamiento de los docentes; la educación para la comprensión o las buenas prácticas; trabajos sociológicos, algunos de corte etnográfico y, más cercano en el tiempo, las narrativas de las prácticas docentes vuelven a las acciones de los docentes nuevos fenómenos para observar y describir, a fin de elaborar hipótesis de cambio en la enseñanza.[3]

---

[3] Algunos trabajos representativos de estas perspectivas, entre otros, son: Paula Pogré (2004). *Escuelas que enseñan a pensar: enseñanza para la comprensión, un marco teórico para la acción*. Buenos Aires, Papers; Edith Litwin (2008). *El oficio de enseñar. Condiciones y contextos*. Buenos Aires, Paidós; Gloria Edelstein (2011). *Formar y formarse en la enseñanza*. Buenos Aires, Paidós; Cristina Davini (coord.) (2002). *De aprendices a maestros. Enseñar y aprender a enseñar*. Buenos Aires, Papers Editores; Daniel Suárez y Liliana Ochoa (2005). *La documentación narrativa de experiencias pedagógicas. Una estrategia para la formación de docentes*. Buenos Aires, Ministerio de Educación, Ciencia y Tecnología-OEA-AICD y Daniel Suárez (2007). "Docentes, narrativa e investigación educativa. La documentación narrativa de las prácticas docentes y la indagación pedagógica del mundo y las

Aunque todas ellas sean disímiles, ofrecen el aporte de hacer intentos por avanzar en las explicaciones sobre lo que ocurre en las aulas. Sin embargo, siempre muestran una predilección por ciertas variables y no otras. En otras palabras, *lo metodológico* sigue quedando enmarañado o, de nuevo, ocultado en producciones de conocimientos didácticos que orientan ideas de cambios en los docentes, en algunos casos casi radicales, que no se informan, o no lo hacen en profundidad, sobre la cultura escolar y las disciplinas escolares. Se trata de una persistencia sobre las maneras de investigar la enseñanza que se traspolan a lo que debería ser *ad hoc* una nueva metodología de la enseñanza, ya sea por explicitación, o por desprendimiento.

Por ello, la puesta en relación de variables, como sistema educativo, cultura y disciplina escolares brinda un acceso a los modos en que los docentes *dicen entender* la enseñanza de la lengua y la literatura, a sus alumnos, instituciones, formaciones, políticas educativas y las maneras en que sustentan desde allí metodologías. Se trata de justificar elecciones teóricas, pero también metodológicas, que articulan la investigación aquí presentada, pues en la especificación acerca de cómo entiende y lee su dimensión empírica están las claves para argumentar que una metodología de la enseñanza de la lengua y la literatura dialogará con la metodología de la investigación que la enmarca, pero en la búsqueda de su sentido y valor para el trabajo docente, lo que concierne a alumnos, instituciones, sistema, realidades sociales y culturales. Es decir, que ambas metodologías no son autorrefractantes. Recuperamos la interesante formulación de Edelstein (1996): una metodología de la enseñanza es una construcción. Entonces, en cuanto tal, debe ser otra y no reflejo, aplicación, de las teorías y métodos de investigación que la sustentan.

2. Precisiones sociológicas y antropológicas sobre los conceptos de *prácticas* y *enseñanza*

Al igual que las metodologías cualitativas de la investigación en ciencias sociales, la metodología del presente estudio supone la conjunción del espacio teórico y práctico-empírico. Ya no se trata de una teoría aplicada en un método, sino de una metodología articulada en la construcción de un marco teórico que, a la vez, se señalan mutua y constantemente sus alcances y límites.

En términos del ya clásico ensayo de los años setenta de Clifford Geertz (1992), pero aún vigente y constantemente citado en variados estudios

---

experiencias escolares", en I. Sverdlick (comp.): *La investigación educativa. Una herramienta de conocimiento y acción*. Buenos Aires, Noveduc.

interpretativos y etnográficos,[4] esa dimensión metodológica-teórica es microscópica, local, porque no se pretende derivar de descripciones e interpretaciones de parcelas de la cultura conocimientos que expliquen todas sus implicancias y que puedan ser organizados en algo llamado *la* teoría de la cultura. Para el caso que aquí trabajo, sería la pretensión de arribar a *la* teoría o *la* metodología de la enseñanza de la lengua y la literatura. Aunque, también siguiendo los razonamientos de Geertz —que cito a continuación—, *de la lengua y la literatura*, ya le confiere un "carácter específico y circunstanciado" (Geertz, 1992: 34). Por ello, una metodología y una teoría, una teoría y una metodología se construyen al mismo tiempo y en relación horizontal. Dice Geertz a propósito de los debates sobre el estatuto de ciencia de la antropología cultural interpretativa desarrollados en los años setenta:

> El problema metodológico que presenta la naturaleza microscópica de la etnografía es real y de peso. Pero no es un problema que pueda resolverse mirando una remota localidad como si fuera el mundo metido en una taza de té o el equivalente sociológico de una cámara de niebla. Ha de resolverse —o en todo caso se lo mantendrá decentemente a raya— comprendiendo que las acciones sociales son comentarios sobre algo más que ellas mismas, y que la procedencia de una interpretación no determina hacia dónde va a ser luego impulsada. Pequeños hechos hablan de grandes cuestiones, guiños hablan de epistemología o correrías contra ovejas hablan de revolución, porque están hechos para hacerlo así (Geertz, 1992: 34-35).

Por lo tanto, no se trata de "meter en una taza de té" la enseñanza de la lengua y la literatura, pero sí se trata de reconocer que las acciones sociales que la hacen son "comentarios sobre algo más que ellas mismas". Y que esos *comentarios, dichos*, como señala también el autor, son inscripciones del discurso social porque "lo importante es demostrar en qué consiste una pieza de interpretación antropológica: en trazar la curva de un discurso social y fijarlo en una forma susceptible de ser examinada" (Geertz, 1992: 31).

---

4 Vuelvo a este clásico ensayo llamado "Descripción densa: hacia una teoría interpretativa de la cultura", justamente, por lo que el mismo Geertz (1992) señala allí respecto de la naturalización de los conceptos y porque brinda la posibilidad de comprender el carácter circunstanciado de la enseñanza como acción social y, con ello, de sus metodologías. También porque Rockwell (2009) en sus explicaciones sobre la cultura escolar lo recupera en la necesidad de resituar a la etnografía en la investigación educativa y de revisar los problemas que además ha generado su naturalización en este campo. En ese sentido, se retorna en este estudio a varios autores clásicos de la investigación en ciencias sociales, ya que ofrecen revisiones epistemológicas insoslayables para comprender problemas diseminados en las producciones que toman objetos de indagación sociales como el que aquí me ocupa.

Siguiendo esta posición de análisis social y cultural, se puede afirmar que los comentarios de los docentes y alumnos inscriptos en las escrituras del investigador; puestos en relación con otros materiales empíricos y con gran parte de las producciones que versan sobre la enseñanza de la lengua y la literatura permiten captar sus normalidades y particularidades. Se trata de replantear la dicotomía generalización/relativismo y la distinción teoría-práctica para otorgarle contenido a los conceptos elaborados, en cuanto abstracciones del mundo social, como lo es la enseñanza de la lengua y la literatura. Siguiendo de nuevo a Geertz (1992) "lo importante de las conclusiones del antropólogo es su complejo carácter específico y circunstanciado" (Geertz, 1992: 34), pues:

> (…) es lo que puede dar a los megaconceptos con los que se debaten las ciencias sociales contemporáneas –legitimidad, modernización, integración, conflicto, carisma, estructura, significación– esa clase de actualidad sensata que hace posible concebirlos no solo de manera realista y concreta sino, lo que es más importante, pensar creativa e imaginativamente *con* ellos (…) [porque] la tarea esencial en la elaboración de una teoría es, no codificar regularidades abstractas, sino hacer posible la descripción densa, no generalizar a través de casos particulares, sino generalizar dentro de estos (Geertz, 1992: 35-36).

Cito extensamente este trabajo de Clifford Geertz (1992) porque muchos de sus planteos, aunque tengan también detractores, forman parte de los aportes de los últimos debates en las ciencias sociales que permiten ubicar en ellas a varias disciplinas o, como se prefiere decir actualmente, grupos de teorías. También, porque es un acuerdo en los estudios de las ciencias sociales revelar las implicancias teóricas y metodológicas propiamente dichas del trabajo de investigación, particularmente del etnográfico (Restrepo, 2015). Con ello, al utilizar *enseñanza* resitúo un megaconcepto, como señala Geertz (1992), que indica unas *acciones sociales*, unas *prácticas* para así converger en los últimos usos de esta última categoría más propios de la investigación educativa, y que, como tales, se consideran realizadas a la vez y por muchos actores. Adelanto aquí que otro de los problemas de las últimas producciones didácticas, que de algún modo u otro han tomado para sí la enseñanza de la lengua y la literatura, es una reificación y naturalización de aquello que denominan *prácticas* como categoría del análisis social, cultural e histórico. Otros dos problemas, la reificación y naturalización que, según Geertz (1992), son característicos de la investigación social y cultural que busca conocer más de las acciones sociales, pues parece bastante difícil comprender y reconocer que jamás seremos aquel que investigamos, ni nos mimetizaremos con él, sino que podremos acceder con suerte a algún tipo de conversación en la que nos ofrecerá significados que siempre estarán mediados. Nunca habrá una interpretación cero, dice el autor, siempre serán de segundo y tercer orden; más allá de que estemos trabajando con grupos pertenecientes a nuestra propia cultura (Geertz, 1992: 26-28).

Si bien las prácticas se pueden inscribir, describir e interpretar a partir de diversos modos de documentarse, siempre sus explicaciones deben responder, respetar su identidad basada en aquello que nos *informan* los actores sobre ellas mismas. Entonces las prácticas de enseñanza nunca se "diseñan ni perfeccionan", no son "planificaciones de clases" ni "secuencias didácticas" en sí mismas, no "están ausentes" o "deben ser promovidas" (en el caso de la lectura y escritura), sino que son, de nuevo, acciones sociales históricas que se resignifican a lo largo del tiempo en relación con coyunturas que, en algunos casos, llegan a dar nuevos significados a los sentidos que las motorizan. Al recurrir a otro clásico de la investigación antropológica como lo es Marshall Sahlins (2008), puede recordarse que, en definitiva, aquello que hace a las acciones sociales es la *producción de significado*, ya que "al actuar desde perspectivas diferentes, y con diferentes poderes sociales para objetivar sus respectivas interpretaciones, los individuos llegan a diferentes conclusiones, y las sociedades elaboran consensos diferentes. La comunicación social constituye tanto un riesgo empírico como una referencia al mundo" (Sahlins, 2008: 10-11).

Si a la hora de objetivar sus interpretaciones de las cosas, las referencias, los actores las vuelven a significar de una manera distinta a las categorías antes utilizadas por las sociedades, acción para la que "la metáfora, la analogía, la abstracción, la especialización: todos los tipos de improvisaciones semánticas son inherentes a la actualización cotidiana de la cultura con la posibilidad de hacerse generales o unánimes por su aceptación sociológica en el orden vigente" (Sahlins, 2008:11); los comentarios de docentes y alumnos que condensan significados compartidos sobre la enseñanza de la lengua y la literatura pueden ser leídos en esas claves interpretativas. Pareciera que, también siguiendo con Sahlins, algo ocurre en la *realidad del aula* en cuanto los significados irrumpen con una marca de un yo testigo y protagonista del hecho educativo, de esas prácticas de enseñanza de la lengua y la literatura, también recurrente. No obstante, como explica el autor, no se tiene la ventaja de nombrar a las cosas realmente como son, de hecho, ya he fundamentado que no adscribo a esa ilusión realista, sino que los nuevos modos de nombrar pueden darse en la medida que sean *inteligibles*, ya que "el viejo sistema se proyecta hacia el futuro en sus nuevas formas" (Sahlins, 2008: 12).

Entonces, propongo comprender los comentarios de docentes y estudiantes en el reconocimiento de que el *cambio* no puede dejar de ser entendido sin la consideración de las coyunturas. Seguramente, hay un cambio cuando un docente dice que apuesta a la literatura para "lograr algo" con sus alumnos "marginales" frente a las realizaciones de significado estructurales-históricas que, al revés, ponen al ruedo significados que objetivan a los alumnos como "incapaces" de acceder a la literatura. Diría Sahlins (2008) que este caso mostraría que "los efectos de esos riesgos [de significado] pueden ser innovaciones radicales" (Sahlins, 2008: 11). Efectivamente, este cambio tendrá relación con la contingencia, ya que la afirmación sobre los alumnos "marginales" habla de los cambios socioeconómicos de décadas en la Argentina. No obstante, ese significado de la literatura ahora como "salvadora del trabajo docente" recupera y refuncionaliza el sentido añejamente conservado de la "literatura como salvadora de los espíritus", como "garante de la cultura y por lo tanto de la humanidad" y todo el campo semántico afín.[5] De este modo, "el orden cultural se reproduce a sí mismo en el cambio y como cambio" (Sahlins, 2008: 13).

Es probable que el hecho fáctico de ofrecerles, material y simbólicamente, literatura a unos alumnos "marginales", o negársela, repercuta en un cambio cuando la opción es la primera. Pero, los significados que sustentan ese *cambio* han sido *cambiados*, justamente, dentro de la posibilidad estructural de la producción de significado que es histórica y coyuntural a la vez. En realidad, estos potenciales de sentido realizados muestran lo contingente de la decisión: algo hay que hacer con los jóvenes en las aulas, con la literatura y, para ello, la lectura es el camino. A la vez, develan lo estructural histórico: la literatura tendría unos poderes para resolver, casi mágicamente, algún problema vinculado con la sociedad, la educación o la cultura. Pero es más, estos significados no responden únicamente a creencias individuales o acaso colectivas, de grupos de docentes, también de alumnos, para continuar con el ejemplo. Sino que, volviendo al análisis de Sarfatti Larson (1988) sobre el poder de los expertos y sus discursos monopolizados se trata de significados que se hallan en las políticas educativas, producciones didácticas y particularmente en el mercado editorial. Incluso en la industria del entretenimiento que, igualmente, suelen sindicar como "empobrecedora de la cultura". Imágenes de libros que vuelan o que hacen salir de sus páginas tiernos animales y

---

5 Ya lo fundamenté en el capítulo anterior respecto de las distintas producciones de los estructuralistas argentinos en referencia al trabajo de Lacau (1966). Las continuidades históricas de significados producidos y reproducidos en las sociedades occidentales u occidentalizadas sobre la literatura como "la" cultura están bien explicados por Terry Eagleton (1988) y Raymond Williams. *Marxismo y literatura*. Barcelona, Península, 1988.

llevan a niños y jóvenes a "otros mundos posibles", leyendas tales como "los libros te crean y te construyen, no solo te transforman",[6] siempre en referencia a la literatura y, especialmente a la literatura infantil y juvenil, pueden hallarse en los documentos de planes de lectura, en las fundamentaciones didácticas sobre la selección de textos, en publicidades de libros, opiniones de escritores y dibujos animados, validando la convicción de sus supuestos efectos especiales sobre las existencias de niños y jóvenes.

Como desarrollo más adelante, *cambio* es otra categoría que merece una particular atención porque, volviendo a Sahlins (2008), no supone la desaparición de significados anteriores al inscribirlo en una especie de recta de tiempo. Como señalé antes: el cambio se estudia en *re*-configuraciones de la disciplina escolar lengua y literatura, y en lo que tienen para decir sus actores al respecto. Un quiebre, una ruptura en el sentido de *cambio*, siempre tiene *algo de lo anterior*, que muchas veces excede las temporalidades más cercanas al segmento histórico donde se decide localizar.

A la pregunta acerca de cómo se está entendiendo el recorte *prácticas de la enseñanza de la lengua y la literatura* se le debe agregar otra: de qué manera se accede a ellas y qué se estudia de ellas. Más adelante observo que el problema del acceso no está únicamente relacionado con los métodos de recolección de datos, sino con su interpretación. Todos los trabajos de metodología de la investigación en ciencias sociales recuerdan constantemente que cuando se opta, al menos, por un punto de partida propio de los paradigmas cualitativos, en este caso decir que se estudiará la enseñanza, las prácticas y no "los procesos mentales que subyacen al aprendizaje de la lengua materna", ningún dato recolectado reflejará de manera directa la realidad. Menos aún si se lo hace desde la etnografía. Para precisar: ningún relato o comentario del docente o del alumno, conseguido con la técnica cualitativa que fuese, reflejará algo que ocurriría en una especie de realidad fáctica objetiva y, por ello, supuestamente asequible en esos términos. Lo que sí hará es habilitar un acceso a un entramado de significaciones que orientan y reorientan, coyuntural y circunstanciadamente, simbólica y materialmente, las acciones sociales en la medida en que presenten una recurrencia. Si esas recurrencias se presentan en una dimensión empírica diversificada, es decir comentadas por docentes de distintas provincias de nuestro país, por ejemplo la creencia respecto de que la literatura mejoraría la vida de jóvenes en situación de desventaja socioeconómica, y si también se registra para niños

---

6   Citado de Luciana Mitri (2015). "¿La expectativa frustrada? Sobre la sacralización del acto de leer literatura", *El toldo de Astier. Propuestas y estudios sobre enseñanza de la lengua y la literatura*, Año 6, N° 10, abril, pp. 52-61. Recuperado de http://www.eltoldodeastier.fahce.unlp.edu.ar/.

y adultos en las mismas condiciones, se pueden hallar más posibilidades de generalización.

A su vez, las recurrencias se cargan de mayor validez cuando documentadas en los comentarios de docentes y alumnos vuelven a armar nuevos arcos recursivos con otras fuentes. Por ejemplo, la repetición de la convicción de muchos colegas de que se debe enseñar a comprender textos también se reitera en orientaciones sobre la enseñanza de la lengua y la literatura elaboradas por especialistas, como ya analicé. No obstante, la relación no es refleja, sino que supone una serie de recreaciones, reinterpretaciones que algunas veces se vuelven disruptivas de la creencia. Por lo tanto, las posibilidades de generalización hallan su rigor cuando reconocen sus matices y diferencias. Vuelvo sobre este tema más adelante.

Al igual que la investigación supone la prefiguración de una serie de actividades implicadas: observar, registrar, analizar, hipotetizar, no exentas de evaluación en cuanto a sus posibilidades de validación (Geertz, 1992: 31-32), ya sea que se trate de su despliegue en las instituciones académicas o en la vida diaria, la enseñanza también es un conjunto de actividades prefiguradas. Tanto en las instituciones educativas como en la cotidianeidad en la que se presenta un tema, se exponen los saberes que lo explican y se proponen ejercicios prácticos para corroborar su aprendizaje y futura instrumentalización en otras situaciones. No se trata de discurrir en una perogrullada,[7] sino de plantear algunos retornos al concepto de *enseñanza* para proseguir no solo frente a estos problemas vinculados con el estatuto sociológico, histórico y cultural de su referencia, sino también por la proliferación de reconceptualizaciones dadas en distintas líneas de la investigación educativa y sus aplicaciones: la enseñanza como investigación-acción, la enseñanza como resolución de problemas, la enseñanza como educación en valores, la enseñanza como mediación, entre otras.[8] La enseñanza hasta en sus concepciones pedagógi-

---

7   Cristina Davini también realiza el ejercicio de recuperar la significación de la enseñanza como regulación social tanto en las instituciones educativas como en la vida cotidiana. Se trata de una necesidad que irrumpe, sobre todo, en los estudios sobre didáctica actuales que asumen el reconocimiento de que este sentido ha quedado aplastado en las últimas décadas y que, como señala la autora, se puede constatar en la experiencia de trabajo con docentes a quienes les resulta por demás conflictivo. En Cristina Davini (2010). *Métodos de enseñanza. Didáctica general para maestros y profesores*. Buenos Aires, Santillana, pp. 20-23. El trabajo de Feldman (1999) también se halla en el sentido de ese reconocimiento y presenta toda una serie de avances al respecto en *Enseñanza y escuela*, Buenos Aires, Paidós, 2010.

8   Verdaderamente, serían casi innumerables los trabajos de investigación dirigidos a docentes, los materiales didácticos realizados por el Estado o provenientes de la industria editorial escolar, los sitios web, entre otros, en los que se pueden rastrear estas reconceptualizaciones de la enseñanza. Para una revisión de estos problemas, cf. Bruce J. Biddle;

cas más revisionistas de los discursos de poder que la atraviesan, al señalar cómo liberarse de ellos, no deja de ser propuesta en nuevas regulaciones y autorregulaciones para docentes y alumnos.

Ya sea en "pedagogías visibles o invisibles" (Bernstein, 1993) la enseñanza siempre es autorregulada y regulatoria en múltiples aspectos: corporales, morales, cognoscitivos, ideológicos, por nombrar algunos. Discutir y tomar posición respecto de unas regulaciones sobre otras no significa que quiméricamente desaparezcan. De hecho, perspectivas claramente encontradas sobre la enseñanza de la lengua y la literatura imaginan que con sus propuestas teóricas la han liberado de arbitrariedades, de nuevo, de su carácter regulatorio. En definitiva, es el sentido que también se articula, aunque de manera problemática, en el fascículo de la revista *Zona Educativa* (1999) que ya he analizado: los alumnos experimentarán un "uso comunicativo real" de la lengua cuando se les enseñe a "comprender los textos" y no a subrayarlos clasificando categorías gramaticales. Se parte de la afirmación de un estado anterior de la enseñanza que no solamente no obtiene "buenos resultados" si se lo perpetúa, sino que además encarcela a los alumnos, los limita. Lo mismo se postula en el trabajo de Kaufman y Rodríguez (1993) cuando llaman "instrucción" a la enseñanza de las letras, palabras y oraciones que ubican en los años ochenta y no a la enseñanza de la tipología de textos que ellas elaboran. De ese modo, cada perspectiva didáctica intenta persuadir que sus propuestas consiguen hacer del aula un espacio donde se leerá y escribirá como "verdaderamente" se lo hace "por fuera de la escuela" y, por ende, como "necesitan" los alumnos. Se trata de una propensión a neutralizar la enseñanza en cuanto acción social y, en especial, localizada en las instituciones educativas, en la fórmula "cuanto más se distinga la orientación en enseñanza de la lengua y la literatura de sus históricas actividades regulatorias, mejor será". No obstante, la fantasía de la desregulación de las prácticas de enseñanza, además de ocultar un reemplazo de regulaciones, supone cosificarla, pues las acciones sociales no se aíslan ni se modifican en nombre de las teorías con las que se las explica, sino que están allí para ser comprendidas en sus lógicas "para evitar pedirle más lógica de la que puede

---

Thomas L. Good e Ivor Goodson (1997). *La enseñanza y los profesores I. La profesión de enseñar; La enseñanza y los profesores II. La enseñanza y sus contextos y La enseñanza y los profesores III. La reforma de la enseñanza en un mundo en transformación.* Barcelona, Paidós. Se trata de una colección que recoge en tres tomos casi la mitad de los artículos que aparecieron originariamente en un trabajo más amplio publicado en inglés por Kluwer Academic Publishers, Dordrecht (Holanda): *The International Handbook of Teachers and Teaching*. Los autores repasan las significaciones que ha adquirido la enseñanza en las últimas décadas en cotejo y con especial interés en la revisión crítica del constructivismo norteamericano en procura de su redefinición en la educación para la comprensión.

dar y condenarse así a extraerle incoherencias, bien a imponerle una coherencia forzada". Por lo tanto, desde una mirada sociológica en serio se debería evitar "el efecto de teorización" que hace "aparecer, en negativo, algunas de las propiedades de la lógica de la práctica que escapan por definición a la aprehensión teórica" (Bourdieu, 1991: 145).

Otro clásico de la investigación social, Pierre Bourdieu (1991), construye una tríada interesante: de *prácticas sociales* deriva *sentido práctico* y de allí *la lógica de las prácticas*. Así, permite escapar de las complejidades de la noción de *habitus*, categoría que también ha sufrido procesos de naturalización en la investigación educativa porque suele ser utilizada en los análisis didácticos como "causa" de lo que "funciona mal" en la educación y no como la realización de la *estructura estructurante de* las acciones sociales y *en* ellas, que posibilita explicar por qué, justamente en sentido social, los sujetos actúan como actúan. El efecto de teorización, la reificación de la lógica de las prácticas, resulta una posición que se concentra en los "productos" y no en las "condiciones de producción".[9] Pero, por otro lado, acuerdo con Bernstein (1993) que el concepto de *habitus* resulta problemático a la hora de estudiar *prácticas pedagógicas*, como él las denomina. Al confrontar este concepto con el de *código*, más allá de reconocer alguna relación, Bernstein devela su carácter generalizador, amplio, a la vez que exhaustivo de los aspectos

---

9 Cabe en este punto la necesidad de realizar una serie de aclaraciones respecto de los desarrollos específicos que hace Bourdieu sobre las prácticas lingüísticas en sus teorizaciones sobre el campo lingüístico (Bourdieu, 2001). Seguramente, sus motivos se emparentan con los debates que sostuvo con Bernstein (1993: 15), ya que al focalizar su mirada en aquello que se reproduce y el modo en que lo hace, en procura de desmontar las relaciones estructurales entre lenguaje y poder, por momentos asfixia las posibilidades de entender *la lógica de esas prácticas* de otra manera que no sea, justamente, en negativo. Al contrario de lo que plantea en *El sentido práctico* (1991). Por ejemplo, todos los desarrollos de Bourdieu sobre el "discurso ritual" y los "rituales de la institución" (2001: 67-86) que se presentan tan específicos para pensar la enseñanza de la lengua en las instituciones educativas parecieran sobrentender que esa ritualización deviene en una especie de ejercicio casi *impúdico* de poder, si vale el término. Porque, y para formularlo de una manera sencilla, sin "discurso ritualizado" o "sin rito de institución" no hay educación entendida como un proceso de institucionalización que se vuelve crucial en las vidas de las personas para asumir lugares de ventaja o desventaja en el juego social. De hecho, esta última premisa atraviesa todos los trabajos de Bourdieu, el mismo *Qué significa hablar. Economía de los intercambios lingüísticos* (2001), cuando describe y explica las cotizaciones de la "lengua legítima" en el mercado lingüístico. Igualmente, pienso que sus argumentaciones sobre el "poder mágico del discurso ritual", sus "formas eufemizadas", que hasta detalla en aspectos retóricos específicos, son puntos de partida para análisis localizados en "las fuerzas performativas" que motorizan la enseñanza de la lengua (también de la literatura) en las instituciones educativas. Vuelvo a ellas más adelante. Sobre las revisiones críticas acerca de las contradicciones internas en la obra de Bourdieu, cf. Bernard Lahire (comp.) (2005). *El trabajo sociológico de Pierre Bourdieu: deudas y críticas*. Madrid, Siglo XXI.

reguladores que condensa en sí mismo y cómo no explica "otros principios tácitos del desorden de ese orden" (Bernstein, 1993: 15).

Pensar en términos de la lógica de las prácticas y no de *habitus* —dadas las dificultades señaladas por Bernstein (1993)— permite no caer en el error de mirar *habitus* homologados a conductas individuales cosificadas. Si el *habitus* es "el mundo social hecho carne",[10] habría que revisar urgentemente afirmaciones del tipo: "tal profesora enseña Calderón de la Barca por su *habitus*", "como se formó en el estructuralismo su *habitus* la lleva a enseñar análisis de oraciones". De nuevo, estas afirmaciones apelan a una idea de *habitus* anclada en su preexistencia a los sujetos que *desde fuera* los conduciría a efectuar determinados actos, como si fuesen sus *causas* externas. Por lo tanto, se trata de avanzar sobre estos malentendidos para observar desde la lógica de las prácticas "cómo el sentido práctico *selecciona* ciertos objetos o ciertos actos y, de esta forma, algunos de sus aspectos, y reteniendo aquellos con los que hay que hacer en la situación considerada, o tratando como equivalentes unos objetos o unas situaciones diferentes, distingue propiedades que son pertinentes y otras que no lo son" (Bourdieu, 1991: 151).

Sin embargo, y aquí es cuando no alcanza con el planteo de Bourdieu (1991), se trata de centrar también como objeto de estudio no la afirmación de que existe o existen una(s) lengua(s) y literatura(s) enseñada(s) circunstanciadas por la lógica de las prácticas de su enseñanza que esperan a ser descubiertas, sino que tan solo accedemos como investigadores a lo que los docentes *dicen* que son esa lengua y literatura enseñadas, a lo que los alumnos *dicen* que son esa lengua y esa literatura en las que son enseñados. Y esto que *dicen* se documenta para la investigación en comentarios y escrituras la mayoría de las veces generadas por ellos mismos en condiciones de producción bien particulares. Es decir, se producen a modo de cajas chinas, en situaciones escolares que se reenvían a otras situaciones escolares, como la formación docente de grado o los espacios de capacitación. Y son prácticas *dichas* que suponen consignas de lectura y escritura que ya han sido *dichas* por esa misma formación. Por ejemplo, en análisis didácticos, que, a partir de un cuento escrito por una docente en el que recupera un recuerdo acerca de una profesora que proponía a sus alumnos escribir con *Las cuatro estaciones*, de Vivaldi, como fondo musical, se asevera que dicha docente (protagonista del relato): "consiguió hechizar a sus alumnos y contagiarles su propio gusto por la literatura [porque] se apoya en la combinación de al menos tres ideas: escribir requiere de un 'clima' que favorezca la creación, el estímulo del arte

---

10 Para esta lectura, cf. Alicia Gutiérrez (2005). "El sentido práctico: la lógica de la práctica y el proceso de reflexividad en Pierre Bourdieu", *Revista Complutense de Educación*, Vol. 16, N° 2, pp. 218-237.

promueve el escribir y la propia pasión o el propio deseo pueden contagiarse a otros a partir del estímulo" (Finocchio, 2009: 113), hay una omisión de todo orden discursivo de las prácticas. En el mencionado cuento de Marisa, por cierto, interesantemente trabajado en el sentido literario –cuestión que se elide en el análisis didáctico–, la profesora es nombrada por la voz narrativa como "la loca". Mote que de entrada va cobrando densidad semántica en la focalización de esa voz narrativa, entre perpleja por ese modo de enseñar de "la loca" y fascinada ante el hecho de darse cuenta de que aprendía. No se trata de realizar un ejercicio de crítica literaria con el cuento de Marisa, sino de señalar lo problemático que resulta utilizarlo como testimonio reflejo de un modo de trabajo en un libro destinado a los docentes para tipificar consignas de escritura. Porque en el análisis didáctico citado se entiende que "La loca Sosa", así se llama el cuento, que "llegaba al aula taconeando unos zapatos negros, desparramando cenizas de cigarrillo por doquier (...) enfundada en unas camisas floreadas y los labios dibujados en un rojo insolente", es un ejemplo (objetivo) de la clase de consignas de escritura que crean "clima" (Finocchio, 2009: 111).

Por lo expuesto, resituar el concepto de *enseñanza* supone recuperar en sentido amplio aportes de los debates de las ciencias sociales de las últimas décadas para desabstraerla, descosificarla en un replanteo de lo que significa el acercamiento al terreno. En resumen, la apelación a los comentarios de los docentes (no sus escritos literarios) y alumnos encuentran validez cuando se reconocen no solamente en los límites del investigador (si escuchó o no escuchó, dónde se ubicó en la clase, con qué otros registros trianguló esos comentarios, si puede reponerlos con la memoria o no y demás), sino, en especial, cuando se reconocen en sus *condiciones de producción discursivas*. En las que, además, la mayoría de las veces el investigador ha ocupado el rol de docente o docente formador de docentes. Es decir, que ha accionado regulatoriamente en cuanto ha realizado actividades propias de la enseñanza. Ya sea ofreciendo un cuestionario cerrado o pidiéndole a sus docentes-alumnos que pongan en juego la imaginación en un escrito o, como en el caso anterior, trayendo al análisis didáctico un cuento que fue escrito para una revista elaborada por docentes y alumnos.[11] Estas directivas suponen un modo de regular en esa situación las orientaciones de significados que instituyen qué se debe entender por conocimientos legítimos y sus aplicaciones. Por ahora sirvan estas aclaraciones como primeros argumentos de fuentes recolectadas en mi trayecto profesional y no a modo del etnógrafo que se posiciona dejándose sorprender durante un largo tiempo en una escuela desconocida

---

11 *De plumas y escuadras*, ENET N° 12 de San Martín de los Andes, provincia de Neuquén (Finocchio, 2009: 111).

y por una realidad distinta a la que pertenece. Porque mi modo de investigar en didáctica de la lengua y la literatura recuperando las voces de docentes y estudiantes no se inscribe en ese sentido clásico de hacer etnografía, ni en sus riesgos descriptivistas, ni tampoco resulta una mención políticamente correcta (Cuesta, 2010b), sino que se trata de abordar "aquello con lo cual los actores referencian la construcción de su propia experiencia" (Merklen, 2006: 9). Tampoco, se trata de utilizar esas referencias de la propia experiencia de enseñar y aprender en registros de clases, para poner un caso, a modo de superación de las propuestas didácticas dominantes orientadas a la formación docente, porque "se parte de nuevo de una visión que supone de antemano lo que habría que cambiar en la práctica docente sin considerar procesos ya en desarrollo en los particulares contextos en que aquella se realiza" (Rockwell y Mercado, 1988: 76-77). Sin considerar que el trabajo docente "se realiza dentro de un espacio social específico: la institución escolar" y que por ello "existe poca reflexión acerca de la relación entre la práctica del maestro y la escuela, que es su contexto cotidiano de trabajo" (Rockwell y Mercado, 1988: 65).

Por el contrario, me interesa recuperar esa relación entre las prácticas de enseñanza y la escuela porque de esa manera se pueden "destacar los saberes de los que se apropian los maestros en el ejercicio diario de su trabajo", ya que "la heterogeneidad de los saberes sociales que se expresan en la práctica docente real no es reducible a una clasificación dicotómica entre, por ejemplo, prácticas reproductoras-transformadoras, tradicionales-innovadoras o cualesquiera de las muchas tipologías disponibles". Y porque, "en la práctica docente cotidiana pueden expresarse saberes y apropiaciones de signos progresivos y regresivos (esquemáticamente) aun en la práctica de un mismo maestro: sin embargo todo ello constituye lo que la práctica es" (Rockwell y Mercado, 1988: 76).

Como se aprecia en las diferenciaciones que realiza Geertz (1992) sobre los modos en que la etnografía accede al gran flujo del discurso social y lo trabaja, aparecen una serie de mitos de las ciencias sociales puestos en cuestión. Nunca se abordará todo el discurso social porque ya vendrá recortado de los informantes y vuelto a recortar por la posición del propio investigador. Lo que no significa que no pueda comprenderse el problema estudiado. No hay significados *puros* ni susceptibles de ser colocados en principios explicativos externos a sus condiciones materiales y simbólicas de producción. No obstante, en el reconocimiento de que las ciencias sociales *navegan entre conjeturas* la cuestión pasa, según Geertz, por concentrarse en las posibilidades explicativas de esas conjeturas en un esfuerzo por sustentarlas, validarlas, para que puedan *decir algo* más cercano a una realidad empírica

(1992: 32). En ese sentido, la posición extrañada del etnógrafo no es consecuente o suficiente con el proyecto aquí planteado. Aunque reconozca que no se accede a todo lo que los informantes puedan ofrecer, sino, dado que el investigador es informante a la vez y sus registros de lo referido por los actores son producto de su propio trabajo docente, se necesita de un armado metodológico investigativo particular. Como así también una especificación de lo que significa esa posición del investigador etnógrafo en términos de acceso a una realidad empírica.

En la necesidad de redefinir los tipos de conocimientos que hoy por hoy se producen en el marco de la investigación cualitativa, aparecen lineamientos que demuestran sus estrechos vínculos con la práctica profesional. Es decir, que la investigación cualitativa en su diversidad de estilos para abordar distintos fenómenos, procesos, situaciones, relaciones sociales, entre otros, en vínculo con diversos y disímiles contextos, habilita conocimientos en procura de ligar la investigación de corte académico con el campo laboral. Así, la experiencia en anteriores investigaciones, individuales o colectivas, el tránsito por determinados espacios de formación y laborales, y los intereses específicos que han articulado ese recorrido, a veces azaroso, a veces buscado, conforman un diálogo con los nuevos intereses de desarrollo de posibles investigaciones orientadas a diseñar modos de intervención en espacios del trabajo (Maxwell, 1996). También algo del orden del acceso a determinados lugares de trabajo hace que se pueda manejar una dimensión empírica singular y que, reconocida como tal, sea la que pueda validar problemas y productos de investigación más que otras (Guber, 2004). Por ello, resulta pertinente hacer otro retorno al megaconcepto de enseñanza para resituarlo en sus sentidos vinculados con el mundo del trabajo. En el caso de la enseñanza de la lengua y la literatura, como de todas las disciplinas escolares en las instituciones educativas, se trata de una actividad acreditada y remunerada (Viñao, 2002). Para los alumnos se trata de una acreditación, o no, que abonará a la posibilidad de obtener títulos consecutivos, o no, que serán cruciales para sus logros, o impedimentos, en los juegos de posiciones de ventaja y desventaja social. Estas son variables del sistema educativo, la cultura y las disciplinas escolares. Con ello quiero señalar ahora el hecho de que todo estudio que versa sobre la enseñanza de la lengua y la literatura se propone de manera más o menos explícita como una intervención, una propuesta para modificar, dicho de manera general, un estado de cosas de esa enseñanza signado por algunos efectos que se consideran adversos para la sociedad. No obstante, los criterios sobre aquello que la sociedad espera como saberes legítimos y legitimantes de los futuros egresados del sistema educativo son disímiles. Arman un arco que va del enciclopedismo *aggiornado* a posiciones instrumentalistas casi extremas. Lo que interesa señalar también ahora es que más allá del lugar en el que cada modo de imaginar una intervención se plante en ese arco, no lo está haciendo solamente en un mundo en el que se dirimen concepciones sobre la lengua y la literatura y las maneras en que pueden ser enseñadas. Lo está haciendo sobre un trabajo remunerado que, como tal, los docentes necesitan sostener material y simbólicamente. Tanto en el fluir de su cotidianeidad articulada en las exigencias del sistema educativo y en su carácter de aparato burocrático como en las autoexigencias por realizar bien la tarea para hallarle sentidos, dicho simplemente, satisfacciones (Díaz Barriga e Inclán Espinosa, 2001). Por qué se eligió ser docente, qué se creía que era este trabajo, qué resulta ser después son preguntas para otra investigación. Aquí importa que enlazar enseñanza de la lengua y la literatura con el trabajo docente, entendido en términos materiales y simbólicos, abona a esas descosificaciones y desabstracciones, antes indicadas, en procura del abordaje de sus dimensiones metodológicas de la enseñanza de la lengua y la literatura. Si existen docentes titulados para trabajar enseñando lengua y literatura, en distintos niveles educativos, cuyas cronologías laborales exceden y excederán los cambios del sistema educativo y curriculares de turno, sus propias formaciones, la variabilidad de los contextos y las características socioeconómicas y culturales de los alumnos, entre otras contingencias, pareciera que resta retomar aquella apelación de Ángel Díaz Barriga (1985) a los didactas y a las didácticas. Hay que volver a discutir las cuestiones del método porque, en última instancia, es lo que necesitan los docentes para resolver "su desesperación por enseñar" (Díaz Barriga, 1996: 140). No se trata de una desesperación vista con haces de luces románticas ni dramáticas, sino como manera de poder percibir que se cumple con el trabajo. No se trata de los métodos como ejercicios instrumentales de aplicación de teorías. Pasados los tiempos de Comenio y del conductismo, se supone, reuniendo los aportes de distintas líneas que dialogan con el hecho de comprender a la enseñanza y la enseñanza de la lengua y la literatura como esa acción social constituida por distintas actividades que la regulan y, en ese sentido, la conservan, matizan y cambian en una historicidad (caso contrario no sería una acción social, una práctica) más los últimos acuerdos en materia de metodologías de la investigación en ciencias sociales, retomados por algunas líneas de la investigación educativa, se puede postular la posibilidad de acceder y estudiar las metodologías de la enseñanza atendiendo a sus actores y a su localización en el sistema, cultura escolar y disciplina escolares. Se trata de un retorno al problema de la relación teoría-práctica desde la perspectiva de sus actores, en el reconocimiento de que nunca las podrá espejar, pero que sí podrá realizar conjeturas válidas sobre ellas.

En mis primeras producciones (Cuesta, 2001; 2003), se trataba de una búsqueda de otros marcos teóricos y metodológicos que pudiesen ofrecer explicaciones de las lecturas de los alumnos que desde mediados de los años noventa venían engrosando las estadísticas sobre las "ausencias de competencias", sobre "su falta de desarrollo de la comprensión lectora", como analicé en el capítulo anterior. Desde mi lugar de docente en los últimos años de la escuela secundaria y en cursos de ingreso a la universidad, comenzaba a notar que algo ocurría en las aulas que aparecía invisible a los ojos de esas perspectivas. No era que los estudiantes no leían o no escribían, sino que lo hacían de un modo diferente respecto de los parámetros de las competencias y la comprensión lectora y que, desde una formación casi autodidacta en la etnografía y en técnicas cualitativas se podía comenzar a mostrar. No obstante, la mirada investigativa estaba concentrada en un movimiento de contestación político-disciplinar también en la línea de una necesidad de mostrar las evidencias de *otra realidad* que estaba a la espera de *ser descubierta*. Así es que afirmaba que las hipótesis didácticas devendrían de ese análisis etnográfico. Por lo tanto, mediante el reconocimiento de los límites de esta posición, continué profundizando mi formación en la etnografía para interrogarme acerca de cómo se piensa la enseñanza desde estos *hallazgos* condensados en registros; cómo se avanza sobre sus efectos de contemplación y mostración en cuanto manera de dibujar por alusión, y no por explicitación, su orden metodológico; cómo se la orienta y desde qué cuerpos de saberes positivos, como condición de su negociación, en el sistema educativo, la cultura y la disciplina escolares. Estas son algunas de las preguntas me han permitido, hasta ahora, aseverar la existencia de rodeos o demoras de sus posibles respuestas.

En resumen, tanto las producciones didácticas en enseñanza de la lengua y la literatura que para mediados de los noventa e inicios del dos mil intentaban una producción de conocimientos más cercana a lo cualitativo, o persistían en las cuantificaciones y generalizaciones abstractas, proponían dos formas de imaginar una metodología de la investigación que podrían proyectarse, o aún se entiende que se proyectan, en una metodología de la enseñanza. Sin embargo, cada una a su manera termina incurriendo en el *empirismo*. En palabras de Elsie Rockwell:

> (…) las tendencias empiristas dentro de la investigación empírica se identifican no por el hecho de trabajar con "datos empíricos" sino básicamente por remitir a una posición epistemológica, posición que se sintetiza en la supuesta separación entre conceptualización teórica y observación de la realidad, o bien, que postula un supuesto acceso inmediato, directo y ateórico a "la realidad social". (…) [Por

ello] cierta conceptualización está presente incluso en las técnicas y categorías que anteceden la recolección de "datos objetivos", como lo está en la mirada de quien observa "en el campo"; esta conceptualización solo puede ser asumida o negada, pero no eliminada (Rockwell, 1986: 110).

Cómo comenzar a sortear este empirismo para no confundir las metodologías de la investigación con las metodologías de la enseñanza, también para no caer en realismos ingenuos utilizando ya sean escritos literarios de docentes, registros de prácticas o diagnósticos preestablecidos como documentos comprobatorios de lo que sí saben o pueden hacer los estudiantes, los docentes, o de lo que no. En el siguiente apartado avanzo sobre estos problemas.

3. Problemas teórico-metodológicos en torno a las voces de los actores de la enseñanza

En diálogo con algunos de los señalamientos efectuados antes, y en el capítulo anterior, existe un trabajo que, creo, habilita la posibilidad de construir marcos teóricos que permiten estudiar la enseñanza de la lengua y la literatura, entendida como disciplina escolar, localizada en el sistema y cultura escolares, en pos de un estudio situado del trabajo docente y de sus metodologías de la enseñanza. Esta decisión obliga, con el fin de su pertinencia y rigor, a dar cuenta de más problemas epistemológicos y metodológicos de las investigaciones en ciencias sociales en general. Se trata de los debates en torno a los estatutos de los materiales empíricos con los que se trabaja (sean escritos u orales), a cómo se los entiende en cuanto a sus vínculos con las realidades que re-presentarían, a cómo se realizan afirmaciones en cuanto producciones de conocimientos basadas en los modos en que docentes y alumnos refieren sus acciones cotidianas, si es que se les da cabida a ellas, y a cómo se las conceptualiza. Por último, se trata de debates que localizan la posición del investigador respecto de las posiciones de los protagonistas de las realidades sociales investigadas.

Elsie Rockwell (2009) propone un movimiento en dos direcciones en su revisión del estado actual de la etnografía y, en particular, en la investigación educativa. A partir de sus alcances y límites plantea pensar los estudios que intentan abordar la cotidianeidad escolar desde una antropología histórica para la que la categoría de *cultura escolar* desarrollada por la sociogénesis de las disciplinas escolares tiene un rol fundamental, ya que permite sintetizar variables que parecieran resistir un análisis en conjunto.

En ese sentido, resulta iluminadora la franqueza con que la autora explica el carácter restringido de la pertinencia de las investigaciones etnográficas y ofrece parámetros para atender a una serie de equívocos que conllevan su uso despreocupado o, quisiera agregar, redefinido en esas matrices empiristas en cualquiera de sus versiones de larga data en la investigación educativa en general que desarrollé antes. Se trata de demarcar que la etnografía sí puede ofrecer bases teóricas y metodológicas para la comprensión del mundo social, incluidas las realidades educativas, pero no metodologías para la enseñanza ya que "la etnografía no produce por sí misma una alternativa pedagógica" (Rockwell, 2009: 26).

De este modo, Rockwell resitúa en el análisis la noción de *prácticas*. Mediante su definición de lo *no documentado*, escrito en las especificaciones de los parámetros historiográficos, abre el significado de la descripción de las prácticas que *rara vez dejan huellas*. Es decir, las situadas en las aulas:

> El trabajo en el aula, si bien es un espacio que privilegia la lengua escrita, deja pocos trazos escritos. Incluso los libros de texto y manuales pedagógicos son elaborados desde fuera, desde un imaginario pedagógico lleno de buenos deseos acerca de cómo podrían ser las clases. La producción escrita cotidiana suele ser desechada; no es más que una preparación para la práctica "real" de escribir, ya fuera del ámbito escolar. Al estudiar procesos pedagógicos nos encontramos frente a una práctica esencialmente oral. Además de la distancia entre discurso y práctica, nos topamos con la distancia entre la lógica de la enunciación escrita y la lógica de la enunciación oral (Rockwell, 2009: 167).

Esta *paradoja de las aulas*, porque privilegian la escritura pero no dejan registro escrito de lo que ocurre en ellas mismas, justifica la convicción de la búsqueda de otro tipo de información en otras fuentes que no se reduzcan a los archivos producto de la gestión escolar.[12] En las comparaciones y contrastes entre los archivos oficiales de la gestión escolar y otras fuentes, el investigador produce esos actos de imaginación para leer *lo no explícito*, lo que está *debajo* o *al lado de* la norma. Es el caso de la reconstrucción de las prácticas que ciertas normativas han prohibido, en el juego de una lectura

---

12 Se trata de otras escrituras que hacen a la cultura escolar y que pueden ser halladas en archivos locales, a saber: actas de procesos judiciales escolares, cartas de la comunidad, peticiones a las autoridades, testimonios de conflictos, como también, relatos autobiográficos, cuadernos, exámenes, fotografías, dibujos, planos arquitectónicos e inventarios escolares, las estadísticas de las cantidades de alumnos y alumnas, directivos, ayudantes y docentes, expedientes federales y estatales que contienen los oficios de las autoridades locales que completan el "acervo para imaginarnos las vidas en el aula" (Rockwell, 2009: 167).

contraria a lo que proscriben, o el de la observación de la materialidad de los textos y no solamente la de su contenido.[13] Los usos de los manuales escolares pueden ser analizados desde su materialidad cuando se da cuenta de las anotaciones al margen, de las correcciones y de las respuestas a sus actividades. Las búsquedas de esas huellas de las prácticas educativas ocultadas en la historia también pueden ser encontradas en los mismos discursos que suponen, en sus retóricas y elipsis, porque habilitan hipótesis respecto de cómo algunas de esas prácticas dejan de ser descritas y fundamentadas cuando sufren procesos de normalización y naturalización.

Desde esta justificación del sentido que posee diversificar las fuentes empíricas para rastrear las capas históricas de las prácticas, creo pertinente poner en relación los discursos que se revelan en esa hiperproducción de las didácticas de la lengua y la literatura que ya he introducido y los modos en que docentes de lengua y literatura que trabajan en distintas localidades de nuestro país los reutilizan en constantes resignificaciones. Así es, por ejemplo, que se encuentran distintas capas de historicidad actualizadas en la recurrente apelación al desarrollo de la comprensión lectora, competencias y habilidades lingüísticas, tipologías textuales, etc., en formulaciones de los CBC (1995) de la Ley Federal de Educación de 1993, los NAP (2006) de la Ley de Educación Nacional de 2006, libros de texto, publicaciones para docentes y trabajos escritos de docentes que las recrean o, pueden hallarse en la diversificación de fuentes síntesis de mayor densidad discursiva e histórica.

Para Rockwell (2009), estas otras miradas sobre los documentos, tanto oficiales como los abandonados o desechados (es el caso antes citado), permiten hallar las distancias entre la norma y la práctica, es decir, consienten la observación de la norma como producto de las prácticas para encontrar, mediante la historización, momentos de mayor acercamiento entre lo dicho y lo hecho. En este sentido, los modos de documentar *lo dicho de lo hecho* en el caso de los docentes resulta un tema teórico metodológico más que sensible pues implica de qué manera se han conseguido registrar esos dichos, en qué condiciones de producción, mediante qué pedidos devienen y qué significan sus silencios o silenciamientos.

Así es que, al reconocer la paradoja del aula, se logra abordar de una manera mucho más precisa las dimensiones metodológicas del trabajo docente, aunque en el reconocimiento de los límites de las cantidades de

---

13 Por ejemplo, los pasajes de los documentos oficiales escritos en manuscrita firmados por los docentes o los formatos impresos llenados por los directivos hablan de capas de historicidad que ofrecen modos de entender las prácticas educativas en distintos cortes sincrónicos sumados al constante crecimiento del aparato burocrático escolar (Rockwell, 2009: 168).

las fuentes, pero también en las posibilidades de generalizaciones sustentadas en sus recurrencias. Esta decisión se debe a incorporar sentidos que no siempre son recuperados en los desarrollos sobre enseñanza de la lengua y la literatura o que vienen siendo trabajados a medio camino. La mayoría de las veces ligados a una puesta en cuestionamiento de la relación entre los saberes que de distintos modos *llegan* o *persisten* en las instituciones educativas para orientar la enseñanza y aquellos que docentes y alumnos buscan, esperan, en cuanto conservan y validan. Es decir, no se pueden estudiar las metodologías de la enseñanza de la lengua y la literatura si no se reconocen como pilares de su diseño qué creencias comparten, o no, docentes y alumnos sobre la enseñanza de la lengua y literatura; qué saberes comparten o no, legitiman o no; cómo son los modos de puesta en circulación y apropiación del conocimiento disciplinario escolar por parte de docentes y alumnos; qué distancias y cercanías presenta ese conocimiento disciplinario escolar con el académico universitario a la hora de su circulación en las clases; qué métodos son consecuentes, o no, con esas teorías que caracterizan a las explicaciones y consignas dadas por los docentes; qué significados atribuyen los docentes a los saberes de los alumnos, que no son enunciados en un discurso disciplinario escolar; qué sentidos hacen que los legitimen o los desvaloricen, los celebren o los omitan.

Si se aísla la lengua y la literatura, o a sus reconfiguraciones actuales en lectura y escritura, en cuanto objetos de estudio en sí mismos, estas interrogaciones que traen las relaciones que establecen con dos actores fundamentales del sistema educativo, como lo son docentes y alumnos, se invisibilizan en sus enseñanzas. Si esas interrogaciones que hablan de diálogos y tensiones entre aquellos que realizan cotidianamente la enseñanza de la lengua y la literatura en las instituciones y en el sistema se invisibilizan, también la noción de metodología de la enseñanza se desdibuja. Por lo tanto, el análisis de la enseñanza de la lengua y la literatura mediante el ingreso de esas interrogaciones, entre otras variables, es habilitado por un recorte que pueda brindarles grosor teórico en cuanto a problema para ser trabajado. Entonces, se puede postular que las *voces* de los docentes, sus dichos, sus comentarios se muestran como reinterpretaciones de discursos sobre la educación y la enseñanza de la lengua y la literatura —en particular—, y de las maneras de referir las palabras de sus alumnos (sean orales o escritas). A estas realidades dichas, reinterpretadas, accedemos como investigadores formadores ya sea en cátedras de carreras universitarias o en distintas instancias de la formación docente continua. Son voces que constantemente circunstancian la enseñanza de la lengua y la literatura en su trabajo atravesado por variables del sistema educativo, de la cultura escolar y de la disciplina escolar lengua y literatura, y que, a la vez, muestran su carácter de *coyuntura* en cuanto producciones de significados que recrean y reinterpretan aquellos que validaban y fueron puestos en riesgo por la consigna y la bibliografía ofrecida por esa cátedra universitaria o ese curso de capacitación. Es decir, que no se trata ni de voces conversas ni de voces negadoras. Se trata de voces que al mismo tiempo traen las de sus alumnos, ya sea en estilo directo o indirecto, y que resultan significativas respecto de la muestra con la que trabajo,[14] ya que develan las tensiones entre la formación en didáctica de la lengua y la literatura que se les ofrece (saberes pedagógicos) y sus propias convicciones e intereses (saberes docentes). De allí que haya iniciado este capítulo con la formulación de los conflictos entre los *saberes docentes* y los *saberes pedagógicos*, cuyos respaldos teóricos suelen ser por demás polifónicos. Así, muchos de los docentes con quienes he compartido y comparto en distintas carreras universitarias, también futuros docentes, me han contado reiteradas veces cómo "no les funciona" en sus clases sostener en el tiempo la modalidad taller o la sucesión de situaciones de lectura y escritura sin ningún tipo de explicitación de los saberes que se están enseñando, también de sistematización, o cómo les resulta difícil diferenciar un trabajo de lectura por placer con otro de lectura para informarse. O, cómo sus preocupaciones pasan por los requerimientos curriculares del área de Lengua o Prácticas del lenguaje respecto de la enseñanza de las competencias lingüísticas y la búsqueda de alternativas a la desaprobación masiva. No se trata solamente de ellos, los docentes, sino que en sus comentarios también aparecen las voces de sus estudiantes abonando a las tensiones entre los saberes docentes y saberes pedagógicos. Tampoco, estas voces de sus estudiantes hablan de sujetos disciplinados por la tradición escolar, o desinteresados por aprender, sino que implican también cuestionamientos a las perspectivas didácticas "por qué me tiene que gustar la literatura" o "por qué me decís que escribo incoherente, si respondo a la pregunta del cuestionario".

Fragmentos del sistema educativo, cultura/cotidiano escolar y lengua y literatura como disciplina escolar se entraman en estos comentarios orales o escritos que como fuentes, piezas discursivas, son reinterpretaciones de las orientaciones didácticas estudiadas y que no son aceptadas desde una supuesta docilidad frente al muchas veces supuesto poder revelador de la formación universitaria. En varios casos, son puestas en crisis de las reconfiguraciones del momento de la disciplina escolar lengua y literatura y

---

14 Para una lectura de las fuentes empíricas trabajadas a lo largo de toda la investigación desarrollada en mi tesis de doctorado, cf. Cuesta (2011). Allí se indican todos los nombres de los docentes, sus lugares de trabajo y los datos de los cursos, también a propósito de qué temas y bibliografías produjeron sus comentarios.

que, por lo tanto, se presentan como informantes de prefiguración. Es decir, que estas puestas en tensión de los estatutos de los objetos de enseñanza no vienen únicamente de la mano de los debates teórico-académicos derramados (en realidad tenuemente) en algunas de sus líneas en publicaciones varias, disposiciones curriculares, en libros de texto, y demás, como ya analicé; sino también, y sobre todo, vienen de la superposición y convivencia de distintos saberes y cánones de autores y textos según la formación de base y continua de los docentes. También de los comentarios de reafirmación u objeción por parte de sus propios alumnos.

Se aclara aquí, entonces, que no solamente se establece en este trabajo el recorte *lengua y literatura como disciplina escolar* incluida la universidad y sus producciones de conocimientos al respecto, también los documentos de las políticas educativas y el mercado editorial, sino que refiere, asimismo, a una entidad discursiva no oficial, no pública, a falta de mejores términos. Porque docentes y alumnos a la hora de hablar del sentido que tienen una serie de acciones, como leer, escribir, responder cuestionarios, evaluar, mirar una película, entre otras, *dicen* qué es la lengua y la literatura cuando están *enseñando* y *siendo enseñados* en, justamente, lengua y literatura. Y en esos constantes actos de nominación se reafirma una percepción social que les confiere estatuto de realidad autorizada (Bourdieu, 2001). Insisto, más allá de que los contenidos disciplinares y culturales con los que se llene esa realidad nominada *enseñanza de la lengua y la literatura* difieran. Por ello, volviendo a la dimensión discursiva de las fuentes empíricas, desde el clásico trabajo de Halliday (1982) y desde sus referencias a la producción de Bernstein [15] se puede señalar que esas fuentes, documentaciones de los dichos, comentarios, de los docentes sobre la enseñanza, se producen orientadas por la posición didáctica asumida por el formador y ya agenciada en las arenas del discurso pedagógico. Son, en términos de Halliday (1982), textos orientados por esos significados en espacios institucionales educativos donde "el texto representa una opción. Un texto es 'lo que se quiere decir', seleccionado entre una serie total de opciones que constituyen lo que se puede decir; es decir, el texto puede definirse como un potencial de significado realizado" (Halliday, 1982: 144). Entonces, no se trata de *dichos, comentarios espontáneos*, aunque la orientación de significados del didacta formador les explicite que "pueden contar lo que quieran"[16] de esas prácticas que pondrán en texto.

---

15 Halliday retoma el prólogo que escribió para Basil Bernstein (comp.) (1973). *Class, codes and control 2: applied studies towars a sociology of language*. Londres, Routledge & Kegan Paul.

16 Este "pueden contar lo que quieran" en todo caso es una estrategia didáctica para instar a que los docentes hablen, cuenten, narren, escriban. Pero de ninguna manera se puede

Me refiero a que la misma didáctica, sea cual fuese su perspectiva, es en sí misma un discurso pedagógico, y no un discurso *a secas*, que trabaja sobre *otros* discursos pedagógicos. Aunque esta afirmación parezca una obviedad. O, en todo caso, es en sí misma una práctica de enseñanza, una realización posible del discurso pedagógico que orienta potenciales de significados.

Decía antes que se debe fundamentar de qué manera una investigación, cuya dimensión empírica se diversifica y agrega voces de los docentes y alumnos, concibe estas unidades de análisis tanto en los datos que puedan ofrecer como en los límites interpretativos que imponen sus condiciones de producción y recolección. Por ello, retomando a Rockwell (2009), otro de los problemas epistemológicos de los usos naturalizados de la etnografía en la investigación educativa es la indiferenciación entre este enfoque y la práctica educativa. Sobre esta mixtura argumenta que la primera puede ayudar a conocer y comprender en profundidad a la segunda y que allí radica la pertinencia de esta relación. Del mismo modo, la autora explicita otra confusión habitual entre etnografía y procesos de transformación de la educación que se ligan, creo, con lo anterior. La etnografía puede desocultar ciertas ideas cristalizadas de "reproducción", "cambio" o "transformación" que se deberían rediscutir justamente a la luz de sus aportes. Como antípodas, se oscila entre una idea de cambio cargada con la significación de "giro total" de las prácticas educativas que no puede reconocer su historia cotidiana y las propias lógicas de conservación de la cultura escolar, y otra que afirma la "imposibilidad" del cambio. No obstante, ambas posturas, resumidas en la fantasía del cambio que podrían traer las reformas educativas o la capacitación docente (los talleres pedagógicos, dice Rockwell) promovidas "desde afuera" incurren en las mismas negaciones de los procesos de transformación que sí marcan a las escuelas y a las prácticas educativas. Transformaciones que la historización ha develado, aunque no se traten, dice la autora, de las más "deseables" desde el punto de vista pedagógico. Por ello, la etnografía coadyuva a la conformación de un conocimiento de las prácticas educativas sin jamás ser uno de sus determinantes metodológicos. Si los comentarios que he traído a colación antes ofrecen una zona de indagación no documentada porque condensan en parte significados de "lo familiar, lo cotidiano, lo oculto, lo inconsciente" (2009: 21) en el trabajo docente que hace, en sus recurrencias y variaciones, a la enseñanza de la lengua y la literatura; también habrá que

---

afirmar que "eso que cuentan" es producto de una "liberación" que les ha concedido el formador. Y, por derivación, que lo contado expresa de manera "real" —en el sentido de espejar—, "lo vivido" por el docente que cuenta. Los docentes validan sus comentarios con algunas situaciones vividas en su trayectoria profesional laboral. Y no a la inversa.

conceptualizar qué se entiende por las transformaciones de la disciplina escolar de las que se hacen eco, de manera explícita o implícita. Dice la autora:

> Hay transformaciones, por un lado, que reproducen las relaciones de poder o destruyen tramas de organización civil. En cambio, hay reproducciones locales de la memoria histórica nacional o de saberes y prácticas populares, que refuerzan los procesos de resistencia. Hay resistencias que transforman el sentido de prácticas tradicionales y reproducen la fuerza colectiva. Dentro de este cruce de procesos de reproducción, transformación y resistencia, se plantea el problema de distinguir el sentido de cada práctica social, incluyendo aquellas que ocurren en las escuelas. (...) Al describir saberes y prácticas en las escuelas, comprender los procesos sociales más amplios [la etnografía] permite responder a las preguntas sobre el valor y sentido de los contenidos culturales explícitos o implícitos que se enseñan en las aulas (Rockwell, 2009: 34-35).

Resulta claro, entonces, por qué la investigadora se apoya, en principio, en una historización desde la perspectiva de Gramsci y de Williams: la mirada histórica sobre la transformación en la escuela devela tramas de hegemonías y alternativas, pero sobre todo, de consensos, de redefiniciones, de nuevas alianzas, que no significan la aceptación total de la hegemonía, sino la existencia de tradiciones selectivas que hacen a la cultura escolar cuando se ponen en relación prácticas educativas locales con procesos sociales, políticos y económicos más amplios. Así, expresa:

> Pero ¿qué significa *historizar*? Es claro que no equivale a describir la historia social de la escuela en diferentes cortes sincrónicos del pasado, si con ello se deja la impresión de que la cultura escolar corresponde a la norma vigente en cada momento. *Historizar* significa que encontremos en cualquier corte los sedimentos de periodos anteriores, así como los cambios que se anuncian antes de que queden inscritos en la norma oficial, es decir, buscar la coexistencia de saldos *residuales* y de prácticas *emergentes*, que se entrelazan con las tendencias dominantes en cualquier momento histórico [Williams, 1981][17] (Rockwell, 2009: 165).

Por ello, otro de los aspectos de la investigación etnográfica que le interesa detallar y precisar a Rockwell es el trabajo conceptual basado en teorías que intentan explicar procesos sociales de mayor alcance. El abordaje de la realidad social de una localidad no significa quedarse en el análisis de sus

---

17 Citado por Rockwell: Raymond Williams (1981). *Culture*, London, Fontana Press [edición en español: *Cultura. Sociología de la comunicación y del arte*, Barcelona, Paidós, 1982].

relaciones internas, sino, a la vez, ponerlas en vínculo con otros órdenes sociales que, en principio, se presentarían como externos. Para el caso de la historización, se trata de construir "un presente histórico en lugar de un presente sistémico, es decir, un presente en el que se reconocen las consecuencias y contradicciones de múltiples procesos de construcción histórica, y no un presente que supone la coherencia de un sistema social o cultural acabado" (Rockwell, 2009: 119). A su vez, esta posición requiere partir de las nociones de escuela, educación formal, y sistema educativo que excedan la tentación de observarlas tan solo como un conjunto de normas ensimismadas. Por el contrario, es una visión que traspasa las fronteras espaciotemporales de cualquier corte sincrónico de *la escuela* la que podrá mostrar sus relaciones particulares con otras esferas de la realidad social, con el mundo del trabajo, de la política, de la economía doméstica, por ejemplo, para sortear la desgastada dicotomía entre escuela y comunidad. De este modo, la elección de las teorías y sus categorías de análisis hallarán pertinencia en la investigación etnográfica si no conducen a hipótesis sustentadas en criterios de coherencia o eficacia explicativas de carácter apriorístico. Porque si los temas significativos para la investigación etnográfica son los procesos sociales locales y las prácticas que los sustentan, serán más bien las incoherencias y contradicciones de sus sentidos las que reclamarán que los abstractos teóricos se carguen de una semántica particular. Son, creo también, esas *zonas de desorden* indicadas por Bernstein (1993), de *significados puestos en riesgo* señalados por Sahlins (2008), que muestran la producción (cambio como variación, reinterpretación) en la propia reproducción social.

En suma, para Rockwell (2009) la etnografía es una opción que vincula la investigación empírica con el desarrollo teórico sin quedar sujetada a la primera o al segundo, ya que su propia producción teórica supone constantes retornos a la práctica.

No obstante, frente a la naturalización que ha sufrido la etnografía en el espacio educativo y a sus reutilizaciones en nuevas perspectivas que se vienen desarrollando, sobre todo, en la investigación sobre formación docente en Latinoamérica y en la Argentina, resulta importante destacar el lugar que la autora le concede al trabajo con la antropología histórica de la educación y la revisión de los conceptos *cultura* y *cultura escolar*. Así es que dedica un espacio específico y extenso a la problematización del trabajo de archivo y, nuevamente, a la noción de *cambio* a la hora de hurgar en "las vetas culturales del pasado" las relaciones entre los procesos sociales globales y locales. Para ello, recurre al ensayo de Dominique Julia "La cultura escolar como objeto histórico"[18] e instala la pregunta sobre las maneras en que se podrían reconstruir las prácticas educativas en su cotidianeidad cuando se trata de las escuelas del pasado, cuando la documentación burocrática, las reglamentaciones y normativas en cuanto fuentes muestran una historia de homogeneización de la vida escolar. Este ingreso de nuevas variables hace que la mirada de la investigación antropológica no quede satisfecha con una definición de cultura escolar como conjunto de normas y prácticas, porque "cualquier conjunto normativo cede ante las complejas prácticas culturales que ocurren en la vida escolar". Es el caso del rastreo histórico que se puede efectuar de las normativas escolares en cuanto a los modos en que se han hecho valer, o no, o han sido apropiadas y resignificadas. Por lo tanto, Rockwell hará hincapié en que la complejidad del trabajo de archivo no radica solamente en hallar las fuentes, los documentos que fueron abandonados, dejados a un lado, en la larga historia escolar; sino que también el trabajo con el legado escrito supone una serie de atenciones a las formas de leer esos documentos[19] (2009: 159-160).

Es en el sentido anterior que Rockwell entiende la investigación del cotidiano escolar de un modo distinto, como ya hemos anticipado, al de otras perspectivas que, dicho a grandes rasgos, comparten posicionamientos cualitativos en la investigación. Por ejemplo, algunos trabajos sobre la narrativa en la enseñanza y los relatos de docentes, vidas de profesores o investigación biográfico-narrativa, suponen un aporte para la formación docente, ya que buscan localizar, a través del relato, ese cotidiano como la zona en la que se definen las identidades profesionales, sus decisiones pedagógicas y didácticas que, en última instancia, hacen a la enseñanza.[20] Así, en una serie de trabajos

---

18 Citado por Rockwell: Dominique Julia (1995). "La cultura escolar como objeto histórico", en M. Menegus y E. González (coords.): *Historia de las Universidades modernas en Hispanoamérica*. México, Universidad Autónoma de México-Centro de Estudios Sobre la Universidad, [publicación original como: "La culture scolaire comme objet historique", en A. Nóvoa; M. Depaepe y E. V. Johanningmeier (eds.): *The Colonial Experience in Education: Historical Issues and Perspectives*. Ghent, Pedagogica Historica, CSHP, 1995].

19 Por ejemplo, la autora señala que se deberían contemplar las zonas de lo no escrito en las regulaciones escolares. Es decir, reconocer que hubo normas que no fueron escritas y que muchas veces eran las que gozaban de mayor efectividad en el espacio escolar histórico. En este sentido, también se deberían leer las diferencias entre las prácticas discursivas y los discursos prácticos, las vigilancias de las normas a través de sus fijaciones en prácticas, los consensos y las instancias de coerción y la poca vinculación que existió entre las propias normas. Estos modos de leer las fuentes por parte de la investigación podrían allanar los problemas que genera el hecho de creer que las normas documentadas son "espejo que refleja y refracta lo que quisiéramos conocer" (Rockwell, 2009: 160-161).

20 Algunos trabajos representativos de estas líneas son: Hunter Mcewan y Kieran Egan, (comps.) (1998). *La narrativa en la enseñanza, el aprendizaje y la investigación*. Buenos Aires, Amorrortu; Ivor Goodson (2004). *Historias de vida del profesorado*. Barcelona,

realizados en nuestro país que asumen estos marcos, se insiste en la "escritura de narraciones de las prácticas" por parte de los maestros y profesores como manera de dejar "registro de sus experiencias" para que, a la vez, sean materiales de reflexión sobre su propio trabajo. Porque, se asume que "la escritura nos permite detener el tiempo y preservar a la memoria del olvido". Ya que, asimismo, "nos permite regresar, cuantas veces sea necesario a partir de la lectura, a la luminosidad de la experiencia ida y a reflexionar sobre el acto acabado. La huella de la experiencia funcionaría como una manera de volver al pasado y reordenarlo en pos del porvenir" (Alen y Allegroni, 2009: 85). De narración, relato, puesto por escrito se recorta la unidad de análisis "registro de la experiencia" o "experiencia": "como la de los inicios de la profesión docente [que] implicaría varias operaciones simultáneas: tomar la palabra para describir dicha experiencia, dejar testimonio del acto y, al mismo tiempo evaluarlo, además de permitir el debate con otras narraciones escritas u orales". Se trata de un reconocimiento de que ese registro de la experiencia se modelará en una escritura particular con fines particulares: "de hecho esta posibilidad de inscribir la palabra en un ámbito mayor como la comunidad docente y, en una visión ampliada, en la sociedad en su conjunto, posibilitaría hacer circular la experiencia y acercar otras al ámbito del debate" (Alen y Allegroni, 2009: 87).

Entonces, esos registros de la experiencia suponen una serie de regulaciones que tornan problemático el hecho de qué es lo que se entiende, lo que se está leyendo en ellas, volviendo a Rockwell (2009), cómo se entienden sus dimensiones discursivas y sus modos de representar lo vivido, experimentado. En otras palabras, qué estatutos de realidad-reflejo se le confieren a esos relatos cuando se afirma:

> La escritura de los docentes sobre su práctica de enseñanza pensada desde la modalidad narrativa permite la construcción del relato de la propia historia en articulación con las historias de otros, en la medida en que aporta a la posibilidad de nuestra autocomprensión a partir de la participación en redes de comunicación donde se producen, se interpretan y se median historias (Brito y Gaspar, 2010: 175).

O como ya expliqué con el cuento "La loca Sosa", del que se infiere un relato de experiencia de su autora que espejaría un tipo de trabajo que permitiría tipificar consignas de escritura.

Octaedro y Jesús D. Bolívar y Manuel Fernández (2001). *La investigación biográfico-narrativa en educación. Enfoque y metodología*. Madrid, La Muralla.

No estoy contestando a la perspectiva narrativa, sino que observo una mixtura entre aquello que los docentes deciden o quieren contar, narrar, registrar y las orientaciones teórico-metodológicas de dicha perspectiva. Si la escritura de las experiencias/relatos de los docentes se "piensan desde la modalidad narrativa", se revela, me parece, que se les sobreimprimen sus modos de construir el objeto. Pero no percibo que esta versión de la investigación social cualitativa sea la más problemática para los estudios sobre enseñanza de la lengua y la literatura que, más o menos transitan por esta línea. Lo más importante, y lo que, creo, se vuelve un aspecto crucial en este tipo de incursiones cuasi cualitativas, es la posición del investigador-formador; a saber, qué tipo de injerencia cree que tiene o no, no solamente con la técnica del método utilizado, sino, sobre todo, qué protagonismo tiene en las condiciones materiales y simbólicas en las que esa técnica se implementa para lograr la documentación de ciertos volúmenes de dichos de esos actores de las prácticas que estudia. No siempre esas condiciones se explicitan y consideran como lo que son: *realizaciones del discurso pedagógico* Bernstein (1993). Insisto, esto significa que de ninguna manera un escrito de un docente o de un alumno, que es producto de una situación de enseñanza serán "espontáneos", "reales", "lo que prístinamente y completamente piensan" (reformulo este problema en el siguiente capítulo). Mucho menos escrituras de docentes en las que en cursos de formación o talleres, reuniones o charlas, se les pide que escriban cómo enseñan o qué creen que es la enseñanza o que hablen de su biblioteca imaginada, privada, y demás. No son espontáneos ni espejos, porque están *regulados* bajo la forma del discurso pedagógico, lo que tampoco significa *absolutamente determinados*. Se trata, por el contrario, de parcelas del flujo del discurso social (Geertz, 1992) que deberían ser atendidas en tanto tales. En este sentido es que algunas producciones muestran este otro trabajo con los relatos escritos de las experiencias de los docentes en cuanto avanzan en la fundamentación teórica y metodológica respecto de cómo se posicionan y entienden esas narrativas. Así es que, en la publicación del Plan Provincial de Lectura de Salta, Patricia Bustamante señala:

> El tipo de mirada que pretendemos ejercer intenta despegarse de los parámetros normativos y evaluativos que dictan un "deber ser" de la lectura para buscar un modo de analizar y reconstruir las lógicas de los procesos que siguen los distintos actores institucionales frente a la lectura y la escritura. Sin lugar a dudas las experiencias en las escuelas son formativas, no solo para los estudiantes, sino también para los docentes. (...) Por ello, el desafío es intentar construir conocimiento *situado* sobre cómo se relacionan con la

lengua escrita los docentes y estudiantes de algunas instituciones en Salta, para analizar luego qué conceptos pueden ser extrapolables a otras situaciones. De este modo, no se trataría de trabajar sobre un discurso que prescriba cómo se deben formar los lectores en las escuelas, sino sobre la base de las prácticas inscriptas en el cotidiano escolar (Bustamante, 2006: 13).

Por lo tanto, los modos de incluir las voces de los actores de la enseñanza e interpretarlas y las concepciones sobre la escritura en la investigación etnográfica y, podemos agregar, en aquellas otras que comparten los usos de los relatos (cuestión que la emparenta con la perspectiva narrativa) son algunos de los problemas que también recupera Rockwell (2009). Según la autora, se trata de problemas que muestran en simultáneo los alcances y límites de la investigación etnográfica, sus variados usos en el ámbito educativo y sus nuevos problemas emergentes como casos que también deben ser analizados. Así revincula las fuentes y sus voces con los modos de la etnografía para sopesar la validez de sus interpretaciones. Y lo hace volviendo a cuestionar al empirismo. Aunque la etnografía se define por la estancia prolongada del investigador en una localidad determinada, sin lugar a dudas, no podrá interactuar con todos sus protagonistas, pero sí podrá lograr una producción de conocimientos consensuada entre él y *los otros* mientras sea percibida por ambas partes como *sincera*. Categorización de los problemas epistemológicos en torno a la veracidad y validez de las comunicaciones humanas que la autora retoma de Habermas.[21] La sinceridad en la investigación se alcanza en el marco de tres pretensiones de validez: la verdad, en términos de sus ajustes con la realidad –no en términos de la ilusión objetivista–, la rectitud –lo dicho no debe estar fuera de lugar– y la veracidad dada por el reconocimiento de los aspectos subjetivos involucrados en la investigación (Rockwell, 2009: 189).

Siguiendo lo anterior, si las narrativas docentes se presentan como línea para transitar no solo en la investigación, sino como marco para la propia formación docente, habrá que reconocer aún más, y para no omitir ninguno de los tres criterios de sinceridad, que al solicitarle a los docentes en instancias de formación, ya sean de programas dependientes del Ministerio de Educación de la Nación o de carreras universitarias,[22] relatos sobre su

---

21 La autora refiere a Jürgen Habermas (1987). *Teoría de la acción comunicativa*. Madrid, Taurus.

22 El primer caso citado (Alen y Allegroni, 2009) pertenece a la serie *Acompañar los primeros pasos en la docencia* publicada por el Ministerio de Educación y el Instituto para el Desarrollo y la Innovación Educativa (IDIE/OEI) en acuerdo con el Instituto de Formación Docente (INFD/ME). El proyecto, desarrollado en varias provincias del país, se caracterizó

propia experiencia/práctica, se apela a una comunidad restringida en la que caben, justamente, ciertos relatos y no otros. Es decir, que trabajar desde la modalidad narrativa no deja de suponer una serie de regulaciones sobre las voces de los docentes que operan al mismo modo que las planificaciones que se ponen en cuestionamiento: "las tímidas variantes adoptadas a través del tiempo –los proyectos de aula o interdisciplinarios, por ejemplo– ponen en evidencia la impronta potente de esta forma de pensar la enseñanza y al docente en relación con su práctica, una forma en la que la regulación de los contenidos y de los modos correctos para enseñarlos se convierte en objeto de supervisión y control" (Brito y Gaspar, 2010: 173). No obstante, las escrituras de la planificación, las retóricas que muestran la creencia acerca de que hay unos contenidos que deben ser enseñados y de manera correcta, las contestaciones a las perspectivas sociales, culturales e históricas atraviesan otras fuentes que utilizo en esta investigación como modo de dar cuenta de la polifonía de las voces de los docentes. En las situaciones de formación en las que yo participé, y participo, no aparecieron esos buenos relatos, o relatos, o intervenciones que respondieran a intentos de librarse de formas escolares "de supervisión y control", sino preocupaciones, interrogantes que muestran las relaciones sistema, cultura y disciplina escolares en el trabajo docente cotidiano.

Hay un problema epistemológico y metodológico cuando se entiende la cultura escolar como aquello equivocado, o que oprime, encorseta y para la que deben buscarse formas de liberación. Volviendo a Rockwell (2009), lo no documentado por los sistemas escolares, pero también por los especialistas que investigamos en educación, formación docente, didáctica y didácticas específicas es lo invisibilizado porque tensiona, pone en conflicto, se vuelve disruptivo de aquello que "quisiéramos conocer" y la mayoría de las veces no es lo más "deseable" desde el punto de vista pedagógico. Hay un problema cuando se homologan prácticas conservadas con formas "tradicionales" de

---

por el trabajo de los formadores de los ISDF "quienes asumían la función de acompañamiento y eran los *noveles*, los que desde su posición de trabajadores, participaban de las distintas instancias que las propias instituciones iban creando a partir de sus posibilidades y de las necesidades detectadas. (…) [La colección publicada] trata de relatos, con la peculiaridad subjetiva, reflexiva, informativa y situacional que estos portan, con el potencial formador/transformador que les otorga su variedad de matices y su densidad" Andrea Alliaud (2009). "Los inicios y los relatos", en: *Acompañar los primeros pasos en la docencia, explorar una nueva práctica de formación*. Buenos Aires, Instituto Nacional de Formación Docente/Ministerio de Educación, pp. 10-11. El segundo caso (Brito y Gaspar, 2010) refiere a una serie de artículos en los que "toman cuerpo diferentes y sugerentes ideas que como equipo vienen [las autoras] elaborando desde hace algunos años en el marco del Posgrado en *Lectura, escritura y educación* del área de Educación de FLACSO Argentina". Silvia Finocchio (2010). "Prólogo", en A. Brito (dir.): *Lectura, escritura y educación*. Rosario, Flacso-Homo Sapiens, p. 12.

la cultura escolar y que, por ende, son las formas que se propone "superar" en nombre del "cambio" o la "innovación". Porque cualquier línea pedagógica, didáctica, debería efectuar ejercicios de validación que atendieran a las preguntas: "¿Cómo se apropian los maestros del saber pedagógico explícito, tanto para su práctica fuera del aula y su identidad como maestros, como para su práctica docente? ¿Qué significa la pedagogía desde las condiciones reales del trabajo docente?" (Rockwell, 2009: 29). Interrogaciones que también valen para los saberes didácticos.

Entre los relatos que adquieren las formas realistas que niegan las referencias al productor y a la experiencia de campo, entre los confesionales excesivamente autobiográficos y subjetivistas, como también los impresionistas de tramas por demás dramáticas y literarias, se hace visible para Rockwell (2009: 198-199) la necesidad de reflexionar acerca de los modos de representar el conocimiento y comunicarlo por parte del investigador. De esta manera, la autora se detiene en la tercera proposición de Julia para redefinir la cultura escolar y su investigación histórica. Serán los cuerpos docentes, sus distintas procedencias sociales, la heterogeneidad de sus formaciones académicas, de sus condiciones de contratación y trabajo, sus maniobras respecto de las prescripciones curriculares y los libros de texto, en suma, sus acciones individuales a la vez que colectivas, que reprodujeron ciertas ideas y prácticas educativas, las que ofrecerán posibilidades de reconstrucción de las continuidades que signan a la cultura escolar más allá de lo documentado oficialmente. Pero también serán los docentes los que ofrecerán sentidos para el análisis histórico y los que hablen acerca de cómo se articulan los momentos de cambio en esas continuidades. Dice Rockwell:

> Julia recomienda analizar las crisis que resquebrajan el discurso normativo y dejan entrever las prácticas divergentes, las fracturas del sistema. En torno de los conflictos se expresan argumentos de los diferentes actores involucrados en las escuelas. Lo que cada parte pone en juego en la negociación cotidiana apunta hacia las diferentes concepciones y tradiciones educativas. En esos momentos se encuentran, dice Julia, las resistencias y contradicciones de la práctica escolar. Los conflictos, agrega, suelen ocurrir cuando se difunde un nuevo proyecto político para las escuelas sin que por ello desaparezcan "los antiguos patrimonios culturales" (Rockwell, 2009: 163).

Por lo tanto, asumir una perspectiva que ponga el acento en las crisis del discurso normativo deviene en una manera de pensar periodizaciones para el abordaje de una historia de la cultura escolar en contrapunto con la palabra escrita y documentada de la norma, las normas en las prácticas y sus protagonistas. Así, la dicotomía del *adentro y el afuera* del espacio escolar puede ser redimensionada en las lógicas de transferencias y reinterpretaciones culturales porque: "en el plano histórico es posible observar cómo prácticas y saberes de muy diversas tradiciones [religiosas, militares, académicas, médicas, populares y muchas otras] han formado parte de las culturas escolares de cada lugar y época" (Rockwell, 2009: 164). En consecuencia, se habilita una semántica para la cultura escolar no ya subsumida a una historia que tan solo alberga datos y fechas de los órdenes legales oficiales de los sistemas educativos, sino otra esforzada por explicar y fundamentar su dinamismo, sus condiciones *creativas y negociadoras*.[23] En consecuencia, la relación etnografía-antropología histórica se funda en el esfuerzo por hallar las huellas del pasado en el presente porque:

> (…) el trabajo sobre las culturas escolares del pasado da profundidad temporal a los estudios sobre los procesos educativos en las escuelas actuales. Al vincular antropología e historia, adquirimos mayor conciencia de lo que perdura y lo que cambió. La heterogeneidad actual frente a la norma es testimonio de esa historicidad que caracteriza a las culturas escolares de toda época. Si los estudios etnográficos actuales logran documentar esa heterogeneidad, contribuirán a la consolidación de una mejor comprensión de las prácticas culturales en las escuelas y de sus transformaciones pasadas y posibles (Rockwell, 2009: 181).

Queda claro, entonces, que el trabajo sobre la vacancia de los problemas metodológicos en la enseñanza abordados desde la construcción de una perspectiva histórica, social y cultural reenvía hacia la necesidad de indagar

---

23 Rockwell afirma que Julia (antes referido) brinda esta zona de indagación al inscribirse en una tradición historiográfica más amplia que otros trabajos sobre la cultura escolar o problemas afines que, igualmente, resultan valiosos, como los de Chervel, Escolano Benito, Depaepe, Compère, Gonzalbo Aizpuru y Viñao (2002) a quien ya he citado. Dicha tradición es aquella del pensamiento de Foucault y Michel de Certeau, también retomada por Roger Chartier (cita recurrente de la autora) en sus historias de diversas prácticas sociales. La autora indica los siguientes trabajos como representativos de los autores primero nombrados: Agustín Escolano Benito (2000). *Tiempos y espacios para la escuela. Ensayos históricos*. Madrid, Biblioteca Nueva; Marc Depaepe (2000). *Order in Progress: Everyday Educational Practice in Primary Schools. Belgium, 1880-1970*. Leuven, Leuven University Press; André Chervel (1998). *La culture scolaire. Un approche historique*. París, Belin; Marie-Madeleine Compère (2002). "La cuestión de las fuentes en la historia de la educación", en A. Civera; C. Escalante y L. E. Galván (coords.): *Debates y desafíos en la historia de la educación en México*. Zinacantepec, Toluca, Colegio Mexiquense, Instituto Superior de Ciencias de la Educación del Estado de México, pp. 237-260; Pilar Gonzalbo Aizpuru (2002). "Rupturas y continuidades en la educación novohispana", en A. Civera; C. Escalante y L. E. Galván (coords.): *op. cit.*, pp. 119-142.

qué y cómo se entiende esa enseñanza y, por ende, a las prácticas sociales/culturales.

Si, como expuse en extenso, Rockwell (2009) recupera la noción de cultura escolar en su historicidad para formular abordajes sobre las condiciones del trabajo docente como aporte de la etnografía y la antropología histórica, no se introduce en los problemas que la vinculan con las *disciplinas escolares*. En el siguiente capítulo, propongo efectuar esta relación para encontrar las huellas del pasado en el presente de la disciplina escolar y, así, producir conocimientos didácticos que aporten a las metodologías de la enseñanza de la lengua y la literatura en el reconocimiento de las tensiones entre saberes pedagógicos y saberes docentes, pero sin desconocer al mismo tiempo sus realizaciones vigentes, mucho menos aquellas que presentan sentido y valor para el trabajo docente.

Capítulo 5
Tensiones entre saberes docentes y saberes pedagógicos/didácticos en la enseñanza de la lengua y la literatura

1. Primera tensión: fragmentación y atomización de los objetos

En el marco de la reconfiguración de la disciplina escolar lengua y literatura en enseñanza de la lectura y la escritura, se pueden leer otras más específicas que la sustentan, ya localizadas en los contenidos, en la formulación de saberes positivos y en una zona, a veces expresa, a veces opaca, de métodos consecuentes para cada uno de ellos. No obstante, hay otros procesos o efectos que el poder de la experticia, sobre todo ubicado en la elaboración de políticas educativas, sus distintas maneras de derramarse hacia el sistema y sus producciones editoriales consecuentes parecen no prever o directamente ignoran. Por un lado, más allá de sus intentos sistemáticos por desplazar o desjerarquizar los objetos de enseñanza lengua y literatura y sus tradiciones selectivas de saberes, su capacidad de conservación y, por otro, las disyuntivas cotidianas respecto de cómo organizar sus relaciones epistemológicas junto con su concreción metodológica frente a las prescripciones didácticas. Esta zona de lo no previsto ha sido planteada en este estudio como tensión entre saberes pedagógicos y saberes docentes, y sobre ella me voy a concentrar de ahora en más.

Ya he justificado, en el capítulo anterior, que las voces de los docentes, sus comentarios, inquietudes, preguntas sobre su trabajo cotidiano aparece como unidad de análisis para el abordaje de las tensiones entre saberes pedagógicos y saberes docentes (Viñao, 2002; Rockwell, 2009). También, ya anuncié en la introducción al libro que me permito agregar a la formulación de estas tensiones los saberes didácticos, a manera de reafirmar que se encuentran entramados en los pedagógicos y que, también, hacen a las tensiones con los saberes docentes. Por lo tanto, las cuatro tensiones que propongo estudiar en el presente capítulo se fundamentan en la *empiria* recolectada durante mi trayectoria profesional porque desde ella se pueden construir hipótesis de validez y no de verdad. Con ello me refiero a que estas voces acerca de qué es la enseñanza de la lengua y la literatura, en qué consiste, cuáles son sus problemas entendidos como *reales*, por qué caminos debiera conducirse, son válidos en cuanto reiteran explicaciones al respecto. Es decir, componen una serie de significados en la que la mayoría de los docentes podemos reconocernos. Ahora bien, muchos de esos comentarios, además, abren líneas de sentidos contrapuestas o variadas respecto de la orientación de la perspectiva didáctica sobre las que se discute. Esas contraposiciones, a veces claras objeciones, otras modalizaciones, no se manifiestan siempre como una arenga expresa ni tampoco prescinden de revisiones críticas, más extendidas o más económicas, a otras perspectivas didácticas o a situaciones del trabajo cotidiano que las expresarían. En realidad, esa tensión, esos momentos en los que no se avalan las aseveraciones de tal o cual línea, sino que se convierten en objetos de indagación, subvierte la retórica del deber ser de la enseñanza. Esa especie de futurismo en el que se concibe un estado de las cosas problemático y obturador de las buenas formas de educar y que, una vez modificado en un cien por ciento, garantizaría el éxito educativo. Ya he explicado antes que, cuando en las realizaciones del discurso pedagógico del formador se prescribe "opinen, digan lo que piensan", no ocurre que aquellos que son enseñados se liberarán de las cadenas opresivas del sistema, la cultura y la disciplina escolares e imaginarán la idea del *cambio* de las prácticas de enseñanza a modo de una revolución total.

Por el contrario, esta zona de tensión de saberes pedagógicos/didácticos y saberes docentes puede ser reconstruida en otra selección de la dimensión empírica, justamente la más voluminosa. Se trata de aquella que no ratifica lo que se espera sea la mejor enseñanza, sino que indaga la que ya se trabaja, lo que ya se realiza cotidianamente en el aula. Estas indagaciones, señalan permanentemente los puntos de fuga de las perspectivas didácticas de la lengua y la literatura, sus contradicciones y ajenidades con el trabajo docente cotidiano, expresadas en diversos documentos pedagógicos oficiales, diseños curriculares y planes de lectura, en los libros de texto, en los cursos de capacitación o de formación del grado, en las planificaciones y consignas. En el sentido de recorte de las recurrencias, de los significados que se reiteran en los comentarios de los docentes, en otras palabras, debía explicar primero esa lógica de encastres de perspectivas en una historia de reconfiguraciones de la disciplina escolar en nuestro país. Porque este recorrido permite, por un lado, abrir el abanico de los procesos que han abonado a esos encastres que son factores para aceptar y reconocer a la hora de estudiar las metodologías de la enseñanza de la lengua y la literatura ya apropiadas por el trabajo docente. Se trata de trabajar sobre las reconfiguraciones y los encastres y no de entender que la producción didáctica deba "resarcirlos" en nombre de una verdad científica que, en realidad, esconde, como ya he explicado, intereses y alianzas producto de una larga historia de ganancias de espacios en las arenas de decisiones de las políticas educativas por parte de los circuitos de *expertise*. Por otro, no hay posibilidad de comprender las tensiones entre saberes pedagógicos/didácticos y saberes docentes sin un acercamiento a ese relato histórico; tampoco se pueden comprender sus significados respecto de los saberes que están conservando, restringiendo o negando. Es decir, no se trata de observar las tensiones como un problema por "solucionar", insisto, sino –aquí entra la pregunta por sus significados– de escuchar qué reclaman, qué es lo que requieren que sea atendido sobre la enseñanza de la lengua y la literatura como concreción del trabajo docente en el cotidiano escolar.

Por lo expuesto, vuelvo a afirmar la opción por un marco teórico de base social, cultural e histórica y por el estilo de investigación etnográfica para estudiar las metodologías de la enseñanza de la lengua y la literatura como expresión de los saberes docentes en sus tensiones con los saberes pedagógicos/didácticos. Para ello, recupero el análisis comparativo entre *lo documentado* y lo *no documentado* del cotidiano escolar (Rockwell, 2009) que desarrollé en el capítulo anterior como manera de visibilizar que el trabajo docente no es reflejo mecánico de *la norma oficial* (los saberes pedagógicos/didácticos). De este modo, pongo en cotejo ese orden de lo documentado, la norma oficial sustentada por los saberes pedagógicos/didácticos, con el orden de lo no documentado, en este caso saberes docentes que, como ya dije, han sido registrados a través de comentarios y escritos producidos por docentes y sus estudiantes y que he recogido a lo largo de mi trayectoria profesional. Cabe aclarar, que esta opción por un marco teórico de base social, cultural e histórica y por la etnografía no se consuma en el señalamiento de que la lectura o la escritura son prácticas sociales y "así deben ser enseñadas". Resumo la prescripción en esta fórmula actualmente compartida por la psicogénesis, el textualismo cognitivista y la posición sociocultural en didáctica de la lengua y la literatura (más allá de las distinciones que cada línea propone), pues terminan cercando las dimensiones de lo social, lo cultural y lo histórico en una especie de reificación contenidista de esas prácticas, porque descartan aquello que no les complace de ese carácter social. Es decir, que descartan las preguntas que las hieren, que las desestabilizan en sus verdades por sobre la el trabajo docente –el sistema educativo, la cultura y la disciplina escolares–. Usualmente, estas preguntas de los docentes son por la gramática o por la historiografía literaria, preguntas de parte de los alumnos por la utilidad de un taller de lectura o escritura frente a un cuestionario, entre otras, que hablan también de lo social, lo cultural y lo histórico porque hacen a la enseñanza de la lengua y la literatura. Las clasificaciones, distinciones, categorizaciones de los saberes conservados y ponderados socialmente también son lo social. O, mejor dicho, son la faceta más específicamente social, cultural e histórica de las instituciones educativas, que son, valga recordar esta verdad de Perogrullo, entidades que expresan ese carácter por excelencia, porque consuman la reproducción y producción social del significado en cuanto orientaciones y regulaciones de la enseñanza justamente en cuanto acción social, como ya lo he explicado con Rockwell (2009), Viñao (2002), Bourdieu (1991; 2001), Bernstein (1993), Sahlins (2008), entre otros.

Una de las tensiones entre saberes docentes y saberes pedagógicos/didácticos (me permito invertir el orden de la formulación del problema para jerarquizar a los primeros) que aparecen referidas en comentarios de varios docentes, ya que comporta la desestabilización de su trabajo cotidiano, es una constante tematización sobre la enseñanza de dos objetos diferenciados: la lengua y la literatura. No obstante, las distintas experticias que suponen cada perspectiva, que se han ido encastrando para conciliar ahora la convicción de que se debe enseñar a leer y a escribir en las cajas curriculares de Lengua o Literatura, Prácticas del lenguaje, entre otras, han abonado a esa compartimentación claramente devenida en un fenómeno de fragmentación y atomización de los objetos y, con ello, del conocimiento. Propuse antes este análisis desde las hipótesis de Feldman (1999) que, aunque reinterpretadas, he recuperado porque permiten ponerles nombre a ciertas recurrencias en los comentarios de buena parte de los profesores (también maestros) con los que trabajé (y trabajo) en distintas instancias de formación docente. La mayoría de los docentes acuerda en el hecho de que la lengua y la literatura son objetos de conocimientos diferenciados y suponen abordajes y saberes distintos, al mismo tiempo que reconocen la importancia de la lectura y la escritura en su enseñanza. Así, plantean como dilema y problema el hecho de que deberían trabajarse en sus relaciones, pero su fragmentación o disolución se presenta ya instituida en los documentos curriculares y los libros de texto, programas y proyectos escolares. Las relaciones entre lengua y literatura, entonces, quedan libradas al buen tino del docente, a su modo de organizar el trabajo, lo que deriva a su vez en decisiones que los ponen en el brete de resolver algo que se presenta como dicotomía: o se comulga con la especificidad de la enseñanza de la lengua, por un lado, y de la enseñanza de la literatura, por otro, o se adentra en el riesgo de borrar las especificidades en nombre de la lectura y la escritura. Ocurre, que esta fragmentación de los objetos y atomización de sus saberes vienen dadas por las mismas perspectivas didácticas que hacen a los lineamientos curriculares desde los años noventa hasta la actualidad, ya sea a través de "la comprensión y producción de textos", ya sea por "la experiencia de la lectura literaria" y sus supuestos poderes particulares sobre los lectores, ya sea por "enseñar las prácticas del lenguaje". Fragmentación, atomización y disolución de los objetos de enseñanza que, al mismo tiempo de presentar las aserciones de las diferentes perspectivas didácticas encastradas, se basan en construcciones conceptuales que cuestionan y borran la marca identitaria de la disciplina escolar lengua y literatura y del trabajo docente que le confiere su sentido y valor.

Por ejemplo, los Diseños Curriculares Prácticas del Lenguaje de la provincia de Buenos Aires (en adelante, PL), en los que se pueden reconocer las orientaciones de los NAP (2006) como continuidad de saberes textualistas cognitivistas —aunque más reducidos en cantidad— y el recorte de la enseñanza como la generación de "situaciones de lectura y escritura", propio de su encastre con la psicogénesis, señalan en su fundamentación para 2° ESB: "Llamaremos Prácticas del lenguaje a las diferentes formas de relación social que se llevan a cabo por medio, en interacción y a partir del lenguaje. Lo que se enseñará es pues el dominio práctico del lenguaje en el marco de las situaciones sociales reales" (PL2°ESB, 2007: 356).[1]

De este modo, justificándose en algunos fragmentos de trabajos de Bajtin[2] y Halliday y en un expreso rechazo a la noción de "sistema de la lengua" saussureana, se reifica el carácter social del lenguaje homologado a la lengua. No se enseña más "lengua" porque significaría "sistema", sino que se enseñan "prácticas del lenguaje", ya que significarían "usos sociales reales". No obstante, si se revisan esos dos autores, sus teorizaciones señalan lo contrario, pues sus conceptos de *usos sociales de la lengua*, que no son lo mismo que "lengua en uso" y que apuntan a señalar su carácter social, significan que ese carácter está dado, justamente, en el juego de regulaciones sociales del significado. Por un lado, no hay lenguaje sin sociedad y viceversa; por otro, las sociedades han venido creando y recreando discursos (orientaciones de significados) de los que los sujetos nos apropiamos y replicamos desde que somos niños. Así es como, en el caso particular de

---

1 *Diseño Curricular para la Educación Secundaria. 2° Año [ESB]. Prácticas del Lenguaje.* Dirección General de Cultura y Educación del Gobierno de la provincia de Buenos Aires, 2007. Recuperado de http://servicios.abc.gov.ar/lainstitucion/organismos/consejogeneral/disenioscurriculares/

2 Por mi parte, utilizo "Bajtin" como la tipografía que corresponde a la traducción del apellido al español señalada por los últimos trabajos que revisan la producción del autor, cf. Riestra (comp.) (2010). *Saussure, Voloshinov y Bajtin revisitados. Estudios históricos y epistemológicos*. Buenos Aires, Miño y Dávila.

Bajtin, no se puede hablar de sus premisas si no se entiende que el *enunciado* no es el texto ni la oración, sino la palabra (vuelvo sobre este punto más adelante). Pero lo más importante es que sus premisas se desintegran si no se mantiene su noción de *lengua dialógica* (decimos lo que otros ya han dicho, es decir, hablamos porque hay apoyatura coral) y *heteroglósica* o de construcción híbrida (hibridación). Por ello, todo enunciado, "de acuerdo con sus características gramaticales (sintácticas) y compositivas, pertenece a un solo hablante; pero en el cual, en realidad, se mezclan dos enunciados, dos maneras de hablar, dos estilos, dos 'lenguas', dos perspectivas semánticas y axiológicas".[3] En otras palabras, no habría persona que no tuviera lenguaje ni que ignorara el uso de la(s) lengua(s) en el fluir de la acción social o, concedamos, en "situaciones reales de uso". También vuelvo sobre este problema más adelante. Lo que me interesa destacar aquí es la validez de las preguntas de los docentes acerca de si esta idea de lenguaje en su dominio práctico en realidad resuelve la fragmentación de los objetos de enseñanza o, en realidad, abona a la desorientación. Pues, qué es entonces lo que se enseña y a través de qué saberes, desde qué organización del trabajo. En la versión del PL de 2006 para 1° de ESB,[4] se señala en su fundamentación:

> Si bien las Prácticas del lenguaje han sido pensadas, seleccionadas y organizadas de modo que puedan conservar en la medida de lo posible la relación existente entre lenguaje y sociedad, el hecho de convertirlas en contenidos curriculares ha requerido de un proceso de organización del discurso social, de recorte y en muchos casos de condensación de ciertos aspectos, en función de su enseñanza. Entre otras decisiones curriculares, se ha privilegiado el ingreso a la escuela de aquellas prácticas menos familiares para los alumnos/as, o aquellas con las que no tendrían contacto naturalmente en el mundo social (PL1°ESB, 2006: 214).

Así, PL1°ESB (2006) reconoce la artificiosidad de esas "prácticas del lenguaje" que propone como contenidos en sí mismos respecto del amplio mundo social. Por lo tanto, "naturalmente" aquello que legitima como "nuevo", en cuanto garantizaría una realidad del lenguaje que la escuela anterior a su aparición no hacía, muestra su inexorable regulación, dado que

---

3 Mijail Bajtin (1989). "La palabra en la novela", en: *Teoría y estética de la novela*. Madrid, Taurus, pp. 77-236. Citado por Lucas Berone (2006). "Hibridación", en P. O. Arán (dir.): *Nuevo diccionario de la teoría de Mijaíl Bajtín*. Córdoba, Ferreyra Editor, pp. 160-161.

4 *Diseño Curricular para la Educación Secundaria 1° Año [ESB]. Prácticas del Lenguaje*. Dirección General de Cultura y Educación del Gobierno de la provincia de Buenos Aires, 2006. Recuperado de http://servicios.abc.gov.ar/lainstitucion/organismos/consejogeneral/disenioscurriculares/

no va a enseñar nada del orden de lo natural/real del mundo social extramuros de la institución, ni siquiera por criterios de mayor o menor exposición por parte de los alumnos. PL1°ESB (2006), al igual que PL2°ESB (2007), entonces, se divide en tres ejes llamados ámbitos de uso del lenguaje:

> Las Prácticas del lenguaje han sido agrupadas en tres ejes, que suponen tres ámbitos de uso del lenguaje y, en este contexto, ámbitos de formación del alumno/a como usuario del lenguaje, que se privilegian a lo largo de la Educación Secundaria Básica:
> • Prácticas del lenguaje en el ámbito de la literatura;
> • Prácticas del lenguaje en el ámbito del estudio;
> • Prácticas del lenguaje en el ámbito de la formación ciudadana.
> Se focaliza de este modo la atención en las prácticas y se considera que esas mismas prácticas –de lectura, escritura y oralidad– desplegadas en los diversos ámbitos de circulación son los contenidos del espacio curricular.
> El orden en que aparecen estos ejes no es lineal en lo cronológico ni supone niveles de importancia para su enseñanza, sino que se espera que el alumno se desempeñe en todos ellos, poniendo en juego las prácticas que estos involucran en la medida en que construyen sus aprendizajes lingüístico-pragmáticos (encontrar regularidades estructurales en los textos, sintácticas en ciertos géneros discursivos, gramaticales en el uso del lenguaje, conocer y usar los aspectos normativos, entre otros) (PL1°ESB, 2006: 214).

De este modo, las prácticas de lectura, escritura y oralidad reificadas en contenidos del espacio curricular se enseñarían en un cotidiano escolar que podría recrear "ámbitos de uso", "diversos ámbitos de circulación" de esas "prácticas del lenguaje". El orden de los ámbitos no es lineal ni cronológico, ya que, cuando se detalla lo que suponen esas prácticas (recordemos: lectura, escritura y oralidad) en términos de "aprendizajes lingüístico-pragmáticos", no de enseñanza, se afirma que, en suma, en todos ellos, los alumnos deberán, como versa en la cita anterior, "encontrar regularidades estructurales en los textos, sintácticas en ciertos géneros discursivos, gramaticales en el uso del lenguaje, conocer y usar los aspectos normativos, entre otros".

Se trata de nuevas fragmentaciones y atomizaciones de las parcelas lengua y literatura remozadas en lectura y escritura, prácticas del lenguaje en este caso, lectura, escritura, oralidad como versiones actuales del encastre psicogénesis/textualismo cognitivista, pero también, en suma, de los diseños curriculares de dos jurisdicciones faro para el resto del país, como lo son Ciudad Autónoma y provincia de Buenos Aires. Igualmente, el diseño aquí citado que se ha vuelto referencia recurrente en los docentes con quienes vengo trabajando como intento fallido de renovación de la enseñanza de la lengua y la literatura, no olvida que debe justificar y explicitar los modos en que sus nuevas parcelaciones de la disciplina escolar hallarían sentido, no diluirían los objetos ni tampoco llevarían hacia la disociación. Dice PL1°ESB (2006) luego de presentar los ámbitos de uso del lenguaje:

> Cabe aclarar que si bien los ámbitos significan una organización de las prácticas sociales, el objetivo de este tipo de organización es que estas puedan ser convertidas en contenidos curriculares, lo que no significa que en el mundo social todas ellas se presenten de manera escindida, o que aquellos contenidos tratados en un eje no tengan relación o repercusión, o que puedan suponer un tratamiento desde la perspectiva de otro/s de los ejes. Por ejemplo, la escritura de reseñas sobre textos literarios supone un "cruce" entre el ámbito de la literatura y el del estudio; y si esa reseña se publicara en un diario, además, estaría vinculando la práctica discursiva con lo que aquí se ha llamado el ámbito de la formación ciudadana.
> Esto significa que, como toda organización de los elementos sociales, debe ser pensada como una estrategia para comprender y en este caso enseñar mejor el objeto, pero no para describirlo en toda su complejidad (PL1°ESB, 2006: 215).

Así, la reafirmación de la creencia de que se está proponiendo un cruce "natural" entre tres "ámbitos de uso" en los que escribir una reseña literaria para un diario abonaría a vincular lengua y literatura, porque el literario se implicaría en otro ámbito llamado "formación ciudadana", intenta generar la ilusión de unidad y relaciones posibles en lo que parece ser una versión más entreverada de la lectura y la escritura como el conocimiento de los textos y sus propiedades (explicado en el capítulo tres) que, en definitiva, este diseño muestra ya en toda su claridad. Igualmente, estos encastres de perspectivas que legislan desde el Estado las orientaciones del trabajo docente, en réplica a las reorganizaciones del sistema y de la disciplina escolar, hacen aún más a las tensiones saberes docentes/saberes pedagógicos/didácticos, porque multiplican los niveles de fragmentación y atomización. De hecho, sí "diluyen" algo muy caro para la disciplina escolar y sus agentes acreditados para ejercerla como docentes: su especificidad. De alguna manera, esta multiplicación de la fragmentación de los objetos y atomización de los conocimientos perturba el antiguo orden de fragmentaciones y atomizaciones que se armonizaban en la disciplina escolar, expresado al modo de "cuando se enseña lengua se enseña gramática, cuando se enseña literatura se enseñan sus movimientos literarios, géneros, estructuras y elementos o componentes literarios". Aunque siempre fuesen sospechados por los mismos docentes respecto de sus límites explicativos en relación con las lecturas y escrituras de los estudiantes.

En efecto, la puesta en alerta sobre la especificidad de la lengua y la literatura por parte de los docentes muchas veces aparece morigerada por otro concepto promovido las políticas educativas y curriculares para todas las áreas: la "interdisciplina". No obstante, ¿qué nueva incertidumbre recorta y agrega en el espacio del trabajo docente la prescripción de lo interdisciplinario que especialmente se encuentra en las posiciones socioculturales? Que el resguardo de la especificidad no va tanto de la mano de aquello que los estudios lingüísticos y literarios de distintas maneras vienen señalando como específico (las propiedades de la lengua o de la literatura), sino de lo que Bourdieu explica como "rito de institución" en cuanto "tiende a consagrar o a legitimar" como "natural, un límite arbitrario; o lo que viene a ser lo mismo, a llevar a cabo solemnemente, es decir, de manera lícita y extraordinaria, una transgresión de los límites constitutivos del orden social" (2001: 79).

Entonces, lo que se desbarajusta es el rito de institución enseñanza de la lengua y la literatura, reconfigurada en enseñanza de la lectura y la escritura, ya que resulta difícil de convalidar por parte de los docentes. Los nuevos "límites arbitrarios" (enseñar las prácticas del lenguaje o atender a lo interdisciplinario) ofrecidos a los maestros y profesores como "naturales" y, por ende, "legítimos" se vuelven opacos. Por lo tanto, si fuese la intención, tampoco se percibe con claridad cómo transgredirlos "lícita y extraordinariamente", y, desde allí, se pueden leer las preocupaciones de los docentes sobre la atomización, fragmentación y disolución de los objetos de enseñanza y saberes. Así, docentes de bastas trayectorias en el sistema educativo, y los de menos, muchas veces suelen comentar respecto de la sensación de soledad en la que se encuentran a la hora de planificar. Aluden a los distintos modelos didácticos que han debido conocer y tratar de plasmar en sus clases, ya sean provenientes de la didáctica general o de las específicas, y cómo sucesivamente se cuestionan entre sí maximizando los niveles de controversias teóricas, pero sin atender a quienes se supone son sus interlocutores, es decir los mismos docentes.

Si se vuelve al concepto de *rito de institución*, para observar estos cuestionamientos, hay una clara idea de "algo que no se cumple" con estos límites arbitrarios de las perspectivas didácticas. Si los docentes que cumplen cotidianamente con su trabajo actualizan y realizan, en cuanto práctica social, ritos de institución, cómo pueden "consagrar la diferencia" (Bourdieu, 2001: 79), esa marca identitaria de la institución escolar. En ese encastre de distintos enfoques didácticos, que más que ayudar sumen a los docentes en un vacío metodológico, y que habla, a la vez, de variados niveles de atomización y fragmentación de la disciplina escolar y de los saberes, se puede entender la desestabilización que produce la puesta en suspenso del rito de institución enseñanza de la lengua y la literatura. Puesta en suspenso siempre sustentada en hacer de la enseñanza de la lengua y la literatura "algo distinto a lo que ya se hace" para que los docentes asuman "cómo son en realidad" los objetos de la enseñanza y cuáles sus saberes "legítimos". De este modo, la sumatoria y encastre de perspectivas didácticas violenta sistemáticamente el rito de institución enseñanza de la lengua y la literatura en los límites arbitrarios que históricamente le son propios y en los que los docentes reaseguran su tarea cotidiana.

El gran traspié compartido por las tres perspectivas en didáctica de la lengua y la literatura, que se encastran hoy por hoy como orientaciones legisladas por el Estado y el mercado editorial para el sistema y la disciplina escolar, es hacer de sus explicaciones, muchas veces desgajadas de sus planteos de origen –ya lo desarrollé con el caso del PLI°ESB (2006)–, principios explicativos de cómo "debería conducirse" la enseñanza, porque esos principios develarían "errores históricos" de la institución. Las formulaciones de saberes que fragmentan y atomizan sus distribuciones en nombre de prácticas de lectura y escritura reificadas en contenidos, si bien dan continuidad a esa matriz constitutiva de la disciplina escolar, se vuelven disruptivas de la enseñanza como rito de institución, ya que conducen hacia la idea de que se deben borrar las diferencias entre un supuesto mundo social que está por fuera de la escuela –que podría asirse y replicarse– y ella misma. No obstante, la enseñanza de la lengua y la literatura necesita demarcar que ofrece algo distinto a ese afuera y consolidar instancias en las que se defina claramente que se está enseñando lengua, por un lado, y literatura, por otro. Antes de la posibilidad de imaginar en el discurso pedagógico cómo cohesionar la enseñanza de ambos objetos, deviene la necesidad de diferenciarlos y especificarlos en sí mismos. La reconfiguración de la enseñanza de la lengua y la literatura en la enseñanza de la lectura y la escritura tensiona estas necesidades y lógicas del trabajo docente y no lo satisface, tampoco, con disposiciones respecto de lecturas y escrituras diseñadas como específicas para cada texto, vueltas unidades de análisis.

Se trata, en realidad, de observar cómo se entraman lecturas y escrituras en la enseñanza de la lengua y la literatura particularizadas en esta acción social que se realiza en las instituciones educativas. Lecturas y escrituras que muestran, por parte de los alumnos, sus diálogos con otros objetos de conocimiento, pero que no son ni naturales, ni tampoco sociales en cuanto lo social se proponga como "lo distinto" a la cultura escolar. Son sociales porque ocurren *en* las instituciones, en su propia historia *en* ellas siempre enmarcadas *en* sus culturas. Si reconocemos que en las instituciones educativas se lee una noticia no para informarse, como ocurriría fuera de ellas, sino para recortar y aislar un determinado saber sobre la lengua que se pretende enseñar, o se lee un cuento de Bradbury para enseñar narrativas fantásticas canónicas, clasificar narradores, etc., y no para sentir placer o construir subjetividades, se pueden comprender en sus particularidades las metodologías de la enseñanza de la lengua y la literatura. Y en vez de imaginar y prescribir cómo borrar su sentido y valor en cuanto rito de institución, la producción de conocimientos didácticos puede incluir maneras de pensar relaciones entre los objetos y sus saberes, y entre sus vínculos con otros órdenes de lo social, que hacen al plus que, sin lugar a dudas, se pone en juego al leer y escribir en las aulas. En ese sentido, cabe señalar que resulta sin fundamentos la posible objeción de que reconocer el carácter atomizado y fragmentado de la enseñanza de la lengua y la literatura derive en un retorno a las formas de enseñanza caracterizadas como propias de los tiempos anteriores a la democracia actual. Insisto en que los encastres entre las tres perspectivas ya están dados, naturalizados y, por ende, instituidos; en consecuencia, encarnan de por sí las orientaciones del trabajo docente. Se trata de reconocer que la situación actual de esas reconfiguraciones de la enseñanza de la lengua y la literatura en enseñanza de la lectura y la escritura que intentan esconder, u opacar, la atomización y la fragmentación propia de la disciplina escolar, sobreimprimiéndoles otras en nombre de la búsqueda de una integración, por el contrario, las vuelven aún más conflictivas para el trabajo docente.

2. Segunda tensión: enseñanza de la lengua, gramática escolar y diversidad lingüística

Como ya he explicado en los capítulos anteriores, la gramática designada como cuerpo de saberes tradicionales, como idea de lo vetusto y, además, ligada a una historia política reciente que debía resarcirse en la etapa democrática fue desjerarquizándose en los procesos de reconfiguración dirigidos hacia la reificación de la lectura y la escritura como contenidos de enseñanza en nuestro país. Por ello, se presentan revisiones que trabajan críticamente las creencias de que la gramática supone en sí misma un modo erróneo y desactualizado de abordar el estudio de la lengua y, por ende, su enseñanza institucional (Pérez y Rogeri, 2007), o que, en su versión estructuralista, la gramática ha sido y es perniciosa para una enseñanza de la lengua moderna y democrática, sin dar cuenta de su lugar en la educación argentina y la formación docente en nuestro país. Señala Dora Riestra en esta línea de análisis:

> Si nos situamos en la perspectiva cultural de la enseñanza de la lengua en Argentina, es decir, en la enseñanza como tradición social e históricamente construida, no puede ignorarse a la gramática estructural sistémica de los años sesenta (subsidiaria de la gramática tradicional de A. Alonso y P. Henríquez Ureña de 1936, que en nuestro país era ya una gramática pedagógica avanzada, como señala Manacorda de Rosetti, 1996). Esto significa que el conocimiento gramatical, hoy devaluado y ocultado, ha sido objetivado como enseñanza y, por lo tanto, ha sido apropiado como procedimientos explícitos referenciales por varias generaciones. (...) El análisis de estos cambios epistemológicos que sustituyeron la gramática como objeto de enseñanza no se ha realizado aún y los contenidos gramaticales aparecen tanto en textos de enseñanza como en documentos oficiales en carácter de contenidos adjuntos, desintegrados como objetos de enseñanza no deificados; podría decirse que se han desplazado de los ejes centrales de la enseñanza, que hoy ocupan el discurso, la comunicación, los textos, en este orden, como objetos de saber relativamente didactizados (Riestra, 2008: 95-97).

En efecto, el lugar de la gramática va más allá de las justificaciones que se efectuaron para su desclasamiento, ya sea en nombre de una educación democrática, científica o de avanzada –como desarrollé anteriormente–. Volviendo a nuestra apoyatura en Bernstein (1993), se presenta y se sigue presentando como una formación de saberes propios de la disciplina escolar conservados en los modos de lo pensable para la enseñanza de la lengua en cuanto a los enmarcamientos del discurso pedagógico. Vuelvo a los planteos de Bernstein (1993) porque, en principio, no se trata de juzgar las bondades o desventajas de la gramática respecto de los saberes que pueda ofrecer a los alumnos sobre el objeto lengua, sino de reconocerla en las recurrencias de los comentarios de los maestros y profesores como posibilidad de desarrollar esa enseñanza. En ese sentido, planteo revisar cómo esa gramática –desclasada de las tres perspectivas en didáctica de la lengua y la literatura que, encastradas, orientan hoy por hoy la enseñanza– es una formación de saberes que repele cualquier debate respecto de qué gramática se trata o de si la disciplina escolar ha persistido en una idea de gramática "impropia" o "desfasada" en relación con las últimas tendencias en los estudios académicos. Esta gramática de raigambre histórica en las instituciones educativas argentinas, es decir, consensuada en su continuidad disciplinaria escolar, se expresa tanto en la demanda del señalamiento de una categoría léxica, sustantivo o verbo; en los aspectos normativos de la lengua escrita, siempre más orientados a la ortografía y la puntuación; en las clasificaciones sintácticas de las oraciones y de sus componentes; en los listados de conectores lógicos y los procedimientos cohesivos desgajados de la unidad textual, entre otros.

Por lo tanto, la acusación de que la enseñanza de la lengua a través de la gramática escolar descontextualiza, mecaniza, desvirtuando lo que sería la comprensión y producción de textos, prácticas del lenguaje o apelando a una enseñanza de la lengua ignorante de la diversidad lingüística, parte de bases endebles o casi falsas cuando no reconoce su historia y la sumatoria de conceptos que hoy adquiere en la reconfiguración de la disciplina escolar. Creo que la recuperación que hacen Pérez y Rogieri (2007) de la diferencia entre enunciado y oración, recobrando también el sentido de la categoría *palabra* desde las teorizaciones de Bajtin, permite retornar a una premisa fundamental: la gramática; y esa gramática escolar reconfigurada en los procesos de encastres de perspectivas didácticas concierne, en principio, a los órdenes de "la palabra señalizada", como diferencia Voloshinov (1976: 89), y no de la palabra como orientación de significados, es decir como *enunciado*:

> Este ordenador [oración/enunciado] permite organizar dos campos: "la palabra" considerada independientemente de su circulación (sin consideración de "quién habla", "cuándo", "dónde", "cómo"), es decir, en tanto oración como unidad gramatical; "la palabra" en circulación en el espacio social (sujetos, contextos espaciales y temporales), es decir, en tanto enunciado como unidad de la comunicación discursiva. Esta distinción de dominios de análisis no supone una gradación en complejidad ("el estudio del enunciado no supera el estudio de la oración") sino que supone dos abordajes diferenciados de los modos de significar de la lengua (Pérez y Rogieri, 2007: 110).

Si bien mi trabajo no se conduce exactamente por los caminos que interesan a Pérez y Rogieri (2007), sí colaboran a darle sustento a los cuantiosos comentarios de profesores y alumnos registrados en mi trayectoria profesional que le asignan valor a la enseñanza de la gramática escolar objetivada como ortografía o puntuación, morfología o sintaxis, léxico, a la vez que señalan su carácter problemático para el trabajo docente. Un carácter problemático que se duplica: si ya para los años previos y posteriores a la llegada de la democracia, la gramática escolar como único orden de la enseñanza de la lengua había naufragado, la prescripción de su desplazamiento como resolución del conflicto, por el contrario, se agrega a ese estado de situación problemático. Así, en el intercambio sobre este tema varios docentes retoman la recurrente pregunta de muchos alumnos "¿para qué me sirve la sintaxis?", algunos como argumento para apoyar su preocupación por su desaparición, que luego no resulta tal, pero otros más como parte de los desafíos cotidianos que les presenta su trabajo en el acuerdo de que "algo" aporta a la enseñanza de la lengua.

Sin embargo, interesa detenerse en esta preocupación por las "desapariciones" de saberes del orden gramatical escolar de la oración. ¿Qué desaparece de la lengua si no se enseña sintaxis?; es el interrogante por desprender de estos comentarios. Por un lado, hay una gramática escolar que preexiste a las reconfiguraciones de la enseñanza de la lengua y la literatura en lectura y escritura, que he explicado anteriormente, y que se reinscribe en ellas como piso de justificación de lo que "hay que desterrar en la educación democrática" que se va dibujando desde mediados de los años ochenta en adelante. Pero, por otro, esa preexistencia en las lógicas de la disciplina escolar y el sistema educativo la ha conservado como cuerpo de saberes que garantizarían la enseñanza de una lengua "correcta" en términos de "legítima", si no en las prácticas mismas de enseñanza, sí como núcleo temático que orienta las conceptualizaciones y discusiones de docentes y alumnos. Dicho en otras palabras, son demasiados los comentarios, más bien relatos, de docentes en ejercicio y quiero agregar, registros de clases observadas de estudiantes del Profesorado en Letras (UNLP), que incluyen el nivel primario y terciario además del secundario, en los que aparecen situaciones donde algún saber gramatical oracional se enseña. Anticipado como contenido en los programas de los espacios curriculares, o no. Se trata de situaciones en las que un docente hace una clase de repaso y se encuentra con que los estudiantes clasifican un adverbio como verbo y, con ello, comienzan a distinguirlos con ejemplos, u otras en las que a la hora de revisar escritos de alumnos, ya sean de invención o no, se les enseña si una de sus oraciones debería llevar tal o cual complemento o tal o cual sustantivo o pronombre porque, de lo contrario, no se puede saber cuál es su referencia. O cómo, determinado momento del escrito debería construir una oración subordinada para lograr el significado deseado. En el medio, están las clases de sintaxis pero que distan por mucho de aquellos listados casi interminables de oraciones modélicas para analizar su sujeto y predicado en su infinidad de componentes al estilo de la gramática estructural de los años sesenta. En estos relatos también debo incluirme, ya que tanto como docente del secundario, cursos de ingreso a la universidad y cátedras de carreras de formación docente recurrí y recurro a los saberes gramaticales oracionales, no solo textuales, para enseñar a los estudiantes sobre sus propias escrituras cómo lograr significar lo que quieren significar, o en otros casos, cómo hacer que respondan a los estilos lingüísticos legitimados por las instituciones educativas (vuelvo sobre este problema más adelante). Salvo en las clases que planifican la enseñanza de saberes sintácticos oracionales en las que se advierten algunas protestas o cansancios por parte de los estudiantes, no se registra una invalidación absoluta de estos saberes. Se me dirá, que este hecho podría formar parte del disciplinamiento y homogeneización lingüísticas, propio de las políticas básicamente lingüísticas y centenarias de nuestro país expresadas históricamente tanto en gramáticas como en libros de texto y demás.[5] La cuestión es que observado este fenómeno desde una didáctica de perspectiva social, cultural e histórica, etnográfica, no puede ser desatendido en la imposición a los actores de la enseñanza de que se trataría de un saber coercitivo y autoritario. Por el contrario, las producciones didácticas de esta naturaleza deben reconocer ese lugar de la gramática escolar, en definitiva, en las metodologías de la enseñanza de la lengua y la literatura para de esa manera proponer orientaciones que aporten al trabajo docente en sus relaciones con otros problemas y saberes lingüísticos (Cuesta, 2011; 2014).

Insisto, el análisis sintáctico y la mecanización que supone han sido uno de los grandes y más compartidos argumentos contra la gramática escolar. No obstante, salvo en situaciones de exceso de lugar y tiempo otorgado a este tipo de modalidad de estudio de la lengua –que resulta difícil hallar, o bastante excepcional, hoy por hoy en las aulas argentinas–, lleva a plantear una escisión entre lo que prescriben las perspectivas didácticas y el lugar de la gramática escolar en la disciplina escolar que, en nombre de los variados usos de la transposición didáctica, justifican su desclasamiento y negativización.

También ocurre en el marco de los procesos de reconfiguración de la disciplina escolar que la fragmentación, atomización y disolución de sus objetos de enseñanza han coadyuvado a que esa gramática escolar se retroalimente de otros saberes a la hora de verse objetada, como ya he analizado: clasificaciones textuales por tipologías; clasificaciones de fenómenos sintácticos textuales (cohesión y coherencia y sus categorías desagregadas); emisores y destinatarios (de los mensajes); enunciadores y enunciatarios (de los discursos entendidos como textos); clasificaciones de actos de habla. En palabras de Marta Marin (2007), se encuentra la síntesis de la última versión de la gramática escolar en nuestro país (cito en extenso):

> Cuando se habla de gramática en las escuelas, se entiende por ella el análisis sintáctico, el recitado o la identificación de tiempos verbales, la identificación taxonómica de palabras (sustantivos propios, abstractos, adjetivos numerales, pronombres personales, etc.). Pero esto no es exactamente la gramática, sino la gramática escolar; lo que, a su vez, ha generado algunos malentendidos. En el campo de la lingüística, la gramática es el conjunto de las regulaciones (conformación de paradigmas) de una lengua, y también la descripción de su funcionamiento; es decir, «una construcción teórica diseñada para describir y explicar el funcionamiento del sistema lingüístico».

---

5 Para estos problemas, cf. María López García (2015). *Nosotros, vosotros, ellos. La variedad rioplatense en los manuales escolares*. Buenos Aires, Miño y Dávila.

> El sistema lingüístico ofrece toda una serie de recursos tales como léxico, el modo de relacionar unas palabras con otras (sintaxis); las regularidades que se producen en el funcionamiento del sistema, es decir, lo que llamamos gramática, sirve para que los usuarios administren, organicen, dispongan esos recursos. La finalidad es producir enunciados que sean aceptables para otros usuarios de la misma lengua, por lo tanto, si la escuela se propone mejorar el desempeño lingüístico, la gramática oracional en el ámbito escolar incluye –o debería incluir–: conocimientos acerca de las clases de palabras, de la sintaxis relacionada con el léxico y con la morfología, de las personas y tiempos verbales en relación con cada tipo de texto y en relación con los actos de habla que ese texto implica. Además tendrían que incluirse las convenciones escriturarias como la puntuación, la ortografía, los signos de entonación, en cuanto hacen a la inteligibilidad de los enunciados escritos. Además, también son necesarios los conocimientos referidos a la relación entre los recursos gramaticales que el hablante elige y el contexto en que se producen sus enunciados; por ejemplo, qué usos gramaticales son aceptables en la oralidad e inaceptables en la escritura. Pero esos enunciados aceptables para otros, que los usuarios necesitan producir, deben además articularse en textos, para lo cual es necesario tener conocimientos de gramática textual, esto es, de la organización de los textos que circulan en una sociedad y de sus propiedades, tales como la coherencia y la cohesión. Estas dos gramáticas, la oracional y la textual, no pueden concebirse, ni siquiera desde un punto de vista didáctico, como desligadas, separables, sino que, por el contrario, su permanente vinculación haría al aprendizaje más consistente y significativo. Un ejemplo de esta relación entre ambas gramáticas podría ser el caso de los pronombres: la gramática oracional descriptiva establece la existencia de la categoría pronombre y de sus clases; a su vez, la gramática textual muestra el funcionamiento de los pronombres (deixis) como uno de los procedimientos de la cohesión referencial en los textos (Marin, 2007: 63-64).

Insisto, observado el problema desde una perspectiva social, cultural e histórica, etnográfica de la didáctica de la lengua y la literatura no se trata de postular que la gramática escolar genera "malentendidos" y que por ello hay que recurrir a una definición de la gramática según "el campo lingüístico". La gramática escolar es producto de la disciplina escolar y someterla a cotejos "correctivos" con la gramática de los lingüistas es lo que en realidad lleva a confusiones o a dar continuidad a aquello que se le cuestiona. Por ejemplo, aunque Marin (2007) se queje del descriptivismo gramatical oracional, su misma propuesta lo perpetúa en la confianza de que un posicionamiento desde una gramática del texto llevará al éxito de los "nuevos modos de trabajar con el lenguaje", de la "educación lingüística" de los alumnos. En otras palabras, sigue siendo la persistencia de una *doxa gramatical* como concepción *representacionalista* del lenguaje/lengua enseñado(a) (Bronckart, 2007: 92-93) que objeta y niega aquella de la oración, también esencialista, pero que los docentes y alumnos conocen y reconocen en cuanto propia de la enseñanza de la lengua, como expliqué con Riestra (2008) y que se registra en los comentarios de cantidad de docentes. No obstante, el pretendido carácter científico de esa gramática escolar que debiera ser y aún no es, en los términos de Marin (2007) estos cruces entre gramática oracional y textual que, a la vez, encastran algunas nociones discursivas, como enunciado, ignora la desestabilización epistemológica que produjo en la disciplina escolar otra de sus reconfiguraciones, que va de la mano de la reificación de la lectura y la escritura. Como ya adelanté, se trata de la sustitución, confusión, o dilución de lengua —en su sentido representacionalista— por lenguaje, que abona a varias tensiones entre los saberes docentes y los saberes pedagógicos/didácticos. No se trata, de nuevo, de señalar que hay algo que la escuela "ha entendido mal" a causa de esa *doxa* gramatical que produce y reproduce, sino de reconocer sus nuevas condiciones de producción atravesadas por los saberes expertos (alianzas entre las políticas, las investigaciones universitarias y el mercado editorial) y los desajustes que conllevan en el trabajo docente.

Pérez y Rogieri (2007) abordan el problema de convertir el lenguaje en nuevo objeto de estudio para docentes y alumnos. Me permito citarlas por extenso:

> Esta preocupación innovadora [por el(los) lenguaje(s)] se asienta sobre el presupuesto de que los estudios tradicionales acerca del lenguaje resultan insuficientes en el marco del proceso educativo. Este hecho supone:
> - considerar que los modos de estudiar el lenguaje asumidos no darían cuenta de su efectiva naturaleza o de sus propiedades específicas;
> - la existencia de un lenguaje dado, previo a los estudios acerca de él;
> - la identificación entre el fenómeno lenguaje y el punto de vista que lo aborda;
> - que esa concepción de lenguaje dada es válida para cualquier materialidad asociada con alguna significación, lo cual presupone a su vez optar por un punto de vista, el semiótico comunicacional (en la medida en que se considera que todo fenómeno de lenguaje está constituido por una materialidad que soporta un sentido con fines de interacción comunicativa).

Ahora bien, creemos que una insuficiencia tal opera, a la vez, por sinécdoque sobre el terreno específicamente gramatical. De los estudios tradicionales del lenguaje, solo los gramaticales han sido considerados deficientes (…). Se supone, a la vez, que existe una gradación de complejidad entre la oración y el enunciado, por lo que se eleva la cuestión a una disputa entre paradigmas (textualistas/ no textualistas) y al supuesto de que el lenguaje es uno solo y se aborda desde una única perspectiva. (…) En el Área Lengua, suele considerarse el lenguaje de manera independiente del abordaje teórico de que se trate. La pregunta preliminar sería ¿todos los estudios del lenguaje parten de ver el mismo fenómeno?; ¿entienden lo mismo por lenguaje?; ¿es entendido de la misma manera en la pragmática que en la enunciación o el cognitivismo?; ¿en los estudios de interacción dialógica que en los estudios de argumentación? Llevadas estas preguntas al lenguaje como el fenómeno que queremos estudiar, cuando la gente habla ¿dialoga, argumenta, realiza actos de habla? Lo que hace cuando habla es ¿hablar, enunciar, emitir, usar el lenguaje? ¿Es respetar reglas?; y si es así, esas reglas ¿son naturales o culturales? Y el que habla ¿es una entidad individual, un sujeto social, un sujeto cultural? Y su palabra ¿es verdadera/falsa; adecuada/no; intencionada/no; propia o ajena? (Pérez y Rogeri, 2007: 108-109).

Otro nivel del problema, prosiguen las autoras, es que si llevamos estas preguntas al área disciplinar escolar "el lenguaje se pluraliza y lo hace en las categorías pertenecientes a cada campo teórico". Por lo tanto, esos saberes, esas categorías "no son universales, no preexisten al lenguaje, no resultan sinónimas de teoría a teoría, ni señalan lo mismo del fenómeno del lenguaje" (Pérez y Rogeri, 2007: 109).Tampoco vistos como significados son garantes de la existencia de una cosa llamada *lenguaje* a la que puedan corresponderle. Sin embargo, hoy funcionan al mismo modo descriptivo que la gramática escolar instituida por la historia de la enseñanza de la lengua en nuestro país, sin satisfacer las preocupaciones de los docentes respecto de aquello que observan que sus alumnos deberían aprender.

Como ya desarrollé en el capítulo dos, los mismos CBC (1995) construyen una tensión entre la incorporación de líneas lingüísticas que ocultan sus propios arbitrarios sobre el lenguaje, articulados en pretensiones de universalidad y preexistencia al "fenómeno del lenguaje", y otra posición de reconocimiento de la diversidad lingüística. Los NAP (2006) retoman y enfatizan este reconocimiento en sus fundamentaciones con un nuevo giro basado en la garantía por parte del Estado de un acceso de saberes comunes para los alumnos de todo el país. En este encastre teórico lingüístico se alojan las preguntas de muchos docentes acerca de escrituras de los alumnos que extreman la observación del error por su parte, y que se suman a una constante dificultad para asumir las supuestas nuevas perspectivas y concretar modos de enseñar no coercitivos que apunten a los aspectos más normativos de la lengua escrita, pero que, a la vez, sean respetuosos de la diferencia.

Este conflicto lingüístico característico de la enseñanza de la lengua es abordado por Paola Iturrioz (2006) desde estudios sociolingüísticos que le permiten localizarlo como problema de indagación en varias entrevistas realizadas por docentes que confluyeron entre los años 2003, 2004 y 2005 como cursantes del Seminario de Temas Avanzados III: epistemología de las ciencias del lenguaje, incluido en el trayecto de formación de la Licenciatura en Enseñanza de la Lengua y la Literatura de la UNSAM. Dichas entrevistas van dibujando comentarios de docentes y alumnos de distintos puntos del conurbano bonaerense y de la Ciudad Autónoma de Buenos Aires, respecto de la enseñanza de la lengua y sus mandatos. Las disyuntivas antes mencionadas dialogan con esas entrevistas. No obstante, giran en torno a un aspecto en particular anclado en el vacío metodológico que, en definitiva, y cada una a su manera, las distintas perspectivas didácticas han instaurado con sus enfoques, ya sea en documentos curriculares, libros de texto, capacitación docente, etc. Señala Iturrioz:

> Estos reclamos resultan válidos y con fundamentos si buscamos formar alumnos "capaces de desempeñarse en diversas situaciones comunicativas, tanto orales como escritas", y "si queremos proporcionarles herramientas para el afuera", para "que sean libres y críticos". Se escuchan hoy estas sinceras voces; muy distintas, por cierto, de aquellas que remitían a imágenes de profesores de otras épocas, convencidos y formados en la certeza de un país igualitario y homogéneo, en la seguridad de los paradigmas normativos, en la convicción de que la tarea debía prescribir modos de ser argentino a partir de la enseñanza de una única lengua y una única cultura. (…) Los profesores hoy, decíamos, se encuentran involucrados en las ideas de cambio social y aceptación de la diferencia: seguramente realizan sus prácticas diarias en escenarios atravesados por la pobreza, la desigualdad y la diversidad cultural. Estas ideas, además, están plasmadas en los diseños curriculares de manera explícita. Citamos la introducción de los Contenidos Básicos Comunes:
> Si bien la unidad lingüística es el proyecto educativo de la escuela, la vigencia y la extensión de una lengua –en nuestro caso el español como lengua nacional– no debe suponer la subestimación y la desaparición de otras lenguas o variedades, pues se ha de construir

> la identidad cultural del país a partir del respeto y valoración de la diversidad y con el aporte enriquecedor de distintos grupos y comunidades. (...)
> La adquisición de la lengua nacional, en aquellos registros y variedades estandarizados que permitan al niño y a la niña una inserción social positiva en la comunidad nacional, se acompañará con el respeto y valoración de las pautas lingüísticas y culturales de su contexto familiar y social (...).
> En este documento se define en una nota al pie lo que se entiende por lengua estándar: "La difundida en los medios de información masivos (televisión, radio y periódicos) formalizada sobre la base de la norma de la lengua escrita". Ahora bien, la pregunta que seguramente surja de aquí sea por las maneras en que esos objetivos pueden resolverse en el aula: cómo pensar unas prácticas diarias en las que tomen forma estos propósitos sin que se conviertan en un discurso vacío (Iturrioz, 2006: 19-20).

En efecto, probablemente porque todavía el enfoque sociocultural de la enseñanza de la lengua en nuestro país no ha construido, o no le ha interesado, una metodología que permita ligar sus presupuestos teóricos con el trabajo docente, porque persiste en tensiones que vienen de la mano de los aportes que la sociolingüística ha dado a la investigación educativa, los docentes que han profundizado en esta perspectiva –más allá de sus simplificaciones curriculares– siguen develando las zonas conflictivas de cómo y qué enseñar en pos de las regularidades y regulaciones de la lengua estándar. Este constructo también se ha desestabilizado en cuanto a sus parámetros; ya no son las "bellas letras", sino los medios de comunicación los que multiplican su variabilidad. Dice Beatriz Bixio:

> A pesar de que la sociolingüística desde sus primeras formulaciones se ha interesado por los problemas educativos, y a pesar de los importantes aportes que ha realizado, este espacio transdisciplinar está atravesado por tensiones que colocan a la legislación educativa, las políticas educativas, e incluso a la práctica educativa, en profundas contradicciones. Nos referimos a dos principios fundantes de la sociolingüística que contradicen convicciones de los docentes (y de la comunidad educativa en general). En primer lugar, se trata de la idea de que la escuela no puede agredir y desvalorizar los usos lingüísticos de los alumnos cuando estos provienen de grupos de hablantes de dialectos sociales o regionales. El conflicto se genera ante el objetivo de la escuela de estandarizar. Por otro lado, y en íntima relación con lo anterior, la segunda tensión se establece entre la insistencia de la sociolingüística en que las

variantes lingüísticas son simplemente "diferentes" y la convicción del docente de que estas son deficitarias. En consecuencia, la sociolingüística no alcanza a ocupar un estatuto articulador en el currículum de lengua y por ello mismo sus aportes terminan siendo banalizados y reducidos a enunciados de naturaleza tan general que más bien parecen retóricos, tales como el derecho que todos los ciudadanos tienen a ser educados en su lengua materna o variedad sociodialectal (Bixio, 2003: 24).

Creo que esa retorización de los aportes de la sociolingüística que han reutilizado las políticas educativas, los currículums, las publicaciones para docentes, los libros de texto en procura de su proclama de "buenas intenciones" se delinea en los interrogantes de muchos maestros y profesores. Se trata de un vacío metodológico en el trabajo docente y para él, una tensión ética y política que se dirime entre retirar de la enseñanza cualquier saber que detentaría un poder coercitivo sobre las lenguas que habitan las aulas y un ocultamiento de esa diversidad en nombre de la reificación de la lectura y la escritura organizadas en textos que suspenderían "democráticamente" las diferencias.

En ese sentido también es recurrente la pregunta de muchos docentes por la ortografía, ya que sigue siendo un saber que preocupa en su valor social. Además las distancias de las escrituras de sus estudiantes con los parámetros de escritura correcta que los docentes dominan, y que no siempre se expresan en términos de "bajar el lenguaje", "nivelar para abajo" o que el "docente debería estar capacitado para bajar su nivel de lenguaje sin romper la isotopía estilística", como afirma que se repite Iturrioz (2006: 21) en las entrevistas que analiza. Generalizar este tipo de apreciaciones desconociendo esos otros modos de enunciar estas tensiones del trabajo docente que agrega la mirada sociolingüística al conglomerado gramática escolar, tan solo conduce a crear una figura estereotipada de maestros y profesores que en nada aporta a su formación. No estoy renegando de la sociolingüística porque creo que resignificada todavía contribuye a desenmarañar esas tensiones particulares de la enseñanza de la lengua y porque recurro, como explico más adelante, a algunos de sus trabajos, como el caso de Beatriz Bixio (2003) antes citado. Sí cuestiono que se la utilice para descalificar los interrogantes y varias veces las frustraciones de los docentes frente al desconcierto que les generan las realizaciones lingüísticas de sus estudiantes, sean orales o escritas. Y que efectivamente intentan explicar como un "hablar bien o mal", "escribir bien o mal", lo que se traduce otras tantas veces en "saber" o "no saber", "razonar", "pensar", "comprender", o si se logra "construir", o no, conocimientos. Son explicaciones que hacen sistema con la larga historia de las producciones didácticas y sus concepciones de lenguaje/lengua/pensamiento que Bronckart y Plazaola Giger (2007) sintetizan en el "constructivismo (piagetiano) aplicado" y su "psicopedagogía puericéntrica pero esencialmente indicativa" y en "la lingüística aplicada, que introdujo una reformulación estructuralista de las antiguas nociones gramaticales" que derivó en "el cognitivismo aplicado", instituyendo "una centralización en los procesos metacognitivos y metalingüísticos" (Bronckart y Plazaola Giger, 2007: 112-113). Todas ellas, han conducido a la reafirmación de una idea de lengua esencialista y representacional cuya historia se remonta a los planteos de Platón sobre la gramática que trae aparejada "la imposibilidad de explicar tanto la diversidad de las lenguas como su continuo cambio" (Bronckart, 2007: 92-93). Imposibilidad para la que los encastres de las perspectivas didácticas que vengo analizando, inclusive aquellas que se pronuncian por la diversidad lingüística, no tienen respuestas más que la asignación de responsabilidades y culpabilidades a los docentes o alumnos.

3. Tercera tensión: enseñanza de la literatura, lectura y escritura; experiencia y subjetividad

En los últimos años, el encastre de premisas de la psicogénesis y la perspectiva sociocultural en las líneas de la didáctica de la lengua y la literatura para la enseñanza de la literatura, en particular, se viene haciendo más que evidente, al menos, en los niveles primario y secundario del sistema educativo. Si bien el textualismo cognitivista cruzado con la psicogénesis ha impactado en la disciplina escolar al orientar la enseñanza organizada por textos, aquellas primeras asignaciones a la literatura de una función placentera desligada de saberes específicos se ha ido resignificando en nuevos axiomas ahora más opacos o, al menos, más intrincados. Esto se debe a que, como ya he explicado, las reificaciones de la lectura y la escritura en contenidos por enseñar se sincronizaban con las epistemologías y metodologías del textualismo y la psicogénesis, deudoras de los estructuralismos escolares, y en resumen, ancladas en una idea de ciencia/verdad. Aunque formulado desde la primacía de una orientación psicogenética, el nuevo lugar que viene hallando la literatura en la escuela primaria y secundaria en la, ahora, era de los NAP (2006) con su prescripción de la "situación" (de lectura o escritura), que, a la vez, hace de modelo de organización del trabajo docente, se sintetiza en el *Diseño Curricular para Ciclo Básico de la Escuela Secundaria. Transformación de la Escuela Secundaria rionegrina*, aprobado en el año 2008 por la provincia de Río Negro. En las fundamentaciones del área de Lengua y Literatura se señala lo siguiente (en adelante, ESRN, 2008):[6]

> Es función de la escuela formar practicantes de la lectura y la escritura. Es decir, que los alumnos puedan apropiarse de la lectura y la escritura como prácticas individuales y sociales, vitales, que les permitan "leer", comprender, repensar y reescribir ese mundo complejo en el que habitan. Leer y escribir permiten transmitir datos, información, conocimientos, historia. Ahora bien, leer y escribir también están estrechamente ligados con la construcción de la subjetividad, con el progreso cognoscitivo y con la construcción de sentidos personales y compartidos.
>
> El objeto de enseñanza, entonces, son las prácticas, que suponen la enseñanza de la lengua escrita, pero que no se reducen a ella. Es decir, enseñar a leer y a escribir no es solo un medio para enseñar esa lengua escrita. Delia Lerner sostiene que el objeto de conocimiento de Lengua y Literatura no es un conjunto de nociones gramaticales y literarias. En el prólogo de su libro *Leer y escribir en la escuela, lo real, lo posible y lo necesario*, Emilia Ferreiro recoge esta intención al decir que "Si la escuela asume plenamente su función social de formar lectores y productores de textos, las prácticas sociales vinculadas con el uso de la lengua escrita no pueden ser periféricas sino centrales en el programa escolar".
>
> *Leer*
>
> A partir de las transformaciones en las concepciones de la lectura de los últimos tiempos el acto de leer se define como la puesta en juego de estrategias lingüísticas y cognitivas que permiten al lector desempeñar un rol activo en la construcción de significados, poniendo en diálogo sus conocimientos previos con lo nuevo que el texto aporta. Leer "no es decodificar", es "construir sentido". Las prácticas escolares de lectura deben ser abordadas en relación con las prácticas sociales: establecer acuerdos o pactos en rela-

---

[6] Explican Stella Maris Tapia y Dora Riestra que: "El Diseño Curricular para el Ciclo Básico de la Escuela Secundaria Rionegrina, aprobado por Resolución 235/08 del Consejo Provincial de Educación de la Provincia de Río Negro, se mantiene en vigencia pese a haberse dejado en suspenso el proceso de Transformación de la Escuela Secundaria Rionegrina (Resolución 278/12, artículo 4) en el que se encuadraba". Stella Maris Tapia y Dora Riestra (2014). "El momento de la reflexión sobre la lengua en el aula: ¿explicación gramatical azarosa o sistematización de contenidos específicos?", *Saga revista de letras* N° 1, p. 206. En el año 2018, la provincia de Río Negro aprobó sus diseños curriculares definitivos. Respecto del área de Lengua y Literatura presenta cambios en comparación con el aquí analizado, *Diseño Curricular para Ciclo Básico de la Escuela Secundaria. Transformación de la Escuela Secundaria rionegrina*, recuperado de http://www1.rionegro.com.ar/diario/centrodocumental/documentos/disenocurricular.pdf/.

ción con los modos de leer, con los materiales de lectura, con las estrategias que se ponen en juego, de modo que las prácticas se diferencien y complejicen de acuerdo con las características etarias de los alumnos y los propósitos de cada nivel. Habilitar la práctica de lectura de los sujetos es dar lugar a la capacidad de cada uno de construir sentido, crear la "ocasión", en palabras de Graciela Montes (ocasión que implica un tiempo, un espacio, una actitud, un encuentro con los otros que leen). Esa es una transformación contundente en la concepción de la lectura en la escuela (Montes, 2006). La escuela debe constituirse en una verdadera sociedad de lectura. Esto se logra cuando la lectura acontece: compartiéndola, eligiéndola, hablando sobre ella, haciéndose preguntas, cruzándola en un encuentro con las lecturas previas y quizás con las que vendrán, realizando hipótesis. Y así, desde la escuela, la sociedad de lectura se amplía y dialoga con las otras sociedades (familias, barrios, bibliotecas, asociaciones) que constituyen una especie de red, de entramado para darle un sentido al mundo (ESRN, 2008: 100-101).

Si bien el documento no deja de desplegar nociones propias del textualismo cognitivista, "progreso cognoscitivo", "estrategias lingüísticas y cognitivas", es claro que parece recuperar la anterior alianza entre esta perspectiva y la psicogénesis. De este modo, en un presente de 2008, vuelvo a citar el documento, leer es "comprender, repensar y reescribir ese mundo complejo en el que habitan [los alumnos]". También "leer y escribir permiten transmitir datos, información, conocimientos, historia. Ahora bien, leer y escribir también están estrechamente ligados con la *construcción de la subjetividad*, con el progreso cognoscitivo y con la *construcción de sentidos* personales y compartidos". Se trata de un desplazamiento de la premisa puericéntrica "construcción de conocimientos" a "construcción de subjetividad y de sentidos personales y compartidos" que vienen a ratificar que "*el objeto de enseñanza, entonces, son las prácticas*, que suponen la enseñanza de la lengua escrita, pero que no se reducen a ella". De esta manera, el ESRN (2008) propone un cruce entre afirmaciones de Delia Lerner (2001), quien sostiene que "el objeto de conocimiento de Lengua y Literatura *no es un conjunto de nociones gramaticales y literarias*", que reforzarían el postulado de que "leer 'no es decodificar', es 'construir sentido'", y otras estipulaciones de *La Gran Ocasión*, de Graciela Montes (2006): "*Las prácticas escolares de lectura deben ser abordadas en relación con las prácticas sociales: establecer acuerdos o pactos en relación con los modos de leer, con los materiales de lectura, con las estrategias que se ponen en juego*, de modo que las prácticas se diferencien y complejicen de acuerdo con las características etarias de los alumnos y los propósitos de cada nivel". Así, se arriba a la sentencia:

> Habilitar la práctica de lectura de los sujetos es dar lugar a la capacidad de cada uno de construir sentido, crear la ocasión, en palabras de Graciela Montes (ocasión que implica un tiempo, un espacio, una actitud, un encuentro con los otros que leen). Esa es una transformación contundente en la concepción de la lectura en la escuela (Montes, 2006). *La escuela debe constituirse en una verdadera sociedad de lectura.*[7]

Me referí extensamente al ESRN (2008: 100-101) y volví a sus palabras para reordenar sus directrices porque resumen cómo los órdenes del método quedan subsumidos a una lógica espontaneísta que tan solo puede sortearse en la réplica de una enseñanza por textos, aunque los NAP (2006) los llamen "géneros", pero que no puede dar cabida a estos órdenes del sentido que parecen formularse aquí y que, además, abona a la tensión entre saberes pedagógicos/didácticos y saberes docentes. La proliferación de las conceptualizaciones asignadas a la lectura, como se observa en el documento antes citado, es un tema recurrente entre los docentes que deriva en constantes dudas, marchas y contramarchas, respecto de cómo hacerlas funcionar en sus propuestas de clases y cómo les ofrecen explicaciones sobre las lecturas de sus alumnos. Así, muchas veces los estudiantes no leen persiguiendo un objetivo o propósito y mucho menos si estos se fundamentan en la obtención del placer o la construcción de sentido cuando, como ocurre en la mayoría de las aulas de literatura, el texto en cuestión no despierta hablar sobre ello, o porque es rechazado más o menos radicalmente, o porque lleva a "hablar de otras cosas".

Si bien los NAP (2006), este ESRN (2008) y también los diseños PL1° ESB (2006) y 2° ESB (2007) de la provincia de Buenos Aires van a dar cabida a la escritura para la enseñanza de la literatura, esta quedará sujeta a la lectura, que cobra un fuerte protagonismo para, de ese modo, ser presentada como garante de la enseñanza de la literatura. En este sentido, es interesante traer aquí el documento "Planificación de la enseñanza PRÁCTICAS DEL LENGUAJE ÁMBITO LITERARIO. Formarse como lector de literatura. Actividad habitual: Leer novelas a lo largo de la escolaridad. Propuesta para alumnos de 1° y 2° Ciclo. Material para el docente",[8] con el propósito de observar el

---

7   Todos los destacados de las citas del ESRN (2008) son propios.

8   Planificación de la enseñanza PRÁCTICAS DEL LENGUAJE ÁMBITO LITERARIO. Formarse como lector de literatura. Actividad habitual: Leer novelas a lo largo de la escolaridad. Propuesta para alumnos de 1° y 2° Ciclo. Material para el docente. Dirección Provincial de

tráfico de los encastres de perspectivas en los distintos niveles educativos. Allí se señala lo siguiente:

> En este documento se desarrolla una propuesta de actividad habitual de lectura de novelas por parte del maestro. Luego de haber leído variedad de obras de distintos géneros y autores en el marco de los proyectos propuestos (cuentos, obras de teatro, relatos mitológicos, biografías de autores) el maestro sugiere a los niños leer una novela de manera sistemática con el propósito de la lectura misma. Para el docente este tipo de lectura tiene un propósito didáctico particular: que los alumnos accedan a un nuevo género textual así como a nuevos autores, contribuyendo a la formación de lectores asiduos de novelas. La propuesta consiste en instalar una situación de lectura sistemática en la que el docente elige materiales de lectura, en este caso una o más novelas, lee a sus alumnos y genera un espacio de intercambio de efectos y opiniones en el salón de clase. La lectura de novelas supone para los alumnos, entre otros desafíos, franquear el límite de la brevedad del cuento y sostener la lectura de un texto bastante extenso a lo largo de varias sesiones, tener presente a varios personajes que aparecen o desaparecen en diferentes momentos de relato, considerar los múltiples conflictos que pueden suscitarse en el desarrollo de la acción, recrear los escenarios y atmósferas que el autor describe, relacionar sucesos simultáneos que aparecen sucesivos en el texto, articular causalmente situaciones que están desarrolladas en diferentes partes del texto (Doc. N°4, 1997).
>
> Como la novela es un género de cierta complejidad es importante comenzar con situaciones en las que el maestro lea el texto. Esto permite realizar intervenciones más ajustadas y favorece que los niños se apropien de manera progresiva de las prácticas que se requieren a los lectores de novelas.
>
> *Al adoptar en clase la posición de lector, el maestro crea una ficción: procede "como si" la situación no tuviera lugar en la escuela, como si la lectura estuviera orientada por un propósito no didáctico. (…) Su propósito, sin embargo, es claramente didáctico: lo que se propone con esa representación es comunicar a sus alumnos ciertos rasgos fundamentales del comportamiento lector* (Lerner, 2001).[9]

Educación Primaria, Gobierno de la provincia de Buenos Aires, 2008. Recuperado de http://servicios.abc.gov.ar/lainstitucion/sistemaeducativo/practicasdellenguaje/paraeldocente/leernovelas.pdf/.

9   El destacado es propio.

En la pretensión de borrar toda marca de la disciplina escolar, vuelvo a citar el documento, para "que los alumnos accedan a un nuevo género textual así como a nuevos autores, contribuyendo a la formación de lectores asiduos de novelas", se sumarían los que se consideran saberes que se pondrán en juego "en una situación de lectura sistemática en la que el docente elige materiales de lectura, en este caso una o más novelas, lee a sus alumnos y genera un espacio de intercambio de efectos y opiniones en el salón de clase". A saber, "franquear el límite de la brevedad del cuento y sostener la lectura de un texto bastante extenso a lo largo de varias sesiones, tener presente a varios personajes que aparecen o desaparecen en diferentes momentos del relato, considerar los múltiples conflictos que pueden suscitarse en el desarrollo de la acción, recrear los escenarios y atmósferas que el autor describe, relacionar sucesos simultáneos que aparecen sucesivos en el texto, articular causalmente situaciones que están desarrolladas en diferentes partes del texto". Hacia el final del párrafo, el documento reenvía al postulado de que, en realidad, se está enseñando una "práctica de lectura". Y se lo explica en términos de Lerner: "la situación de lectura" como organizadora del trabajo en el aula es una "ficción" en sí misma, ya que se esconde su sentido didáctico para generar una representación que comunique el "comportamiento lector". De este modo, se desprende que la enseñanza de la literatura, reconfigurada en enseñanza de la lectura que, a su vez, se recorta en enseñanza de la lectura de una novela, se realiza en el trabajo docente como un "comportamiento lector" frente a ese "género textual" nuevo para los alumnos, que simulará lo "real": cómo leer un "texto más largo que el cuento", lo que supone atender a "más personajes", "más conflictos", "escenarios" y "atmósferas descriptas por el autor", "sucesos simultáneos que aparecen sucesivos en el texto", "articular causalmente situaciones que están desarrolladas en diferentes partes del texto".

Los diseños PL1°ESB (2006) y 2°ESB (2007) tienen su continuidad en el último diseño curricular para el área de Literatura (4° año)[10] de la provincia de Buenos Aires, elaborado en el año 2010 (en adelante, DL4°). En especial, en lo referido a las premisas ancladas en una gradación de dificultad que presentarían los distintos "géneros textuales", que hacen sistema también con las estipulaciones de los NAP (2006). En la fundamentación del diseño se afirma:

---

10 *Diseño Curricular para la Educación Secundaria. Literatura. 4°Año.* Dirección General de Cultura y Educación del Gobierno de la provincia de Buenos Aires, 2010. Recuperado de http://servicios.abc.gov.ar/lainstitucion/organismos/consejogeneral/disenioscurriculares/secundaria/.

> La materia Literatura toma como objeto de enseñanza las prácticas del lenguaje. Tiene por lo tanto el mismo enfoque didáctico que la materia Prácticas del lenguaje de los tres primeros años de la Educación Secundaria pero se especializa en uno de sus ámbitos de uso: el literario. Por ende, se puede decir que las prácticas del lenguaje constituyen el objeto de enseñanza de esta materia. Se definen las prácticas del lenguaje como las diferentes formas de relación social que se llevan a cabo por medio, en interacción, y a partir del lenguaje (…) el modo en que se entiende la construcción de los saberes: las prácticas del lenguaje ponen en juego acciones comunicativas donde hacer (es decir actuar en intercambios comunicativos orales y escritos) presupone un saber hacer, un poder hacer con y sobre el lenguaje (DL 4°, 2010: 9).

Interesa destacar cómo el diseño explicita que prácticas del lenguaje en suma es un enfoque didáctico llevado a nombre de las asignaturas de los tres primeros años de la educación secundaria de la provincia de Buenos Aires, también agrego de su educación primaria, y que se autopropone como el objeto de enseñanza de esas asignaturas. También es de notar cómo el mismo diseño define la concepción de saberes de las prácticas del lenguaje, del enfoque objeto de enseñanza, pues lo hace apelando a su "construcción" la que a su vez define como "un saber hacer, un poder hacer con y sobre el lenguaje". Así, se presenta como otro testimonio más de los encastres solidarios entre las perspectivas de la didáctica de la lengua y la literatura que analicé en los capítulos anteriores. Más adelante, el diseño prosigue con sus argumentos sobre la organización de los contenidos a través del concepto de "cosmovisiones", que ya presenté en el capítulo dos a propósito del análisis de los libros de texto:

> Se ha decidido organizar las cosmovisiones del siguiente modo: en 4° año se propone que predominen las cosmovisiones míticas y fabulosas, épicas y trágicas. En 5° las formas realistas, miméticas, fantásticas y maravillosas, y por último, en 6°, las formas cómicas, paródicas, alegóricas, de ruptura y experimentación. Se busca entonces seleccionar obras que estén relacionadas entre sí, en tanto presentan una mirada, una aproximación interpretativa particular del mundo. La enseñanza de la literatura, especialmente en la Escuela Secundaria, tiene que posibilitar a los alumnos conocer las maneras de pensar la realidad y de dar forma a la experiencia; esas maneras se encuentran expresadas, "atesoradas" en las obras literarias. (…) Todo recorte de contenidos conlleva cierta arbitrariedad. El énfasis para la elaboración de este diseño curricular estuvo asentado en poder imprimirle una lógica determinada a dicho

recorte. Cuando no se comprenden las razones y no se puede dar una explicación científica de los hechos tienden a buscarse argumentos míticos, se "construye" ficcionalmente una explicación. La evolución de la humanidad y el crecimiento de la persona permiten un vínculo más mimético con la realidad y comienzan a encontrarse razones y explicaciones que vinculan a la persona con el ambiente. En simultáneo, al tener la distinción de lo que se puede considerar realista, se abre la alternativa fantástica. Por último, cuanto mejor conocimiento se tiene de la realidad, de los cánones, las normas y las reglas, más posibilidades existen de transgredirlas, de ingresar al universo de las rupturas y las experimentaciones. Se podría decir que esta instancia es la más "vanguardista" y compleja (DL 4°, 2010: 15-16).

Justamente, en uno de los pocos trabajos de revisión crítica de los NAP (2006), María Dolores Duarte y Ana María Franco (2008:7) recuperan sus contenidos de Literatura para 8°/1^{er}año de la educación media. De esta manera, focalizan en los "géneros" que allí se indican, a saber: realista, maravilloso, policial de enigma y en los rasgos estructurales que los caracterizan.

Las autoras, a través de citas textuales de los NAP (2006), se preguntan qué concepciones de los "saberes previos" y de "otros" que permitan "profundizar el tratamiento de los géneros" subyace a una selección por demás caprichosa, "policial de enigma" y no policial, que podría volverse más inclusiva de esos juegos de saberes.[11] En el DL4° (2010) la respuesta está dada, porque se argumenta que los distintos géneros literarios ahora entendidos como "cosmovisiones" traspasan sus límites en las clasificaciones literarias, ya que por ejemplo la cosmovisión realista "no se limita al realismo como movimiento estético, sino que se pueden incluir obras de diversos tipos que van desde la poesía social de Raúl González Tuñón o de Pablo Neruda, hasta relatos contemporáneos como 'Final de juego' de Julio Cortázar o 'Conejo', de Abelardo Castillo" (DL4°, 2010: 15). Sin embargo, la explicación pedagógica didáctica de los motivos que deciden la distribución de cada cosmovisión según cada año de la escuela secundaria se encuentra en una especie de teoría del desarrollo literario en términos

---

11 En nota al pie, Duarte y Franco abren sus argumentaciones al respecto: "El detalle ignora componentes y categorías que valen para cualquier tipo de texto literario. Lo más probable desde el ámbito de la realidad del aula –que no es otra cosa que el piso de las realizaciones– es que el alumno de 1° año provenga de diferentes trayectos de escolarización y el docente deba revisar conocimientos sobre lo maravilloso, lo realista, lo que pertenece a la tradición oral, lo que es literatura de autor, los géneros (…) antes de entrar en lo policial, género que además lo tienen bastante internalizado en tanto los jóvenes son feroces consumidores de series televisivas y de cine comercial" (Duarte y Franco, 2008: 8).

genético epistemológicos, de lo más sencillo (el mito) a lo más complejo (la vanguardia) que respondería, se desprende, a las edades madurativas de los jóvenes que asisten a este nivel educativo y cursan esos años: 16, 17 y 18. Así, el mito "construye" explicaciones "ficcionales" de los hechos y luego la "evolución de la humanidad y el crecimiento de la persona permiten un vínculo más mimético con la realidad y comienzan a encontrarse razones y explicaciones que vinculan a la persona con el ambiente". Por ello, después se pasa a la etapa "realista" que presenta una primera instancia de superación en la "alternativa fantástica". Este camino *evolutivo* literario (estoy usando los mismos términos que el DL4° (2010) antes extensamente citado, léase que se refiere a la literatura en relación con la "evolución de la humanidad") culmina en el "ingreso al universo de las rupturas y las experimentaciones", ya que "se podría decir que esta instancia es la más 'vanguardista' y compleja". Según estos razonamientos, entonces, un escritor como Julio Cortázar, citado en el diseño con su cuento "Final de juego" como ejemplo de cosmovisión realista, se detuvo en el medio de las etapas evolutivas literarias, no alcanzó la "instancia vanguardista compleja", apenas se quedó en la "alternativa fantástica".[12]

En efecto, pareciera que la lectura de los NAP (2006) de Duarte y Franco (2008) anticipa algunos modos de su concreción en diseños curriculares jurisdiccionales como el que vengo analizando. Interesa también su hipótesis "sobre la impronta exageradamente prescriptiva de los NAP en relación con lo procedimental" (Duarte y Franco, 2008: 10) que, creo yo, promueve el encastre de la psicogénesis con algunas premisas de la perspectiva sociocultural en la enseñanza de la literatura. Enseñanza de la literatura reconfigurada en formación de lectores que ahora es responsable de "los múltiples sentidos" en pos de la "construcción de subjetividades": como se enseñan "las prácticas sociales de referencia" (lectura y escritura de textos literarios) se deben enseñar en "situaciones" homologadas a "experiencias" de lectura y escritura articuladas en "talleres" en los que "hay que compartir" la "construcción de sentidos personales y colectivos". Estas nuevas prescripciones abonan a la tensión entre saberes docentes y saberes pedagógicos/didácticos, porque vacían u opacan qué se pondrá en juego del orden del conocimiento disciplinar en esas situaciones. En otras palabras, qué enseñan los docentes de la literatura a propósito de las lecturas y escrituras de los estudiantes.

---

12 Estudiar en profundidad y detalle todos los problemas teóricos, en el sentido de epistemológicos ideológicos que conlleva esta propuesta curricular, excede a mi trabajo porque demanda otra investigación. Dichos problemas, entre otros, son abordados en la tesis de doctorado de Mariano Dubin, que se encuentra en elaboración, titulada "Enseñanza de la literatura, discursos pedagógicos y culturas populares: el problema del eurocentrismo" e inscripta en el Doctorado en Letras (FaHCE-UNLP).

Así, el concepto de "planificación de la enseñanza" basada en la "ficción" de que no se está enseñando a leer una novela, pero, en realidad, sí, propuesta por el documento PL "Ámbito literario, etc." para primaria, analizado antes, se replica en las formulaciones del DL4° (2010), en un pedido expreso de abandono de preguntas organizadoras de la enseñanza de la literatura de amplia e histórica utilización en el trabajo docente. Justificándose en el nuevo precepto de "multiplicidad de sentidos"/"construcción de subjetividades"/"construcción de significados",[13] por ello se afirma:

> Todo lector establece un vínculo creativo con lo que lee en un proceso dinámico donde texto y lector interactúan en una transacción donde se produce el sentido. Nada más lejos de la riqueza, diversidad y amplitud de lecturas que ofrece un texto literario que presentar a los estudiantes la interpretación de un texto de manera anticipada, que explicar al alumno un texto, o abrir el juego de interpretación con la curiosa pregunta "¿qué quiso decir el autor?". En estos casos la búsqueda del lector en general pierde sentido porque en estas intervenciones docentes subyace la idea de una interpretación unívoca, lineal, "correcta". Debe favorecerse entonces la variedad de interpretaciones mediante actividades que propicien esta multiplicidad de sentidos y que no centralicen la atención en aspectos exclusivamente estructurales. La descripción de aspectos formales debe estar al servicio de la formación de un lector, receptor de una variedad de obras, de la discusión de los significados construidos, y de las imágenes evocadas al leer (DL4°, 2010: 10).[14]

Es claro que, a la hora de dar alguna identidad al modo en que el encastre entre la psicogénesis y la perspectiva sociocultural imagina el trabajo docente, pone bajo sospecha un saber propio de la historiografía literaria del siglo XIX de continuidad en la disciplina escolar: el autor como principio explicativo de los textos literarios. Este saber ha sobrevivido encastrándose en el estructuralismo y ha sorteado al textualismo cognitivista, como expliqué en el capítulo tres. Asimismo, este saber no necesariamente implica que la "multiplicidad de sentidos" quede condenada al silencio y, hasta pareciera, a la opresión, dada su supuesta directividad. En demasiadas situaciones de

---

13 Un análisis en profundidad de estos problemas, también en sus continuidades en documentos del plan de lectura de la provincia de Buenos Aires, se halla en el artículo de Mariana Provenzano (2016). "Presupuestos acerca de las prácticas de lectura en documentos oficiales de la provincia de Buenos Aires: sobre canon, literatura y experiencia", en S. Sawaya y C. Cuesta (comps.): *Lectura y escritura como prácticas culturales. La investigación y sus contribuciones para la formación docente*. La Plata, Edulp, pp. 127-140. Recuperado de http://sedici.unlp.edu.ar/.

14 Esta fundamentación se encuentra de manera textual en el PL1°ESB (2006: 366).

formación a mi cargo los estudiantes del profesorado, maestros y profesores en ejercicio comentan sobre sus motivos respecto de trabajar con el autor y de las posibilidades explicativas que abre a los alumnos para conocer por qué sus cuentos, novelas, poesías o textos teatrales presentan determinadas particularidades. Las más de las veces, esos motivos remiten a un trabajo con las condiciones de producción literarias que, de hecho, la crítica literaria sigue atendiendo en sus líneas más sociológicas y culturales. No se trata de la noción historiográfica, al menos en estado puro del autor/vida/obra. Además, suelen ser los mismos estudiantes quienes traen la pregunta por el autor, justamente, para hallar explicaciones acerca de por qué escribe como escribe (Cuesta, 2010a). Por un lado, como ya lo he desarrollado en otros trabajos, los saberes conservados en la disciplina escolar, y articuladores del trabajo docente conducen, en muchas clases de literatura registradas, a esa "discusión de los significados", a la que se le debería agregar "sentidos". Esos significados y sentidos *no son construidos*, sino *negociados y asignados* al texto en cuestión como argumento de las propias lecturas. Muchas veces, esas lecturas propias de los alumnos reproducen modos de leer institucionalizados, y las únicas evidencias de ese "lector estético" tan solo encuentran validez cuando sus comentarios en la clase expresan argumentos sobre el gusto (Cuesta, 2003; 2006; 2010a; 2013). Gusto, que no siempre se revela de manera celebratoria de los textos leídos, sino que lo hace a modo de polémica o directamente de disgusto. Es decir que por la negativa a ciertos textos, por sus críticas, rechazos y disconformidades con las formas en que plantean sus propuestas estéticas los estudiantes dan cuenta de sus preferencias, es decir gustos también estéticos (Cuesta, 2003; 2006; 2010a; 2013).

El DL4° (2010) continúa con su fundamentación para afirmar, bajo el subtítulo "El lector en su experiencia personal y social", lo siguiente:

> La experiencia literaria debe presentarse a los adolescentes como una posibilidad de vincularse con su experiencia personal. Pero, además de los aspectos que refieren a la lectura como hecho íntimo, personal, de privacidad, tanto de refugio como de crecimiento, hay otro aspecto tan importante como el anterior, que es el de lo social, lo público, lo compartido (DL4°, 2010: 11).[15]

La caracterización de "experiencia", a la vez especificada como "experiencia literaria", reenvía claramente a algunas premisas de estudios sobre la lectura de perspectiva social, cultural e histórica, en particular, a la produc-

---

15 Esta fundamentación se encuentra de manera textual en el PLI°ESB (2006: 366), es decir, idéntica.

ción de Michèle Petit (1999; 2001), que, de hecho, es citada en el PL1°ESB (2006). Se trata de una didactización que despoja a esas investigaciones realizadas con jóvenes migrantes en Francia y residentes de la campiña de dicho país, en las que se focaliza una relación con la lectura de diversidad de libros concretos, no solamente literarios, y cuya atención se concentra en relatos que darían cuenta de cambios en sus formas de posicionarse como sujetos en esa sociedad, en especial respecto de una ruptura de lazos con sus culturas de origen. Petit reutiliza conceptualizaciones de Michel de Certeau (2000) para desagregar esa "lectura privada" y esa "lectura pública" que, para la antropóloga, en relación con el segundo caso, siempre estará ligada a una determinación social. En consecuencia, la "lectura pública" es aquella que encadena a los sujetos a sus atavismos culturales de origen, y "la privada" es la que les garantizaría un camino hacia la "liberación" de esas lecturas del disciplinamiento subsidiarias de las regulaciones de sentido por parte de las instituciones de los Estados modernos, como lo sería la escuela. El problema no está en la investigación de Petit en sí, aunque creo que presenta otros a atender,[16] sino en esa didactización que insta al trabajo docente a creer en un desacierto basado en que, si las lecturas del "refugio y crecimiento" (personales, privadas) de los alumnos no se dicen en el espacio público del aula, no serán sociales. Y todavía más, que si no son "una interacción transformadora y creadora del sentido" esto es una interacción "no reproductora" (PL2°ESB, 2006: 366), tampoco son sociales. Se trata de una reificación también de lo social, pues, volviendo al ejemplo del autor como saber para la enseñanza de la literatura, una "lectura privada", definida como aquella que deciden los estudiantes, es la que se basa en asignarle al autor la responsabilidad de las voces y los significados que los mismos estudiantes le imprimen a los textos leídos. Se trata de una lectura que, la mayoría de las veces, colisiona con las enseñanzas de los docentes: el autor no es el narrador como saber codificado por el estructuralismo escolar (Cuesta, 2010a).

En realidad, en nombre de lo social, se promueve una imagen del docente como "mediador" asocial, ahistórico y apolítico porque estaría encargado de hacer devenir en el aula una lectura que se entendería como "culturalmente virgen" (Eagleton, 1988). Es decir, que si a los alumnos no se les habla del

---

16 En su clásico trabajo "Leer: una cacería furtiva", de Certeau (2000) explica que hay una "lectura productiva" que suele dirimirse en el espacio de lo privado y no de lo público, en el marco de la institución lectura. Lo que demuestra es que esa "lectura institución" no determina por completo las lecturas de los individuos, ya que hay una actividad creativa/ productiva en esa acción que es individual y social a la vez. No se trata de que lo privado se desgaja y opone a lo público. Por mi parte, he revisado varias veces estas reutilizaciones problemáticas de los postulados del autor (Cuesta, 2001, 2003, 2006). No obstante, vuelvo sobre ellas más adelante.

autor como dador de sentido a su obra, ese saber que pareciera ser de los adultos y no de los jóvenes o niños, que circularía tan solo en la escuela y no por un mundo social y cultural más amplio,[17] no se expresaría en las aulas. Además, esta didactización de "la experiencia de la lectura" que se juega en la enseñanza de la literatura, condensado en el constructo "experiencia literaria", también reenvía a las formulaciones de Graciela Montes, que ya estaban desarrolladas en sus primeras publicaciones, pero que, como he observado en el capítulo tres, serán más divulgadas a partir de 2006 con la salida de *La Gran Ocasión*, documento del Plan Nacional de Lectura coeditado con el Fondo de las Naciones Unidas para la Infancia (UNICEF).[18] Cito uno de sus párrafos:

> Si se trata de ayudar a construir lectores, justamente, es decir sujetos activos, curiosos, capaces de ponerse al margen y vérselas a su manera con un texto, no se puede pensar en una donación, o una administración, sino más bien en una habilitación para la experiencia. Dar ocasión para que la lectura tenga lugar. Garantizar un espacio y un tiempo, textos, mediaciones, condiciones, desafíos y compañía para que el lector se instale en su posición de lector, que, ya vimos, no es mansa, obediente y automática, sino personal, audaz, expectante (...), y haga su lectura (...).
> Cuando hablamos de lectura hablamos de lectores. El que lee es el lector. Él, personalmente, se hace cargo de su lectura, y eso es algo en lo que nadie podrá reemplazarlo. Esta es una idea que para algunos tal vez sea nueva: cada lector, cada lectora –en su tiempo y su espacio, en su circunstancia personal concreta– construye su propia lectura. No hay dos lecturas iguales de un mismo texto. El pensador francés Michel de Certeau habla de una "lectio". Llama así al resultado de la experiencia –única– de cada lector con el texto. La lectura es resultado de un trabajo del lector, de sus afanes, sus hipótesis, sus riesgos (...). No es algo que se ingiere. No es sustancia que se administra. Ni "comida" ni "remedio". La lectura no es consumo,[19] sino producción. Tampoco es marca, ni fragua. No

---

17 Esto es obviar que, para otros productos estéticos y culturales bien conocidos por los jóvenes, como géneros musicales, televisivos de ficción, cinematográficos de ficción, las autorías funcionan al modo de la literatura y sus estudios del siglo XIX, es decir, que presentan las *obras* (musicales, etc.) como producto de las *vidas* (de los cantantes, etc.). O, al menos, este principio explicativo es recurrente en las formas en que los medios masivos de comunicación los presentan (Cuesta, 2010a).

18 Por el inglés, United Nations Children's Fund.

19 Como desarrollo más adelante, por el contrario, Michel de Certeau (2000) explica a la lectura como *consumo cultural* y señala que, por ello, supone producción y no pasividad por parte de los lectores quienes, además para el autor, no solamente leen textos escritos.

> funciona como un sello sobre masilla blanda, formando al lector a su imagen y semejanza, sino que el lector, que no es pasivo, ofrece una resistencia, se coloca frente al texto, entra en juego con él y produce su lectura (Montes, 2006: 4).

En resumen, el encastre de estas perspectivas que hoy se legitiman como orientadoras de la enseñanza de la literatura en nuestro país, y que van en crecimiento en cuanto a su convalidación en políticas curriculares y de lectura, se revela en una idea de "construcción/formación" de "lectores/subjetividades" para la que hay que transformar el aula en una "situación/experiencia" y dejar que fluya la "multiplicidad de sentidos". Cabe aclarar que PL1°ESB (2006) y PL2°ESB (2007), en particular, también ligan las áreas disciplinares con la formación de la ciudadanía. El problema de la enseñanza de la literatura vinculada a una formación de subjetividades y, con ello, del ciudadano conduce a preguntarse de qué modos se actualizarían los problemas del canon literario escolar y la formación de los niños y jóvenes argentinos; esto es, qué concepciones de lectores de literatura, y de qué literatura, suponen para su formación moral y política estas orientaciones curriculares. Verdaderamente, respecto de las nociones de lectores de literatura resulta claro que se trata de una continuidad y remodelación de la concepción del placer de la lectura que ya analicé como propia de los debates de los años noventa respecto de la enseñanza de la literatura. Así, esta concepción ahora llamada "experiencia"/"subjetividad" merece un recorrido por algunas de sus fuentes teóricas para comprender las razones por las cuales abona más a las inquietudes y desalientos de muchos docentes que a brindarles la posibilidad de pensar la enseñanza de la literatura y la formación de lectores de literatura (como si no tuvieran relación alguna).

Entre los años 1998 y 2002, cursé mi Licenciatura en Letras (FaHCE-UNLP) y al mismo tiempo fui elaborando mi tesis para la aprobación de la carrera que, finalmente entregué en febrero de 2003.[20] Este trabajo, fundado por aquel entonces en mi breve trayectoria profesional como docente de escuelas secundarias públicas y cursos de ingreso a la universidad, es producto en gran medida de una revisión que consideraba necesaria sobre las teorías literarias que desde los años setenta/ochenta venían abordando el problema del lector. El interés radicaba justamente en las distancias que sus usos y recortes en los desarrollos sobre didáctica de la literatura y de la lectura de fines de los noventa presentaban con los lectores estudiantes en las clases de literatura que, al contrario de sus categorías, no se ceñían unívocamente a los textos ni manifestaban alguna experiencia distinta ni

---

20 Cf. Cuesta, 2003.

única, reveladora, que la literatura podría ofrecerles. La revisión a la que hacía referencia se concentró en dos líneas teóricas, la estética de la recepción y la teoría de la lectura de Roland Barthes. Ambos casos aparecían en esas reutilizaciones y además en los objetivos de los CBC (1995) expresados bajo los conceptos de "horizonte de expectativas",[21] el "lector implícito" (Iser, 1987), el "lector modelo"[22] y "el placer del texto" (Barthes, 1980; 1986). De esta manera, di cuenta de que la estética de la recepción daba continuidad en los estudios literarios a la tradición del idealismo alemán poskantiano, es decir, siguiendo ciertos postulados de base de la fenomenología de Husserl y las hermenéuticas de Heidegger y Gadamer. La Escuela de Constanza señaló, sobre todo en los setentas, el nuevo camino de la hermenéutica moderna. En términos generales, el presupuesto más importante que articula a esta teoría se funda en la creencia de que no se puede pensar en una teoría literaria si el lector no es tenido en cuenta. Así, Wolfang Iser planteó que las "ciencias de la literatura" debían desplazar su objeto de estudio. Ya no será más la "estructura de los textos" y sus "sentidos ocultos" lo que tendrá que ser investigado, sino que "a la interpretación se le plantea otra tarea: en vez de descifrar sentido, debe explicar los potenciales de sentido de los que dispone un texto, dado que la actualización que tiene lugar en la lectura se efectúa como un proceso de comunicación que hay que describir" (Iser, 1987: 47). Esta hermenéutica, así planteada, deviene en una hermenéutica de la hermenéutica del lector que, a su vez, se inscribe en una fenomenología de la estética literaria. De esta manera, Iser define al lector como "implícito" en cuanto una entidad que "no posee una existencia real, pues encarna la totalidad de la preorientación que un texto de ficción ofrece a sus posibles lectores" (Iser, 1987: 50). Ya que "se presupone sin embargo que la ciencia de la literatura puede describir por su parte (esto significa dejando de lado a la sociología y a la psicología) procesos de recepción desde la perspectiva de la teoría del texto" (Warning, 1989:11). Es claro cómo los teóricos de la estética de la recepción no estaban interesados en pensar un lector real, de "carne y hueso", y mucho menos que sus categorías y definiciones de lectores y lectura fuesen llevadas al ámbito educativo. En este sentido, Bourdieu (1995) señala que el modelo de lector de esta perspectiva "no es más que el propio teórico que, siguiendo en ello una propensión muy corriente en el lector, toma como objeto su propia experiencia, no analizada sociológicamente, de lector culto" (Bourdieu, 1995: 442). También, Terry Eagleton (1988) ya para

---

21 Hans R. Jauss (1987). "El Lector como Instancia de una Nueva Historia de la Literatura", en J. A. Mayoral (comp.): *Estética de la Recepción*. Madrid, Arco/Libros, pp. 59-85.

22 Umberto Eco (1981). *Lector in Fabula*. Barcelona, Lumen.

los años ochenta había puesto en discusión los posibles aportes de estos estudios a la posibilidad de pensar al lector:

> La teoría de la recepción, del tipo de la de Jauss e Iser; parece plantear un urgente problema epistemológico. Si se considera el "texto propiamente dicho" como una especie de esqueleto, como un conjunto de "esquemas" en espera de que diversos lectores lo concreticen en diversas formas, ¿sería posible siquiera discutir estos esquemas sin haberlos concretado de antemano? Al hablar del texto "propiamente dicho", asignándole normas que lo defiendan contra interpretaciones particulares ¿estamos acaso recurriendo a algo que no sea la concretización que uno mismo escoge?, ¿se atribuye el crítico un conocimiento de origen divino acerca del "texto propiamente dicho", conocimiento del cual no participa el mero lector que deberá conformarse con su interpretación del texto, inevitablemente parcial? (Eagleton, 1988: 93).

Vuelvo a los ejemplos antes de citados del DL4° (2010) y *La Gran Ocasión* (2006) para preguntarme(nos) si sus señalamientos sobre lo que sería leer literatura y, con ello, lo que les ocurriría a los lectores en las condiciones planteadas no sigue suponiendo ese importante problema epistemológico que tanto Bourdieu (1995) como Eagleton (1988) argumentan sobre las teorías de la recepción, esto es, la propensión a imaginar una experiencia de lectura atribuyéndose la generalización de una experiencia particular y culta (la de las mismas autoras de esos documentos, se supone) desde una especie de conocimiento de origen divino. Acaso, ¿no se asemeja a una retórica pastoral la afirmación de que "la experiencia literaria debe presentarse a los adolescentes como una posibilidad de vincularse con su experiencia personal"? y demás (DL4°, 2010: 11).

Por otro lado, el lector de Barthes (1980; 1986) también es un lector ideal construido a imagen y semejanza del crítico posestructuralista que escribe/lee la polisemia de los textos literarios. No será para Barthes el canon de la literatura realista tradicional del siglo XIX la que le "hablará" de lo que es la literatura, como creía en particular Iser; sino la literatura moderna que amplía las concepciones del lenguaje y sus potencialidades de significación y establecimiento de significados móviles para los sujetos. Así, su lector de *S/Z* (1980) se constituye como una resignificación del sujeto, del inconsciente lacaniano. Si este inconsciente es un hecho del lenguaje, si el sujeto es lenguaje, entonces para Barthes el sujeto está "hecho" en sus textos, es un corpus textual con el que asigna significados plurales y de encadenamientos múltiples e infinitos al "texto escriptible", ya que este y no los "lisibles" son los que permiten leer. El resultado de *S/Z* (1980) es una exposición minuciosa y compleja de una experiencia de lectura que se constituye como "evidencia" que ratificaría los postulados barthesianos. En *El placer del texto* (1986) Barthes continúa con un planteo similar, pero, en este caso, desarrolla otro par dicotómico: "placer/goce". Mediante un despliegue metafórico fundado en imágenes gastronómicas y sexuales, Barthes reproduce "lo lisible" y "lo escriptible" en términos de "malas o buenas lecturas". Dejarse llevar por las significaciones superficiales del placer de leer supondría lecturas "tragadas", "consumidas" por el lector; mientras que las lecturas del goce serían aquellas "saboreadas", "degustadas". Este lector es un sujeto que "deconstruye", un lector "psicoanalítico" que libera sus represiones al leer, es decir, al *escribir* el texto desligado de los atavismos autorales. Si Barthes avanza en su teoría de la lectura al liberar al sujeto lector de las cadenas del pensamiento moderno iluminista, también restringe la posibilidad de hacer relaciones con una persona cualquiera que lee literatura cuando postula la construcción del objeto lengua y, más específicamente, discurso literario a la usanza posestructural con supuestas lecturas generalizadas y generalizables. Dice Eagleton al respecto de su comparación entre los planteos teóricos de Iser y Barthes:

> El enfoque del libro de Barthes *El placer del texto* (1973) es totalmente diferente al que adopta Iser; equivaldría, hablando estereotípicamente, a la diferencia que existe entre un hedonista francés y un racionalista alemán. (...) El leer es menos laboratorio que *boudoir*. Lejos de devolver al lector a sí mismo en una recuperación definitiva de la propia identidad que el acto de leer ha puesto en tela de juicio, el texto modernista hace estallar la tranquila identidad cultural del lector, en una *jouissance* que para Barthes es a la vez felicidad perfecta del lector y orgasmo sexual. (...) Hay algo ligeramente molesto en este egoísmo intemperante, en ese hedonismo vanguardista en un mundo donde otros carecen no solo de libros sino también de comida. Si por una parte se nos ofrece un despiadado modelo "normativo" que sofrena el potencial ilimitado del lenguaje, Barthes nos presenta una experiencia privada, asocial, esencialmente anárquica que quizá no sea la otra cara de la misma moneda (...) Ambos, cada quien a su manera, hacen caso omiso de la posición del lector en el marco histórico. Los lectores, por supuesto, no leen en el vacío: todos ocupan una posición social e histórica, y la forma en que interpretan las obras literarias depende en gran parte de este hecho (Eagleton, 1988: 91-92).

Ambas teorías de la lectura, dice Eagleton desde los estudios culturales, la de la recepción que se inscribe en el idealismo alemán y la posestructuralista que lo hace en el psicoanálisis lacaniano, no son lo mismo, pero son la cara de la misma moneda. Esta cara de la misma moneda, la omisión de los lectores en su posición social e histórica, me lleva nuevamente sobre estos recorridos que aun siendo estudiante de grado realicé para abordar qué era lo que exactamente se estaba retomando de los estudios literarios sobre la lectura en los desarrollos didácticos sobre la enseñanza de la literatura y la formación de lectores para finales los años noventa. Parafraseando a Jorge Larrosa,[23] se trata de toda una "imaginería clásica" occidental basada en la creencia de que la lectura nos transporta hacia un lugar siempre mejor, nos transforma en sujetos "mejores" que lo que ya somos y cuya orientación metodológica para los docentes tan solo se corresponde con un *dejarla ser*, pues a modo de acto de fe deben confiar en sus cualidades "superadoras" de las realidades de los estudiantes. No olvidemos que esta experiencia de lectura es postulada como garante de "construcciones de subjetividades", con lo cual presupone que los alumnos no las poseen, no son sujetos. Se trata de toda una definición política educativa de la experiencia de lectura literaria como versión del "saber hacer" en cuanto "saber ser" (Sawaya, 2016), que genera en los docentes interrogantes acerca de cómo lograr "eso", que un estudiante que "no sería sujeto" (¿acaso será una "cosa"?) se "construya como sujeto" al leer literatura. Además, volviendo a Larrosa,[24] transformación a través de la lectura que siempre es oscura y quedará librada como otro de los tantos a los misterios de la vida terrenal.

¿Y qué literatura renovadora de un canon no garante de esa experiencia de lectura habilitadora de construcciones de subjetividades podría lograr que los docentes cumplieran con tal mandato? La literatura infantil y juvenil considerada de "calidad" por sus escritores que mayoritariamente ofician de críticos, o sus solamente especialistas, también en lectura y didáctica de la literatura, se ha posicionado como acreedora de este rol. Por supuesto, acompañada por todo el aparato editorial escolar con sus libros de texto que a la vez indican como lecturas cuentos y novelas de literatura infantil y juvenil que, lógicamente, también publican, como ya desarrollé en el capítulo

---

23 Cabe aclarar que Jorge Larrosa también fue cita recurrente a la hora de explicar la experiencia de lectura literaria en los años noventa. Sin duda, su trabajo de revisión de los trabajos filosóficos que han dado las bases para la formulación del concepto de *experiencia* (Gadamer, principalmente) resultan un aporte insoslayable para intentar desanudar los presupuestos que aún perviven en los desarrollos teóricos al respecto y, particularmente, como le interesa a Larrosa, en los pedagógicos. No obstante, sus formulaciones sobre lo que debería ser esa experiencia de lectura literaria en las escuelas dan continuidad a esa idea de poder definirla de antemano, previamente, en un sentido abstracto y, con ello, sin apoyaturas empíricas. Para una profundización sobre este problema, cf. Cuesta, 2003: 20-22.

24 Jorge Larrosa (2003). *Entre las lenguas: lenguaje y educación después de Babel.* Barcelona, Laertes, pp. 89-90.

tres. De esta manera, la crítica de literatura infantil y juvenil no cumple un rol menor como árbitro y juez de un nuevo canon escolar porque "solo se reseñan los libros que se consideran valiosos, no hay crítica negativa y, en muchos casos, las reseñas se debaten entre la finalidad de difundir el libro para público infantil y la de favorecer a determinadas editoriales y autores" (Cañón y Stapich, 2011:11). Así, en los documentos curriculares y del plan de lectura antes citados, en el marco de actividades organizadas por ese mismo plan, los cursos de capacitación o directamente las escuelas, o por las mismas editoriales, que llevan escritores y narradores orales para compartir con docentes y alumnos, dictar conferencias en eventos académicos o talleres, entre otras tantas acciones; promueven más que la lectura, una idea de *la* literatura, concretada en *la* literatura infantil y juvenil que ellos mismos creen "buena". Pues, garantizaría esa formación de lectores entendida como "constructores de sentidos y subjetividades plenos, autónomos, participantes de comunidades de lectura". Verdaderamente solo me atrevo a describir someramente y a hipotetizar de manera tentativa este estado de situación, ya que amerita una investigación aparte. Sí, me parece importante mencionar desarrollos de investigación en didáctica de la lengua y la literatura que desde los aportes de la perspectiva etnográfica, particularmente los referidos a las prácticas de lectura y escritura, están revelando otras experiencias de lectura de textos de la literatura juvenil desarrolladas por niños en la educación no formal y estudiantes de la escuela secundaria.[25] Experiencias, en las que manifiestan abiertamente su desinterés por la literatura infantil consagrada por la crítica o parodian, por ejemplo, sus lugares comunes del mismo modo que lo hacen con las otras literaturas consagradas por el canon escolar clásico que circulan por las aulas (Dubin, 2011; 2015; 2016). Se trata de *otras experiencias con la literatura* que obligan a reconceptualizar esta noción cuando se la reconoce inscripta en la cultura y disciplina escolares y el sistema educativo en cuanto muestran a los alumnos como subjetividades que ya están allí y no que están por ser construidas (Cuesta, 2013), insisto, como formulación eufemizada, o más políticamente correcta, tan indicativa como aquella que analicé en los capítulos anteriores, y en este, basada en la enseñanza de un "comportamiento lector".

Por otro lado, y aunque sujetada a la lectura, la escritura en las clases de literatura prescripta también en su modalidad taller aparece como zona de conflicto para varios docentes y alumnos, ya que no habilita que "quienes no están compenetrados con lo que supone dicha modalidad [taller] puedan

---

25 Me refiero al trabajo de Mariana Provenzano y Mariano Dubin (2010). "Prácticas de escritura en espacios de educación no formal", *Lulú Coquette. Revista de Didáctica de la Lengua y la Literatura*, Año 5, N° 5, pp. 108-117.

proponer otras formas de aproximarse a la literatura, modos de enseñar con los que seguramente están más familiarizados y que consideran igualmente productivos" (Duarte y Franco, 2008: 7). Las dudas generadas en el trabajo docente cotidiano por parte de las orientaciones antes reseñadas, que prescriben su organización a través del postulado de la "situación/experiencia", en la modalidad taller de lectura y escritura, son constantes en los intercambios con los docentes. Así, particularmente respecto de la escritura, aparecen referencias de todo lo que los estudiantes efectivamente escriben pero que no se condice necesariamente, o en nada, con el tipo de escritura literaria que las consignas anticipan. Especialmente, porque la línea de la escritura de invención prevé una escritura modélica, aunque diga ir en contra de los modelos, atada a un trabajo narratológico (deudora del estructuralismo escolar, como ya he explicado en el capítulo tres) que no siempre resulta motivo de interés en los alumnos. Ocurre que en numerosas escrituras producidas en las escuelas "ciertos saberes del orden social y cultural, que operan en las intervenciones de los alumnos, no convalidan lo que ciertas teorías –como el estructuralismo y sus actualizaciones en la llamada nueva narratología– han establecido como las respuestas esperables" (Dubin, 2015: 69). Por el contrario, estas escrituras además de la parodia a la misma literatura como institución, incluida la literatura infantil y juvenil ya canonizada por su crítica y el mercado editorial escolar, y las perspectivas didácticas de la experiencia/subjetividad, revelan formas de narrar los lugares y culturas de procedencia, sus propias mitologías, el barrio y los amigos, los consumos culturales que suponen una amplia gama que va desde la música, pasando por la televisión y la prensa gráfica, los *best sellers*, los videojuegos, las redes sociales, entre otros (Dubin, 2011; 2015; 2015a; 2016; Provenzano, 2015; 2016; López Corral, 2015; 2016; Massarella, 2017). Profundizo sobre este tema en el siguiente capítulo.

4. Cuarta tensión: los usos de los libros de texto como orientadores de las metodologías de la enseñanza

El hecho de traer a este capítulo, dedicado a abordar las metodologías de la enseñanza de la lengua y la literatura como expresión de las tensiones entre saberes docentes y saberes pedagógicos/didácticos, un orden de análisis de los libros de texto recortado en este interés no supone su tratamiento en profundidad. Lo que demandaría otra investigación. Se trata en realidad de reconocer las implicancias de estos agentes orientadores de la enseñanza dada la potencia legitimadora de sus productos en alianza con las políticas educativas, pero no para instalar mi enunciación en un orden de la denuncia, sino para buscar y visibilizar modos de resolidarización entre ambos órdenes de saberes. Porque creo, y por ello he dejado para este momento la problematización del libro de texto desde el mencionado abordaje, que en todo aquello que no puede prever, ni podrá, referido a sus usos se juega la posibilidad de realización del trabajo docente orientado desde los nuevos aportes que una producción de conocimientos didácticos pueda brindarles. Paradójicamente, los libros de texto y todos los productos de su entorno abren esta posibilidad.[26] Se trata de una instancia de elaboración de las metodologías de la enseñanza de la lengua y la literatura en la que los docentes recortan los saberes y reeditan las actividades con las que desarrollan su trabajo cotidiano. Acciones que los develan como autores y editores de sus propios materiales didácticos. Ya sea desde una búsqueda de textos y fuentes teóricas totalmente personal, o ya sea desde una selección de libros de textos y extracción de algunos de sus momentos (Negrin, 2009).

Estudios recientes en torno a los manuales escolares del área, que ya he referido antes, avanzan sobre las tesis que imaginan sus aplicaciones directas, mecánicas, no mediadas en la enseñanza para, por el contrario, interrogar los vínculos que los docentes de lengua y literatura sostienen con los libros de texto y qué usos les confieren. Dichos vínculos se estudian a partir de la investigación didáctica sustentada en biografías de formación y relatos de vida, pero atendiendo a sus problemas epistemológicos y metodológicos. Es decir, que se reconoce que en esos relatos de los docentes sobre los usos de los manuales escolares:

> (…) no siempre se admite con franqueza que estos materiales son consultados de manera asidua en las prácticas de enseñanza. Particularmente, la utilización del manual como reservorio del saber disciplinar actualizado provoca un cierto sentimiento de vergüenza que lleva a ocultarlo, o al menos, a hacerlo pasar por desapercibido (…) En algunos casos la dependencia del manual se asocia al

---

[26] Este reconocimiento casi no ha presentado desarrollos de investigación a nivel internacional. Respecto de regionales o locales contamos con los trabajos de Elsie Rockwell (2005) y Marta Negrin (2009), ya citados. Por ello, en unas de las investigaciones más abarcadoras de las líneas de indagación sobre el libro de texto en lengua inglesa se señala que: "El uso del libro ha despertado algo más de interés, pero la atención principal se ha centrado por el momento en el análisis de libros de textos basados en las teorías de la legibilidad, antes que en estudios realizados en el aula. Los resultados son concluyentes en diversos puntos: los libros de texto han sido y continúan siendo la ayuda a la enseñanza utilizada de un modo más amplio. Aunque sea difícil de señalar con exactitud cómo se usan los libros de texto en el aula, está claro que las prácticas empleadas varían considerablemente". Egil Børre Johnsen (1996). *Libros de texto en el calidoscopio. Estudio crítico de la literatura y la investigación sobre los textos escolares*. Barcelona, Ediciones Pomares-Corredor, pp. 278-279.

facilismo, a la falta de creatividad, responsabilidad y de compromiso con la tarea docente. De allí los recaudos que exige la conversación con los profesores entrevistados (Negrin, 2009: 204).

En este sentido, Marta Negrin ha relevado cuatro funciones recurrentes otorgadas al manual escolar por parte de los profesores de lengua y literatura: configuración de los alcances de la disciplina escolar, solidarización de saberes procedentes de diversas áreas del conocimiento, formas del conocimiento didáctico y antologías de textos apropiados para la enseñanza:

> Las razones de estos usos parecen devenir de la especificidad de los objetos de enseñanza y de las relaciones entre el conocimiento escolar y los saberes construidos en el seno de las numerosas disciplinas de referencia, de las que solo parcialmente se nutre la enseñanza de la lengua. La primera de ellas, la configuración y estructuración de lo que constituye la asignatura escolar –los contenidos que la "llenan", su secuenciación y jerarquización, la distribución en cada año escolar– (...). La organización de los saberes a enseñar en una propuesta coherente se revela como la función más importante que debiera cumplir un manual escolar. Las críticas recurrentes a las ediciones más nuevas radican justamente en que no logran ese cometido: presentan "mucha dispersión, mucha mezcla", "abarcan infinidad de temas para un mismo año, cuando la realidad es que más de cuatro unidades no se pueden trabajar", según la opinión de otra de las docentes entrevistadas (Negrin, 2009: 201).

Sigue la autora señalando que "en la mayoría de los casos, los profesores confieren a estos libros un rol instrumental", una "función facilitadora" de los modos de organizar su trabajo con los alumnos. Este consenso se resume en tres propósitos que se develan en las entrevistas: "Seleccionar textos literarios o no literarios para organizar, a partir de allí, alguna actividad o explicar algún contenido disciplinar. Seleccionar ejercicios o consignas de trabajo. Recoger 'ideas' que operen como fuente de inspiración en la elaboración de propuestas personales" (Negrin, 2009: 202). Estos propósitos que distan de criterios de aplicación mecánica visibilizan una relación de consulta con los libros de texto por parte de los docentes:

> Algunos docentes examinan cuidadosamente las distintas ediciones, generalmente antes del inicio del ciclo lectivo y realizan una señalización de ejercicios, fragmentos o capítulos que, según su criterio, resultan valiosos para la práctica de aula porque han sido tratados con profundidad, contienen una propuesta innovadora, se revelan adecuados para algún tipo de clase particular. En otros

casos, la lectura del manual reconoce un itinerario más azaroso, escasamente planificado, librado a las urgencias de la cotidianeidad (Negrin, 2009: 202).

Por ello, se explica que ambas formas de consulta responden a la elaboración de un "libro de texto ideal" y que el recurso de la fotocopia muestra un orden del "deseo de los profesores de elaborar materiales que ellos creen que estarán mejor adaptados a su estrategia pedagógica y a las necesidades específicas de sus alumnos"[27] (Negrin, 2009: 202).

En resumen, las concreciones del trabajo docente orientado desde el horizonte de referencia de los libros de texto admiten el reconocimiento de operaciones de autoría y reedición por parte de los profesores de lengua y literatura legitimadas en el uso de la fotocopia; aunque expresen la privación del "contacto con la materialidad del objeto libro" y sus implicancias poco positivas respecto del desarrollo del "hábito de la lectura". Estas operaciones pueden sintetizarse siguiendo su recursividad en el "recorte", "montaje", "supresión", "agregado" y "construcción" (Negrin, 2009: 202-203). Sigue explicando la autora:

> Las fotocopias aparecen como un soporte de lectura legitimado en las prácticas cotidianas de enseñanza de la lengua y la literatura, en virtud, fundamentalmente, de su practicidad, su menor peso material y simbólico, la posibilidad que otorgan de conjugar textos de fuentes variadas, la libertad que conceden al docente para elaborar sus propios materiales didácticos. No están en absoluto asociadas a la idea de una actividad ilegal; una de las profesoras consultadas expresa:
> Trabajamos mucho con fotocopias, y ellos [los representantes de las editoriales] lo que te piden es "no fotocopien" y nosotros igual fotocopiamos los textos. Si hay una necesidad en nuestra materia es la de trabajar con los textos. Resulta muy pesado el compromiso de pedir a un alumno que gaste dinero (...) si gastó en una fotocopia y ese cuento no le dice nada, bueno, es una fotocopia, pero un manual es algo costoso (Negrin, 2009: 203).

No se trata de "celebrar" la fotocopia como soporte material y simbólico de las realizaciones del trabajo docente sino, por un lado, se trata de admitir

---

[27] Respecto de las construcciones metodológicas personales de los docentes para dar respuestas a las particularidades de los estudiantes, a través del uso de carpetas, cuadernillos y afiches, actualmente se cuenta con la investigación de Octavio Falconi (2016). *Dispositivos, artefactos y herramientas para el trabajo de enseñar: el uso de carpetas, cuadernillos y afiches en el ciclo básico de la escuela secundaria*. Tesis de Doctorado. Facultad Latinoamericana de Ciencias Sociales. Programa de Doctorado en Ciencias Sociales.

que positivamente permiten un trabajo con sello propio por parte de los docentes que desde la investigación de Negrin (2009) puede denominarse como de *autoría y reedición*, fundamental para comprender las condiciones particulares de realización de ese trabajo docente. Importa este sentido que recoge Negrin (2009) sobre las relaciones dinero/interés; costo/gusto que expresa la profesora de la entrevista, porque habilita discutirlas en la complejidad que se merecen y no en los determinismos de clase social que asocian mecánicamente el uso de la fotocopia con grupos en desventaja social y económica, ya que los libros de texto suelen valer una importante cantidad de dinero cuestión que afecta a las economías de distintos grupos sociales. En ese sentido, también se reiteran en los comentarios de maestros y profesores recogidos en mi trayectoria profesional estas tensiones entre costo/beneficio por parte de docentes que trabajan en escuelas que atienden a grupos en ventaja económica. Muchas veces las disyuntivas se dirimen en criterios de administración e inversión del dinero –si cada área disciplinar solicita un libro los costos se elevan, etc.– y no en su falta. Aún más para la enseñanza de la lengua y la literatura que además supone inversiones en libros de literatura. En consecuencia, muchas veces el elevado costo de los manuales les sirve a los docentes como argumento para desligarse de las instrucciones de instituciones preocupadas por la homogeneización de la educación que ofrecen, y que intentan controlar a partir de la imposición de una línea editorial.

En el caso particular de la enseñanza de la lengua las consignas de lectura y escritura orientadas por los libros de texto y otros materiales didácticos tienen efectos particularmente desestabilizadores para el trabajo docente. La inversión de la lógica "ascendente", que ha caracterizado por siglos el estudio de las lenguas en Occidente –como ya lo he explicado con Bronckart (2007)–, por otra "descendente" que articula los argumentos de las perspectivas didácticas que privilegian el trabajo con la amalgama clases y tipos de textos/discursos (encastre entre textualismo cognitivista y psicogénesis), también abona al vacío metodológico. Esto es que no se parte más de las categorías léxicas (palabras) para luego pasar a la oración y así llegar al estudio del texto/discurso, sino que desde el texto/discurso (leído o escrito por los alumnos) se recortan saberes que deberían visibilizar sus "formas lingüísticamente susceptibles de objetivación (…) que dan testimonio de la semantización particular de los mundos discursivos realizada por cada lengua natural" (Bronckart y Plazaola Giger, 2007: 117). La variabilidad respecto de qué se considera que serían esas *formas lingüísticamente susceptibles de objetivación* han sido relevadas por Bronckart y Plazaola Giger (2007) en investigaciones que confrontan las producciones científicas de referencia para la enseñanza de la lengua en Suiza, análisis de manuales y entrevistas a sus autores, y consultas a los profesores que los utilizaron en sus clases.

A modo de síntesis, dicha investigación arroja datos similares a los problemas que he estudiado aquí recortados en el caso de nuestro país. Por ejemplo, las producciones científicas de referencia muestran fenómenos de "didactización" derivados de "confusiones en el campo científico" de la lingüística, propias del "mecanismo de préstamo" que lo viene caracterizando en los últimos tiempos (Bronckart y Plazaola Giger, 2007: 125), además, agrego, de la fragmentación y atomización que también viene signando a ese campo disciplinar. Para el caso de la "didactización de los conceptos relativos a la enunciación", dicen los autores, un primer relevo mostró "la diversidad de los marcos epistemológicos de las teorías implicadas", es decir, "el carácter parcial, disjunto y a menudo contradictorio de los conceptos propuestos: actos de lenguaje, intenciones comunicativas, mundos discursivos, aparato formal de la enunciación, instancias de enunciación (enunciador, narrador), etc." (Bronckart y Plazaola Giger, 2007:125). De esta manera, los autores van analizando un fenómeno de cascada en los manuales y los modos en que los docentes, basándose en ellos, explican cómo organizan sus clases y qué y cómo enseñan. En resumen creo que ese carácter de lo "disjunto" de los conceptos teóricos devenidos en conocimientos a enseñar es el problema que se estaría derramando hacia las realizaciones efectivas del trabajo docente. Por ello, sintetizan sus interpretaciones de las entrevistas de los docentes que consultaron en los siguientes puntos de acuerdo: una adhesión "global" a la reorganización de la enseñanza de las lenguas que partan de las "interacciones comunicativas orales". Sin embargo, los docentes señalan una serie de dificultades con los conceptos transpuestos por lo manuales, otros declaran descartar ciertos conceptos por considerarlos "inútiles y/o perturbadores" (por ejemplo, las clasificaciones en *actos* o *intenciones*) y algunos los utilizan "en el marco de actividades de repetición-memorización de expresiones lingüísticas convencionales". En cuanto a:

> (…) una eventual explotación de conceptos en la enseñanza, los entrevistados declaran utilizar ciertas nociones del "análisis gramatical" para mejorar las *performances* escritas de los alumnos. Estas nociones provienen de los enfoques morfosintácticos tradicionales de la frase, y ningún docente dice utilizar nociones provenientes de las ciencias del discurso (ignoran la definición de la mayoría de ellas) aun cuando trabajan, en principio, con textos "auténticos" (Bronckart y Plazaola Giger, 2007:129).

Es decir, si apuntamos a revincular los órdenes de la teoría con la práctica, ya que desde las ciencias sociales y sus desarrollos metodológicos la práctica es teoría y viceversa; partiendo de la base de que existe una tensión entre los saberes pedagógicos/didácticos (teoría) y los saberes docentes (práctica), las propuestas de modos de realización del trabajo orientado desde una metodología de la enseñanza de la lengua y la literatura se circunstancian, también, en un reconocimiento de las autorías y reediciones de los materiales didácticos por parte de los maestros y profesores. Este sentido de lo "ilegal" que pone al ruedo Negrin (2009) es sustancial para comprender más aún por qué este orden de autoría y reedición de los materiales didácticos que hacen a las realizaciones del trabajo docente ha sido invisibilizado, por no decir avasallado, en la investigación educativa. Son materiales "ilegales" porque trafican los libros de textos, las colecciones escolares, módulos y afines producidos para algún Programa educativo o curso de ingreso universitario. Pero también, son "ilegales" porque en sus "recortes", "montajes", "supresiones", "agregados" y "construcciones" develan esa zona de los saberes docentes que los saberes pedagógicos/didácticos rechazan en nombre del "rigor científico", de la última innovación en materia curricular o didáctica y que la mayoría de las veces esconden la necesidad de conservación de las retóricas apocalípticas sobre el estado actual de la enseñanza de la lengua y la literatura, o la lectura y la escritura. O, de las retóricas que insisten con que hay que promover y desarrollar la lectura y la escritura en esa reificación de que existiría un mundo social que no las acobijaría y que, por lo tanto, la escuela debe enseñarlas desde una especie de punto cero. Conservación de retóricas didácticas que objetivan las autorías y reediciones de materiales didácticos, por parte de los docentes, como perniciosas ya que descubrirían sus "fallas" en sus actuaciones profesionales. Por el contrario, en el siguiente capítulo fundamento que una producción de conocimientos didácticos que persiga ofrecer orientaciones o reorientaciones a las metodologías de la enseñanza de la lengua y la literatura puede (o debe) reconocer los usos de los libros de texto y otros materiales didácticos al modo antes explicado, legalizarlos como recursos lógicos o propios del trabajo docente cotidiano.

Capítulo 6
Metodologías circunstanciadas de la enseñanza de la lengua y la literatura

1. Reconceptualizaciones de *la lengua*

Antes de comenzar con la exposición de este apartado, quisiera recapitular lo trabajado en el capítulo anterior para anticipar los desarrollos que presento en este y por qué son los que explican el carácter circunstanciado de las metodologías de la enseñanza de la lengua y la literatura que ya he propuesto. En el capítulo cinco analicé cuatro tensiones entre saberes docentes y saberes pedagógicos/didácticos que he documentado a lo largo de mi recorrido profesional en la formación docente: la atomización de la enseñanza de la lengua y la literatura, la enseñanza de la lengua dirimida entre la gramática y la diversidad lingüística, la enseñanza de la literatura sujetada a la formación de lectores entendida como experiencia/construcción de la subjetividad y la supuesta "ilegalidad" de la reutilización de los libros de texto. De alguna manera, cada una de estas tensiones se desagrega en otras, también las cruzan, y por supuesto no agotan todas sus posibilidades. No obstante, ahora situando el estudio en los aspectos específicos que hacen al problema de las metodologías de la enseñanza de la lengua y la literatura como zona de indagación en la que me interesa generar aportes en particular y en su sentido propositivo, pasaré a fundamentar la posibilidad de reconceptualizar la lengua y a la literatura como objetos de enseñanza de manera solidaria con aquellas tensiones producto de las reconfiguraciones de la disciplina escolar. Lo que significa también de manera solidaria con las metodologías de la enseñanza de la lengua y la literatura que ya realizan los docentes y con los saberes de los estudiantes. Se trata de reconocer el carácter reproductivo y productivo de la enseñanza en el cotidiano escolar como modo de conservación de los objetos de estudio y saberes, de tradiciones selectivas, a los que las sociedades atribuyen sentido y valor. Pero al mismo tiempo se trata de introducir perspectivas teóricas que oficien positivamente en las búsquedas para dar respuestas al trabajo docente. Con ello, persigo focalizar la producción dentro de la reproducción como manera de postular conocimientos didácticos que apunten al cambio educativo que incluya y tenga como definidores a sus propios actores sociales. Cambio que supone variaciones significativas sobre las metodologías de la enseñanza de la lengua y la literatura en los modos de realización del trabajo docente fundadas en los saberes de, y demandados por, los estudiantes, pero que no implican de suyo su negación o aplastamiento. Por ello, las denomino *circunstanciadas* como ya desarrollé en el capítulo cuatro. Respecto de las lecturas y las escrituras que realizan los estudiantes se trata de resignificarlas, hasta de reubicarlas, en las metodologías de la enseñanza como acciones sociales que admiten y permiten justificar cambios en los modos de conceptualizar a la lengua y a la literatura, sustentar los saberes a ser enseñados y organizar los momentos de la clase. También, de idear las evaluaciones.

Otra dimensión que atraviesa la posibilidad de una producción de conocimientos didácticos que resolidarice saberes disjuntos, como he planteado en el capítulo anterior apoyándome en Bronckart y Plazaola Giger (2007) y en Negrin (2009), y que a la vez ingrese otros que les son novedosos, siempre en referencia a la disciplina escolar no a la academia, es la de proponer sus argumentos desde el propio trabajo docente y el de otros colegas. Por ello, no suponen producciones de conocimientos didácticos en abstracto ni experimentales, de laboratorio o de denuncia, sino que se basan en experiencias laborales concretas sostenidas a lo largo del tiempo y en las aulas, surcadas por el devenir de ese trabajo docente cotidiano. Sostengo que esta dimensión de la producción de conocimientos didácticos como uno de sus parámetros de validación científica, si se quiere, hoy resulta inexcusable. De esta manera, doy cuenta de cómo las tensiones entre saberes docentes y saberes pedagógicos/didácticos recuperadas en esa trayectoria profesional, ajenas y propias, hacen de fundamentos a, como ya lo expresé, las reconceptualizaciones de la lengua y la literatura y de sus metodologías circunstanciadas de la enseñanza que aquí propongo como línea de desarrollo de la didáctica de la lengua y la literatura de perspectiva etnográfica a seguir consolidando en sus aportes al trabajo docente y reviendo constantemente en sus posibles límites.

En relación con las líneas teóricas, más bien los trabajos teóricos, que recupero y pongo en nuevas relaciones y a funcionar como reconceptualizaciones y orientaciones metodológicas significativas para la enseñanza de la lengua y la literatura, encuentran su pertinencia epistemológica en sus bases sociales, culturales y en la perspectiva etnográfica. No se trata de una aplicación de teorías ni de enfoques, sino que retomo algunas de sus problematizaciones y definiciones con la vista puesta en la producción de conocimientos didácticos pues de este modo entiendo la relación de la didáctica con sus disciplinas y líneas teóricas de referencia, en cuanto no es subsidiaria ni tampoco desentendida de su propio carácter disciplinario y, con ello, de su lugar como área de conocimientos desde la que se producen construcciones teóricas propias. Me refiero expresamente a que el hecho de recuperar algunas de las problematizaciones y precisiones conceptuales de Bronckart (2007), por ejemplo, no implica que asuma desde la perspectiva de la didáctica de las lenguas al interaccionismo sociodiscursivo como un enfoque a aplicar. Asimismo, si bien separo en la exposición la enseñanza de la lengua de la enseñanza de la literatura a manera de focalizar en sus particularidades intentando responder a sus ritos de institución, como expliqué anteriormente, también el hecho de dar cuenta de sus relaciones permite abordar sus atomizaciones y así encontrar maneras de franquearlas como otra de las preocupaciones del trabajo docente. De esta forma, algunos casos a los que hago referencia muestran esa posibilidad.

La enseñanza de la lengua respecto de las tensiones entre su carácter normativo y la atención de la diversidad lingüística hallan marcos teóricos que habilitan la posibilidad de pensarlas en la enseñanza, en el sentido conceptual de aquello que los docentes entendemos como *lengua* y en sus resoluciones metodológicas.[1]

Por ello, propongo poner en relación una serie de presupuestos teóricos y conceptos de distintos autores que me orientaron en mis primeros años de trabajo docente como son los ya clásicos estudios de Bajtin (1982) y Voloshinov (1976) y que comparten un abordaje de los *usos sociales de la lengua*. Abordajes que no son lo mismo que el planteo de la *lengua en uso*, propio de las líneas comunicacionales y textualistas cognitivistas en cruce con la psicogénesis que vienen determinando los lineamientos curriculares para el área en los distintos niveles educativos a modo de continuidades en las políticas educativas de los últimos treinta –ya casi cuarenta– años, como analicé a lo largo del libro. La formulación de la lengua en uso aparece tanto en las sentencias "formar a los estudiantes en el desarrollo de las competencias y capacidades necesarias para el mundo de hoy, global y competitivo", como en la que reza "la lectura y la escritura son herramientas para el desarrollo de habilidades"; también, en la convicción de extender a todos los niveles educativos la "necesidad de alfabetizar" y de entender a la enseñanza como "mediación" o "facilitación", estos últimos de raigambre psicogenética.

---

[1] Los desarrollos que presento a continuación, recuperan otros trabajos cf. Cuesta (2011; 2013; 2014; 2015), pero también suponen nuevos planteos por ejemplo en lo concerniente a la noción de *lengua enseñada*.

En suma, estos núcleos duros del pensamiento educativo que se ponen en acto para explicar qué serían la lectura y la escritura y cuáles los dominios que los estudiantes deberían detentar al respecto, comparten una idea naturalizada sobre la lengua en las que se realizan las lecturas y escrituras de los estudiantes, sobre lo que significaría conocerlas o no. Así, la lengua en uso es el axioma a desanudar cuando se asume el estudio del trabajo docente y de las prácticas de lectura y escritura desde una perspectiva etnográfica en la enseñanza de la lengua, lo que significa documentar y analizar las negociaciones específicas y de significados particulares que se dan entre los textos, los estudiantes y los docentes. Así definidas por Elsie Rockwell (2005) las prácticas de lectura y escritura que se desarrollan en las instituciones educativas, es decir en un espacio, agrego, atravesado por regulaciones y expectativas no siempre explícitas, valoraciones y desvalorizaciones, legitimaciones y deslegitimaciones de lo que dice, lee y escribe en las aulas, se presentan como el recorte para abordar por investigaciones que sirvan como fundamento para propuestas didácticas con alcances de validez. Es decir que puedan aportar a la enseñanza de saberes, justamente, con sentido y valor para los estudiantes en cuanto a las distintas expectativas y objetivos que persigan en relación con sus formaciones. Y en este punto cabe realizar algunas preguntas.

Cuando se abordan y estudian las prácticas de lectura y escritura de los estudiantes, y se producen conocimientos que las caracterizan, ¿qué nuevos problemas devienen a la investigación?, ¿qué es lo que nos permite visibilizar y objetivar lo que los estudiantes deberían saber, y con ello serles enseñado, para orientar sus lecturas y escrituras según los parámetros de legitimidad sociales? Ya lo adelanté, me inclino a postular que son los *usos sociales de la lengua* los que permiten entender y explicar las razones por las que un estudiante lee y escribe de determinada manera y aquellas por las que un docente embestido con la autoridad de las disciplinas convalida, o no. Y aquí radica el nudo de la tensión entre saberes docentes y saberes pedagógicos/didácticos respecto de la normativa y la diversidad lingüística.

Si los usos sociales de la lengua pueden sistematizarse para su estudio en *discursos* que las sociedades han venido creando y recreando y de los que los sujetos nos apropiamos y replicamos desde que somos niños, estoy siguiendo a Bajtin (1982), se trata de que estos conocimientos no caigan en el olvido para luego y, por el contrario, persistir en una idea de lengua como sistema formal desgajado de los hablantes que leen y escriben. Se trata de profundizar en la noción de *lengua dialógica* (decimos lo que otros ya han dicho, es decir, hablamos porque hay *apoyatura coral*) y de *heteroglosia* o de construcción híbrida (*hibridación*) de las lenguas. En otras palabras, no se trata, solamente, de que no hay persona que ignore el uso de la lengua que le ha tocado en suerte hablar, sino que esa lengua que siempre se realiza como respuesta a un hablante oyente ideal, y de allí su carácter dialógico, al ser observada como discursos, es muchas lenguas a la vez. Justamente, las lecturas y escrituras que he documentado a lo largo de estos años de trabajo docente (en clases a mi cargo o de otros colegas) muestran a las claras que aquello que los docentes solemos llamar "problemas de lectura y escritura" se explican en la heteroglosia. Esto es en los intentos por parte de los estudiantes de dar respuesta a los pedidos de cada consigna de trabajo para los que apelan a sus dominios discursivos, tratando de elegir el que creen más conveniente pero que no sostienen de manera planificada, sino que inevitablemente cruzan con otros. Vuelvo sobre este punto más adelante.

Voloshinov (1976)[2] en sus desarrollos sobre la interacción verbal ha estudiado la situación de *corrección lingüística* en cuanto su rareza y especificidad. "Anormal", dice, en contraposición a los criterios de corrección lingüística puramente ideológicos que sí caracterizan el lenguaje como hecho social y, por ende, a sus realizaciones en distintas lenguas. No se trata de una "anormalidad" entendida como "patología social", sino de delimitar distintos criterios de corrección lingüística. Así, explica el autor que "una forma lingüística sacará a la luz su valor normativo solo en casos excepcionalmente raros de conflicto, casos que no son típicos de la actividad del lenguaje (y que para el hombre moderno están asociados casi exclusivamente con la escritura)" (Voloshinov, 1976: 89). Luego agrega:

> Solo en casos especiales y anormales aplicamos el criterio de corrección de un enunciado (en la enseñanza de la lengua, por ejemplo) (…). También aquí se requiere una orientación de una clase muy especial –no afectada por los propósitos de la conciencia del hablante– para separar en abstracción la lengua de su contenido ideológico o conductual (Voloshinov, 1976: 89).

Lo que no significa negarle a las lenguas su carácter social, cultural e ideológico en el sentido de orientaciones de significados, como formas de

---

2 En acuerdo con los estudios realizados por Patrick Sériot (2003). "Bajtin en contexto: diálogo de voces e hibridación de lenguas (el problema de los límites)", en B. Vauthier y P. Cátedrab (eds.): *Mijail Bajtin en la encrucijada de la hermenéutica y las ciencias humanas.* SEMYR, pp. 25-43 y Patrick Sériot (2010). "Generalizar lo único: géneros, tipos y esferas en Bajtin", en D. Riestra (comp.): *Saussure, Voloshinov y Bajtin revisitados. Estudios históricos y epistemológicos.* Buenos Aires, Miño y Dávila, pp. 73-106; también por Cristian Bota y Jean-Paul Bronckart (2010). "Voloshinov y Bajtin: dos enfoques radicalmente opuestos de los géneros de textos y de su carácter", en D. Riestra (comp.): *Saussure, Voloshinov y Bajtin revisitados. Estudios históricos y epistemológicos.* Buenos Aires, Miño y Dávila, pp. 107-127, asumo que Bajtin y Voloshinov no son los mismos autores, es decir, que fueron dos intelectuales distintos que intervinieron en los debates filosóficos de la ex Unión Soviética de los años treinta en adelante y que sus proyectos teóricos no son iguales.

entender el mundo, cuestión central para Voloshinov (1976) quien dedica gran parte de su trabajo a fundamentar el carácter ideológico del signo lingüístico. De hecho, estas diferenciaciones de la *corrección lingüística* justamente argumentan la distinción que intento enfatizar: en las clases donde se juega algún orden de la enseñanza de la lengua y en sus realizaciones escritas, se da como acción social la separación de la lengua de su contenido ideológico para abstraerla de sus contextos de producción. Insisto, además, de que la enseñanza de la lengua para realizarse necesita entenderse como una acción *extraña* o *distinta* a otras realizaciones lingüísticas, porque devela que *esa lengua que se enseña* es un artificio. Es decir, que esa lengua que se enseña siempre se revela en el aula como "mediatización de las prácticas sociales de referencia" (Bronckart y Plazaola Giger, 2007: 114) y no como "mediación" en pos de refractar un orden social "real". Ya que, si "todos los seres humanos 'hablan' espontáneamente y sin gran dificultad es porque dominan la técnica histórica que constituye su lengua y porque tienen el saber adecuado de esta lengua (...) [que] 'intuitivo' debe ser analizado como tal y no debe confundirse con el saber secundario o 'teórico' de los gramáticos o lingüistas" (Bronckart, 2007: 94). Afirmar, como ya lo he desarrollado en capítulos anteriores, que leer y escribir es "leer y escribir textos" y que ello implica "conocer sus propiedades", no dista de un saber secundario o teórico de los lingüistas, es decir, no es solamente privativo de una enseñanza de la lengua entendida como enseñanza de la gramática, sea cual fuere.

En realidad, volviendo al problema de la corrección lingüística planteado por Voloshinov (1976), un abordaje de las prácticas de lectura y escritura que se desarrollan en las escuelas, en las aulas, revela un tipo específico de conflicto social, que es tan coyuntural al contexto situacional de la clase que se expresa como un conflicto discursivo. Y aún más, también retórico estilístico, en suma, de *colisión estilística* como señala Bourdieu (2001: 54) que repele cualquier interrogación representacionalista de la lengua y, reitero además que agrego, representacionalista de *clase o grupo social*:

> (...) en todos los discursos de institución, es decir, de la palabra oficial de un portavoz autorizado que se expresa en situación solemne con una autoridad cuyos límites coinciden con los de la delegación de la institución, hay siempre una retórica característica (...). [Porque] es el acceso a los instrumentos legítimos de expresión, y, por tanto, a la participación en la autoridad de la institución lo que marca *toda* la diferencia irreductible al propio discurso (...), eso quiere decir que el poder de las palabras reside en el hecho de que quien pronuncia no lo hace a título personal, ya que es solo su "portador" (Bourdieu, 2001: 69).

Si la lengua enseñada en las instituciones educativas también puede ser vista como uno de los discursos de institución con su retórica característica; la interacción de los grupos sociales dada allí, y no en otro contexto aunque los reverbere y aunque se le cuelen en su sentido cultural como manera de ver el mundo, puede ser comprendida en cuanto aquello distinto que ofrece. Así, el:

> (…) reconocimiento de que las interacciones lingüísticas no son libres sino que, por el contrario, como toda interacción social están complejamente determinadas por reglas sociales que indican quién, cuándo, cómo y sobre qué se puede hablar, reglas que, en la comunicación cotidiana pero más aún en la oficial, definen (o suspenden) el polo de la interacción que detente el poder. No todos los locutores tienen acceso al decir determinadas palabras, ni todo lo decible puede ser dicho por cualquier persona, en cualquier circunstancia y con cualquier variedad de habla (Bixio, 2003: 29).

No se trata, entonces, de una banalización de los docentes y su trabajo en el arco que va desde entenderlos como "mediadores" de una supuesta lengua "transparente" al modo de las "teorías que parten de la idea de la unicidad del sujeto hablante, al que consideran libre, voluntario, origen de los sentidos discursivos, en cuanto el hablar se constituye en una actividad libre y finalista" (Bixio, 2003: 28) y otra que los alerta sobre los riesgos de:

> (…) asentarse en rasgos superficiales del lenguaje, como puede ser el léxico o la pronunciación de un alumno, [ya que] constituye uno de los grandes peligros para el profesor, en tanto con ello realiza –sin desearlo y sin saberlo– la transmisión de estereotipos desde un poderoso espacio institucional como es la escuela. Desde allí, se pueden promover actitudes de violencia cultural y lingüística (como ejemplo extremo basta pensar en las prohibiciones de uso de lenguas aborígenes en el aula) y, por último, se pueden causar conflictos sociales debido a lo que se llama "lealtad lingüística" (Iturrioz, 2006: 25).[3]

---

3 En relación con la revisión que realizo de estas afirmaciones, no estoy avalando que se prohíban las lenguas indígenas en las aulas, ni mucho menos, como desarrollo más adelante en relación con la diversidad lingüística que caracteriza a las instituciones educativas de nuestros territorios. Se trata de no banalizar o simplificar, y por ello de comprender en el sentido de la investigación, el hecho de que los docentes persigan enseñar esa lengua oficial que en su larga historia como objeto de conocimiento de la disciplina escolar se expresa en sus regulaciones y normativas. En el presente apartado vuelvo sobre este problema. Asimismo, respecto de estudios que dan cuenta de la complejidad de los procesos escolares y educativos vinculados a las mayorías populares de la Argentina, en cuanto relaciones de demandas y expectativas entre las instituciones educativas y las familias, cf.

Por el contrario, se trata de develar que tal como señala Bixio (2003), retomando a Halliday y a Bernstein, las interacciones sociales están regladas y que aquellas lingüísticas que se dan en las aulas lo están también por las de enseñanza. En este caso de una lengua de la institución, oficial, legítima, que en sus reglas particularmente realizadas en sus versiones orales, pero sobre todo escritas, sí le dan importancia al léxico (además de la ortografía y la puntuación o la morfología y significado de las categorías léxicas) en tanto no solamente se dirimen en el dominios de las palabras, las oraciones y los textos, sino como lo han demostrado esos autores:

> (...) las diferencias de código son de orden específicamente semántico: se trata de tipos y orientaciones de significados pasibles de ser actualizados en diferentes contextos por parte de diferentes grupos sociales; de modo de organizar la experiencia, de interactuar y de relacionarse con objetos, personas, etc. que vienen determinados por el sistema de relaciones sociales en el que crece el sujeto. En otras palabras, la estructura social genera diferentes códigos, que crean para sus hablantes diferentes órdenes de relevancia y relación (Bixio, 2003: 35).

Es decir, que cabe incluir en estas reflexiones a los docentes que han "crecido" en las reglas y en contextos institucionales extremamente regulados que a la vez se significan en la disciplina escolar lengua y literatura y el sistema educativo. Ya que:

> En términos de Bourdieu, la escuela no puede suspender en su interior, graciosamente y por decreto, las normas del mercado lingüístico pues con ello se pueden comprometer seriamente las oportunidades de los alumnos. Sin embargo, este reconocimiento puede cambiar la perspectiva sobre qué y cómo enseñar lengua. En efecto, con su fuerte poder reificador la escuela tiene una función más importante a cumplir en relación a esta problemática y en particular en relación con la profundización de la exclusión educativa y social a la que asisten, en general, los países latinoamericanos. No se trata aquí de un hacer (corregir/no corregir, obligar/consensuar, reprimir/respetar) sino más bien de un saber, de una teoría social sobre el lenguaje que debe ser conocida por los docentes y enseñada a los alumnos, por los efectos que ella tiene a nivel de práctica social y de estructura social (Bixio, 2003: 26).

María R. Neufeld; Laura Santillán y Laura Cerletti. "Escuelas, familias y tramas sociourbanas: entrecruzamientos en contextos de diversidad y desigualdad social", en *Educação e Pesquisa*, vol. 41, 2015, pp. 1137-1151. Recuperado de http://www.scielo.br/scielo/.

Se trata de un *saber social* sobre *los usos institucionales educativos de la lengua* que se prestigia en sus formas regulares y reguladas que le han conferido una conservación, además de su mutabilidad y cambio constantes. Y que no excluye de suyo la posibilidad del trabajo con otras lenguas y con otras realizaciones lingüísticas. Creo que se trata de recuperar en serio el concepto de heteroglosia para la enseñanza de la lengua en su potencialidad de resignificar el interés por el conocimiento gramatical estrechamente asociado a esa lengua enseñada en las instituciones educativas, sea la forma en que se exprese. No se puede suspender el hecho, como dice Riestra (2008), de la tradición de la gramática en Argentina a la vez que, como señala Bixio (2003), no se pueden suspender graciosamente las normas del mercado lingüístico en la escuela, porque no solamente se desestabiliza el rito de institución, la delimitación de que la escuela va a enseñar "algo", en este caso una lengua, que solamente se enseña allí; sino por las implicancias político, sociales y económicas que entraman la posibilidad de lograr posiciones de ventaja social según la posesión de esa lengua oficial, regulada, legítima. Y que se vuelve aún más crítica en sus versiones escritas hechas públicas en las propias instituciones educativas.

Así, la *lengua enseñada* como reconceptualización que aquí propongo, puede ser trabajada desde su carácter de artificio y no como entidad "real", espejo de estructuras del pensamiento o construcciones de conocimientos, o abandonada en tanto responsable de violencias simbólicas.[4] Porque, de ese modo se la puede diferenciar de otras lenguas en la complejidad de variedades del español, o castellano como se prefiera decir, cruzadas con lenguas como el quechua y el guaraní, o el mapuche, entre otras, que vienen caracterizando y complejizando una historia lingüística constitutiva de nuestro país y dada por las migraciones (Bixio, 2003; Martínez (comp.), 2009; Narvaja de Arnoux, 2010; Dubin, 2011). A su vez, concebirla como una "lengua de institución", siguiendo la teoría del mercado lingüístico de Bourdieu (2001), y es en ese sentido que me parece más ajustado denominarla *lengua enseñada*.

Es decir, que se trata de plantear que el trabajo docente necesita develar que aquello que llama "gramática" como base de una lengua enseñada (de raigambre hoy por hoy oracional y textual) implicará explicaciones y consignas, esto es, orientaciones de significados que presentarán a esa lengua en un "modelo hipotético" (Bronckart y Plazaola Giger, 2007: 122) que permite

---

4 Los usos de la noción de "violencia simbólica" en el campo educativo en general merecerían una revisión específica. Desgajada de la teoría de la acción social de Pierre Bourdieu ha asumido significados literales que generan varios malentendidos y, cuestión más problemática aún, el despliegue de una mirada acusatoria sobre el trabajo docente. Para una revisión de este problema, cf. Alicia Gutiérrez (2005). *Las prácticas sociales: una introducción a Pierre Bourdieu*. Córdoba, Ferreyra Editor.

observar regularidades y no como realización "real" de *la* lengua ni como "construcción de conocimientos puericéntrica" (2007: 114).

De esta manera, a propósito de los problemas de arrastre no solamente de una concepción representacionalista de la lengua sino del saber en general, Bronckart y Plazaola Giger cuestionan las nociones de "sistema didáctico" y "transposición didáctica" y en especial de "saber sabio" para proponer una reutilización de la teoría de los campos sociales de Bourdieu. Así plantean pensar a la escuela como campo de producción de saberes (al mismo modo que aquellos recortados en ciencias o profesiones) caracterizados como:

> (…) sistemas de posiciones y de agentes, estructurados por algunas relaciones solidarias y por otras conflictivas, y regidos por intereses e implicaciones sociales específicas. (…) Dentro de este marco teórico, cada una de las esferas de producción (ciencia, ingeniería, escuela, etc.) es creadora de bienes o de saberes cuyo valor es permanentemente sometido a evaluaciones sociodiscursivas (Bronckart y Plazaola Giger, 2007: 115).

Luego señalan que, en suma, la historicidad y cambio de los saberes producidos en la escuela, recortados en la enseñanza como puesta en valor simbólico designado muestran cómo "un saber puede entonces ser confirmado en su legitimidad, pero también puede ser desvalorizado y luego revalorizado" (Bronckart y Plazaola Giger, 2007: 116). Este juego de posiciones en torno a un saber, en tanto bien simbólico por el que se dirimen constantes *evaluaciones sociodiscursivas* solidarias o en conflicto como modo de entender el trabajo docente –en el que insisto se incluyen los alumnos–, resulta habilitante para postular que una metodología de la enseñanza de la lengua puede justificar las ventajas de desocultar el hecho de que la lengua enseñada comporta un carácter abstracto hipotético, ya que señaliza regularidades que pueden expresarse o diferenciarse en otras lenguas. Esto es que si la escuela, como ya he dicho, es también uno de los contextos que hace al juego social con el carácter particularísimo de producir saberes para revalidarlos en esa acción llamada *enseñanza* que pone al ruedo modelos hipotéticos, porque no puede replicar una "verdadera" lógica de realización lingüística extra muros, sí se le impone pensar a su manera relaciones solidarias entre las diferencias de las lenguas que inexorablemente se le cuelan y que "son de orden específicamente semántico: tipos y orientaciones de significados pasibles de ser actualizados en diferentes contextos por parte de diferentes grupos sociales; de modo de organizar la experiencia, de interactuar y de relacionarse con objetos, personas, etc. que vienen determinados por el sistema de relaciones sociales en el que crece el sujeto" (Bixio, 2003: 35).

Si los discursos, entendidos como lenguas, se diferencian opositivamente porque se ponen en contacto en las aulas y entre sí, también lo hacen con esa "palabra oficial" según Bourdieu (2001) y que llamo *lengua enseñada* y defino de nuevo apelando a Bronckart y Plazaola Giger (2007: 95) como *modelo hipotético abstracto de realizaciones lingüísticas* que condensa regulaciones de diversas unidades lingüísticas.

Otro de los problemas que revisa Bronckart junto con Plazaola Giger es cómo en esta necesidad de redefinir la *lengua como habla* se debe también replantear la relación *lenguaje-pensamiento*. Es decir, que se trata de replantear la noción de *logos* que inexorablemente atraviesa a la enseñanza de las disciplinas, en cuanto se les viene asignando desde siempre la responsabilidad de enseñar situando, de algún modo, la relación conocimientos-pensamiento. En el caso no solamente de las líneas que se han privilegiado en las distintas posiciones de la didáctica de la lengua, sino también en otras didácticas de disciplinas (Bronckart y Plazaola Giger, 2007: 112-113). Noción de *logos*, de Platón, basada en que el lenguaje es un mecanismo secundario que traduce otras estructuras que lo determinan; por lo tanto, es único e ideal. De este modo, potencian la primacía de la *noiesis* por sobre la *semiosis*, es decir, la reafirmación de una lengua esencialista y representacional, ya lo desarrollé anteriormente (Bronckart, 2007: 92-93).

También siguen arrastrando la opacidad sobre un principio fundante de la lingüística moderna, recuperado por Bronckart en su relectura de Coseriu. Este principio, según el autor, es consecuente con el programa de Voloshinov y solidario con algunos de los desarrollos de Vigotsky, Bajtin, Habermas, Ricoeur y Foucault, pues proponen un *logos* entendido como *discurso y pensamiento indisolubles*. El principio de Coseriu al que vuelve Bronckart establece que, si hay que buscar *la* función del lenguaje en la actividad humana, esta será *significar* y no representar. O, mejor dicho, las representaciones son orientaciones de significados, no copias de un mundo "real". Así, Bronckart vuelve sobre el famoso razonamiento de Coseriu, que parece haber quedado aplastado en la hegemonía de lo que denomina "*doxa* gramatical", en los estudios lingüísticos de raigambre formalista y representacionalista y sus consecuentes didácticas: "la primacía de la significación respecto de la designación externa explica uno de los hechos escandalosos de la *doxa*: la existencia de un significado no es en modo alguno prueba de la existencia de la cosa que puede corresponderle" (Bronckart, 2007: 95). Así planteado este *logos* discursivo se retorna a una noción del saber "primeramente colectivo y discursivo y, si admitimos que pueda ser objeto de una personalización, esta no puede de ninguna manera situarse en el 'origen' del proceso (en un movimiento de pensamiento 'puro' protegido de cualquier puesta en discurso)" (Bronckart y Plazaola Giger, 2007: 116-118). Si el saber es colectivo y discursivo, no una representación que espejaría una realidad supuestamente esencial, y por tal motivo es expresión de un *logos* discursivo, no de un lenguaje entendido como gramática, la *doxa* gramatical, se abren posibilidades para otros análisis y producciones de conocimientos sobre las lecturas y escrituras de los estudiantes siempre compelidas a la exigencia de responder en los términos que la lengua enseñada los requiere y, por ello, siempre susceptibles de conflicto lingüístico.

Para recapitular, estas reconceptualizaciones de la lengua puesta en plural dado su carácter discursivo social que, como se habrá apreciado dista de la manera en que el discurso es entendido por el análisis del discurso (Bronckart, 2007: 87-89) aporta a los docentes una mirada más ajustada a las realizaciones lingüísticas que las prácticas de lectura y escritura de los estudiantes revelan en las aulas. También, permiten explicitar que hay una lengua que se enseña en las escuelas, cuestión que la noción de *lengua estándar* no consigue atender en cuanto se sigue presentando como una entidad borrosa, ya que omite su propia variabilidad en los mismos márgenes de la legitimidad lingüística. Además, esta lengua enseñada, ya no adecuada o universalmente correcta, admite ser definida como un conjunto de regularidades y regulaciones que si bien no son "reales" organizan un modelo hipotético, siempre abstracto de realizaciones lingüísticas asequibles desde las orientaciones de significados, es decir discursivas sociales, que los estudiantes imprimen a sus lecturas y escrituras, a sus intervenciones orales, con lo cual reconoce esta zona de variabilidad. Dicho en otras palabras, la lengua enseñada posibilita la enseñanza de los aspectos normativos de la lengua como saberes que los estudiantes tienen derecho a conocer y de los que no pueden ser excluidos como manera de desembarazarse de la diversidad lingüística, que contrariamente a las posiciones que la celebran, termina siendo simplificada y reducida a un relativismo paralizante para el trabajo docente. Diversidad lingüística que además al ser siempre tratada únicamente como aquella que los estudiantes extranjeros o hablantes de "lenguas aborígenes", antes citado en Iturrioz (2006) ponen al ruedo en las aulas, oculta la que se corresponde con las distintas variedades del español, o castellano —como se prefiera—, propias de nuestro país y, hacia su interior, con la diversidad que estas mismas variedades presentan según la pertenencia a determinados grupos sociales. Si existen docentes que más allá de estas definiciones creen que sus estudiantes son "brutos" porque no hablan o escriben según lo que ellos entienden como una lengua correcta, habrá que buscar las raíces ideológicas particulares de esta creencia, pero de ningún modo puede ser generalizada a todos los colegas. Más aún si esos docentes aferrados a conceptos representacionalistas de la lengua sancionan y hasta castigan a los estudiantes en vez de enseñarles en todo caso qué es lo que estarían haciendo "mal". Asimismo, exceptuando los casos en que la lengua enseñada es negada a los alumnos; a saber, no ofrecerles los significados de las palabras que desconocen y remitirlos al diccionario (cuestión muy distinta a proponer un trabajo con el diccionario), no explicar qué ruptura de las regulaciones morfosintácticas o sintácticas, oracionales o textuales, han realizado en tal o cual momento de un escrito, no explicarles un uso ortográfico en la espera de que lo deduzcan o descubran, no ofrecerles una explicación de la orientación de significados que se busca para el trabajo con un texto periodístico o literario en la convicción de que deberían hacerlo solos porque tienen que desarrollar la comprensión lectora, o porque tienen que construir su subjetividad, o porque no hay que obstaculizar el contacto directo con los libros y demás, que en realidad nos llevan a otros problemas;[5] puede ser observada en el trabajo docente en su mutabilidad, diversidad y capacidad de nuevos significados. Así también en sus relaciones con otras lenguas, como las indígenas y las distintas variedades criollas. Por ello, ofrecer a los docentes un concepto de lengua enseñada particularmente atenta a la escritura, ya que la oralidad abarca infinidad de situaciones que la mayoría de las veces van oficiando a modo de replanteos de lo dicho, y porque la escritura en última instancia es la que aparece en los comentarios de los docentes y demandas de los estudiantes como la más conflictiva respecto de la normativa lingüística, supone un avance y la posibilidad de un cambio en la enseñanza de la lengua también metodológico. Este concepto de lengua enseñada que comporta regularidades y regulaciones que van desde la relación grafema-fonema, pasando por las morfosintaxis de una oración hasta la sintaxis textual, o la organización de los enunciadores de un texto y sus distintos momentos descriptivos, narrativos o argumentativos (estoy listando someramente los saberes englobados en la gramática escolar que ya analicé en el capítulo anterior), no necesariamente conducirá a los docentes a modalidades de trabajo referenciadas en el normalismo o de las gramáticas estructuralistas de los años sesenta, a una especie de retroceso educativo sospechado de autoritario y antidemocrático ya que, como desarrollo a continuación, es solidario con la prescripción de las últimas políticas curriculares para el área basadas en la generación de situaciones de lectura y escritura si estas son entendidas desde la perspectiva etnográfica de las prácticas de lectura y escritura.

---

5 Es decir que nos vuelven a los axiomas de las perspectivas de las didácticas de la lengua y la literatura, probablemente, sumados a los modos ideológicos que cada docente expresa en sus concepciones de enseñanza y que, a su vez, se expresan en sus formas de ofrecer el saber a los alumnos.

Si la lengua enseñada puede ser definida como una lengua de las instituciones educativas que más bien se nutre y reproduce en sus formas estilizadas y retóricas, no en estructuras que se corresponderían con un pensamiento supuestamente racional y universal, y que esas formas siempre se presentan como modelos hipotéticos, basados la mayoría de las veces en las mismos conocimientos estilísticos y retóricos de los docentes en cuanto sus usos sociales, podrá ser concebida desde su carácter de posibilidad y no de realidad unívoca. Se trata de recuperar lo que Voloshinov (1976) plantea como los límites difusos entre gramática, retórica y estilística para reconocer que cuando los docentes le enseñamos a los estudiantes que, por ejemplo, no se escribe que "Los textos hablan de que", sino que "Los textos plantean, proponen, desarrollan, etc.", estamos fundamentando este saber en un argumento estilístico de las selecciones léxicas y no en sintaxis universales. O, en otro ejemplo que ya he utilizado en otra publicación,[6] si un estudiante escribe "El cuento tiene unos toques de terror", cuestión que efectivamente es así, cuando le enseñamos que la institución espera que escriba "El cuento 'Puzzle' de Julio Cortázar presenta rasgos del género gótico" no se trata de que no sabe escribir, posee un vocabulario escaso o no comprendió el texto literario en cuestión.

Por el contrario, estamos como docentes moviéndonos también en esa zona retórica estilística de la escritura que comporta en palabras de Sandra Sawaya (2008; 2010) el reconocimiento de los distintos *estilos lingüísticos* de los estudiantes y de la propias instituciones de enseñanza. Dice la autora, recuperando los estudios del lingüista brasilero Cagliari, que en las aulas se expresan distintos estilos lingüísticos, tanto en las intervenciones orales como en las escrituras de los niños, que no necesariamente conocen "las reglas del juego de las propuestas escolares". De esta manera, se "establecen relaciones inhibidoras entre profesor y alumnos, productoras de dificultad de comunicación lo que lleva a los niños a no preguntar el significado de palabras que no comprendieron", de allí que la no atención a los estilos lingüísticos lleve "a tomarlos como deficiencias" (Sawaya, 2010: 33).

Las investigaciones de Sandra Sawaya (2008; 2010) permiten realizar una serie de reconceptualizaciones sobre los marcos teóricos antes trabajados más acordes, o aún más ajustadas, a las realidades de la enseñanza de la lengua que se enseña en las instituciones educativas. Esto es que la noción de *estilos lingüísticos* aporta tanto al conocimiento de la singularidad de la

---

6 Se trata de Carolina Cuesta (2012). "Hubo un día en que los jóvenes argentinos no supieron más leer ni escribir: algunas consideraciones sobre evaluación y políticas de enseñanza", en G Fioriti y C. Cuesta (comps.): *La evaluación como problema. Aproximaciones desde las didácticas específicas*. Buenos Aires, Miño y Dávila-UNSAM EDITA, pp. 113-128.

lengua enseñada, siempre realizada por los docentes, y a aquellas que suelen presentárseles como casos de conflicto lingüístico, es decir los estilos lingüísticos de los sectores populares o de los niños y jóvenes de distintos sectores sociales incluidas las capas medias y altas. Estoy efectuando un agrupamiento amplio según los comentarios de los mismos docentes que suelen manifestar estas extrañezas "los chicos vienen del barrio tal, son de la comunidad tal, sus familias son inmigrantes y por ello hablan y escriben de determinada manera"; o "los adolescentes hablan y escriben de tal otra". Se trata de buscar conceptos más amplios que hagan a los fundamentos teóricos de las metodologías de la enseñanza, y no los excedan con infinidad de clasificaciones y descripciones lingüísticas que no se puede asegurar siempre tengan correspondencia con, o aporten a desanudar, las "relaciones inhibidoras entre profesor y alumnos, productoras de dificultad de comunicación" (Sawaya, 2010: 33). Comparto la posición de las investigaciones lingüísticas que vienen señalando la necesidad de incluir en la formación docente inicial y continua, orientada a los distintos niveles educativos, espacios destinados al conocimiento de las lenguas indígenas de nuestro país (Martínez (comp.), 2009), las variedades del español regionales y según el emplazamiento de cada institución educativa. Mientras tanto, disponemos de la posibilidad, como decía anteriormente, de buscar conceptos solidarios con las realidades de diversidad lingüística que los docentes necesitan comprender y explicar[7] para sustentar sus propuestas metodológicas de enseñanza de la lengua enseñada.

2. La colisión estilística y la lengua enseñada

La diversidad lingüística como problema didáctico también precisa detallar o especificar cómo se manifiesta en los escritos de los estudiantes, además de las marcas lingüísticas de sus otras lenguas, variedades o expresiones vinculadas a la edad. Por ello, retomo la noción de heteroglosia y de lenguas como discursos en sus dimensiones estilísticas y retóricas. Pero también fraseológicas como explica Marc Angenot (2010) ya que habilitan la observación de "gramáticas de discursivización" propias de los discursos sociales, es decir frases hechas, cristalizadas que hacen a sus orientaciones de significados. En otras palabras, se trata de

---

[7] En este sentido se encuentran los aportes más recientes de Angelita Martínez et al. (2013). *Huellas teóricas en la práctica pedagógica. El dinamismo lingüístico en el aula multicultural*. La Plata, Edulp y Marta Krasan et al. (2017). *Material de consulta para el docente en contextos de diversidad lingüística*. Buenos Aires, FFyL-UBA.

comprender la escuela, y específicamente las condiciones materiales del trabajo docente, como un contexto en el que se dan usos particulares de la lengua escrita. Desde esta perspectiva, los efectos de sentidos de la escritura no pueden considerarse universales, no se pueden presuponer en abstracto, sino únicamente reconstruir a partir de prácticas específicas (Rockwell, 1992: 45).

Decía antes, estilos lingüísticos, agrego ahora, *usos particulares de la lengua escrita en las instituciones educativas* que, además, suponen la lengua enseñada que dominan los docentes que "también tiende a ser 'formulaica', un atributo frecuentemente asignado a la oralidad; es decir, al escribir se recurre a estructuras o frases hechas, que se modifican mínimamente, en sucesivas producciones" y que suele estar relacionada con los usos escritos burocráticos propios de cada nivel educativo en los que se trabaja (Rockwell, 1992: 51). Esto es que se pueden hallar en los mismos escritos de los docentes que conforman la dimensión empírica aquí trabajada, tendencias a desarrollar un tema desde el estilo de los proyectos o secuencias didácticas (caso niveles primario y secundario) hasta el estilo de los *papers* (nivel universitario) en los que cada uno presenta su propio reservorio de frases hechas con las que se sabe (sabemos todos los docentes) se cumple con los requerimientos de legitimidad lingüística de cada ámbito educativo. Indudablemente, estos saberes lingüísticos aprendidos por los docentes en nuestras trayectorias profesionales y contextos específicos de trabajo, conforman en gran medida los parámetros de corrección lingüística sobre la lengua enseñada.[8] Malena Botto (2012)[9] ha indagado resoluciones de consignas por parte de

---

8   No agoto aquí esta dimensión del análisis ya que, entiendo, amerita una investigación en particular. Sí, es relevante de destacar las aproximaciones realizadas por Malena Botto (2012) sobre los distintos criterios de corrección lingüística aplicados por distintos docentes en escritos de estudiantes próximos a ingresar a los estudios superiores. Allí, la autora releva cómo en varios casos dicho criterio se vuelve una hipercorrección de los textos haciéndolos "incorrectos" para los parámetros de corrección lingüística de la universidad, aunque posibles de ser acreditados como escritura válida en el nivel secundario. También, resulta un aporte la investigación de Stella Maris Tapia (2016). *La corrección de textos escritos. Qué, cómo y para qué se corrige en Lengua*. Buenos Aires, Miño y Dávila, en cuanto revisa y pone en discusión cómo los desarrollos de la didáctica de la lengua han negado, o eufemizado, a la corrección como parte de la tarea de enseñanza sin considerar las voces de sus actores y, en ese sentido, cómo la conciben y realizan concretamente en las aulas.

9   Se trata de un análisis de textos de ficción producidos por estudiantes en el marco de los Cursos de articulación entre la escuela media y los estudios superiores (Ministerio de Educación de la Nación), y en los que participé como coautora de sus materiales didácticos destinados a proponer lecturas y escrituras a partir de corpus de textos literarios vinculados por problemas: humor, literatura y ciencia, literatura e identidad. Carolina Cuesta. "¿De qué nos reímos? Los significados culturales que hacen al humor"; "¿Cómo explicamos la realidad? La literatura y el conocimiento" y Sergio Frugoni. "¿Alguien se ha

alumnos que solicitan una carta en el marco de talleres de lectura y escritura de textos literarios. A partir de la localización de recurrencias en esos escritos y posicionándose desde Bajtin (1982), coteja las marcas de los géneros discursivos que se van entrecruzando para responder, por ejemplo, a dos solicitudes distintas para la elaboración de una carta. Es decir, que pone en relación qué saberes sobre la carta buscaba direccionar cada consigna. De esta manera, la autora analiza cómo se van reiterando en los escritos de los estudiantes un cruce entre un discurso que orienta la significación hacia lo epistolar confesional y otra que condensa fórmulas de tratamiento propias de las cartas o notas de comunicaciones formales, solicitudes o reclamos. Lo que me interesa señalar de esta investigación es la categoría de *léxico estilizado* que utiliza Botto (2012) como particular de los cruces discursivos antes mencionados. Esta categoría permite volver la mirada hacia la *heteroglosia* (Bajtin, 1997) y la *colisión estilística* (Bourdieu, 2001) como problema de abordaje en los escritos de los estudiantes que transitan por los distintos niveles educativos. Se trata de las relaciones de significado/sentido que se construyen a nivel oracional y textual, a partir de modos de enlazar las predicaciones e indicar sus referencias como, por un lado, situación de heteroglosia y por otro, pero a la vez, situación de colisión estilística.

Por ello, he argumentado en otros trabajos (Cuesta, 2011; 2105) que muchas de las hipótesis de Botto (2012), en especial las basadas en ese *léxico estilizado*, se reafirman en distintos escritos de estudiantes de diferentes niveles educativos. Así, estos escritos van mostrando cómo los alumnos apelan a formas ya estilizadas en los distintos discursos sociales en el intento de integrarlas para, con ello, volviendo a Sawaya (2010), responder al estilo lingüístico de la lengua enseñada como horizonte de una corrección lingüística posible. En otras palabras, los estudiantes negocian sus saberes sobre los usos sociales de la lengua escrita –y sus propios estilos lingüísticos– que en realidad se expresan en sus escrituras producidas en el marco de situaciones de enseñanza como saberes discursivos especialmente fraseológicos, más que gramaticales entendidos como supuestas estructuras universales. Dichos saberes sobre los usos sociales de la lengua escrita son por su naturaleza discursiva social, justamente, retóricos y estilísticos. Estos saberes al mismo tiempo que permiten orientar significados en las escrituras cumplen con regulaciones de la lengua enseñada, a saber, con su orden fraseológico

---

transformado en insecto alguna vez? La literatura y la cuestión de la identidad". *Prácticas de lectura y escritura. Entre la escuela media y los estudios superiores. Literatura* (cuaderno de trabajo para los alumnos). Buenos Aires, Ministerio de Educación, Ciencia y Tecnología, 2004. Recuperado de http://www.bnm.me.gov.ar/giga1/documentos/. Las consignas analizadas por Botto que traemos aquí se desprenden de la lectura de *La metamorfosis* de Franz Kafka y del cuento "Así" de Eduardo Wilde.

o formulaico para sortear las *evaluaciones sociodiscursivas* que se ponen en juego en el aula, vuelvo a Bronckart y Plazaola Giger (2007), que pueden resultar solidarias o en conflicto con las efectuadas por el docente que como autoridad de institución representa el horizonte de corrección lingüística de la lengua enseñada que domine y crea válida. Por ejemplo, alumnos de sexto grado que se les solicita que escriban lo que sería la historia de una germinación fallida de una papa que se encuentra en el salón de clases deciden titularla "La papa devoradora" y, con ello, van enlazando frases con selecciones léxicas características del discurso escolar de la botánica con distintas formas del maravilloso y el fantástico (Cuesta, 2011: 302-314). Otro caso se presenta con estudiantes de la escuela secundaria que al responder a una consigna que les solicitaba escribir la carta que un ingeniero argentino que se encontraba trabajando en El Salvador le había enviado a su esposa para comentarle que iba a tener una reunión al pie de un volcán que estaba por erupcionar, y sin preocuparla, apelan a frases propias del discurso telenovelesco, el cine catástrofe, empresarial y del trabajo por jornal o precarizado (Cuesta, 2011: 338-355). También, en escritos de estudiantes de cursos de ingreso a la educación superior, por ejemplo, para responder a una consigna que les indicaba que refirieran la posición asumida por un intelectual en su análisis sociológico de la televisión, más específicamente del periodismo televisivo, aparece la voz del autor entremezclada con afirmaciones propias de la crítica más generalizada a este medio de comunicación, como ser que es malo porque denigra o empobrece la cultura (Cuesta, 2011: 356-369; Cuesta, 2015).

En estos enlaces de frases hechas recortadas de esos discursos sociales y que hacen a los estilos lingüísticos que los estudiantes ponen al ruedo en sus escrituras, insisto, nunca como usos sociales "naturales" de la lengua sino como maneras de responder a un pedido institucional y, con ello, a un horizonte de corrección lingüística siempre opaco en cuanto encuentra su variabilidad según el estilo lingüístico de la lengua enseñada de cada docente, se pueden focalizar las *colisiones estilísticas* como unidades de análisis que habilitan explicar distintos órdenes de la gramática escolar que no se estarían cumpliendo, desde la construcción ortográfica y morfológica de una palabra, pasando por la morfosintaxis y sintaxis oracionales hasta la sintaxis textual. Reconceptualización de los problemas que presentan los escritos de los estudiantes que aporta a la justificación y elaboración de propuestas metodológicas circunstanciadas para la enseñanza de la lengua. Y reconocimiento que vuelve aún más asequible la posibilidad de un trabajo sobre la artificiosidad de la lengua enseñada, como modelo hipotético de realizaciones lingüísticas, pero que, agrego ahora, los alumnos en particular ensayan desde formas excesivamente estilizadas (Botto, 2012), propias de las representaciones de una lengua oficial, legítima, prestigiosa. Y, todavía más, que relacionan con lo "que necesitan" para franquear la corrección lingüística expresada en constantes evaluaciones sociodiscursivas, solidarias o en conflicto con los distintos estilos lingüísticos expresados en las aulas, que hacen de la lengua enseñada una regulación lingüística propia de los usos sociales de la lengua escrita en las instituciones educativas. Lengua enseñada que, básicamente, halla su sentido y valor por parte de los estudiantes como manera de aprobar los espacios curriculares de cada nivel educativo. Y por parte de los docentes como garantía de un trabajo bien hecho, o bien cumplido. Pues, insisto, circunstanciar estos usos de la lengua escrita en las instituciones educativas implica reconocer que lo hacen en el sistema educativo con sus requerimientos de evaluación incluidos.

Creo que esta idea de colisión estilística para organizar las metodologías circunstanciadas de la enseñanza de la lengua, siempre entendida como enseñada y a manera de la corrección lingüística propia de cada nivel educativo, también en cada institución y cada curso, compelida a los estilos lingüísticos de los docentes solidarios o en conflicto con los de sus estudiantes, permite avanzar sobre las generalizaciones y los particularismos. No se trata de eufemizar el error o de ocultarlo, sino de buscar categorías que permitan realizar el trabajo docente en la atención de aquello que los alumnos muestran en sus lecturas y escrituras como dimensión empírica que fundamenta las decisiones acerca de cómo continuar la progresión de temas y las relaciones de saberes, las selecciones de textos y la elaboración de materiales didácticos y consignas. Esta atención también permite algunos grados de generalización, además del reconocimiento de posibles variaciones, pero ello no significa realizar universalizaciones, ya que cada año los docentes nos encontramos con nuevos alumnos en las mismas instituciones o en otras por conocer.

La tesis de conceptualizar una lengua enseñada, efectivamente artificiosa, porque siempre tracciona hacia la ajenidad y porque, en sus realizaciones escolares y en la educación superior, es una suma de regulaciones de dudosa refracción de un mundo discursivo extraeducativo, más allá de que lo pueda reverberar, permite vincular distintos estatus de saberes lingüísticos en una metodología de la enseñanza que la observe. Es decir, y volviendo a la colisión estilística como ordenadora del trabajo docente, se puede trabajar en simultáneo o de manera alternada consignas de escritura ya sean de invención o particularmente las que solicitan dar cuenta de otras voces en los llamados textos explicativos o argumentativos, con análisis focalizados en los saberes que cada docente entiende como necesarios de enseñar según la gramática escolar siempre vinculada a la dimensión normativa de la lengua enseñada y que suele ser el foco de conflicto entre los estilos lingüísticos puestos a rodar en el aula. En este punto creo fundamental volver a los planteos que realicé en el capítulo anterior: los libros de texto y la diversidad de propuestas o materiales didácticos elaborados por y para las políticas educativas que se hallan disponibles en las escuelas o en sitios web oficiales o privados, grupos de redes sociales y, más recientemente, revistas universitarias *on line*,[10] permiten que los docentes legalicen y validen sus autorías y reediciones de dichas producciones de saberes pedagógicos/didácticos (en definitiva). De lo contrario, ¿para qué se realizan? Es decir, que este dogma de las orientaciones didácticas que negativizan el uso del manual debería ser interrogado respecto de qué lógica presenta o cómo se condice con el hecho de que muchos de sus autores son especialistas en didáctica y, en varios casos, universitarios, y en varios otros autores de los mismos diseños curriculares. De esta manera, si se me permite la expresión, saliéndonos todos de ese dogma perverso, se jerarquiza toda una dimensión creativa respecto de las metodologías de la enseñanza de la lengua basada en la reedición de selecciones de textos, oraciones, palabras, entre otros, utilizados para las explicaciones de saberes y sus puestas en práctica, me refiero a la clásica idea de ejercicios tan propia de la historia de la enseñanza de la lengua y de su tradición anclada en la gramática escolar. La variación, el cambio que ofrecen las reconceptualizaciones que vengo realizando es que permiten ligar una escritura conceptualizada como práctica social y cuyos productos expresan el carácter discursivo social de las lenguas, sus variabilidades y particularmente en las instituciones educativas, con aquello que sus colisiones estilísticas pueden ayudar a recortar, focalizar como trabajo puntual con la gramática escolar. Así, si una colisión estilística se expresa en la organización de las relaciones coordinantes de las oraciones, caso que se suele observar de manera repetida en las escrituras de estudiantes de la escuela primaria, también de los primeros años de la secundaria, a manera del uso insistente del coordinante "y", de comas, o que puede ser interpretado frente a la ausencia de estos señalamientos por la sintaxis textual que tiende a organizar el escrito (Cuesta, 2011: 317-325), este hecho justifica y amerita un trabajo puntual con los usos del coordinante en cuestión que da sentido y valor a la enseñanza de otros

---

10 Es el caso de *El toldo de Astier. Propuestas y estudios sobre enseñanza de la lengua y la literatura*, revista de divulgación universitaria del Departamento de Letras de la FaHCE-UNLP y que dirijo desde el año 2010. La revista se propone como un proyecto de extensión y, con ello, reúne trabajos tanto de maestros, profesores y trabajadores de la educación en general como de especialistas y docentes investigadores que, justamente divulgan, dan a conocer sus experiencias de trabajo e indagaciones sobre temas de interés referidos a la enseñanza en distintos espacios y niveles educativos. La revista, de acceso libre y gratuito, se encuentra disponible en: http://www.eltoldodeastier.fahce.unlp.edu.ar/.

casos como las disyunciones, también de dominio nada natural en esos usos sociales de la lengua escrita. En el caso de los últimos años de la escuela secundaria y los primeros de los estudios superiores las colisiones estilísticas suelen expresarse en selecciones léxicas que no cumplen, por ejemplo, con los regímenes verbales propios de las fraseologías que se validan en esos ámbitos educativos, en usos excesivos de subordinaciones indicadas por pronombres relativos, o reemplazados por comas o por elisión (al igual que el caso que comentaba antes de la coordinación), cuestiones que permiten pensar consignas de trabajo focalizadas en estos artificios de la escritura de la lengua enseñada y que encuentran distintas formas de ser organizados en una metodología de la enseñanza a partir de la autoría y reedición de materiales didácticos por parte de los docentes guiados por la amplia gama de los que ya se encuentran a disposición pública. La gran diferencia de las reconceptualizaciones que estoy proponiendo respecto de los encastres entre las perspectivas didácticas que ya he analizado en capítulos anteriores, y también con sus protagonismos en los materiales didácticos varios, es que parte de la aceptación de la lengua enseñada como artificio, que en vez de verse constreñida a la búsqueda de un simulacro de lo real en términos de realizaciones lingüísticas, puede orientarse a cumplir con otro orden de lo real: su valor político inexcusable, ya que puede significar el acceso a lugares de ventaja social o la exclusión de ellos. El más inobjetable es la posibilidad de sostener el trayecto de escolarización *in extenso* y la consecución de la acreditación de títulos, que es crítica para habilitar o negar esos lugares de ventaja social.

3. Reconceptualizaciones de *literatura, lectores, experiencia y subjetividad*

Como desarrollé en el capítulo anterior, las tensiones entre saberes pedagógicos/didácticos y saberes docentes respecto de la enseñanza de la literatura se reconocen en las prescripciones didácticas que indican que las situaciones de lectura deben ser experiencias que garanticen la formación de lectores y con ello la construcción de sus subjetividades. De esta manera, tanto los docentes que acuerdan con esta posición como aquellos que siguen preocupados por la lectura entendida como comprensión de los textos literarios, se encuentran con otras situaciones de lectura en sus aulas que ninguna de estas dos posiciones prevén, desestabilizando, en mayor o menor medida, sus trabajos. También, dan continuidad a la búsqueda del mejor texto literario que reúna las características necesarias para que los estudiantes se entusiasmen o puedan comprenderlos. Si bien la línea didáctica de la formación de lectores como construcción de subjetividades señala que los lectores deben ser reconocidos en cuanto tales, sus concepciones de lector arraigadas en los estudios literarios de corte más abstracto esencialista siguen sin ofrecer a los docentes la posibilidad de dicho reconocimiento. Así, las metodologías de la enseñanza de la literatura quedan particularmente atadas a las revisiones de los cánones, a la propaganda de las editoriales y a la espera de que los poderes mágicos de la literatura ocurran.

Sin embargo, en otros trabajos dedicados a la investigación de la enseñanza de la literatura (Cuesta, 2003; 2006; 2010; 2011; 2013), he fundamentado la posibilidad de localizar una zona de las clases de literatura en la que constantemente los alumnos, con sus preguntas y comentarios, se detienen en palabras, frases, caracterizaciones de voces o personajes, que develan la hechura literaria, su artificio. En general, las intervenciones de los alumnos están fundadas en analogías recurrentes con lo que ellos consideran *el mundo real*. Estas reenvían constantemente al mecanismo de la ficción, pero no de manera objetivada, sino como forma de validar lo que ellos consideran *real*, en homologación a lo *verdadero*. A través de dichas analogías, los estudiantes definen sus gustos y señalan los saberes que pueden volverse explicación de los artificios. No obstante, esos saberes hablan de un objeto *literatura* diversificado, tanto de indagación como de enseñanza, y que, por lo tanto, contribuye a la desestabilización de la disciplina escolar y del trabajo docente:

> Desde este punto de vista, un poco por doquier, la institución escolar ha ido a la quiebra, ella que era la que organizaba las guías del saber leer y del saber cómo descifrar. Aquí una vez más, la cultura de masas, en una gran distinción y una gran ecualización de los puntos de vista, ha nublado las pistas que daban acceso, en la univocidad, al objeto literario (Robin, 2002: 54).

Esto no significa, como señala Régine Robin arriba citada, la sentencia de muerte de la escuela o de la disciplina escolar —tampoco de la literatura en sí ni de las teorías literarias—; se trata de replantear al objeto de estudio en todo aquello que lo excede, al igual que sus métodos de análisis, superados también por este nuevo estado de la situación (2002: 54). Así, la literatura, reconocida en sus diversos espacios de estudio, incluida la escuela, puede ser puesta a dialogar con una teoría general de los discursos, más que con las culturas de masas como categoría poco rigurosa para dar cuenta en la actualidad de este problema, que permita reentenderla y rediseñar sus métodos de análisis. El caso que propone Robin (2002) para demostrar este "estallido" de la literatura —"ese suelo que se hunde" y que hace necesaria "una nueva concepción del campo literario"— es justamente el de "las fronteras borrosas entre el narrar y argumentar atrapados en el orden irreductible del lenguaje y sus representaciones de lo real" (Robin, 2002: 55).

Perspectivas desarrolladas en los estudios literarios como la de Robin (2002) permiten entender la relevancia de los comentarios de los estudiantes de educación secundaria registrados en distintas escuelas del país; comentarios que, dada su recurrencia, se presentan como casos susceptibles de generalización ya que permiten validar la necesidad de pensar las relaciones entre nuevos conceptos en la literatura y su uso en la enseñanza (Cuesta, 2011). Intervenciones registradas en la provincia de Buenos Aires, tales como: "No entiendo el final" o "no me gusta porque no tiene un final, no sabés qué pasó", frente a un relato fantástico de Julio Cortázar; "por qué es tan rebuscado, no entiendo nada de lo que dice y me aburre", luego de la lectura de un texto de Borges; "*como que* vos tenés que ir armando la historia y entonces me pierdo por eso no puedo contársela", después de leer *El extraño caso del Dr. Jekyll y Mr. Hyde*, de Robert Louis Stevenson; "Nené es una mala mujer. Raba es buena porque se entrega por amor", a raíz de una discusión sobre la lectura de *Boquitas pintadas*, de Manuel Puig o "pero profesora qué es lo que te haría reír del Quijote" (Cuesta, 2010: 9) son argumentos ofrecidos y solicitados a los docentes sobre las formas en que los textos literarios se construyen.[11] No obstante, aunque este tipo de comentarios se repiten en las aulas, como lo expresan muchos docentes, suelen ser descartados de las investigaciones sobre enseñanza de la literatura, ya que hablan de cómo los estudiantes reconocen sus opciones estéticas –y que siempre además son ideológicas– por la negativa. Con ello, también suelen quedar descartados para las problematizaciones acerca de las subjetividades y experiencias que la literatura motorizaría, como ya expliqué, dado que no reconocen su especificidad en los comentarios que suscita (Cuesta, 2006) sino que proponen unos conceptos de literatura, subjetividad y experiencia establecidos de antemano y por fuera del sistema y la cultura escolares.

Los argumentos mencionados revelan qué implica leer en una clase de literatura y, con ello, la especificidad del objeto de indagación. Asimismo, las opiniones de los estudiantes pueden estar motivadas por la modalidad de un taller de lectura o no, es decir, muchas veces se hacen públicas en el aula por preguntas expresas de los profesores sobre los textos literarios, que pueden ir

---

11 Como he señalado en mi tesis de licenciatura (Cuesta, 2003) muchos de estos comentarios expresan ideologías de género, básicamente estereotipos de varón y mujer. No los he estudiado en particular ya que ameritan una investigación aparte. Sí me parece importante señalar que de llevarse a cabo indagaciones como la aquí planteada que asumieran la perspectiva de género, estas deberían desarrollarse con cualquier texto literario que habilite dichas lecturas que por lo general siempre están a la hora de depositar el interés sobre todo en los personajes.

desde la clasificación de un narrador, la pertenencia a un género, una síntesis argumental, hasta qué han sentido o pensado a partir de la historia leída.

Por lo expuesto hasta el momento, es claro que estamos manejando hipótesis basadas en observaciones y registros de clases de literatura; hipótesis que posibilitan desligarse de las categorías de lector y lectura, que con sus abstracciones terminan reificando la acción de leer, como ya argumenté en el capítulo anterior. Este movimiento metodológico, pero también epistemológico, propio de las investigaciones etnográficas me posibilitaron postular que, en realidad, las clases de literatura se corresponden con una noción de lectura como práctica social y cultural. No obstante, cabe aclarar que se trata esta noción en su sentido estricto para los estudios etnográficos, a saber, como negociación de significados en la interacción social que se da en el aula, siempre protagonizada por el texto, el docente y los alumnos. Interacción en la que ninguna de las partes puede, o logra, sobredeterminar sus significaciones por sobre las otras. En suma, la lectura, reconocida como práctica social y cultural, se define como una actividad productiva, no exenta de variabilidad, en los límites de las regulaciones de significados dadas por sus condiciones materiales y simbólicas (Rockwell, 2005: 26-29). Lamentablemente, como ya lo he analizado en varios momentos del libro, la llamada perspectiva sociocultural en didáctica de la lengua y la literatura se redujo a señalamientos criticistas de sus líneas competidoras en las arenas de las políticas educativas y la formación docente, y a postular una mirada simplificadora de lo social y lo cultural, en realidad como punto de llegada de los modelos de clases, docentes y estudiantes que presupone, aunque la mayoría de las veces más que opacos en sus formulaciones. Es decir, que la afirmación de que "la lectura es una práctica sociocultural" no dice nada al trabajo docente si no es transitada en sus capacidades explicativas para una comprensión de la enseñanza de la literatura situada en el sistema educativo, la cultura y la disciplina escolares. Tampoco dice nada si se la tergiversa amontonándola con otras consignas, en apariencia progresistas, como la construcción de subjetividades y las experiencias de lectura dado el arrastre de sus orígenes epistemológicos de difícil o nula vinculación con los estudios sociales y culturales. Incluso, equivocan sus constantes menciones a los estudios históricos y culturales de las prácticas de lectura como los de Chartier (1999) y de Certeau (2000), siempre achicados a las frases que le resultan convenientes, ya que estos autores dan cuenta de la lectura como consumo cultural. Cuestión que la mencionada posición sociocultural en la didáctica de la literatura denuesta, en cuanto no respondería a una actividad intelectual. Dice Chartier:

> Definida como "otra producción", el consumo cultural, por ejemplo la lectura de un texto, puede escapar a la pasividad que se le atribuye tradicionalmente. Leer, mirar o escuchar son, en efecto, actitudes intelectuales que, lejos de someter al consumidor a la omnipotencia del mensaje ideológico y/o estético que se considera que modela, autorizan a la reapropiación, el desvío, la desconfianza o la resistencia. Esta constatación debe llevarnos a repensar totalmente la relación entre un público designado como popular y los productos históricamente diversos (libros, imágenes, sermones y discursos, canciones, fotonovelas o emisiones de televisión) propuestos a su consumo (Chartier, 1999: 38).

Chartier (1999) advierte que no se puede alcanzar una comprensión histórica ajustada acerca de la lectura si no es entendida desde una teoría cultural de las prácticas que revierta la tradicional oposición entre "lo erudito" y "lo popular" en tanto reductora del problema. ¿Por qué traigo ahora este problema? Porque además de las necesarias revisiones que realicé anteriormente sobre la posición dominante en las formulaciones de la perspectiva sociocultural de la didáctica de la literatura, que no son a las que yo he adscripto ni mucho menos en la actualidad, se le deben sumar las actualizaciones de estas dicotomías en cuanto esa experiencia de lectura desgajada de sus realizaciones en los distintos niveles educativos y garante de la formación de lectores, de las construcciones de sus subjetividades, claramente orienta a los docentes a posicionarse en el lado de lo erudito. Con ello, abona a la negativización de lo popular y, como señala el mismo Chartier (1999) a una idea de sus relaciones con lo erudito o culto siempre asignado a las modalidades de lectura de los sectores sociales medios y altos, porque "no es simple identificar un nivel cultural o intelectual, como sería el de lo popular, a partir de un conjunto de objetos o de prácticas" (Chartier, 1999: 34). Así, la actividad que define a las prácticas de lectura entendidas en su carácter histórico, social y cultural, y que exceden a la literatura, es el *consumo cultural*. Concepto que en vez de listar y clasificar objetos y prácticas, justamente, según los grupos sociales, permite avanzar sobre las trampas de los particularismos poniendo en relación su diversificación que puede ir desde el interés por las leyendas y música folclóricas y el periodismo amarillista (Dubin, 2011) hasta los *best sellers* destinados a los jóvenes, los videojuegos y los nuevos géneros de la web como los *creepypasta* o los *fanfiction* (López Corral, 2015; 2016). De esta manera, lo explica de Certeau (2000) quien cuestiona la reducción que supone vincular a un público lector, para nuestro caso los lectores supuestamente "no formados" o "carentes de subjetividades", asociado a una "cultura popular" definida como una "masa" que tan solo reproduciría los discursos dominantes acerca de la lectura:

> Fijación de consumidores y circulación de los medios. A las muchedumbres les quedaría solamente la libertad de rumiar la ración de simulacros que el sistema distribuye a cada uno.
> Ésa es precisamente la idea contra la cual me levanto: semejante representación de los consumidores resulta del todo inadmisible. En general, esta imagen del "público" no se muestra. Se encuentra sin embargo en la pretensión que tienen los "productores" de *informar* a una población, es decir, de "dar forma" a las prácticas sociales. Las protestas mismas contra la vulgarización/vulgaridad de los medios a menudo son muestra de una pretensión pedagógica análoga; inclinada a crear sus propios modelos culturales necesarios para el pueblo en vista de una educación de los espíritus y de una edificación de los corazones, la élite conmovida por el "bajo nivel" de la prensa sensacionalista o de la TV postula siempre que el público está moldeado por los productos que se le imponen. Se equivoca en lo tocante al acto de consumir. Se supone que "asimilar" significa necesariamente "volverse parecido a" lo que se absorbe, y no "hacerlo semejante" a lo que se es, hacerlo suyo, apropiárselo o reapropiárselo. Entre estas dos significaciones posibles, la alternativa se impone, y primero en razón de una historia cuyo horizonte resulte necesario delinear (de Certeau, 2000: 178).

Los fundamentos que validan el estatuto sociocultural de la lectura, por lo tanto, requieren una serie de precisiones a la hora de trabajar en la investigación con las lecturas en/de la enseñanza de la literatura. La creencia de que hay *un* sentido en los textos literarios, que en tanto tal es medida y valor de las lecturas de los alumnos, tiene más que vigencia. Dicha postura encuentra justificación ya sea en la tradición historiográfica o la estructuralista escolar, solapadas entre sí, o en las perspectivas textualistas cognitivistas de los años noventa, en encastre con la psicogénesis; todas estas, corrientes didácticas que vienen signando una historia de la enseñanza de la literatura en el sistema educativo argentino de las últimas décadas. Por su parte, la perspectiva sociocultural antes revisada si bien viene postulando la multiplicidad de sentidos de los textos literarios recurriendo a la teoría de la lectura de Roland Barthes (1980; 1986), como analicé en el capítulo anterior, en su omisión o hasta negativización de que los lectores en la escuela, es decir los estudiantes, se muestran en sus prácticas de lectura del modo en que efectivamente lo explican los estudios etnográficos, culturales e históricos –me vuelvo a referir a Rockwell (2005); Chartier (1999); de Certeau (2000)–, no reconoce la especificidad de esos distintos sentidos que se ponen en juego en la clase, la mayoría de las veces ligados a los consumos culturales de los alumnos. Por lo tanto, la creencia de que el sentido se encuentra en los textos y que es uno, puede materializarse en la idea de que el texto literario es un documento de época, que posee un sentido dado por sus mecanismos constitutivos o que sostiene una literalidad dada por sus formatos textuales, o que es el válido para garantizar la formación de los lectores como construcción de sus subjetividades. Lo anterior sostiene la continuidad de una concepción basada en la univocidad del sentido *en* los textos. Lo que no deja de ser una reformulación del antiguo problema teórico-literario fundado en la inmanencia e inmutabilidad del sentido *en* los textos literarios, como forma y necesidad de localización de los significados. Es decir, se trata de la añeja propensión de quienes estudiamos y enseñamos literatura, y agrego de la mayoría de los desarrollos de la didáctica de la literatura llevados a las políticas educativas y la formación docente, a determinar dónde se hallan los sentidos proclamados (porque en realidad siempre es "uno") y, por lo tanto, dónde se debe hurgarlos (hugarlo). Decía Terry Eagleton, hace alrededor de treinta años:

> A algunos críticos y estudiantes de literatura les preocupa la idea de que no haya una única interpretación "correcta" del texto literario, aun cuando quizá tampoco haya muchas. Es más probable que trabajen sobre la idea de que los significados de un texto no se hallan como muelas de juicio dentro de la encía esperando pacientemente ser extraídas. Tampoco puede decirse que a mucha gente le moleste la idea de que el lector no se aproxima al texto como si fuese culturalmente virgen, inmaculadamente libre de marañas previas —sociales y literarias—, un espíritu soberanamente desinteresado, una tabla rasa a la cual el texto trasladará sus propias inscripciones. Casi todos reconocemos que ninguna interpretación es "inocente" o libre de presuposiciones, pero son menos quienes aceptan las consecuencias de esta culpa atribuible al lector. Uno de los temas de este libro ha sido que no existe la respuesta [lectura] puramente "literaria". Todas las respuestas —incluyendo, por supuesto las que se dan a la *forma* literaria y a los aspectos de una obra a menudo celosamente reservados para lo "estético"— se hallan firmemente entretejidas con el tipo social e histórico de individuos al que pertenecemos (Eagleton, 1988: 97-98).

¿Qué consecuencias teóricas y prácticas implican estos cambios en las maneras de atender y explicar lo que hacen las personas cuando leen literatura?, ¿cómo se ponen en palabras los significados/sentidos que los lectores les otorgan a los textos? Al volver a Eagleton (1988), es casi una obviedad señalar que todo lector lee desde una posición social e histórica, y que sus respuestas a la *forma literaria* develan que *lo estético* se enmaraña también con ese orden social e histórico, es decir que no existe como una entidad aparte o paralela. Una consecuencia de esta postura es la desestabilización de la enseñanza de la literatura y sus realizaciones en el trabajo docente. Si los textos literarios, los alumnos y los docentes protagonizan las prácticas de lectura enmarcadas en la enseñanza de la literatura, vale la pena seguir con Eagleton (1988) para pensar que habrá distintas lecturas, "pero tampoco tantas". Se trata de poner a la lectura en plural, no en una multiplicidad en apariencia infinita que además luego no es explicada en sus consecuencias metodológicas para la enseñanza de la literatura.

Por lo tanto, más que seguir insistiendo en el ya eslogan de la "multiplicidad de los sentidos", que luego no es tal pues "lo estético literario" da continuidad a la convicción *del* sentido *en el* texto leído que debe ser hallado por los estudiantes a manera de acreditación de que están transitando una experiencia que construye sus subjetividades, se necesita otra mirada sobre la literatura. Me refiero particularmente a otra conceptualización de la literatura en la propia enseñanza de la literatura como objeto de indagación que dé cabida a las lecturas que traen diferentes posiciones sociales e históricas, así como otros estatus de saberes y que son ingresados por los alumnos cuando leen en clase o como tarea para el hogar, mientras buscan cómo aplicar alguna categoría de análisis. Es decir, se necesita reconocer en la mirada investigativa los sentidos analógicos que la literatura moviliza con otros discursos sociales, definidos por Marc Angenot como "las distribuciones tipológicas, las gramáticas de discursivización, los repertorios tópicos que en una sociedad dada, organizan lo narrable y lo argumentable y aseguran la división del trabajo discursivo". Así, el autor propone "tomar en totalidad la producción social del sentido y de la representación del mundo", a modo de:

> (…) operación radical de destabicamiento, que sumerja los dominios discursivos estudiados tradicionalmente en forma aislada y autónoma –las *"Belles Letres"*, la filosofía, los escritos científicos– en la totalidad de lo que se imprime, de lo que se enuncia institucionalmente. Procuro examinar frontalmente, si puedo decirlo así, la enorme masa de discursos que hablan, que hacen hablar al *socius* y que llegan a la escucha del hombre en sociedad (Angenot, 2003: 1).

Otro posicionamiento sobre la literatura, acaso otro concepto que la destabique, como señala Angenot (2003; 2010), habilita también otro posicionamiento, u otro concepto, sobre la enseñanza de la literatura, que si bien no procure la pretensión de abarcar la totalidad de la producción de sentido de una sociedad, reconozca la variabilidad de los modos de realización de *eso* que se llama *la literatura* en la disciplina escolar y el sistema educativo, pero también en otros espacios sociales. Otros posicionamientos y conceptos, por demás escurridizos en sus formas y que seguirán instalando las preguntas por los cánones literarios y las selecciones de textos –que hoy por hoy pueden ir de un relato de la literatura infantil a una poesía de Bécquer–, se hacen necesarios. Por un lado, porque el dominio de lo que se consagra como literatura en diversos espacios sociales, entre ellos la escuela, no es propiedad exclusiva de los críticos ni de los especialistas y sus cánones de buena o mala literatura. Por otro lado, porque es indudable, que para el caso de la enseñanza de la literatura debemos ingresar tanto en el análisis de las alianzas entre políticas y mercado, como de la autonomía de este último y sus políticas en Argentina (De Diego (comp.), 2007). No hay que pasar por alto que el mercado es el detentador del poder de consagrar o desechar producciones literarias también en las instituciones educativas. Asimismo, la ficción como artificio/hechura, como sea entendida por docentes y estudiantes –como reflejo o representación de lo real (vida de autor/crítica social)– se ha pluralizado o es entendida de otros modos milenarios en las aulas, que se hacen oír cada vez más en un país caracterizado por la diversidad social y cultural (Dubin, 2011). La tan mentada "ficción" se diversifica en objetos y prácticas de las culturas populares también diversificadas y, me arriesgo a decir, se hace añicos, en cuanto categoría que en algún momento fue útil para dar cuenta de la especificidad literaria y sus mecanismos de construcción. Señala Robin al respecto:

> En el momento actual, la eclosión del objeto literario es tal que su sectorización ha pulverizado todos los etnocentrismos de la legitimidad. Ya no hay *una* literatura, ya provenga del círculo amplio o círculo restringido. A partir de ahora hay objetos particulares y cada uno de ellos tiene su manera de inscribirse en lo literario, de producir algo literario o de pensar lo literario. (…) Así [habrá] una relectura del fenómeno literario que acentuaría la tradición oral, el mito y su reapropiación, los sociolectos populares o las diferentes formas de heteroglosia y de la dominación en la lengua y por la lengua y que pondría de este modo en primer plano a otras formas narrativas y otros códigos de lectura (Robin, 2002: 53-54).

No es que la literatura haya desaparecido, sino que ya no se puede afirmar la "positividad de sus certezas" (Robin, 2002: 56). Por ello, continúa la autora "hay objetos particulares y cada uno de ellos tiene su manera de inscribirse en lo literario, de producir algo literario o de pensar lo literario"

(Robin, 2002: 56), pues son efectos de la eclosión de la literatura que hace que ya no haya *una*. Pero también allí se deberían anidar las interrogaciones acerca de las *experiencias* de docentes y estudiantes con los distintos objetos que se inscriben en lo literario, en un aula, en una escuela, a modo de otro de sus efectos de eclosión. César Zuccarino señala, a propósito de los conceptos nodales de Raymond Williams, la necesidad de revisitar marcos conceptuales que habiliten nuevas comprensiones sobre las formas en que los jóvenes viven y experimentan distintas manifestaciones artísticas:

> Pareciera ser que cuando hablamos de las cuestiones de lo social solo podemos enunciar, indicar, como objeto de estudio, formas *ya en pasado*, acabadas, fijadas y así, se desestimarían procesos "en presente", activos o "en solución". Son precisamente estos procesos los que Williams denomina *estructura de sentimiento*, o incluso *estructura de la experiencia*, entendiendo por esto las tensiones *formadoras* que existen entre la "conciencia oficial" y la "conciencia práctica". Tensiones que, en sus efectos, pueden percibirse como un tipo de "sentimiento y pensamiento efectivamente social que determina el sentido de una generación o de un periodo" y que, en su definición como *estructura*, pretende expresar no instancias de *fijación* sino la posibilidad de detectar allí relaciones internas, específicas, *en proceso*; es decir que el estatuto conceptual de la *estructura de sentimiento* correspondería al de una hipótesis *cultural* que intenta comprender estos elementos configuradores del presente (Zuccarino, 2007: 6).

Entonces, se trata de ofrecer una noción de *experiencia* ya no literaria o de la lectura literaria, sino de la enseñanza de la literatura como hipótesis cultural que pueda dar cabida a esas lecturas de los estudiantes como procesos en *presente*, *activos* o *en solución* y que muchas veces en sus tensiones formadoras que expresan el sentido siempre social de una generación, piensan y sienten lo literario en comparación o analogía con otros discursos sociales, o por la negativa.

La necesidad de un concepto de *experiencia de la enseñanza de la literatura* encuentra validez en cantidad de comentarios de los docentes que, a modo de relato de anécdotas cuentan, por ejemplo cómo niños de primer grado de una escuela primaria de Florencio Varela (provincia de Buenos Aires) a propósito del trabajo con *15 Brujas*, de Ema Wolf, comenzaron a señalar que "al libro le faltaba una bruja, la vecina que les curaba el empacho" o, ya tratando de explicar lo ocurrido en clase, docentes describen lecturas que "se les fueron de las manos" como es el caso de unos niños de un tercer grado de una escuela primaria de Caleta Olivia (provincia de Santa Cruz) que apelan a los posicionamientos políticos partidarios vistos en la televisión y escuchados en sus hogares como modo de interpretar al tirano del cuento "Jaime de Cristal" de Gianni Rodari. Respecto de las llamadas experiencias de talleres de lectura, se halla el trabajo de Martina Fittipaldi (2006), quien analizó las lecturas ofrecidas por alumnos de distintas instituciones educativas de la Provincia de Salta (Argentina). Mediante el uso de auto-registros como técnica cualitativa de recolección de datos, la autora estudió momentos de su propio trabajo desarrollado con narrativas de la literatura infantil, durante los años 2004 y 2005. En dicho trabajo, varios niños y jóvenes daban cuenta de distintas orientaciones de significados enmarcadas en apelaciones a otros discursos sociales. Así, Fittipaldi señala:

> (...) cuando los chicos leen lo literario desde sus propias "claves": la televisión, los videojuegos o la Internet muchas veces son las plataformas desde las que los niños construyen sus saberes acerca del mundo (además de la familia y la escuela) y desde las que leen y con las que relacionan lo literario. Así, por ejemplo, un cuento de fantasmas les trae a la memoria a *Scooby Doo*, la palabra "argucia" en el cuento "Sueño de dragón" de Gustavo Roldán es leída como "poderes", desde una clave que asocia los dragones del cuento con los que aparecen en los dibujos animados o en los video-juegos, el mismo escritor (Gustavo Roldán) es pensado como si fuera un personaje más de la serie televisiva "Los Roldán" o las noticias acerca de los protagonistas de un texto policial son escritas desde un registro claramente televisivo (Fittipaldi, 2006: 29).

No obstante, estos otros discursos sociales, que vuelven en la mayoría de los relatos de los docentes sobre sus clases de literatura a modo de testigos de su eclosión —en el marco de la educación formal o no formal— no sostienen barreras infranqueables, sino que encuentran orientaciones cruzadas. En palabras de Fittipaldi: "muchas veces los sujetos leen lo literario desde una mirada que enfatiza en las propias búsquedas, en los anhelos, que se sumerge en las angustias o que busca dar respuesta a estas" (Fittipaldi, 2006: 29-30). De este modo, la autora arriba al estudio de dos casos que la llevaron a replantear las interpretaciones de su propio trabajo docente:

> Uno es el de un niño de cuarto grado quien, luego de un taller de lectura compartida en el que, según la mirada de la tallerista, se había mostrado distante, se acercó a esta y le dijo al oído: "Yo también te quiero regalar un cuento. Es el que más me gusta. Se trata de un pájaro". El cuento se trataba de un pájaro que volaba hacia distintos lugares y se entristecía por tener que dejar su nido, donde él sentía que tenía su verdadera "casa". La tallerista, con-

versando en otra ocasión con la maestra a cargo de ese curso, se enteró de que ese niño era chileno, pero había estado viviendo con sus tíos en distintas provincias [de Argentina] y extrañaba su familia y su tierra natal. Otro ejemplo interesante es el de una chica que, durante la lectura del texto "Los Munyis" de Elsa Bornemann, hizo hincapié en el personaje de la jovencita quien, según la estudiante, "estaba abandonada a su suerte porque sus padres la golpeaban, y se había escapado, aunque ahora se sentía muy sola". Podríamos preguntarnos: ¿por qué centró su mirada en ese personaje?, ¿desde dónde leyó esa "historia" que, evidentemente, le preocupaba? (Fittipaldi, 2006: 30).

La posibilidad de irrupción de estas lecturas autorreferenciales no había sido prevista en el espacio público del taller, como se desprende del posicionamiento de Fittipaldi (2006). La autora replantea su posición, en tanto parte de la convicción de que la literatura infantil consagrada, al menos en Argentina, es siempre garante de lecturas desprendidas del orden de los sentimientos, de las historias de vida de quienes leen. Retomando a Zuccarino, lo que experimenta Fittipaldi (2006) con esos estudiantes habla claramente de "las tensiones *formadoras* que existen entre la 'conciencia oficial' y la 'conciencia práctica'" (Zuccarino, 2007: 6). Tensiones en las que la *conciencia oficial* responde a un concepto de literatura crispado, pues la *conciencia práctica* le señala que, en palabras de Robin:

> (...) se ha formado un nuevo terreno que ya no mira a la literatura desde el ángulo de la creación o del biografismo, o del texto por el texto, que ya no la mira desde el ángulo de la relación del enunciador con los narradores, sino que la contempla en el plano sociológico de los lectores reales, de los actos de lectura reales, pudiendo modificar totalmente el estatuto del texto, las intenciones del autor: lecturas disidentes, subversivas o simplemente ignorantes de los códigos de intertextualidad y de los distanciamientos; lecturas que leerán en primer grado la antifrase y la ironía, que leerán en segundo grado el más grave de los mensajes, que leerán en la denotación todo el arsenal connotado de una memoria colectiva o que, a la inversa, buscarán sentidos tras el sentido, precisamente allí donde no hay nada que buscar (Robin, 2002: 54).

El cuento sobre el pájaro que el niño chileno le regala a Fittipaldi dialoga con otros relatos registrados en la provincia de Buenos Aires. Relatos que le permiten a Mariano Dubin (2011) desarrollar la tesis acerca de "cómo estas narraciones retoman temas de relatos tradicionales (en particular el uso de seres sobrenaturales) y los reformulan en esos nuevos contextos de producción" (Dubin, 2011: 2). El autor se apoya en la categoría de *narrativas migrantes*, de Abril Trigo,[12] para dar cuenta de cómo sus alumnos, hijos y nietos de migrantes (de las provincias de Corrientes y Chaco y del Paraguay) que viven en la ciudad de La Plata, articulan realizaciones particulares de esos tópicos de la cultura de sus mayores. Tópicos que "son dados o habilitados por las condiciones de producción discursivas que se juegan en los espacios de enseñanza de la lengua y la literatura que han dado marco a las narraciones en cuestión" (Dubin, 2011: 2). Así, por ejemplo, los relatos de La Llorona o el Lobizón se escriben con marcas de la crónica policial televisiva, que les permiten a los estudiantes asegurar su veracidad; otros relocalizan en el espacio urbano y en sus discursos al Pombero, quien en vez de pedir tabaco pide marihuana o traen las propias narrativas de la ciudad de La Plata y sus periferias, como la de los Enanitos verdes[13] (Dubin 2011).

También en la investigación de Dubin se encuentran *modos de pensar lo literario* que curiosamente irrumpen en el medio, o luego de que articulara su trabajo docente con textos de la literatura infantil, que condujeron a sopesar los niveles o relaciones de literatura/realidad/verdad. No obstante, lo hacen desde otros parámetros sobre qué es *ficción* y qué es *realidad*, como ocurre con la tradición oral, en la que los "relatos sobre seres sobrenaturales se enlazan con la experiencia. Los informantes no hablan sobre estos como 'leyendas', sino como experiencias que ellos mismos vivieron o que fueron vividas por alguien quien 'cuenta la verdad'" (Dubin, 2011: 42).

Además de estas reafirmaciones de la realidad/verdad, se dan relatos hablados por las ficciones televisivas o cinematográficas, los noticieros, la prensa gráfica, entre otros, cuando sus dominios traspasan las condiciones materiales de existencia, porque sus reinados abarcan todavía más sus condiciones simbólicas. Porque, como señala Angenot "no hay historia 'material', concreta, económica, política o militar sin ideas inextricables puestas en discurso, que *informan* las convicciones, las decisiones, las prácticas y las instituciones, a las que a menudo se subordinan los intereses 'concretos' y que procuran a la vez a los actores un mandato de vida y el sentido de sus acciones" (Angenot, 2010: 16).

---

12   Abril Trigo (2003). *Memorias migrantes: Testimonios y ensayos sobre la diáspora uruguaya*. Rosario, Beatriz Viterbo.

13   Estos relatos se hicieron famosos en la ciudad de La Plata, particularmente a raíz de la cobertura que hizo José de Zer en su segmento de Nuevediario, noticiero emitido por Canal 9, a fines de los años ochenta. El periodista cubría diferentes noticias sobre la posibilidad de vida extraterrestre o sobrenatural en distintos puntos de la Argentina. De acuerdo con ello, los Enanitos verdes habrían habitado una casa del centro de la ciudad de La Plata (Dubin, 2011).

Inevitablemente, a la hora de observar la enseñanza de la literatura en las instituciones educativas, también en la educación no formal, se necesita un posicionamiento teórico amplio. Sin caer en la aporía de que la literatura es un discurso social más, pues en realidad ningún discurso es simplemente uno más. Depende de la decisión como investigadores, pero sobre todo como docentes de literatura, de darle cabida a las analogías con otros discursos sociales en cualquiera de sus formas orales o audiovisuales, ya que son "susceptibles de funcionar como un vector de ideas, representaciones e ideologías" (Angenot, 2010: 15). En este sentido, los desarrollos de la sociocrítica –en los que se inscriben las tesis de Angenot (2003, 2010) y Robin (2002) que cité anteriormente– resultan productivos para revisar toda una serie de axiomas sobre la enseñanza de un objeto estético-ideológico como lo es la literatura. Objeto fuertemente atravesado por los intereses de clase de los poseedores de las varas para medir lo artístico y la cultura, en los campos académico, editorial, educativo y también periodístico. Esos intereses sobredeterminan qué vale y qué no para la literatura. Dice Angenot, en su revisión sobre la historia de las ideas y el trabajo del analista del discurso:

> Una idea siempre es histórica: no se puede tener cualquier idea, creencia u opinión, mantener cualquier "programa de verdad" en cualquier época y cualquier cultura. En cada época la oferta se limita a un conjunto restringido, con predominancias, conflictos y emergencias. Los "espíritus audaces" siempre lo son a la manera de su tiempo. Las ideas nuevas no provienen naturalmente de la Observación y de la Reflexión. Por cierto, no existe un misterioso *espíritu de la época* que impregnaría a los seres humanos, sino que hay siempre límites aceptablemente rigurosos de lo pensable, límites invisibles, imperceptibles para aquellos que están *adentro*, a lo sumo con un margen para correcciones y alteraciones. En todas las épocas reina una hegemonía de lo pensable (no una coherencia sino una cointeligibilidad) (Angenot, 2010: 16).

Si las ideas y discursos son regidos en los límites de una *hegemonía de lo pensable*, serán necesarias, insisto, otras nociones de *subjetividad* y *experiencia* las que permitan comprender la lógica de la *cointeligibilidad* como modo de conocimiento literario en y de las instituciones educativas. Desde el planteo anterior, Angenot decide encarar su programa para "superar la proliferación y dispersión teórica en las ciencias humanas":

> (…) escribir y explicar las regularidades en lo que se dice, se escribe, se fija en imágenes y artefactos en una sociedad. En las esquematizaciones que narran y argumentan y que, en un determinado estado de la sociedad, están dotadas de inteligibilidad y aceptabilidad y

parecen esconder "encantos" particulares, funciones y apuestas [*enjeux*] sociales (Angenot, 2010: 14).[14]

Son otras nociones de *experiencia* y *subjetividad* las que se necesitan para poder dar cabida a estas *otras* lecturas de la literatura, que no solamente la eclosionan, sino también a la propia disciplina escolar y al trabajo docente. No se trata de una experiencia que deviene de una situación pretendidamente no controlada, sujeta a supuestas lecturas caprichosas de los estudiantes y, por extensión, a sus subjetividades también supuestamente aún no construidas. Esta pretensión sumerge en un vacío metodológico a la enseñanza de la literatura, ya que la deja expuesta a un plano casi de lo esotérico y, por ende, pone bajo sospecha los saberes que los docentes consideran realizaciones de la disciplina escolar y asidero de su trabajo. Tampoco se trata de realizar una cosificación de la experiencia o de la subjetividad, sino de iniciar esfuerzos conceptuales para elaborar hipótesis con mayor grado de validez, en función de análisis más precisos respecto de las subjetividades que imprimen las experiencias, ya no con la literatura, sino con las formas de pensar lo literario, en el marco de las situaciones de enseñanza.

Vuelvo a proponer entonces una reconceptualización de las nociones de experiencia y subjetividad: la experiencia de la enseñanza de la literatura se explica como una(s) manera(s) de inscribir, producir y *pensar lo literario*, que nos informan que la subjetividad, al menos en este caso, se revela como un *hablar de la vida*, sujeto a distintos órdenes de lo real y regímenes de verdad. Pueden ser las referencias a un dibujo animado, a un relato de la tradición oral o a ciertas circunstancias personales las que permitan convalidar o contestar a lo literario, siempre en función de esos órdenes y regímenes. No obstante, estamos hablando de una vida *hablada, dicha*; es decir, una

---

14 El programa de la sociocrítica, y de los trabajos de Angenot (2003, 2010) en particular, permiten considerar sus revisitas de conceptos como el de "hegemonía", de Gramsci, puesto en relación con el de "heteroglosia", de Bajtin; también las "conciencias respondientes o dialogizadas", y un posicionamiento de lo social al modo de la teoría de los campos de Bourdieu. Esta opción se ve claramente en el cruce que hace con la noción de discurso como "regímenes de verdad", de Foucault. En efecto, si bien este programa seguramente tendrá sus detractores tanto en los estudios lingüísticos como los literarios, sumado a sus problemas de difusión en el mundo hispanohablante, la redefinición de Angenot del "discurso social" presenta muchas ventajas como marco de análisis para la enseñanza de la literatura (de hecho, también creo que de la lengua), pues sus modos de situarlo y justamente recortarlo en "todo lo que se dice y escribe en un estado de sociedad", (Angenot 2010: 21) ofrece una economía conceptual necesaria para los aspectos metodológicos de la enseñanza de la literatura. Es decir, significativa como base conceptual en pos de la elaboración de orientaciones para el trabajo docente. Recupero estas ampliaciones y precisiones sobre la producción teórica del autor de Ana Leunda. "Reseña de Marc Angenot (2010). El discurso social. Los límites de lo pensable y lo decible", en *RÉTOR*, Año 1, N° 1, 2011, pp. 113-118.

vida que se muestra en la coyuntura de la clase y en su contingencia, en su estatuto discursivo, y, en ese sentido, hiere cualquier intento de asirla desde alguna ontología realista (ya sea de tinte metafísico o experimental empirista). La "puesta en comunicación lógica y temática" (Angenot, 2010: 25) de la telenovela o el dibujo animado, de los *best sellers*, videojuegos o géneros de la web (López Corral, 2015; 2016) con las narrativas populares folclóricas (Dubin, 2011) o de escritores consagrados por la academia, el canon escolar o la crítica de literatura infantil y juvenil, o de las anécdotas cargadas de tópicos de narrativas orales con el amarillismo de la prensa gráfica y televisiva, es lo que se puede asir de esa propensión de *pensar lo literario* en la enseñanza de la literatura en cuanto, postulo yo, un *hablar de la vida*, en términos de puestas en valor por su verdad o falsedad –sea porque el cuento tal no narra algo del orden de lo posible en una realidad o porque falsea otro objeto de interés o gusto estético-ideológico–. Así, la enseñanza de la literatura, como forma de pensar lo literario en el *enjeux* de los discursos sociales, que inevitablemente remiten a validaciones o cuestionamientos de regímenes de realidad/verdad, puede redefinirse como objeto de estudio en su especificidad. No se trata de encontrar los conceptos más adecuados de literatura, lectura, experiencia y subjetividad desde indagaciones librescas, a modo de sumatorias abstractas, sino de hallar aquellos pertinentes y solidarios con el trabajo docente para la comprensión de un objeto de estudio vivo y con voz propia, que necesita de sus entramados. Retomo estos planteos en el siguiente apartado.

4. Las formas de pensar lo literario y el trabajo con corpus

La enseñanza de la literatura, como ya he explicado, también se organiza a partir de la unidad "texto" instituida por las últimas reconfiguraciones de la disciplina escolar. Es decir, que arrastra la convicción de que se debe enseñar a leer y a escribir textos literarios. En este punto, tanto en las últimas disposiciones curriculares como propuestas editoriales de libros de textos para el área, se instituye otro cruce con la noción de géneros literarios que da continuidad a saberes historiográficos y estructuralistas propios de las tradiciones selectivas y, con ello, de sus conservaciones en la disciplina escolar. A lo que se agrega, como ya expliqué en el capítulo 3, la organización por "cosmovisiones" estipulada en el DL4° (2010) y de la que los libros de texto se han hecho eco. De esta manera, se encuentran tanto en la web como en grupos de las redes sociales integrados por docentes propuestas didácticas o pedidos de consulta sobre selecciones de textos literarios para trabajar ya sea con los narradores, el género fantástico, el cuento, la leyenda, o la cosmovisión realista, el Programa Nacional de Educación Sexual Integral (ESI),[15] memes de escritores, y efemérides como el Día Nacional de la Memoria por la Verdad y la Justicia o el Día del Veterano y de los Caídos en la Guerra de Malvinas, entre otros.[16] Los ejemplos son muchos y lo que persigo explicitar es que, si una metodología circunstanciada de la enseñanza de la literatura necesita pensar formas de resolidarización de los saberes docentes y los saberes pedagógicos/didácticos, este postulado también atiende al canon escolar y las selecciones de textos. En este sentido, y como he analizado en el capítulo anterior respecto de los usos que los docentes hacen de las publicaciones escolares, pienso al canon escolar como otra de las acciones de reedición de sus materiales didácticos atravesadas por las condiciones materiales y simbólicas en las que realizan cotidianamente su trabajo.[17] En

---

15 El Programa Nacional de Educación Integral (ESI) se sanciona y promulga como Ley en Argentina en el año 2006. En su artículo 1°, se establece que: "Todos los educandos tienen derecho a recibir educación sexual integral en los establecimientos educativos públicos, de gestión estatal y privada de las jurisdicciones nacional, provincial, de la Ciudad Autónoma de Buenos Aires y municipal. A los efectos de esta ley, entiéndase como educación sexual integral la que articula aspectos biológicos, psicológicos, sociales, afectivos y éticos". Y en su artículo 3°, entre otras disposiciones, se señala que se debe "incorporar la educación sexual integral dentro de las propuestas educativas orientadas a la formación armónica, equilibrada y permanente de las personas". Recuperado de https://www.argentina.gob.ar/educacion/esi/.

16 Esta diversidad de consultas, que no se agota para nada en la enumeración que realizo, la he hallado particularmente en el Grupo cerrado de Facebook Recursos para profes de Lengua y Literatura que actualmente cuenta con 7.574 miembros. Verdaderamente, se trata de un grupo administrado por profesores que brinda ayuda no solamente con el acceso a materiales didácticos, sino también para pensar las clases del tipo "tengo que dar tal tema", o "tengo un grupo difícil", o "con qué texto literario se enganchan los alumnos de 1° año". Las respuestas, los asesoramientos provienen de la propia experiencia de trabajo de los demás docentes que integran el grupo y que como dije antes ya son miles. No solamente se trata de un tipo de intercambio de saberes docentes entre docentes, sino que esos intercambios están prohibidos en las instancias de formación docente oficiales donde se los acusa de "pedidos de recetas" en una constante negativización y descalificación. Es un Grupo de red social que también da testimonio de los aportes de Marta Negrin (2009) sobre el uso particular que los docentes hacen de los libros de texto y otros materiales didácticos, también de otras fuentes o contenidos de la misma web. Recuperado de https://www.facebook.com/groups/557034934450781/.

17 Otro grupo cerrado de Facebook que cuenta con 9.068 participantes es Docentes nuevos (el lado kafkiano de la cuestión), destinado a compartir saberes docentes sobre las burocracias del sistema educativo, cómo, cuándo y dónde se realizan distintos trámites: sueldos mal liquidados, licencias por salud, accidentes, obra social, certificados de actuación, cómo proceder frente a situaciones abusivas en las escuelas por parte de los directivos, o cómo hacerlo frente a situaciones con los estudiantes, etc. Al igual que el otro Grupo estoy enumerando mínimamente los intercambios y que también hablan de las condiciones materiales y simbólicas del trabajo docente. Recuperado de https://www.facebook.com/groups/348147265230011/.

todo caso, busco ofrecer fundamentos para resignificar ese canon, leer a sus referentes de otro modo y así justificar criterios de ampliación más que de achicamiento o reemplazo.[18] Ampliación que no propongo únicamente como de otros textos literarios.

La pretensión histórica encarnada en la disciplina escolar de sujetar a la literatura y su amplificación y variabilidad de significaciones, aunque no anárquicas ni infinitas como ya lo he explicado, se reactualiza cuando los programas de la asignatura muestran unidades encerradas en sí mismas. En ese sentido, una metodología de la enseñanza de la literatura por corpus, que en realidad retoma y resignifica un tipo de trabajo ya realizado por los estructuralismos escolares en cruce con la historiografía, basado en la definición de un "tema", por ejemplo "El hombre frente a la muerte" y con ello el planteo de análisis descriptivos clasificatorios comparados de distintos textos literarios producidos en distintas épocas, se asemeja a los armados de programas por "géneros"/"textos", también proyectos, que presentan la mayoría de los materiales didácticos de los años noventa en adelante y que, por tanto, se pueden hallar articulando el trabajo de distintos docentes. De hecho, el *tema* es un criterio significativo para la organización de la enseñanza en cuanto la mayoría de las consultas de los docentes se expresa de ese modo, a saber, "con qué texto literario puedo trabajar el narrador en sexto grado de la primaria", "con cuál ESI para tercero de la secundaria", etc. Se trata de una progresión sumativa de géneros/textos que orienta al trabajo docente, ya sea por saberes narratológicos (que también ofician como temas), cuento, novela, poesía, teatro o leyendas, o por cuento fantástico, novela policial, poesía de vanguardia o tragedia clásica, o por los criterios de las "cosmovisiones", las efemérides o, agrego ahora, "seguir a un autor" o "cuentos con" (brujas, hadas, monstruos, y demás).

Esta atomización del conocimiento literario a enseñar, y sobre todo compelido a la prerrogativa de enseñar a leer y a escribir por lo cual se debe

---

18 Porque en última instancia las discusiones bizantinas acerca del canon escolar, su perennidad, caducidad o desactualización, olvidan que la disciplina escolar conserva producciones literarias que muchos estudiantes tan sólo conocerán en las instituciones educativas. Puesto en términos de los debates sobre la profesionalización docente importa si los estudiantes con los que debemos trabajar no han leído "El gato negro" de Poe, o *La metamorfosis* de Kafka, o "La casa de Asterión" de Borges o "Casa tomada" de Cortázar, o el *Martín Fierro* de Hernández y así podría continuar la larga lista, no que nosotros como docentes los hayamos leído y trabajado innumerables veces. En realidad, el problema del desgaste no es del canon literario en sí, sino del canon de géneros y lecturas, del modo en que se los aborda y vincula con otras realizaciones literarias o ficciones en general para la enseñanza de la literatura. Para este problema, cf. María Dolores Duarte. "Visitantes al país del nunca jamás. Consideraciones en torno al canon escolar", *El toldo de Astier. Propuestas y estudios sobre enseñanza de la lengua y la literatura*, Año 2, N° 3, Recuperado de http://www.eltoldodeastier.fahce.unlp.edu.ar/.

partir de situaciones de lectura y escritura, tensiona aún más los saberes docentes y los saberes pedagógicos/didácticos. En especial respecto de un problema atávico para sus resoluciones metodológicas: la incertidumbre acerca de cómo encontrar el texto más adecuado para enseñar un género literario determinado, etc., y que, además, sea del interés y agrado de los alumnos en la consecución de sus "formaciones como lectores". Pero no sólo esto, sino que también esos textos deben posibilitar un trabajo en los límites temporales del sistema educativo expresados en el cumplimiento de los programas que a su vez imponen ciertas cantidades de contenidos que se deben desarrollar. Así, a diferencia de los estudios superiores que habilitan programas monográficos, no solamente para las cátedras de literatura sino en todas las carreras, justificados en criterios de especialización, cuestión que se podría discutir en cuanto su sentido y valor para la formación del grado, la escuela primaria y secundaria repelen este tipo de decisiones al mismo tiempo que necesitan pensar sobre la lógica de la cantidad y en otra lógica de profundización para el tratamiento de cada contenido. También, porque son los mismos alumnos quienes solicitan esa profundización para hallarle sentido a sus modos de leer, en especial si confrontan los de otros compañeros y el mismo docente (Cuesta, 2003; 2006; 2012; 2013). No obstante, no se trata de una exhaustividad planificada a la manera de la universidad, sino que suele ser demandada al modo de argumentos en las discusiones motorizadas por esas instancias de confrontación de significados. Es decir, a la organización por géneros/textos y sus propias orientaciones de significados se le sobreimprimen las formas de pensar lo literario que los estudiantes imponen en las clases de literatura desocultando, así, su estallido y su cointeligibilidad con otros discursos sociales. En realidad, estoy convencida de que el saber organizador de los corpus literarios, y saberes consecuentes para la enseñanza de la literatura, son las reelaboraciones de lo real, de aquello que la literatura dice estar volviendo a presentar de alguna realidad, en principio, pactada como extraliteraria. Ya sea la historia del niño pájaro o cómo "realmente son" las brujas. Si los docentes seleccionamos los textos literarios, sea cual fuere el programa o proyecto que debamos seguir en las instituciones educativas donde trabajamos, a propósito del conocimiento ya acumulado sobre las lecturas y las escrituras que los estudiantes efectivamente realizan en las clases de literatura se abren las posibilidades para la resolidarización de los saberes en cuestión.

En este punto hay otra dimensión del análisis de las metodologías de la enseñanza de la literatura atadas a la formación de los lectores como construcción de la subjetividad que resulta necesario retomar. Dichas metodologías, también en lo que implica a la escritura, llámese de "ficción", "invención" o "creativa" están fuertemente marcadas por los estructuralismos argentinos (como ya estudié en el capítulo tres). Matías Massarella (2017) historiza la enseñanza de la literatura en la escuela secundaria de nuestro país en el recorte de la poesía. Así, revisa con detalle las propuestas de Lacau, Rosetti y Bratosevich revelando que son los antecedentes de las formas de enseñanza actuales, principalmente en dos aspectos que me interesan recuperar. Por un lado, Lacau (1966) ya proponía consignas que, si bien solicitaban el "comentario crítico, informes de lectura y opinión personal, prosificación de poemas, entre otras que forman parte de la tradición escolar", incluía otras que "no se ocupan únicamente del aspecto formal y aparecen ahora entramadas con consignas de lectura y escritura que interpelan a la relación personal y afectiva de los adolescentes con los textos" (Massarella, 2017: 24). Son actividades:

> (…) orientadas a la imaginación y la escritura lúdica como parte importante de la enseñanza ("Diálogo entre la ciudad de Buenos Aires y Fernández Moreno", "Elijo la poesía que más me gusta e imagino el estado de ánimo en que estaba el poeta cuando lo escribió ¿Tiene algo que ver con el resto de su poesía?", "Encuentro imaginario con Machado en un pueblito de Castilla", o "Elegir dos poesías, transcribirlas y dar dos versiones personales en prosa. Agregar una impresión total sobre la poesía de Antonio Machado") (Massarella, 2017: 24).

Es completamente usual hallar este tipo de actividades para la enseñanza de la literatura en libros de texto, en otros materiales didácticos o en propuestas de trabajo de los mismos docentes de manera recontextualizada, esto es, actualizada en otros modos de enunciar los pedidos en las consignas y a propósito de diversidad de textos literarios. El otro aspecto que me interesa señalar es que el trabajo con corpus de textos literarios, y además compuestos por otros discursos sociales, también está en los estructuralismos, ya que por ejemplo en *Antología 3* de Lacau y Rosetti publicado por Kapelusz en el año 1973 se observa que:

> (…) conceptos como el de *generación, movimientos y obra*, aparecen aquí entrecruzados con referencias a consumos culturales de los jóvenes (el rock, la televisión, el cine, la publicidad, la música y las artes plásticas). Asimismo, la presencia en el manual de textos que ponen en diálogo los medios masivos de comunicación y la historia social y cultural del arte y la literatura da cuenta del intento de ampliación del canon escolar al que se aspiraba (Massarella, 2017: 29).

Y todavía más, en *Expresión oral y escrita* de Bratosevich y Rodríguez, publicado en 1971 y con mucha llegada a los docentes de la época, directamente se propone:

> En palabras de los autores, [que] el objetivo es promover *actitudes de liberación* para terminar con el lenguaje acartonado y el sometimiento a esquemas que generan cierta distancia entre personalidad y lenguaje. Actitudes que se expresan a nivel personal en la *desinhibición, la identificación consigo mismos por medio del lenguaje, el ejercicio de la creatividad*; y a nivel social en la *desalienación, la participación y el compromiso* (Massarella, 2017: 36).

Así, Bratosevich y Rodríguez respecto de la poesía también expanden los corpus y ponen a la literatura en relación con otros consumos culturales como la publicidad y el cine; las canciones o versos populares, por poner uno de los tantos casos que podríamos citar:

> Ejemplos de jitanjáforas:
> -ciertas cantos infantiles ("a la lata, al latero…")
> -palabras mágicas ("abracadabra")
> -gritos de guerra, hurras en el deporte
> -canciones y dichos populares que dejan a un lado las relaciones gramaticales: ("al guachi, guachi torito/ torito del corralito") (Bratosevich y Rodríguez, 1971: 363 en Massarella, 2017: 39).

Entonces, por un lado, esta idea de que la literatura nos "hace más humanos" (recordemos el análisis del capítulo tres a propósito de Lacau) o nos "libera" ya estaba en los estructuralismos, y por otro, también ya estaba la certeza de que ello se conseguía a través de consignas de lectura y escritura que pusieran a producir a los estudiantes, muchas de ellas orientadas desde la imaginación, la creatividad y lo lúdico. De nuevo, ya lo expliqué en el capítulo tres, pero vuelvo a insistir en esta historicidad de la enseñanza de la literatura a través del estudio de Massarella quien luego indaga cómo se irán dando estas continuidades en los años ochenta y noventa, pero cómo hoy son resignificadas en maneras actuales de plantear la enseñanza de la poesía por parte de docentes que agregan el *rap* o el *freestyle*, o las poesías de la web, o la escritura de versos en las lenguas indígenas que hablan los mismos alumnos (2017: 50-64). Porque, dado particularmente esto último, no se trata de si "superamos" o "no superamos" al estructuralismo cual docentes adalides de la literatura ahora en nombre de las "lecturas y experiencias literarias" para "la construcción de la subjetividad" de los estudiantes. En términos de matrices ideológicas no es que ahora se hace algo distinto y en términos de las metodologías de la enseñanza, tampoco. Lo que sigue apareciendo opaco en las clases de literatura, difícil de transitar, es cómo organizar y basar la enseñanza desde y con las lecturas y escrituras efectivas de los niños y jóvenes. En otras palabras, lo que todavía nos falta recorrer es cómo articulamos los saberes a enseñar en/con esas lecturas y escrituras que nos traen otras formas de pensar lo literario en cointeligibilidad, a manera de analogías con otros discursos sociales expresados en los consumos culturales de los alumnos. Para avanzar sobre este problema metodológico de la enseñanza de la literatura me permito compartir algunas propuestas didácticas que realicé como docente de la escuela secundaria y cursos de ingreso a la universidad y que son parte de mis investigaciones sobre el tema (Cuesta, 2003; 2006; 2010; 2011; 2013).

Siempre he trabajado en el desarrollo de propuestas didácticas para la enseñanza de la literatura y en materiales didácticos publicados[19] sobre el armado de corpus literarios y con, o de otros, discursos sociales propios de los consumos culturales de los estudiantes. A veces traídos de manera expresa a la conformación de esos corpus, otras a través de su apelación a manera de ejemplos en las explicaciones sobre los contenidos tratados en la clase. Particularmente, traía a los llamados cine y música comercial, asimismo programas de televisión (telenovelas, series, dibujos animados, de entretenimiento, noticieros, de política). Esto se debía a que en los finales de los años noventa, los alumnos cotejaban el texto literario leído en el aula, básicamente por medio de la expresión "es como en tal película, tal programa o tal canción". Y ese "es como" me habilitaba a mí como docente para poner en explicaciones los motivos de la comparación en sus parecidos, matices o diferencias, podía ser un modo de narrar, la caracterización de un personaje, un género, una forma de la parodia. También, esas constantes apelaciones como punto de apoyo para seguir al texto literario me habilitaban un conocimiento sobre los gustos de los estudiantes expresado como "me gustan las historias de este tipo", frente a un cuento de terror o "me aburre porque no me gusta" respecto de un relato fantástico y, con ello, repreguntaba qué

---

19 Se trata de Carolina Cuesta. *La maquinaria literaria*. Buenos Aires, Longseller, 2000; "De qué nos reímos. Los significados culturales que hacen al humor" y "¿Cómo explicamos la realidad? La Literatura y el conocimiento" en VV.AA. *Prácticas de lectura y escritura. Entre la escuela media y los estudios superiores. Literatura* (cuaderno de trabajo para alumnos). Ministerio de Educación, Ciencia y Tecnología, 2004, pp. 10-26 y 31-44 (recuperado de http://www.me.gov.ar/artisup/mat/alu_lit.pdf); "¿Quién es quién? La construcción de los personajes en la literatura", en VV.AA. Prácticas de lectura y escritura. Entre la escuela media y los estudios superiores. Literatura (cuaderno de trabajo para alumnos). Ministerio de Educación, Ciencia y Tecnología, 2007, pp. 17-29 (recuperado de http://www.bnm.me.gov.ar/giga1/documentos/). Asimismo, he elaborado la propuesta didáctica de los cuadernillos para el Curso de Ingreso a las carreras de Profesorado y Licenciatura en Letras de la FaHCE-UNLP, año 2005, y reeditados con modificaciones hasta la actualidad.

les gustaba para así registrar ciertas recurrencias. Por ejemplo, a fines de los años noventa podíamos ver en la escuela (o pedir como tarea) films que se habían estrenado en el cine no hacía mucho tiempo y con un costo de alquiler del CD, luego sería el DVD, accesible. Así, a partir de la lectura de *Otra vuelta de Tuerca* de Henry James trabajé con *Sexto sentido* a propósito de cómo ambos relatos góticos se inscribían en este género, no privativo, justamente de la literatura. Con este mismo género, y en cotejo con la lectura de *El extraño caso del Dr. Jekyll y Mr. Hyde* de Robert L. Stevenson, miramos su reversión propuesta en *El secreto de Mary Reilly* para focalizar en los modos de narrar del gótico que hacen a sus efectos de sentido y de allí pasamos a *El proyecto Blair Witch* que en su momento impactó como película filmada con una cámara de mano y de la que los alumnos sí decían que les daba miedo. Centrándonos en qué relatos, literarios o cinematográficos, nos daban miedo los estudiantes traían tanto los cuentos de Poe o de Quiroga que habían leído en años anteriores en la escuela (particularmente "El corazón delator" y "El almohadón de plumas"), los clásicos *best-sellers* de Stephen King, como películas del cine Gore que nos introducían en los usos del grotesco, especialmente en sus comentarios de la saga *Las pesadillas de Freddy*. En otro extremo, también trabajábamos en las representaciones del amor romántico con *Cumbres borrascosas* de Emily Brontë en comparación con canciones hit del momento de Chayanne o de Los auténticos decadentes, telenovelas y los también *best-sellers* de Sidney Sheldon en sus versiones de películas para la televisión. No es que estos films y canciones, también series televisivas que ingresaba en las clases como Los Simpson, muy vista ya en aquellos fines de los años noventa, y hasta hoy, puestos en relación con la literatura o con problemas literarios significaban atentar contra ella, banalizarla. Pues más allá de las ideologías que detentemos los docentes, por cierto creo que queda claro que no soy defensora de una sacralización de la literatura, lo que se impone es que si no abrimos los corpus a otros discursos sociales la literatura pierde frente a esos otros consumos que los suponen. Y no hablo de "pérdida" a modo de nostalgia de un pasado mejor, por el contrario, hablo de un reconocimiento de que muchos textos literarios de distintos autores y momentos históricos, sigue interesando a los estudiantes siempre y cuando no se presenten como algo completamente distinto a otras ficciones, aunque cada una de ellas presenten singularidades. La *ficción* como concepto en el que hemos sido formados los docentes de literatura, y que ya problematicé respecto de sus límites actuales para explicar la especificidad de su enseñanza cuando se decide atender a las lecturas de los estudiantes, no es patrimonio único de ella. Y eso que solemos llamar "la literatura" no se encuentra en los primeros puestos de las listas de los consumos de niños y jóvenes. Insistir con que la literatura es aquella que nos va a transformar para ser mejores frente a los consumos culturales que se entienden como perniciosos no hace a que "los chicos se acerquen a la lectura", "disfruten de sus textos", "experimenten el placer de la lectura" y demás eslóganes de la formación de lectores y la promoción de la lectura. Sobre todo, porque esa idea de ficción, como ya lo expliqué antes, no se corresponde con los intereses de niños y jóvenes sobre "las historias", como ellos mismos suelen decir. Esta idea de ficción está sesgada por lo "estético" como axioma de que todo lector para serlo debería poner en suspenso las relaciones que establece entre lo que lee en los textos literarios con lo que cree o efectivamente le gusta, interesa.

En cada registro de clases de literatura propios, o realizados por colegas docentes en ejercicio, o por estudiantes del profesorado, en el despliegue de diversidad de realizaciones literarias, de géneros/textos literarios, se devela cómo, en el fondo, los alumnos de distintas edades, territorios e instituciones educativas hurgan en lo que consideran real o irreal. No solamente por lo que cuenta la historia o dice la poesía, sino por el modo en que lo cuenta o dice y allí, en esos órdenes de la real o irreal convalidan o contestan a los textos literarios en cuanto si lo hacen bien o mal. Incluso cuando nos movemos en la propia literatura, como en una clase de cuarto grado de la educación primaria registrada en la provincia de Santa Cruz en la que los niños contestan a la versión de Caperucita Roja de Roald Dahl de sus *Cuentos en verso para niños perversos*, que esa Caperucita es falsa y que ellos le van a llevar a la maestra el cuento de la verdadera, para que la conozca. Además de preguntarse acerca de cómo el autor "no sabe" una historia tan conocida. Entonces, cuáles son las historias de la literatura y cómo deben ser contadas, cuáles los temas de la poesía, cómo deben sus voces o sus personajes según los géneros como otra categoría que también estalla y sobrepasa los límites de la literatura, pues están también trabajados, de nuevo, en otros discursos sociales (cine, música, televisión y en el presente en tantos más), es parte de esos órdenes de lo real o irreal que los estudiantes hurgan en las clases de literatura. Por ejemplo, durante los años 2002, 2003 y 2004 repetí con distintas promociones de profesores estudiantes de la Licenciatura en Enseñanza de la Lengua y la Literatura de la UNSAM el pedido de que registraran los modos de leer que habilitaba en sus alumnos el cuento "La boda" de Silvina Ocampo. De manera reiterada, estudiantes de distintos sectores sociales de la Ciudad Autónoma y de la provincia de Buenos Aires, de distintas escuelas públicas y de gestión privada y distintos años de la escuela secundaria, leyeron en esos cuentos qué había de real o no, por ejemplo, si existía en el país una araña que pudiera matar a la novia como ocurre en el cuento, o si la nena era la asesina, para lo que la mayoría acordó que no, que estaba "dominada por Roberta", su amiga adulta. Por supuesto, que se trata de elecciones de cuentos que claramente instalan esas tensiones, en el sentido de que se las puede anticipar, predecir. Pero también he protagonizado y conocido clases de literatura en las que, por ejemplo, "Continuidad de los parques" de Cortázar es entendido como una historia real cuando un joven en la ciudad de Azul, provincia de Buenos Aires, luego de comentar que el protagonista está leyendo su propia muerte explica esa puesta de significado porque él cree en los fantasmas, en el más allá (Cuesta, 2006). En otra clase de literatura ocurrida en el año 1999 (5° Año del Bachillerato de Bellas Artes –UNLP–, de la ciudad de La Plata) el gaucho Martín Fierro fue puesto en cuestión, sometido a sus "grandes" y hasta "graves" diferencias con "los gauchos de verdad" (Cuesta, 2006). Asimismo, comentarios de alumnos tales como que el Poema del Mio Cid "no es realista" porque "un solo soldado no puede matar a 20.000 moros" que nos han referido colegas; o que la institutriz de *Otra vuelta de tuerca* debía ser "comprendida" y no "juzgada como una mala persona", o a la inversa, porque "en realidad ella quería y cuidaba de los niños" (Cuesta, 2003), hablan de diversas formas de indagar sobre una posible realidad que la literatura debería representar entendida al mismo tiempo como "verdad". Porque, si rastreamos otro lema de las reconfiguraciones de la disciplina escolar a propósito de la enseñanza de la literatura, me refiero al que reza que esta nos conduce a "mundos posibles", pareciera que tendríamos que recuperar a Jerome Bruner (nunca citado de manera expresa ni menos desarrollado en sus conceptos). Dice el autor en relación con los "mundos posibles" como acto de conocimiento de las realidades que siempre suponen la "especulación" y el "maravillarse" frente a eso que se está conociendo:

> La mayoría de nuestros encuentros con el mundo no son, como hemos visto, encuentros directos. Incluso nuestras experiencias directas, así denominadas, para ser interpretadas se atribuyen a ideas sobre las causas y las consecuencias, y el mundo que emerge frente a nosotros es un mundo conceptual. Cuando estamos perplejos frente a lo que encontramos, renegociamos su significado de manera que concuerde con lo que creen los que nos rodean (Bruner, 1986: 127-128).

No es, entonces, que "nos dejamos llevar por los mundos posibles de la literatura" para poner en suspenso nuestros conocimientos de las realidades que, además, como también explica Bruner "no son ladrillos con los que tropezamos o con los que nos raspamos al patearlos, sino los significados que conseguimos compartiendo los conocimientos humanos" (1986:128), sino que siempre estamos referenciándonos en ellas porque son un *mundo con-*

ceptual en el que podemos creer que los fantasmas existen, que los gauchos existen pero en la vida real y viven en el campo, o que una niña no es capaz de asesinar (solo para retomar algunos ejemplos anteriores). Y ese mundo conceptual excede para Bruner (1986) los términos de las racionalidades científicas propias de la lógica formal. Así, indagar en las realidades que traería o no traería la literatura y sopesarlas según criterios de verdad o falsedad implica expandir esta noción de los conocimientos humanos y reconocer que los estudiantes no se quedarán ingenuamente solo con nuestras ideas de ficción que las niegan, justamente, en nombre de esa ficción.

En definitiva, una metodología de la enseñanza de la literatura se circunstanciará si propone un retorno a la idea de ficción como saber ya integrado a la disciplina escolar, no obstante, enmarcado en el añejo problema de la teoría literaria sobre la re-presentación en y de los textos literarios. Pero no como miniatura, como definición a modo de diccionario o de manual de los estudios literarios en sus límites asertivos que tan sólo concibe que los alumnos se relacionen con los géneros/textos literarios en su aceptación incondicional, porque de otro modo no podrían "comprenderlos", "disfrutarlos", "experimentar su lectura", "construir sus subjetividades" o cualquiera de las opciones que el docente elija de la argamasa de formulaciones de ese vínculo (lector-texto literario) que hoy presentan las reconfiguraciones de la disciplina escolar. Se trata de reconocer que, en especial para los alumnos, esa articulación con algo que sería del orden de lo real o irreal, verdadero o falso, y que entienden como constitutivo de la literatura, habilita a que sus géneros/textos, cada una de sus realizaciones en las variables temporales, contextos de producción (estéticas, movimientos, grupos, escuelas), proyectos literarios (autor), sean leídas en esa disyuntiva. Y que a cada una de esas variables se le atribuyan explicaciones, saberes, que en la mayoría de los casos han sido gestadas y conservadas por la propia disciplina escolar, ya sean sobre los géneros/textos literarios, narratológicos, de procedimientos poéticos o del teatro, o historiográficos, y demás. De este modo, el siempre tan complejo saber literario a enseñar se visibiliza y cobra sentido en función de las orientaciones de significados que docentes y alumnos ponen en juego en sus lecturas porque, volviendo a Bruner (1986), los *renegocian* según lo que cada uno cree "de manera que concuerde con lo que creen los que nos rodean". Asimismo, "que concuerde" no significa que se asimile. Respecto de la escritura en las clases de literatura es importante observar que las consignas de invención o escritura creativa también presentan sus límites, en cuanto muchos docentes señalan que no siempre les "funcionan". Efectivamente, las formas de pensar lo literario de los estudiantes no siempre se corresponden con idear escritos bajo orientaciones de juegos narratológicos o de intervenciones sobre los textos literarios leídos (cambios de personajes, narradores, contextos, géneros y demás). Ya que, como observé, antes los niños y jóvenes tienen sus propias historias que contar o, podríamos agregar, sus propios versos para compartir. De esta manera, interesan los trabajos de Mariana Provenzano (2015) y Mariano Dubin (2015a y b) en los que analizan cómo los alumnos de distintas escuelas secundarias de la ciudad de La Plata (provincia de Buenos Aires) desarrollan sus escritos localizando sus barrios y experiencias de vida, recuperando sus consumos culturales y hablas en francos cruces con las orientaciones de significados propuestos por los textos literarios leídos. Así, las consignas de escritura, se ofrecen a los estudiantes desde aquello que les gustaría contar y no desde restricciones retóricas. En relación con propuestas didácticas que recuperan otros consumos culturales más actuales, es decir ya no aquellos de los años noventa, se encuentran los trabajos de Manuela López Corral sobre las sagas, los *best sellers* de la literatura para jóvenes, las *creepypasta* y los *Role Playing Game* (2015; 2016) en los que observa vínculos temáticos y de construcción de las ficciones con la literatura canonizada para, por lo tanto, pensarlos en su productividad en la enseñanza de la literatura.[20]

En conclusión, se trata de observar las recurrencias en las clases de literatura para superar las universalizaciones y los particularismos, como ya he reafirmado varias veces a lo largo del libro, también para la enseñanza de la lengua. Ninguno de los alumnos, sus lugares de residencia, inscripciones socioeconómicas y culturales, etc., son iguales. Ni siquiera los que comparten los mismos cursos. Tampoco esa enumeración de trabajos literarios tan distintos en épocas, géneros, proyectos estéticos. Pero esta ya remanida justificación, siempre en nombre del supuesto respeto por el lector o la diversidad de lecturas, los múltiples sentidos, para a la vez siempre reasegurar que "no hay recetas", y así abonar al vacío metodológico sobre todo de la enseñanza de la literatura, no permite observar que cada una de las lecturas que someramente resumí antes comportan formas de pensar lo literario por

---

20 En esta línea de estudio sobre diversos consumos culturales como *best- sellers* y aquellos enmarcados en las nuevas tecnologías, también se hallan los aportes de Paula Cuestas. "Entre libros, túnicas y varitas: desbordando el mágico mundo de Harry Potter". *El toldo de Astier. Propuestas y estudios sobre enseñanza de la lengua y la literatura*, Año 7, N° 12, 2016, pp. 48-55; Luisina Marcos Bernasconi. "Verbos y creepypastas: una propuesta para trabajar con los vínculos entre la enseñanza de la lengua y la enseñanza de la literatura". *El toldo de Astier. Propuestas y estudios sobre enseñanza de la lengua y la literatura*, Año 8, N° 14, 2017, pp. 3-13 y Carolina Arias y Alejo González López Ledesma. "La inclusión de medios digitales en la enseñanza de la Literatura: estallidos y discusiones de sentido en la producción de un booktráiler". *El toldo de Astier. Propuestas y estudios sobre enseñanza de la lengua y la literatura*, Año 9, N° 16, 2018, pp. 67-85. Recuperados de http://www.eltoldodeastier.fahce.unlp.edu.ar/.

parte de los alumnos y de intereses similares. Como ya he dicho, se trata de un interés por la búsqueda de lo real/irreal en términos de verdad/falsedad como principio explicativo de por qué se lee lo que se lee. Y siempre se lee lo que se lee, porque se cree o no en *eso* que la literatura dice que está trayendo, mostrando, representando de la realidad y en cómo lo hace en comparación con otros discursos sociales. Este parámetro, acaso principio, puede ayudar a la organización del trabajo docente en tanto habilita ciertos puntos de apoyo, pero también prepara para la inevitable variabilidad que asuma la contingencia y coyuntura de cada clase de literatura, cada grupo, cada estudiante.

Palabras finales

Una didáctica de la lengua y la literatura de perspectiva etnográfica

Luego de que mi tesis de doctorado comenzara a ser leída, allá por el 2012, varios colegas me han preguntado "cómo se llama tu enfoque", o "qué línea es la tuya". Sé, no reniego de ello, que si asumimos un lugar en el área o campo de la educación las tipificaciones son inevitables, y creo que hay que reconocer también necesarias, porque en gran medida la argumentación "se nos va", si se me permiten estos términos, en las fundamentaciones sobre qué es lo que no hacemos (o no somos).

Como ya lo he afirmado a lo largo del libro, hoy por hoy nos encontramos en tal maraña de axiomas, en muchos casos eslóganes, respecto de la enseñanza de la lengua y la literatura reconvertidas en enseñanza de la lectura y la escritura que por momentos se hace muy difícil decidir por dónde empezar una posible exposición que no la niegue, porque prefigura el trabajo docente, está ahí atravesando, acaso determinando, sus inquietudes o convicciones. Entonces, para responder a esas preguntas sobre "lo que hago" digo que como he hallado en la etnografía un marco epistemológico y metodológico para la investigación de los problemas de la enseñanza de la lengua y la literatura, enmarcados en su(s) didáctica(s), especialidad que transito desde hace veinte años, propongo unirlas para denominar "eso que hago" con otros colegas, no sola, en las universidades donde actualmente trabajo (UNIPE y UNLP) y que hice durante diez años en la UNSAM: se trata de desarrollos de una didáctica de la lengua y la literatura de perspectiva etnográfica. También, como ya lo he fundamentado, no es el enfoque sociocultural ni tiene relación con los usos ligeros de la palabra etnografía cuando no aparece, sobre todas las cosas, un trabajo de campo. Es decir, un trabajo sostenido en el tiempo con los actores de la enseñanza en el sentido de que sean reconocidos y respetados en sus trayectorias, ideologías, creencias, puntos de vista.

En suma, no hay etnografía ni trabajo de campo que los exprese y valide cuando docentes y estudiantes no son reconocidos en sus voces y, menos aún, si no se las escucha cuando disienten, confrontan, las "verdades", esos axiomas, enmarañados sobre la lectura y la escritura que hace décadas se vienen instituyendo como reconfiguraciones de la enseñanza de la lengua y la literatura en sus aulas.

En definitiva, propongo una didáctica de la lengua y la literatura de perspectiva etnográfica, ya que hacemos y concebimos al trabajo de campo como aquel que es efectuado desde la perspectiva de los actores de la enseñanza, donde "el campo" es el mismo sistema educativo de nuestro país. En este sentido, la investigación aquí planteada responde a los desarrollos actuales denominados *multilocales* o *multisituados*, también, *etnografías multisituadas* (Restrepo, 2015: 164-165). Por otro lado, nos interesa como expliqué en el capítulo cuatro, inscribirnos en discusiones metodológicas, que son epistemológicas, respecto de la ética de la investigación etnográfica, esto es, en relación con quiénes son todos los participantes de las producciones de conocimientos cuando se dice que hace etnografía. De esta manera, no "utilizamos" los aportes de los docentes, y en ellos los de sus estudiantes, a manera de un ocultamiento de sus autorías, sino que se explicitan como tales y, así, se incorporan a la investigación (Cuesta, 2011) siempre mediante su consulta (nunca a sus espaldas) y en el cuidado de que no los afecten, sea por el motivo que fuere (Restrepo, 2015). Y no los afectan porque jamás esos aportes son juzgados en una especie de demostración de lo que "hacen o piensan mal" a modo de justificaciones para el "mejoramiento" o la "transformación" de la enseñanza. Todos los estudios etnográficos sobre las prácticas de lectura y escritura desarrolladas en las escuelas que citamos en los puntos precedentes, y que conforman el marco teórico y metodológico de esta que aquí presenté, partieron de un trabajo de los investigadores *con* los maestros o los profesores en las distintas instituciones educativas donde ejercen, ya sea mediante programas de formación profesional o de extensión y docencia universitarias.

Entonces, vuelvo a hacerme cargo de mi enunciación, afirmo que además de delimitar qué es hacer etnografía y qué no en desarrollos de la didáctica de la lengua y la literatura, tampoco resulta conducente seguir abonando a las investigaciones etnográficas de corte clásico dirimidas entre las figuras que establece Eduardo Restrepo, del "etnógrafo asaltante" y el "etnógrafo indiferente". Ambas consolidadas en la idea de que sus intereses de indagación son los que priman por sobre los de las personas con quienes la llevan a cabo y que no se interrogan acerca de la relevancia que el conocimiento producido pueda tener para ellas (Restrepo, 2015: 176). Por lo tanto, asumo y comparto que, "el interrogante ético en la investigación etnográfica de quién habla por quien, desde dónde y para qué ya no puede ser evadido en nombre de la contribución a un supuesto conocimiento neutral" (Restrepo, 2015: 177).

Dicho lo anterior, me resta sintetizar que el abordaje del trabajo docente como manera de reconocer las metodologías de la enseñanza de la lengua y la literatura y como objeto de estudio necesario de la(s) didáctica(s) se corresponde con el hecho de producir conocimientos que reorienten, o que orienten, sus maneras de organizarse atendiendo al sistema educativo y la cultura y disciplina escolares. Lo que implica reconstruir los encastres de perspectivas de las didácticas de la lengua y la literatura que hoy muestran su historia de entramados y superposiciones de diversos estatutos de saberes. Se trata de reconfiguraciones de la enseñanza de la lengua y la literatura en enseñanza de la lectura y la escritura, acaso directamente conversiones, que no son ajenas a los mecanismos de reproducción y producción de la cultura escolar y del sistema educativo expresados en las particularidades de la disciplina escolar. Básicamente, y más allá de sus matices, son reconfiguraciones que develan la reificación de la lectura y la escritura como contenidos de enseñanza en nombre de criterios de utilidad y verdad para los docentes y alumnos. Contrariamente a sus pretensiones, la lectura y la escritura así prescriptas niegan a la enseñanza como acción social, y en consecuencia, resultan difícilmente negociables para los modos de realización del trabajo docente cotidiano.

Por esta razón, dediqué una buena parte del libro a la justificación de esas limitantes como estado de situación de las metodologías de la enseñanza de la lengua y la literatura. Así, he explicado que los efectos de este estado de situación van consolidando un vacío metodológico revelado a través de distintas fuentes que permiten recuperar una historia reciente de la enseñanza de la lengua y la literatura, de los devenires de cada una de sus perspectivas, que en apariencia no se cruzarían. Sin embargo, puestas en relación muestran los hechos en los que esas perspectivas se conjugaron, acaso conjuraron, e iniciaron sus complejas, y a veces no tan nítidas, alianzas. Igualmente, son fuentes, documentos varios, que van exponiendo en su historicidad una lógica de idas y vueltas, una serie de disputas por alzarse con la palabra autorizada sobre la enseñanza de la lengua y la literatura, ahora de la lectura y la escritura, para su impostura en diversos espacios educativos en el lapso inaugurado por el retorno de la democracia en Argentina.

No obstante, ninguna perspectiva se impone por completo. Mirados sus efectos desde el trabajo docente se encuentra un encastre entre el textualismo cognitivista, la psicogénesis (hoy en su versión denominada prácticas del lenguaje) y la más reciente perspectiva sociocultural que abonan a un prearmado de saberes desestabilizadores de la enseñanza de la lengua y la literatura y con ello, a las tensiones entre saberes docentes y saberes pedagógico/didácticos. Tensiones que implican a los objetos y a los saberes de los actores de la enseñanza, como así también a sus creencias sobre ellos. Se trata de comprender dichas tensiones en términos teóricos y de las prácticas, pero al modo de los aportes epistemológicos de las ciencias sociales y de los autores que referí a lo largo del libro. Y en un estricto retorno a sus conceptos, muchas veces, desgajados de sus planteos de origen.

Esta comprensión, que también supone ingresar al análisis cómo aquella posible historia reciente de la enseñanza de la lengua y la literatura, de la lectura y la escritura, se actualiza en el presente, es la que puede habilitar ya no una prescripción "innovadora" sobre los "nuevos lineamientos" que el trabajo docente "debería seguir", sino una resolidarización de distintos estatus de saberes, de diferentes prosapias teóricas, que argamasados y sin fundamentos en las mismas prácticas lo desestabilizan más que orientarlo.

La variabilidad de las realizaciones del trabajo docente, sus organizaciones cotidianas por selecciones de temas, contenidos, consignas, textos; se revela en las convicciones de docentes y alumnos respecto de sus formas de entender qué es la enseñanza de la lengua y la literatura, qué es leer y escribir en las instituciones educativas. Es más, qué sentido y valor les atribuyen. Igualmente, esas convicciones encuentran en la fórmula "enseñar lengua y literatura es enseñar a leer y a escribir" nuevas disyuntivas, porque *algo tienen que decirles* esas lecturas y escrituras a los docentes y a los alumnos. En especial, sobre el rito que se está encarnando en la institución educativa y que trae a la disciplina escolar en su escisión de los objetos estudios y también cuerpos de saberes. En suma, *algo tienen que decirles* a los docentes esas lecturas y escrituras que proponen día a día, también *esas otras* que realizan sus alumnos, en relación con los saberes de la lengua y de la literatura que enseñan. *Algo tienen que decirles* a los estudiantes esas lecturas y escrituras para que sepan ellos mismos qué saberes de la lengua y la literatura se enseñan a través de sus pedidos por parte de los docentes.

Es en este sentido que propuse una serie de reconceptualizaciones de la lengua y la literatura para observar las metodologías de la enseñanza de la lengua y la literatura, insisto, que ya se realizan en el trabajo docente cotidiano y que aporten a la resolidarización de saberes como producción de conocimientos didácticos.

No se trata de listar estos conceptos para convertirlos en contenidos de un programa de Lengua, o Literatura, o de Prácticas del lenguaje, Taller de compresión y producción de textos o de Lectura y escritura, para el nivel educativo que sea. Por el contrario, se trata de recuperar sus capacidades de puesta en relación porque posibilitan explicaciones localizadas, circunstanciadas, de *eso que se hace y dice ahí* en un aula cuando se habla, lee y escribe, tanto en una clase de lengua como de literatura o de ambas. También, se trata de explicitar sus inscripciones epistemológicas disciplinarias, sobre todo en los casos de aquellos conceptos que vienen siendo reformulados en las perspectivas didácticas y llevados a la producción de políticas educativas con fines muy distintos, como ya lo he argumentado. El ejemplo más problemático, seguramente es el de los desarrollos de Bajtin (1982) que retomo y completo en las reconceptualizaciones que propuse mediante otras de sus definiciones, tampoco recuperadas en esas reformulaciones didácticas, lógicamente porque se tornan contradictorias o inútiles con aquello que se le está forzando a decir. Asimismo, los autores cuyos planteos y conceptos recupero para las reconceptualizaciones de la lengua y la literatura en relación con la enseñanza, además de la lectura y la escritura que propuse a lo largo del libro, son parte del trabajo sostenido con los maestros y profesores con quienes comparto en las carreras universitarias de formación docente. De allí, que no se traten de planteos o conceptos "impuestos desde arriba o desde afuera" de sus intereses y realidades laborales, sino que son los que ellos mismos validan como significativos para comprender y explicar las condiciones materiales y simbólicas de sus trabajos docentes cotidianos.[1] Y que de hecho muchas veces ponen en relación con otros conocidos en sus formaciones de grado o experiencias profesionales diversas.

En última instancia, son conceptos que, utilizados para la búsqueda de interpretaciones válidas sobre la enseñanza de la lengua y la literatura reconfiguradas en lectura y escritura, brindan argumentos para justificar esa resolidarización de saberes necesaria para las metodologías propias del trabajo docente en la que he insistido a lo largo de todo este estudio: entre la gramática como producto escolar y los textos, entre estos, los discursos y la diversidad lingüística; entre la literatura y los textos, entre estos, los géneros y los discursos sociales, entre estos, la llamada ficción y los consumos culturales de niños y jóvenes. Pero también, y creo que es lo más importante, son conocimientos sobre la lengua y la literatura consistentes y consecuentes con la enseñanza, con su variabilidad respecto de las franjas etarias, los grupos sociales, culturales y económicos, institucionales, ya que logran un amplio margen explicativo. Por ello, son conceptualizaciones sobre la lengua y la literatura que admiten, puestas a funcionar en las producciones

---

[1] Así lo testimonian cantidad de trabajos, de autorías de docentes y estudiantes de distintos profesorados, publicados en la revista antes referida, *El toldo de Astier. Propuestas y estudios sobre enseñanza de la lengua y la literatura* (FaHCE-UNLP), que ya cuenta con 18 números. Recuperada de http://www.eltoldodeastier.fahce.unlp.edu.ar/.

de conocimientos didácticos, una sensibilidad, un anclaje, para comprender las conversiones de dichos objetos en enseñanza en lectura y escritura junto con sus límites. En consecuencia, permiten a los docentes tomar decisiones en procura de la resolidarización de saberes encastrados y disjuntos en y por las últimas reconfiguraciones de la disciplina escolar. Porque esa es su zona de incumbencia profesional, ellos son quienes deciden cómo organizar su trabajo en la atención a sus estudiantes, primero, y *además* de las coyunturas políticas educativas curriculares.

Bibliografía

Actis, Beatriz (1998). *Literatura y escuela*. Rosario, Homo Sapiens.

Alen, Beatriz y Allegroni, Andrés (2009). "Capítulo 4. Hacia la construcción de la identidad profesional docente", en: *Acompañar los primeros pasos en la docencia, explorar una nueva práctica de formación*. Buenos Aires, Instituto Nacional de Formación Docente/ Ministerio de Educación, pp. 85-95. Serie Acompañar los primeros pasos en la docencia, N° 1.

Alvarado, Maite y Silvestri, Adriana (1997). "Factores que inciden en la comprensión lectora de textos académicos en el ciclo universitario", en: *Voces de un campo problemático. Actas del Primer Congreso Nacional de Didáctica de la Lengua y la Literatura* [octubre de 1995]. Univ. de La Plata, pp. 367-375.

Alvarado, Maite y Cortés, Marina (2001). "La escritura en la Universidad. Repetir o transformar", *Lulú Coquette. Revista de Didáctica de la Lengua y la Literatura*, Año 1, N° 1, pp. 19-23.

Angenot, Marc (2003). "La retórica del discurso social", *Langue Française*, N° 79, pp. 24-36. (Traducción de la Prof. Elsa María Salas para la cátedra Análisis y Crítica II de la Facultad de Humanidades y Artes de la Univ. de Rosario).

—— (2010). *El discurso social. Los límites históricos de lo pensable y lo decible*. Buenos Aires, Siglo XXI.

Bajtin, Mijail (1982). *Estética de la creación verbal*. Buenos Aires, Siglo XXI.

Barbosa Moreira, Antonio F. (1999). "Didáctica y Currículum: Cuestionando fronteras", *Revista Propuesta Educativa*, Año 11, N° 20, pp. 24-30.

Barco, Susana (1996). "La corriente crítica en didáctica. Una mirada elíptica a la corriente técnica", en VV. AA.: *Corrientes didácticas contemporáneas*. Buenos Aires, Paidós, pp. 157-167.

Barthes, Roland (1980). *S/Z*. Buenos Aires, Siglo XXI.

—— (1986). *El placer del texto y Lección inaugural*. Buenos Aires, Siglo XXI.

Battistuzzi, Liza (2011). "Políticas educativas como políticas democráticas y de Estado: otras variables de investigación para el abordaje de los CBC", *El toldo de Astier. Propuestas y estudios sobre la enseñanza de la lengua y la literatura*, Año 2, N° 3. Recuperado de http://www.eltoldodeastier.fahce.unlp.edu.ar/.

Bernstein, Basil (1993). *La estructura del discurso pedagógico*. Madrid, Morata.

Bixio, Beatriz (2000). "Grietas entre el hablar y el hacer", en Herrera De Bett, G. (comp.): *Lengua y literatura. Temas de enseñanza e investigación* [julio de 1999]. Secretaría de Posgrado de la Facultad de Humanidades de la Univ. de Córdoba, pp. 43-52.

—— (2003). "Pasos hacia una didáctica sociocultural de la lengua y la literatura: Sociolingüística y educación, un campo tensionado", *Lulú Coquette. Revista de Didáctica de la Lengua y la Literatura*, Año 2, N° 2, pp. 24-35.

Bombini, Gustavo (1989). *La trama de los textos. Problemas de la enseñanza de la literatura*. Buenos Aires, Libros del Quirquincho.

Bombini, Gustavo y Krickeberg, Gabriela (1995). "De texto los libros I (Argentina)", en Bombini, G.: *Otras tramas. Sobre la enseñanza de la lengua y la literatura*. Rosario, Homo Sapiens, pp. 23-34.

—— (1997). "Sujetos, Literatura y Currículum", en: *Voces de un campo problemático. Actas del Primer Congreso Nacional de Didáctica de la Lengua y la Literatura* [octubre de 1995]. Univ. de La Plata, pp. 137-141.

—— (2001a). "Entrevista a Ana María Barrenechea", *Lulú Coquette. Revista de Didáctica de la Lengua y la Literatura*, Año 1, N° 1, pp. 37-43.

—— (2001b). "Avatares en la configuración de un campo: la didáctica de la lengua y la literatura", *Lulú Coquette. Revista de Didáctica de la Lengua y la Literatura*, Año 1, N° 1, pp. 24-33.

—— (2001c). "La literatura en la escuela", en Alvarado, M. (coord.): *Entre líneas. Teorías y enfoques en la enseñanza de la escritura, la gramática y la literatura*. Buenos Aires, Manantial, pp. 53-74.

Botto, Malena et al. (2012). "Los textos literarios de los alumnos", en: *Una investigación cualitativa de las prácticas de lectura y escritura de textos literarios y de las ciencias. Programa de apoyo para la articulación entre la escuela media y los estudios superiores*. Buenos Aires, DINIECE, Ministerio de Educación, Ciencia y Tecnología, pp. 102-187.

Botto, Malena y Cuesta, Carolina (2015). "El pasaje escuela media-universidad en el caso de las carreras de Letras: hacia un replanteo del problema", en Cuesta, C. y Papalardo, M. M. (comps.): *Ingresos a las carreras de Geografía y Letras de la Universidad Nacional de La Plata. Investigaciones sobre prácticas de lectura y escritura*. Buenos Aires, Dunken, pp. 13-26. Recuperado de http://www.memoria.fahce.unlp.edu.ar/libros/.

Bourdieu, Pierre (1991). *El sentido práctico*. Madrid, Taurus.

—— (1995). *Las reglas del arte. Génesis y estructura del campo literario*. Barcelona, Anagrama.

—— (2001). *¿Qué significa hablar? Economía de los intercambios lingüísticos*. Madrid, Akal.

Brito, Andrea y Gaspar, María del Pilar (2010). "Leer y escribir la enseñanza", en Brito, A. (dir.): *Lectura, escritura y educación*. Rosario, Flacso-Homo Sapiens, pp. 163-200.

Bronckart, Jean-Paul (2007). "Desafíos epistemológicos del análisis del discurso", en: *Desarrollo del lenguaje y didáctica de las lenguas*. Buenos Aires, Miño y Dávila, pp. 87-100.

Bronckart, Jean-Paul y Plazaola Giger, Itziar (2007). "La transposición didáctica. Historia y perspectiva de una problemática fundamental", en: *Desarrollo del lenguaje y didáctica de las lenguas*. Buenos Aires, Miño y Dávila, pp. 101-132.

Bronckart, Jean-Paul y Schneuwly, Bernard (1996). "La didáctica de la lengua materna: el nacimiento de una utopía imprescindible", en: *Textos de Didáctica de la Lengua y la Literatura 9*. Barcelona, Graó, pp. 61- 80.

Bruner, Jerome (1986). *Realidad mental y mundos posibles. Los actos de la imaginación que dan sentido a la experiencia*. Barcelona, Gedisa.

—— (1991). *Actos de significado. Más allá de la revolución cognitiva*. Madrid, Alianza.

Brunner, José J. (1996). "Investigación social y decisiones políticas", *Revista Nueva Sociedad* N° 146, pp. 108-121.

Bustamante, Patricia (2006). "La escritura de las prácticas como instrumento de investigación", en Bustamante, P. y Campuzano, B. (coords.): *Escuchando con los ojos. Voces y miradas sobre la lectura en Salta*. Salta, Plan Provincial de Lectura, Ministerio de Educación, pp. 11-20.

—— (2008). "La enseñanza de la literatura en educación de adultos: el caso de los Bachilleratos Salteños para Adultos", *Lulú Coquette. Revista de Didáctica de la Lengua y la Literatura*, Año 4, N° 4, pp. 81-110.

Camilloni, Alicia W. (1996). "De herencias, deudas y legados. Una introducción a las corrientes actuales de la didáctica", en VV.AA.: *Corrientes didácticas contemporáneas*. Buenos Aires, Paidós, pp. 17-40.

Camou, Antonio (1999). "Los consejeros del príncipe. Saber técnico y política en los procesos de reforma económica en América Latina", *Revista Nueva Sociedad* N° 152, pp. 54-67.

Cañón, Mila y Stapich, Elena (2012). "Acerca de atajos y caminos largos: la literatura juvenil", *El toldo de Astier. Propuestas y estudios sobre enseñanza de la lengua y la literatura*, Año 3, N° 4, pp. 65-78. Recuperado de http://www.eltoldodeastier.fahce.unlp.edu.ar/.

Cavarozzi, Marcelo (1997). *Autoritarismo y democracia (1955-1996). La transición del Estado al mercado en la Argentina*. Buenos Aires, Ariel.

Chartier, Roger (1999). *El mundo como representación. Historia cultural: entre práctica y representación*. Barcelona, Gedisa.

Ciapuscio, Guiomar E. (1994). *Tipos Textuales*. Buenos Aires, Oficina de Publicaciones Ciclo Básico Común, Univ. de Buenos Aires.

—— (2000). "Tipologías textuales: perspectivas desde la lingüística textual", en Herrera De Bett, G. (comp.): *Lengua y literatura. Temas de enseñanza e investigación* [julio de 1999]. Secretaría de Posgrado de la Facultad de

Humanidades de la Univ. de Córdoba, pp. 31-39.

Cuesta, Carolina (2001). "Hacia la construcción de una nueva mirada sobre los lectores y la lectura", *Lulú Coquette. Revista de Didáctica de la Lengua y la Literatura*, Año I, N° I, pp. 9-18.

―― (2003). *Los diversos modos de leer literatura en las escuelas: la lectura de textos literarios como práctica sociocultural* [tesis de Licenciatura]. SeDiCI (Servicio de Difusión de la Creación Intelectual de la Universidad Nacional de La Plata). Recuperado de http://sedici.unlp.edu.ar/.

―― (2006). *Discutir sentidos. La lectura literaria en la escuela*. Buenos Aires, Libros del Zorzal.

―― (2010a). "Enseñanza de la literatura: de teorías y lecturas", *Leitura: Teoria & Prática*, Año 28, N° 55, pp. 5-12.

―― (2010b). "La etnografía es un enfoque, no un método o sobre cómo podría el mundo llegar a ser de otro modo", *Lulú Coquette. Revista de Didáctica de la Lengua y la Literatura*, Año 5, N° 5, pp. 130-143.

Cuesta, Carolina et al. (2010c). "Tengo una concepción de la didáctica de las lenguas que otorga gran importancia al objeto y a la lengua en tanto realidades sociales e históricas". Entrevista a Jean-Paul Bronckart en: *Lulú Coquette. Revista de Didáctica de la Lengua y la Literatura*, Año 5, N° 5, pp. 56-63.

―― (2011). *Lengua y literatura: disciplina escolar. Hacia una metodología circunstanciada de su enseñanza* [tesis de doctorado]. Memoria Académica (Repositorio institucional de la FaHCE- Univ. de La Plata). Recuperado de http://www.memoria.fahce.unlp.edu.ar/tesis/.

―― (2013). "La enseñanza de la literatura y los órdenes de la vida: lectura, experiencia y subjetividad", *Revista Literatura: teoría, historia, crítica*, Vol. 15, N° 2, pp. 97-119.

―― (2014). "Políticas educativas, enseñanza de la lengua y diversidad lingüística", *Revista Pilquen*. Sección Psicopedagogía. Año XVI, N° 11, pp. 1-9. Recuperado de http://www.revistapilquen.com.ar.

―― (2015). "Un posible abordaje de las prácticas de lectura y escritura desde problemas de la enseñanza de la Lengua", en Cuesta, C. y Papalardo, M. M. (comps.): *Ingresos a las carreras de Geografía y Letras. Investigaciones sobre prácticas de lectura y escritura*. Buenos Aires, Dunken, pp. 119-143. Recuperado de http://www.memoria.fahce.unlp.edu.ar/libros/.

Davini, María C. (1996). "Conflictos en la evolución de la didáctica. La demarcación de la didáctica general y las didácticas especiales", en VV.AA.: *Corrientes didácticas contemporáneas*. Buenos Aires, Paidós, pp. 41-74.

de Certeau, Michel (2000). *La invención de lo cotidiano. I Artes de hacer*. México, Instituto Tecnológico y de Estudios Superiores de Occidente.

De Diego, José L. (2001). *¿Quién de nosotros escribirá el* Facundo? *Intelectuales y escritores en Argentina (1970-1986)*. La Plata, Al Margen.

―― (2007). "La transición democrática: intelectuales y escritores", en Camou, A.; Tortti, M. C. y Viguera, A. (comps.): *La Argentina democrática: los años y los libros*. Buenos Aires-La

Plata, Prometeo Libros - Univ. de La Plata, pp. 49-82.

Denzin, Norman K. y Lincoln, Yvonna S. (1994). "Introduction: Entering the Field of Qualitative Research", en Denzin, N. K. y Lincoln, Y. S. (eds.): *Handbook of Qualitative Research*. California, Sage Publications, pp. 1-18.

Díaz Barriga, Ángel (1985). *Didáctica y currículum*. Barcelona, Paidós.

—— (1991). *Didáctica aportes para una polémica*. Buenos Aires, Aique.

—— (1996). *El currículo escolar surgimiento y perspectivas*. Buenos Aires, Aique.

Díaz Barriga, Ángel e Inclán Espinosa, Catalina (2001). "El docente en las reformas educativas: Sujeto o ejecutor de proyectos ajenos", *Revista Iberoamericana de Educación*. OEI, N° 25, pp. 17-41.

—— (2009). *Pensar la didáctica*. Buenos Aires, Amorrortu.

Díaz Súnico, Mora (2005). "El concepto de placer en la lectura", *Educación, Lenguaje y Sociedad*, Vol III, N° 3, pp. 21-32.

Di Stefano, Mariana y Pereira, Cecilia (2009). "Modernidad y posmodernidad en discursos sobre la lectura en el ámbito educativo (2001-2006)", en Pini, M. (comp.): *Discurso y educación. Herramientas para el análisis crítico*. Buenos Aires, UNSAM EDITA, pp. 233-260.

Duarte, María Dolores y Franco, Ana María (2008). "Los NAP de lengua para 1ro. y 2do. Año del nivel medio. Una mirada crítica al bloque 'En relación con la literatura'", en Fioriti, G. (comp.): *Actas del I Congreso Internacional de Didácticas Específicas. Debates sobre las relaciones entre las Didácticas Específicas y la producción de materiales curriculares*. Buenos Aires, UNSAM EDITA, Colección Institucional, formato CD.

Dubin, Mariano (2011). *Educación y narrativas en las periferias urbanas: persistencias y variaciones en las culturas migrantes* [tesis de grado]. Memoria Académica (Repositorio institucional de la Fahce - Univ. de La Plata). Recuperado de http://www.memoria.fahce.unlp.edu.ar/tesis/.

—— (2015a). "La esquina del futuro: escribir entre el barrio y la escuela", *Saga. Revista de Letras* N° 3, pp. 67-85. Recuperado de http://sagarevistadeletras.com.ar/archivos/.

—— (2015b). "La presencia del barrio en la escuela: lectura, escritura, literatura y cultura popular", en Cuesta, C. y Papalardo, M. M. (comps.): *Ingresos a las carreras de Geografía y Letras de la Universidad Nacional de La Plata. Investigaciones sobre prácticas de lectura y escritura*. Buenos Aires, Dunken, pp. 171-192. Recuperado de http://www.memoria.fahce.unlp.edu.ar/libros/.

—— (2016). "Parodias de alumnos al saber docente: literatura, cultura popular y humor", en Sawaya, S. y Cuesta, C. (comps.): *Lectura y escritura como prácticas culturales. La investigación y sus contribuciones para la formación docente*. La Plata, Edulp, pp. 118-126. Recuperado de http://sedici.unlp.edu.ar/.

Eagleton, Terry (1988). *Una introducción a la teoría literaria*. México, FCE.

Edelstein, Gloria (1996). "Un capítulo pendiente: el método en el debate didáctico contemporáneo", en VV.AA.: *Corrientes didácticas contemporáneas*. Buenos Aires, Paidós, pp. 75-90.

Feldman, Daniel (1999). *Ayudar a enseñar. Relaciones entre didáctica y enseñanza*. Buenos Aires, Aique.

Finocchio, Ana María (2009). *Conquistar la escritura. Saberes y prácticas escolares*. Buenos Aires, Paidós.

Finocchio, Silvia (2010). "Prólogo", en Brito, A. (dir.): *Lectura, escritura y educación*. Rosario, Flacso-Homo Sapiens, pp. 11-18.

Fioriti, Gema (comp.) (2008). *Actas del I Congreso Internacional de Didácticas Específicas. Debates sobre las relaciones entre las Didácticas Específicas y la producción de materiales curriculares*. UNSAM EDITA, Colección Institucional, formato CD.

—— (2010) (comp.). *Actas del II Congreso Internacional de Didácticas Específicas. Poder, disciplinamiento y evaluación de saberes*. EHU - Univ. de San Martín. Recuperado de http://www.unsam.edu.ar/escuelas/humanidades/didacticas_cede_2010/actas.htm.

Fittipaldi, Martina (2006). "La lectura de literatura: Alicia detrás del conejo", en Bustamante, P. y Campuzano, B. (coords.): *Escuchando con los ojos. Voces y miradas sobre la lectura en Salta*. Salta, Plan Provincial de Lectura, Ministerio de Educación, pp. 23-35.

Fonseca de Carvalho, José S. (2001). "Os slogans educacionais e o discurso pedagógico construtivista", en *Construtivismo. Uma pedagogia esquecida da escola*. Porto Alegre, Armet Editora, pp. 95-119.

Geertz, Clifford (1992). "Descripción densa: hacia una teoría interpretativa de la cultura", en: *La interpretación de las culturas*. Barcelona, Gedisa, pp. 17-40.

—— (2002). "Cultura, mente, cerebro/cerebro, mente, cultura", en: *Reflexiones antropológicas sobre temas filosóficos*. Barcelona, Paidós, pp. 191-209.

Gentili, Pablo (1994). *Proyecto conservador y crisis educativa*. Buenos Aires, CEAL.

—— (2015). *América Latina, entre la desigualdad y la esperanza. Crónicas sobre educación, infancia y discriminación*. Buenos Aires, Siglo XXI.

Gerbaudo, Analía (2006). *Ni dioses ni bichos. Profesores de literatura, currículum y mercado*. Santa Fe, Centro de Publicaciones de la Univ. del Litoral.

Guba, Egon. G. y Lincoln, Yvonna S. (1994). "Competing Paradigms in Qualitative Research", en Denzin, N. K. y Lincoln, Y. S. (eds.): *Handbook of Qualitative Research*. California, Sage Publications, pp. 105-117.

Guber, Rosana (2004). *El salvaje metropolitano. Reconstrucción del conocimiento social en el trabajo de campo*. Buenos Aires, Paidós.

Halliday, Michael A. K. (1982). *El lenguaje como semiótica social. La interpretación social del lenguaje y del significado*. México, FCE.

Herrera de Bett, Graciela (2000). "Formación docente y didácticas de la lengua y la literatura", en Herrera de Bett, G. (comp.): *Lengua y literatura. Temas de enseñanza e investigación* [julio de 1999]. Secretaría de Posgrado de la Facultad de Humanidades de la Univ. de Córdoba, pp. 145-149.

Herrera de Bett, Graciela; Alterman, Nora y Giménez, Gustavo (2004). "Formación docente y producción editorial. Condiciones de accesibilidad y consumo de los textos", en: *Formación docente y Reforma. Un análisis de caso en la Jurisdicción Córdoba*. Córdoba, Editorial Brujas, pp. 185-250.

Insaurralde, Mónica y Agüero, Claudia (2009). "La formación de profesoras/es para la Educación Primaria: las decisiones centrales de los gobiernos nacionales de la década de los '90 y los post '90. ¿Cambios o enmascaramientos?", en Vior, S. E.; Misuraca, M. R. y Más Rocha, S. M.: *Formación de docentes. ¿Qué cambió después de los '90 en las políticas, los currículos y las instituciones?* Buenos Aires, Jorge Baudino Ediciones, pp. 207-234.

Iser, Wolfang (1987). *El Acto de Leer*. Madrid, Taurus.

Iturrioz, Paola (2006). *Lenguas propias-lenguas ajenas. Conflictos en la enseñanza de la lengua*. Buenos Aires, Libros del Zorzal.

Kaufman, Ana María y Rodríguez, María Elena (1993). *La escuela y los textos*. Buenos Aires, Santillana.

Lacau, María Hortensia (1966). *Didáctica de la lectura creadora*. Buenos Aires, Kapelusz.

Lerner, Delia (1996). "¿Es posible leer en la escuela?", *Lectura y Vida*, Año 17, N° 1, pp. 5-24.

—— (2001). *Leer y escribir en la escuela: lo real, lo posible y lo necesario*. México, FCE.

Lesgart, Cecilia (2003). *Usos de la transición a la democracia. Ensayo, ciencia y política en la década del '80*. Rosario, Homo Sapiens.

Litwin, Edith (1996). "El campo de la didáctica: la búsqueda de una nueva agenda". VV. AA.: *Corrientes didácticas contemporáneas*. Buenos Aires, Paidós, pp. 91-116.

López Corral, Manuela (2015). "Los *bestseller* de consumo juvenil: modos de leer que entran y salen de la escuela", en Riestra, D.; Tapia, S. M. y Goicochea, M. V. (comps.): *Actas de las Cuartas Jornadas de Investigación y Prácticas en Didáctica de las Lenguas y las Literaturas*. Viedma, UNRN, pp. 1128-1139.

—— (2016). "Prácticas de lectura y escritura en los RPG (*Role Playing Game*) y las *Creepypastas*", en Sawaya, S. y Cuesta, C. (comps.): *Lectura y escritura como prácticas culturales. La investigación y sus contribuciones para la formación docente*. La Plata, Edulp, pp. 92-104. Recuperado de http://sedici.unlp.edu.ar/.

Ma Candau, Vera (org.) (1987). *La didáctica en cuestión. Investigación y enseñanza*. Madrid, Narcea.

Marin, Marta (2007). *Lingüística y enseñanza de la lengua*. Buenos Aires, Aique. 1ª edición, 1999.

Martínez, Angelita (coord.) (2009). *El entramado de los lenguajes. Una propuesta para la enseñanza de la Lengua en contextos de diversidad cultural*. Buenos Aires, La Crujía.

Más Rocha, Stella Maris y Vior, Susana E. (2009). "Nueva legislación educacional: ¿nueva política?", en Vior, S. E.; Misuraca, M. R. y Más Rocha, S. M.: *Formación de docentes. ¿Qué cambió después de los '90 en las políticas, los currículos y las instituciones?* Buenos Aires, Jorge Baudino Ediciones, pp. 17-46.

—— (2009). "Políticas educacionales y condiciones laborales de los docentes", en Vior, S. E.; Misuraca, M. R. y Más Rocha, S. M.: *Formación de docentes. ¿Qué cambió después de los '90 en las políticas, los currículos y las instituciones?* Buenos Aires, Jorge Baudino Ediciones, pp. 73-96.

Massarella, Matías (2017). *Los estructuralismos argentinos y la didáctica de la literatura: El caso de la enseñanza de la poesía en la escuela secundaria* [Tesis de grado]. Memoria Académica (Repositorio institucional de la Fahce - Univ. de La Plata). Recuperado de http://www.memoria.fahce.unlp.edu.ar/tesis/.

Maxwell, Joseph A. (1996). *Qualitative research design. An interactive approach.* London, Sage Publications.

Merklen, Denis (2006). "Prefacio", en Semán, P.: *Bajo continuo. Exploraciones descentradas sobre cultura popular y masiva.* Buenos Aires, Gorla.

Montes, Graciela (1997). "La frontera indómita", en: *Voces de un campo problemático. Actas del Primer Congreso Nacional de Didáctica de la Lengua y la Literatura* [octubre de 1995]. La Plata, Univ. de La Plata, pp. 127-135.

—— (2006). *La gran ocasión. La escuela como sociedad de lectura.* Buenos Aires, Plan Nacional de Lectura, Ministerio de Educación, Ciencia y Tecnología de la Nación-UNICEF.

Melgar, Sara; Romero De Cutropia, Alicia; Narvaja de Arnoux, Elvira y Castedo, Mirta (1997). "Contenidos Básicos Comunes en el área de Lengua", en: *Voces de un campo problemático. Actas del Primer Congreso Nacional de Didáctica de la Lengua y la Literatura* [octubre de 1995]. Univ. de La Plata, pp. 53-85.

Narvaja de Arnoux, Elvira (2010). "Reflexiones glotopolíticas: hacia la integración sudamericana", en Naravaja de Arnoux, E. y Bein, R. (comps.): *La regulación política de las prácticas lingüísticas.* Buenos Aires, Eudeba, pp. 329-360.

Negrin, Marta (2009). "Los manuales escolares como objeto de investigación", *Educación, Lenguaje y Sociedad,* Vol. 6, N° 6, pp. 187-208.

Neiburg, Federico y Plotkin, Mariano (2004). *Intelectuales y expertos. La constitución del conocimiento social en la Argentina.* Buenos Aires, Paidós.

Nemirovsky, Myriam (1999). *Sobre la enseñanza del lenguaje escrito y temas aledaños.* Buenos Aires, Paidós.

Orce, Victoria; Cortés, Marina y López, Claudia (1998). "La capacitación docente: ¿motor de cambio o simulacro?", *Versiones,* N° 9, 1er semestre, Univ. de Buenos Aires, pp. 5-9.

Orce, Victoria y López, Claudia (1997). "Programa de capacitación y actualización docente: 'La UBA y los Profesores'", *Voces de un campo problemático. Actas del Primer Congreso Nacional de Didáctica de la Lengua y la Literatura* [octubre de 1995]. Univ. de La Plata, pp. 507-513.

Pampillo, Gloria *et al.* (2010). *Escribir. Antes yo no sabía nada.* Buenos Aires, Prometeo.

Paviglianiti, Norma (1997). "Políticas educativas", *Voces de un campo problemático. Actas del Primer Congreso Nacional de Didáctica de la Lengua y la Literatura* [octubre de 1995]. Univ. de La Plata, pp. 19-26.

Pérez, Liliana y Rogeri, Patricia (2007). "La gramática en la escuela. Criterios de decisión para su enseñanza", *Anales de la Educación Común*. Tercer siglo, Año 3, N° 6, pp. 108-113.

Petit, Michèl (1999). *Nuevos acercamientos a los jóvenes y la lectura*. México, FCE.

—— (2001). *Lecturas: del espacio íntimo al espacio privado*. México, FCE.

Piacenza, Paola (2001). "Enseñanza de la literatura y procesos de canonización en la escuela media argentina (1966-1976)", *Lulú Coquette. Revista de Didáctica de la Lengua y la Literatura*, Año I, N° I, pp. 86-98.

—— (2015). "GOLU: el canon escolar entre la biblioteca y el mercado", *Catalejos. Revista sobre lectura, formación de lectores y literatura para niños*, Año I, Vol. I, pp. 109-131. Recuperado de http://fh.mdp.edu.ar/revistas/index.php/catalejos/.

Provenzano, Mariana (2015). "Aproximaciones a escritos ficcionales en clases de literatura", en Cuesta, C. y Papalardo, M. M. (comps.): *Ingresos a las carreras de Geografía y Letras de la Universidad Nacional de La Plata. Investigaciones sobre prácticas de lectura y escritura*. Buenos Aires, Dunken, pp. 161-170. Recuperado de http://www.memoria.fahce.unlp.edu.ar/libros/.

Restrepo, Eduardo (2015). "El proceso de investigación etnográfica: Consideraciones éticas", *Etnografías Contemporáneas* I (I), pp. 162-179. Recuperado de http://www.unsam.edu.ar/ojs/index.php/etnocontemp/.

Riestra, Dora (2008). *Las consignas de enseñanza de la lengua. Un análisis desde el interaccionismo socio-discursivo*. Buenos Aires, Miño y Dávila.

—— (2010). "Para debatir. ¿Cómo surgen y cómo llegan las propuestas didácticas?", *El toldo de Astier. Propuestas y estudios sobre la enseñanza de la lengua y la literatura*, Año I, N° I. Recuperado de http://www.eltoldodeastier.fahce.unlp.edu.ar/.

Robin, Régine (2002). "Extensión e incertidumbre de la noción de literatura", en Angenot, M. et al.: *Teoría literaria*. México, Siglo XXI, pp. 51-56.

Rockwell, Elsie (1986). "Cómo observar la reproducción", *Revista Colombiana de Educación* N° 17, pp. 109-125.

—— y Mercado, Ruth (1988). "La práctica docente y la formación de maestros", *Investigación en la Escuela* N° 4, pp. 65-78.

—— (1992). "Los usos magisteriales de la lengua escrita", *Nueva Antropología*, Vol. XII, N° 42, pp. 43-55.

—— (2005). "La lectura como práctica cultural: concepto para el estudio de los libros escolares", *Lulú Coquette. Revista de Didáctica de la Lengua y la Literatura*, Año 3, N° 3, pp. 12-31.

—— (2009). *La experiencia etnográfica. Historia y cultura en los procesos educativos*. Buenos Aires, Paidós.

Rodríguez, María Elena (2005). *Lectura y Vida. 1980-2004. Revista Latinoamericana de Lectura*. Asociación Internacional de Lectura, formato CD.

Sahlins, Marshall (2008). *Islas de historias. La muerte del capitán Cook. Metáfora, antropología e historia*. Buenos Aires, Gedisa.

Sardi, Valeria (2001). "La lingüística aplicada: una mirada estrábica sobre la escuela", *Lulú Coquette. Revista de Didáctica de la Lengua y la Literatura*, Año 1, N° 1, pp. 121-126.

Sarfatti Larson, Magali (1988). "El poder de los expertos. Ciencia y educación de masas como fundamentos de una ideología", *Revista de Educación* N° 255, pp. 151-187.

Sawaya, Sandra M. (2008). "Alfabetización y fracaso escolar: problematizando algunas presuposiciones de la concepción constructivista", *Lulú Coquette. Revista de Didáctica de la Lengua y la Literatura*, Año 4, N° 4, pp. 54-71.

—— (2010). "Procesos psicopedagógicos, lectura, escritura y las instituciones escolares", en Fioriti, G. (comp.): *Cuadernos del CEDE III. Debates sobre las relaciones entre las Didácticas Específicas y la producción de materiales curriculares*. Buenos Aires, UNSAM EDITA, pp. 29-43.

—— (2016). "Las prácticas de lectura y escritura o el lugar del alumno como ciudadano", en Sawaya, S. y Cuesta, C. (comps.): *Lectura y escritura como prácticas culturales. La investigación y sus contribuciones para la formación docente*. La Plata, Edulp, pp. 12-27. Recuperado de http://sedici.unlp.edu.ar/.

Scardamalia, Marlene y Bereiter, Carl (1992). "Dos modelos explicativos de los procesos de composición escrita", *Infancia y Aprendizaje* N° 58, pp. 43-64.

Seoane, Silvia (2005). "Ya no tenemos prurito en poner la ficción como desencadenante de la escritura". Entrevista a Gloria Pampillo en *Lulú Coquette. Revista de Didáctica de la Lengua y la Literatura*, Año 3, N° 3, pp. 63-70.

Silva, Ana E. (2008). "Nos guiaba la moda y la convicción de la moda". Entrevista a Nicolás Bratosevich. *Lulú Coquette. Revista de Didáctica de la Lengua y la Literatura*, Año 4, N° 4, pp. 46-52.

Solé, Isabel (1992). *Estrategias de lectura*. Barcelona, Universitat de Barcelona-Graó.

Soares, Magda (2017). *Alfabetização e letramento*. San Pablo, Editora Contexto.

Southwell, Myriam (2007). "Con la democracia se come, se cura y se educa… Disputas en torno a la transición y las posibilidades de una educación democrática", en Camou, A.; Tortti, M. C. y Viguera, A. (comps.): *La Argentina democrática: los años y los libros*. Buenos Aires-La Plata, Prometeo Libros-Univ. de La Plata, pp. 307-334.

Suasnábar, Claudio (2004). *Universidad e Intelectuales: educación y política en la Argentina (1955-1976)*. Buenos Aires, Flacso-Manantial.

Suasnábar, Claudio y Palamidessi, Mariano (2007). "Notas para una historia del campo de producción de conocimientos sobre educación en Argentina", en Palamidessi, M.; Suasnábar, C. y Galarza, D. (comps.): *Educación, conocimiento y política. Argentina, 1983-2003*. Buenos Aires, Flacso-Manantial, pp. 39-63.

Tenti Fanfani, Emilio (2000). "El proceso de investigación en educación. El campo de la investigación educativa en la Argentina", en: *Curso de metodología de la investigación en ciencias sociales*. IRICE, pp. 126-138.

Tribó, Romina (2011). "Análisis de caso. Una mirada sobre los modos de pensar la Literatura y su enseñanza en la Universidad de Buenos Aires (1970-1976)", *El toldo de Astier. Propuestas y estudios sobre la enseñanza de la lengua y la literatura*, Año 2, N° 2, pp. 1-12. Recuperado de http://www.eltoldodeastier.fahce.unlp.edu.ar/.

Vaca Uribe, Jorge (2008). "Introducción", en Vaca Uribe, J. (comp.): *El campo de la lectura*. Veracruz, Universidad Veracruzana, pp. 7-21.

Viñao, Antonio (2002). *Sistemas educativos, culturas escolares y reformas: continuidades y cambios*. México, Ediciones Morata.

Voloshinov, Valentin N. (1976). *El signo ideológico y la filosofía del lenguaje*. Buenos Aires, Nueva Visión. Traducción del inglés de Rosa María Rússovich.

Warning, Rainer (1989). "Introducción", en Warning, R. (comp.): *Estética de la Recepción*. Madrid, Visor.

Zabala, Antoni (coord.) (2000). *Cómo trabajar los contendidos procedimentales en el aula*. Barcelona, Graó.

Zuccarino, César R. (2007). "Una aproximación al pensamiento de Raymond Williams", *Miradas de la UNdeC*. Año I, N° 1, pp. 1-7. Recuperado de http://www.undec.edu.ar/miradas/.

Esta edición se terminó de imprimir en agosto de 2019, en los talleres de
Imprenta Dorrego, ubicados en Av. Dorrego 1102, (1414), Ciudad de Buenos Aires,
Argentina.

www.ingramcontent.com/pod-product-compliance
Lightning Source LLC
Chambersburg PA
CBHW020149090426
42734CB00008B/748